# Théâtre peut-être complet

Pièces de théâtre contemporaines

**Table page 515**

## Du même auteur*

Certaines œuvres sont connues sous différents titres.

## Romans

La Faute à Souchon : (Le roman du show-biz et de la sagesse)
Quand les familles sans toit sont entrées dans les maisons fermées
Liberté j'ignorais tant de Toi (Libertés d'avant l'an 2000)
Viré, viré, viré, même viré du Rmi !
Ils ne sont pas intervenus (Peut-être un roman autobiographique)

## Théâtre

Neuf femmes et la star
Les secrets de maître Pierre, notaire de campagne
Ça magouille aux assurances
Chanteur, écrivain : même cirque
Deux sœurs et un contrôle fiscal
Amour, sud et chansons
Pourquoi est-il venu :
Aventures d'écrivains régionaux
Avant les élections présidentielles
Scènes de campagne, scènes du Quercy
Blaise Pascal serait webmaster
Trois femmes et un Amour
J'avais 25 ans
« Révélations » sur « les apparitions d'Astaffort » Jacques Brel / Francis Cabrel

### Théâtre pour troupes d'enfants

La fille aux 200 doudous
Les filles en profitent
Révélations sur la disparition du père Noël
Le lion l'autruche et le renard,
Mertilou prépare l'été
Nous n'irons plus au restaurant

* extrait du catalogue, voir page 516

# Stéphane Ternoise

## Théâtre peut-être complet

La première version papier de *Théâtre peut-être complet* fut publiée en janvier 2008 (en offset). 22 euros. 384 pages. Sortie officielle : mercredi 16 janvier 2008. Un tirage de 2500 exemplaires numérotés. Des exemplaires toujours disponibles en septembre 2013.

Cet ebook n'est pas la transcription à l'identique de ce livre : les pièces de théâtre sont les mêmes mais dans leur version 2013. Il m'a semblé plus intéressant de vous fournir les textes « revus et corrigés. » Néanmoins dans leur distribution originelle. Avec des précisions sur les évolutions possibles.

Jean-Luc PETIT Editeur / livrepapier.com

# Stéphane Ternoise versant dramaturge :

# http://www.dramaturge.fr

Tout simplement et logiquement !

ISBN 978-2-36541-424-9
EAN 9782365414241

Tous droits de traduction, de reproduction, d'utilisation, d'interprétation et d'adaptation réservés pour tous pays, pour toutes planètes, pour tous univers.

Site officiel : http://www.ecrivain.pro

© Jean-Luc PETIT - BP 17 - 46800 Montcuq – France

# Stéphane Ternoise

## Théâtre peut-être complet

Quatrième de couverture de la première version papier : Premier bilan théâtral. Dernier peut-être. Dix pièces. Le théâtre de Ternoise. Personnages contemporains.

*Les secrets d'un notaire amoureux,* **un chanteur et un écrivain en échec créatif, soutenus par leur compagne,** *deux sœurs et un magouilleur amateur confronté au contrôle fiscal,* **un jeune couple arrivé dans le sud-ouest, descendu du nord,** *un salon du livre en milieu rural,* **des scènes du Quercy,** *l'obstination présidentielle du maire d'une grande ville,* **sept femmes ont gagné le droit de rencontrer leur idole,** *un écrivain accueille chez lui des collègues,* **une beauté bouddhiste métamorphose la vie d'un salarié.**

*65 personnages, 33 femmes 32 hommes.*

Deux grandes catégories de personnages : les plus nombreux subissent, quelques-uns essayent de vivre debout. L'époque est ainsi. Et Stéphane Ternoise se met en scène : naturellement, ce n'est pas lui ; variation autour de l'identité ; dans d'autres circonstances…

**Et une piécette pour enfants :** *la fille aux deux cents doudous.*

Douzième étape livresque.

Romans, chansons et donc théâtre. Trilogie de Ternoise. Passages indispensables, pour l'auteur, d'un genre à l'autre. Quatre romans. Gravé sur CD avec quatorze interprètes. Et un peu plus de cent quatorze sites sur internet pour suppléer les médias traditionnels : ecrivain.tv - auteurdechansons.net -salondulivre.net - romancier.org - chansons.org - textesdechansons.com - lewebzinegratuit.com - equitables.fr - comedies.es… ternoise.fr - piecesdetheatre.net - autheatre.net - theatre.nu

*A Romane*

On écrit peut-être uniquement pour provoquer la vie, la forcer à s'adapter à nos rêves.

> La chose la plus importante à toute la vie est le choix du métier : le hasard en dispose.
> *Blaise Pascal, Pensées 97-634*

Ce livre et un CD. Une période de ma vie s'achève par deux créations abouties. Le temps qui passe n'est pas forcément perdu... et il arrive un jour où l'on se débarrasse de l'inutile, point par point, embrigadement par embrigadement. Avec plaisir. Nous sommes si souvent « *prisonniers de l'inutile* » (renvoi à Gérard Manset). Le temps est notre bien le plus précieux, Sénèque aussi l'avait remarqué !

L'essentiel...

L'harmonie...

Nous sommes ce que nous vivons. Le passé n'est que du passé. Non aux impressions de fatalités ! Nous devons assumer notre présent, pour vivre pleinement. Vivre au *présent continu*. Il faut parfois se le répéter ! Et c'est en novembre 2007 qu'un nouveau nom de pays m'est venu : **la sérénitanie**, le pays de la sérénité. Malgré le brouhaha et l'agitation, malgré les pressions et la finitude. Encore une utopie invivable prétendront les agélastes (Milan Kundera a redonné vie à ce vieux terme qualifiant les personnes qui ne rient pas) ! Le 8, j'avais été réveillé durant un rêve...

Le 16 novembre, en France.

Pour « l'univers théâtral officiel », je n'existe pas. Aucune pression ni obligation !
A trente-neuf ans, avec dix pièces, un premier bilan théâtral est possible. Premier et peut-être dernier.

Alfred de Musset imprimait ses pièces. Elles étaient refusées. Il fut joué pour la première fois en 1847 : *un caprice*, publié en 1837. 1847 : 17 ans après sa première création dans ce genre, *la quittance du diable*. Il avait 37 ans. Il est mort à 47. Ses œuvres vivent encore.
Les directeurs de salles préféraient, adulaient, Eugène Scribe.

Combien de metteurs en scène connaissent mon existence ?
Des livres et des sites. Des livres simplement référencés sur internet.

Pouvoir continuer d'écrire dans ces conditions est normalement impossible ! C'est une chance, un salut : aurais-je imaginé, tramé ces pièces si un succès avait couronné ma première comédie ?

Le succès est aussi l'ennemi du créateur, l'embarque dans une autre vie. Le temps de la présentation est rarement propice à la création.

Vous pouvez désormais vous servir : j'ai même eu le temps de prendre un deuxième recul pour retoucher, légèrement, l'ensemble. Versions sûrement définitives.
« Revues par l'auteur. »

Quels metteurs en scène pourront s'honorer de m'avoir « découvert » ? Seront-ils lotois ? Improbable ! Français ? Ailleurs, si les metteurs en scène le jugent préférable, les

lieux peuvent être adaptés à la géographie locale. Cette remarque vaut autorisation.
Devrai-je m'improviser metteur en scène ? Observer l'accueil, les réactions, sera sûrement source d'inspiration. Est-il possible d'écrire et promouvoir ses écrits dans une même vie ? *La Poste* transportera quelques exemplaires … et vive internet !

Novembre 2007

André Aguilextry a écrit :

Stéphane Ternoise n'est pas l'auteur le plus joué, ni le plus lu ni le plus prolixe du pays. Il est même inconnu de nombreux professionnels du théâtre.
Les pièces de Stéphane Ternoise permettent de mieux comprendre la réalité d'une vie de créateur. Il s'est vraiment confronté à son époque. Elles éclairent des zones d'ombres voulues par des installés. J'ignore si Stéphane Ternoise parviendra à se faufiler dans notre univers si théâtral… il écrit !…
Il suffira peut-être d'un metteur en scène… qu'il en soit d'avance remercié.

Le 24 juillet 2007
http://www.theatre.nu
(le théâtre numérique)

# Les secrets de maître Pierre, notaire de campagne

*Tragicomédie en trois actes*

Distribution : trois femmes, trois hommes

La vie dans une petite étude notariale de province, avec le vieux maître Pierre accroché à son poste, refusant de passer la main à son fils… mais posant régulièrement ses mains sur sa belle-fille. Ce qui ne constitue pas le plus grand secret de sa vie. Une belle-fille officielle au cœur d'un imbroglio sentimental que seul des tests ADN pourraient démêler… De qui sera l'enfant ? Son mari, son beau-père ou un troisième homme ? Madame Machiavelle choisira. Et du coffre-fort sortira une vieille pierre, le grand secret de cette famille…

# Les secrets de maître Pierre, notaire de campagne

*Tragicomédie en trois actes*

Trois femmes, trois hommes

Maître Pierre, notaire, soixante-cinq ans, léger embonpoint
Yvonne, sa femme, soixante ans
Marcel, fils du notaire, trente-huit ans
Florence : épouse de Marcel, trente ans
Madame le maire du village, la cinquantaine prétentieuse
Stéphane Ternoise, écrivain indépendant, approche quarante ans.

L'utilisation de Stéphane Ternoise comme personnage est naturellement un jeu de l'auteur. Vous pouvez remplacer ce nom par celui qui vous plaira.


D'autres versions disponibles :
- Avec quatre ou cinq femmes : le passage de Madame Deuly, visiteuse en recherche d'une maison dans le bourg, qui peut être accompagnée de sa sœur.
- Pour deux femmes et quatre hommes, quand monsieur le maire devient madame le maire. Madame Deuly et sa sœur peuvent alors intervenir pour obtenir une version trois femmes quatre hommes ou quatre femmes quatre hommes

## Acte 1

*Un petit village du sud-ouest. L'étude de maître Pierre. Meubles anciens. Un bureau avec le fauteuil directeur du notaire. Deux chaises devant le bureau et quatre entre les deux portes, la première donnant sur l'extérieur (via un couloir), l'autre sur le secrétariat.*
*Aux murs, quelques tableaux, scènes de chasse et châteaux.*

*Debout, Florence et Yvonne, des papiers en main.*

Yvonne : - Que se passe-t-il, Florence ?

Florence : - Comment avez-vous deviné que j'allais vous poser une question importante ?

Yvonne : - Yvonne ne dit rien mais elle devine tout.

Florence : - Oh !

Yvonne : - Comment oh !…

Florence : - Je voulais dire ah !

Yvonne : - Ah !

Florence : - Bref… Vous savez et il faut que je sache ! Je suis mariée avec votre fils depuis trois ans, professionnellement comme personnellement, vous savez pouvoir compter sur moi, bref, je dois tout savoir désormais. Pourquoi votre mari refuse de lui laisser l'étude ?

Yvonne : - Ah !

Florence : - Comment ah !

Yvonne : - Ah ! Mon fils ! Mon petit trésor !

Florence : - Il a maintenant 38 ans. Il a l'ensemble de ses diplômes. Il a montré ses compétences à Cahors. Madame Yvonne, j'ai le droit de savoir. Je sens comme un secret planer au-dessus de cette maison.

Yvonne : - Ah ! Demandez au seul maître dans cette étude.

Florence : - Je suis sa secrétaire.
Yvonne : - Pas toujours.
Florence, *troublée* : - Mais quand je ne suis pas sa secrétaire… Il me parle comme à une enfant.
Yvonne : - Ah !
Florence : - Comment ah !
Yvonne : - Je voulais dire hé !
Florence : - Il faut que je sache la vérité. J'ai parfois l'impression que votre mari n'aime pas votre fils.
Yvonne, *qui fixe sa belle-fille avec surprise* : - Ah !
Florence : - Vous voulez dire hé ?
Yvonne : - Bref. Demandez à votre beau-père.
Florence : - Vous savez bien qu'il répond toujours la même chose : « *Hé ! Je suis en pleine forme. Votre mari apprend son métier. Hé ! Si j'abandonne l'étude, il en est certains qui n'hésiteront pas à essayer de me pousser dehors de ma fonction de premier adjoint au maire et de représentant au conseil intercommunal.* » On dirait qu'il a enregistré un disque et me le repasse à chaque question.
Yvonne : - J'entends la Mercedes de monsieur.
Florence : - Déjà !… Un jour il faudra que je sache tout.
Yvonne : - Ah ma fille ! Si vous pensez être la seule personne qui voudrait tout savoir dans cette vallée de larmes.

*Maître Pierre entre, pose sa veste sur le dossier d'une chaise tout en commençant à parler.*

Maître Pierre : - L'idiot ! Il m'appelle sur mon portable pour me demander pourquoi je ne l'ai pas informé de ce projet de ligne à Très Haute Tension… J'ai failli lui répondre « *je ne suis pas le journal télévisé, mon cher monsieur.* »
Florence : - Alors vous lui avez conseillé de revendre immédiatement !… Ce qui nous fera une nouvelle commission.

Maître Pierre : - Hé ! Florence ! Que se passe-t-il ici ?

Florence : - Naturellement vous lui avez répondu que la ligne ne se fera pas. Que vous en avez encore parlé samedi avec votre ami le vénérable et vénal conseiller général.

Maître Pierre : - Exactement. Hé ! Pardi ! C'est la stricte vérité.

Yvonne : - Et bien sûr, personne n'ajoute que cet idiot se fout de nous, qu'il affirme la main sur le cœur une chose aux opposants à la Haute Tension mais reste copain cochon avec monsieur le président de son parti de notables, ce président de Conseil Général, ce complice d'une centrale nucléaire qui lui permet de vivre comme un nabab, d'entretenir sa bande de béni-oui-oui. Hé !, elle est belle la gauche !

Maître Pierre : - Oh Yvonne ! Que se passe-t-il ici ?

Yvonne : - Hé ! Parfois il faut que ça sorte ! Il m'énerve votre ami. Je ne voterai plus pour lui.

Maître Pierre : - Et pour qui veux-tu voter ?

Yvonne : - Hé ! Je voterai blanc.

Maître Pierre : - Bah ! Ça ne change rien.

Yvonne : - Hé ! Je voterai rouge.

Maître Pierre : - Si ton père t'entendait !

Yvonne : - Je voterai vert.

Maître Pierre : - Mais que se passe-t-il donc ici ? C'est la révolution de palais ou quoi ? Quelqu'un a téléphoné ? (*en souriant*) Nous n'avons quand même pas un contrôle fiscal !

Yvonne : - J'ai quand même parfois le droit de m'exprimer.

Maître Pierre : - Exprime-toi, exprime-toi, nous sommes en famille. Ils nous emmerdent avec cette ligne. Nous pensons tous la même chose ici. Vivement qu'elle soit faite, qu'on touche les primes de l'EDF et que les fous vendent, que les affaires repartent. C'est un peu mou en ce moment, tu ne trouves pas ?

Yvonne : - Il est passé des jeunes, des nordistes, ils cherchent une maison pas chère et habitable.

Maître Pierre : - Pas chère, pas chère ! Mais ce canton ne va quand même pas devenir un refuge de rmistes !

Yvonne : - Ils repasseront cette après-midi. J'ai pensé que la maison en face du marginal pourrait leur convenir.

Maître Pierre : - Ne me parle plus de lui ! Tu ne sais pas qu'il a écrit une chanson contre la ligne ! Il rime pognon et haute tension. Oh ! Il commence à nous énerver avec ses sites internet, celui-là ! Il va bientôt se retrouver avec un contrôle fiscal ! Il devinera peut-être de où ça vient. Si au moins la ligne nous en débarrassait ! Vivement qu'on la fasse cette ligne ! Après tout, il y en a partout ! Quand elle sera plantée, au moins les gens n'en parleront plus et les prix repartiront. Elle s'insérera discrètement dans le décor, et personne ne la remarquera, je vous le parie.

Florence : - Je suis contre.

Maître Pierre : - Hé ! Vous vous lancez dans la politique, maintenant, Florence !

Florence : - Réfléchir est un droit. Même pour une femme ! Ça concerne mon avenir aussi cette ligne. Et celui de vos petits-enfants.

Maître Pierre : - Oh !... Je ne peux décidément pas vous laisser deux heures !... J'ai du courrier à vous dicter, Florence.

Florence : - Je vous écoute, maître Pierre.

Maître Pierre : - Florence !

Florence : - Oh ! C'est sorti tout seul ! Je suis presque confuse ! Quand même pas désolée !

Maître Pierre : - Si on se paye ma tête dans cette maison, je voudrais comprendre quelle mouche vous a piquées (*il prend sur son bureau une tapette tue-mouche*).

Yvonne : - Je te laisse à ton sport préféré. Faites attention aux balles perdues, Florence.

Maître Pierre, *à Florence* : - Mais elle a regardé une émission humoristique, votre belle-mère !

*Yvonne sort.*

Maître Pierre, *s'asseyant, doucement* : - Vous avez eu une dispute, ma douce Flo ?

Florence : - Ce n'est plus tenable cette situation. Je souhaite que tu transmettes l'étude à Marcel.

Maître Pierre : - Hé ! Hé ! Marcel, Marcel, c'est encore un enfant. Hé ! Je suis en pleine forme ! Je ne suis pas agriculteur !

Florence, *qui l'interrompt* : - Ce n'est plus possible cette situation. Sinon je quitte l'étude.

Maître Pierre : - Oh ma Flo.

Florence : - Je ne suis pas ta Flo !

Maître Pierre : - Florence... Ne dites pas de bêtises (*il pose sa main droite à hauteur du cœur*) Mon cœur s'emballe rien qu'à ces mots.

Florence : - Marcel est exaspéré. Il ne comprend pas pourquoi vous ne l'aimez pas.

Maître Pierre : - Exaspéré ! Ah !

Florence : - Des ah ! Des oh ! Des hé ! J'en entends à longueur de journée !

Maître Pierre : - Hé ! C'est cela une famille ! On finit par avoir des expressions communes.

Florence : - Bref, vous allez un jour la lui transmettre, cette étude ? Ne tournez pas autour du pot, comme dirait ma copine Corinne ! Oui ou non ?

Maître Pierre : - Hé ! Pardi ! Naturellement. Il le faudra bien !

Florence : - Et quand ?

Maître Pierre, *fixe Florence* : - Approche.

Florence : - Ce n'est pas nécessaire.
Maître Pierre : - Les murs ont parfois des oreilles.

*Florence a une moue de désapprobation mais avance. Le notaire pose sa main gauche sur le ventre de sa belle-fille. Qui recule d'un pas.*

Florence : - Ah non ! Nous étions d'accord ! Jamais ici.
Maître Pierre : - Bon, j'attendrai mercredi.
Florence : - Je ne sais pas s'il y aura encore un mercredi.
Maître Pierre : - Oh !
Florence : - C'est comme ça !
Maître Pierre : - Ah ! J'ai toujours su qu'un jour il faudrait tout te raconter !... Hé ! Pourquoi pas maintenant !

*Silence. Florence regarde le notaire en se demandant quel nouveau stratagème il invente. Elle croise les bras.*

Maître Pierre : - Je suis d'accord pour laisser l'étude à ton mari fin décembre. En associé naturellement. Je ne vais quand même pas faire comme ces idiots qui prennent leur retraite en vociférant « *c'est mon droit* » et passent leurs journées sur un terrain de pétanque à regretter le temps du travail. Et ils meurent d'un cancer six mois plus tard, tellement la retraite les a détraqués.

*Silence.*

Florence : - Associé avec maître Marcel donc.
Maître Pierre : - Tout ce qu'il y a de plus légal. Les papiers sont d'ailleurs prêts. Nous n'avons plus qu'à les parapher et remplir toutes les conditions.
Florence : - Je les attendais, les « conditions. »
Maître Pierre : - Je suis d'accord pour vous assurer une rente mensuelle.
Florence, *en souriant* : - La grâce vous a visité !

Maître Pierre : - Ça ne dépend que de toi.

Florence : - Je m'attends au pire.

Maître Pierre : - Comment me considérez-vous, Flo ! Moi qui n'aime que toi.

Florence : - Je vous écoute.

Maître Pierre : - Nous allons avoir un enfant.

Florence : - Oh !

*Florence s'évanouie. Le notaire se précipite.*

Maître Pierre : - Ma belle. Ma belle (*il lui tapote le visage, l'embrasse*).

Florence, *ouvre les yeux* : - Vous êtes fou.

*Le notaire l'embrasse.*

Florence, *se retourne* : - Arrête. Tu es fou.

Maître Pierre : - Je ne t'ai pas obligée à t'allonger sur la moquette comme dans mes rêves.

Florence : - Tu es fou.

Maître Pierre : - J'ai mes raisons.

Florence : - C'est du sadisme ! Tu voudrais que Marcel croit être le père de son demi-frère. Mais tu es fou.

Maître Pierre, *après s'être relevé* : - Non !

Florence, *se relève :* - Tu voudrais être le père de ton petit-fils... Mais je deviens folle aussi d'imaginer ce que cette infamie donnerait (*elle s'assied*).

Maître Pierre *semble réfléchir, puis* : - Notre enfant ne serait pas le demi-frère de ton mari.

Florence : - Ne m'embrouille pas ! As-tu déjà vu un enfant dire pépé à son papa. Dire papa à son frère !

Maître Pierre, *réfléchit puis* : - Notre enfant n'aurait aucun lien de véritable parenté avec ton mari.

Florence : - Parlons d'autre chose, c'est non.

Maître Pierre : - Tu n'as donc rien compris.

Florence : - J'ai compris que tu es fou… Déjà de forcer ta belle-fille à… À avoir de telles relations.
Maître Pierre : - C'est presque un autre sujet. Nous y trouvons tous les deux des avantages.
Florence : - J'ai honte le soir au côté de Marcel. Vous lui plantez un couteau dans le dos.
Maître Pierre : - La justice.
Florence : - Tu es fou.
Maître Pierre : - Tu n'as donc rien compris.
Florence, *se lève* : - Ah tu m'énerves ! C'est la deuxième fois en trente secondes que tu me balances ton « *tu n'as rien compris.* » Comme si j'avais cinq ans !
Maître Pierre, *calmement* : - Tu crois qu'un homme comme moi aurait pu coucher avec la femme de son fils.
Florence : - C'est pourtant le cas.
Maître Pierre : - Non.
Florence, *se rassied* : - Comment non ? Mais j'hallucine ! Tu divagues ! Tu es fou Pierrot ! Tu t'es entendu ! Non ! (*silence*)
Maître Pierre : - Tu commences à comprendre ?
Florence : - Il est temps que tu me confesses tout, je sens tellement une odeur de secret dans cette maison.
Maître Pierre : - Tu as déjà trouvé une ressemblance entre moi et ce Marcel ?
Florence : - Oh ! (*proche de s'évanouir de nouveau, se retient au bureau*)
Maître Pierre : - Hé ! Tu l'as dit, « Oh ! »
Florence : - Votre fils n'est pas votre fils !
Maître Pierre : - C'est le fils de ta belle-mère.
Florence : - Et vous avez épousé Yvonne pour obtenir l'étude en dot.
Maître Pierre, *effondré* : - Florence, vous me croyez à ce point intéressé.
Florence : - Ne me cachez plus la vérité. Les mots ne

servent pas qu'à mentir. On ne battit rien de sincère de solide sur le mensonge.

Maître Pierre : - Cocu.

Florence : - Oh !

Maître Pierre : - Le cocu du village.

Florence : - Oh ! Vous !

Maître Pierre : - Tu n'as jamais remarqué les petits sourires.

Florence : - Si vous croyez que j'accorde une quelconque importance aux sourires de ces gens.

Maître Pierre : - Sinon je serais maire.

Florence : - Je croyais que ça ne vous intéressait pas.

Maître Pierre : - Quand un si petit village a la chance d'avoir un notaire, il le nomme maire… Les élections ne devraient même pas exister dans ce cas-là. Et je suis l'éternel premier adjoint. Les emmerdes jamais les honneurs. TSC ! Tout Sauf le Cocu !

Florence : - Oh !

Maître Pierre : - Tu ne crois pas que c'aurait été ma place, quand l'autre idiot s'est tué en mobylette ?

Florence : - Je croyais que c'était toi qui avais suggéré que sa veuve lui succède. La veuve d'un homme décoré ! On aime les médailles au village !

Maître Pierre : - Tu n'as quand même pas cru ça ! Elle était belle sa décoration ! Si je te racontais combien il a payé pour l'obtenir ! Son père était simple boulanger, et même pas le meilleur du canton, tu vois un peu la famille.

Florence : - Madame vous a… Oh !

Maître Pierre : - Trois mois après notre mariage.

Florence : - Oh ! Je ne pourrai jamais plus la regarder en face.

Maître Pierre : - Une passion. Une passion qu'elle a pleurniché. Après.

Florence : - Et vous les avez surpris ?

Maître Pierre : - Derrière la haie de buis.

Florence : - « *N'ouvrez jamais cette porte, ça porte malheur.* »

Maître Pierre : - Hé oui, devant le puits.

Florence : - Mais pourquoi ne pas avoir divorcé ?

Maître Pierre : - On ne divorçait pas en ce temps-là. On réglait ses affaires en famille.

Florence : - Pour l'étude.

Maître Pierre : - Oh Florence, vous me croyez vraiment...

Florence : - Je ne peux pas croire que ce soit par amour.

Maître Pierre : - L'amour, l'amour... Même si ça te semble impensable, j'ai aimé la mère de ton mari.

Florence : - Et elle ?

Maître Pierre : - Elle a hurlé.

Florence : - Hurlé ?

Maître Pierre : - Je n'ai plus rien à te cacher... Je lui ai fracassé la tête.

Florence : - Vous !

Maître Pierre : - Un notaire peut tuer.

Florence : - Vous êtes un assassin.

Maître Pierre : - On n'est pas un assassin quand on tue l'amant de sa femme.

Florence : - Et vous avez été condamné ?

Maître Pierre : - Tu sais bien que c'est un secret. Naturellement le docteur a attesté la chute de cheval. Il s'est débrouillé pour me faire signer un acte antidaté juste avant, donnant-donnant, tu vois. Le fils du médecin est médecin aussi et il vit dans un château. Tu sais maintenant comment ce château est entré dans sa famille. Mais lui, tout le monde a murmuré, « *il est malin.* » Elle ne trompe que toi et son fils, ta belle-mère, quand elle pleure au cimetière.

Florence : - Oh !

Maître Pierre : - Tu sais tout.

Florence : - Mais comment pouvez-vous être vraiment certain que Marcel ne soit pas votre fils ?

Maître Pierre : - Tu veux vraiment que j'entre dans les détails ?... (*silence... oui de la tête de Florence*) Quelques semaines après notre mariage, à mon grand désespoir, nous faisions déjà chambre à part, Yvonne prétendait souffrir d'atroces migraines dès que je l'approchais.

Florence : - Vous voulez dire qu'entre vous et madame !...

Maître Pierre : - La vie est rarement la vie rêvée. On a vingt-six ans, on épouse la fille du notaire, on devient notaire. Et il suffit qu'un étranger vienne s'installer au pays, qu'il sache bien chanter et tout s'effondre.

Florence : - Si j'ai un enfant de mon mari, il appellera pépé à l'homme qui a tué son vrai pépé.

Maître Pierre : - Tu ne vas quand même pas me reprocher d'avoir réagi en homme.

Florence : - Il vous suffisait de divorcer et l'affaire était réglée. Entre gens civilisés on sait que toutes nos attractions ne sont que des réactions chimiques.

Maître Pierre, *sourit* : - Réactions chimiques ! Où vas-tu chercher tout ça !

Florence : - L'amour, les sentiments, tout ça, oui tout ça, notre vie, ce n'est qu'une suite de réactions chimiques. Heureusement l'esprit peut quand même se construire des notions d'équité, d'intégrité, de dignité. Et toute société tente d'inculquer des règles morales qui ne sont qu'une manière de vivre ensemble sans se dévorer.

Maître Pierre : - Comme tu parles bien, ma Flo.

Florence : - Il est vrai que c'est insupportable pour vos idées judéo-chrétiennes, que nous ne soyons qu'un conglomérat d'atomes...

Maître Pierre : - Tu vois bien qu'il vaut mieux avoir un

enfant de moi. Ainsi tu sauves tout, le cocu n'est plus cocu. Moins un par moins un, égal un.

Florence : - La vie ce n'est pas des mathématiques.

Maître Pierre : - Tu me laves du déshonneur. Tu rends propre le nom de ton enfant. Notre enfant sera l'enfant de la justice.

Florence : - Et Marcel ?

Maître Pierre : - Marcel est une erreur. Il ne saura jamais, ce sera notre secret. Tu pourras même divorcer ensuite si tu le souhaites. Je signerai les papiers nécessaires pour que l'héritier de l'étude soit notre fils.

Florence : - Et si c'est une fille !!!

Maître Pierre : - Hé ! Je suis large d'esprit ! Elle sera héritière.

Florence : - Ce que tu me demandes est ignoble.

Maître Pierre : - Tu ne peux plus répondre ça maintenant que tu sais.

Florence : - Mais comment vais-je pouvoir regarder Marcel en face ?

Maître Pierre : - Il te suffit d'arrêter la pilule et dans trois mois tu lui lanceras qu'il devrait rentrer plus souvent ivre, comme le soir où vous aviez eu des… des relations.

Florence : - Comment savez-vous qu'entre Marcel et moi ce n'est pas…

Maître Pierre : - Tu sais bien que votre chambre est juste derrière la petite salle me servant parfois de bureau.

Florence : - En plus tu m'espionnes !

Maître Pierre : - Hé ! Quand on aime quelqu'un, ce n'est pas l'espionner que de passer la nuit à écouter sa respiration.

Florence : - Ne joue pas les romantiques.

Maître Pierre : - Tu as sauvé ma vie, Flo.

*On frappe.*

Maître Pierre : - Entrez.

*Entre Yvonne*

Yvonne : - J'ai besoin de tes bras, Pierrot.

Maître Pierre : - Tu vois bien que nous sommes en plein travail. Ça ne peut pas attendre les bras du fiston ?

Yvonne : - Premièrement, je n'ai pas l'impression que vous soyez en plein travail, et deuxièmement, si tu veux manger ce midi…

Maître Pierre, *se lève* : - Bon, bon (*à Florence*) sortez le dossier et rédigez le préaccord.

*Florence se lève… Et dès que tout le monde est sorti, va s'effondrer dans le fauteuil du notaire.*

Florence : - Je fais quoi, moi, maintenant ? Si je ne couche plus avec lui, fini le fric. Une femme a besoin d'une cagnotte dans ce pays ! Mais avoir un enfant de lui ! Oh non ! Et ne pas en avoir ? Est-ce que Marcel m'en fera un, un jour ? Visiblement, le sexe et lui, ça fait deux. Alors ?… Voilà ce qui arrive quand on est pauvre et qu'après des études sans débouchés, on se laisse convaincre qu'un mariage d'intérêt est finalement préférable à une vie de caissière.

**Rideau**

# Acte 2

*Même décor, le notaire dans son fauteuil, Florence assise sur l'une des chaises devant le bureau.*
*Le notaire lit une lettre à haute voix.*

Maître Pierre : - Madame le maire,

En octobre de l'année dernière, vous aviez jugé ma demande conforme aux intérêts de la commune. Je souhaitais simplement acquérir quelques mètres carrés devant chez moi, afin d'y réaliser un trottoir et une entrée digne de notre historique commune. Ce qui n'influerait guère sur la taille de la place du cimetière ni sur sa capacité d'accueil des voitures. Qui plus est, mes travaux embelliraient le bourg.
Après votre accord de principe, cette demande a soulevé des oppositions en votre vénérable conseil municipal.
Je me permets donc de réitérer cette requête, cette fois de manière officielle, par lettre recommandée.
Ainsi, soit ma demande sera acceptée, soit les motifs du refus seront communiqués. Les deux issues permettront de mettre fin à certaines rumeurs sur une décision politique, ou celle d'une vengeance personnelle suite à une tentative d'arnaque ayant échoué…

*Silence exaspéré… il reprend :*

Naturellement, si vous jugez préférable, afin d'éviter toute remarque d'un enrichissement grâce à ses fonctions, que cette transaction s'effectue ailleurs qu'en l'étude de votre premier adjoint et néanmoins notaire en notre commune, je m'engage à prendre en charge nos frais de déplacement chez le notaire

compétent et intègre de votre choix.
Veuillez agréer… Etcetera…

*Silence.*

Maître Pierre : - Vous vous rendez compte, Florence, le petit con.

*Florence sourit.*

Maître Pierre : - Ça vous fait sourire, Florence !
Florence : - C'est bien tourné. Des sous-entendus précis, évidents, mais aucune diffamation.
Maître Pierre : - Bien écrit ! Hé ! Il n'est pas gêné, il est écrivain ! Il devrait avoir honte d'utiliser sa profession pour ainsi m'attaquer, « *tentative d'arnaque ayant échoué !* » Le scélérat ! Le petit con !
Florence : - Vous avez bien utilisé votre position pour vous venger !
Maître Pierre : - Florence ! Vous n'allez quand même pas me critiquer ! Jamais ! Tu m'entends ! Jamais il ne les aura ses trente mètres carrés. Même dix, même cinq, moi vivant, ce sera toujours non !
Florence : - Et si le conseil municipal juge sa demande recevable ?
Maître Pierre : - Tu sais bien que cette pauvre femme n'a que le titre de maire, qu'elle n'y connaît absolument rien à la gestion de notre commune, qu'en conséquent elle n'a absolument rien à me refuser.
Florence : - Mais si elle te demande tes raisons ?
Maître Pierre : - Hé ! Est-ce que moi je lui demande ses raisons ? Les raisons de Christine sont les plus connues du canton.
Florence : - Tu es vraiment rancunier !
Maître Pierre : - Rancunier, moi ? Jamais ! (*en souriant*) Comme un homme ! Si comme tout poète digne de ce nom il se suicide, je suis d'accord pour rebaptiser une rue et

prononcer un éloge funèbre. La mort absout de tout. Même du manquement à sa parole. J'ai de la religion, Florence, tu sais.

Florence : - Oh ! Vous souhaitez sa mort !

Maître Pierre : - C'est bon pour le tourisme d'avoir eu un poète. Nous manquons d'attractivité ! Et il m'avait promis ma commission. Entre hommes, l'engagement passe avant le droit.

Florence : - Mais tu sais bien qu'elle n'était pas légale !

Maître Pierre : - Quand on promet on s'engage !

Florence : - Tu sais bien qu'il n'est pas fou. S'il ne t'avait pas promis ta petite commission sans facture tu l'aurais pigeonné !

Maître Pierre : - Les affaires sont les affaires ma fille ! Tu n'es pas née de la dernière pluie.

Florence : - Parlons donc de notre contrat.

*Le notaire soupire, en souriant, prend dans sa poche son trousseau de clés, ouvre un tiroir, en sort une chemise verte et la tend à Florence.*

Florence, *se lève* : - Bien, maître, je vais étudier cela comme un acte des affaires sont les affaires !

Maître Pierre : - Hé ! Tu peux lire ici… Tu sais comme te regarder est un de mes grands plaisirs.

Florence, *en souriant* : - Comme tu l'as si bien exprimé et comme je l'ai simplement répété : les affaires sont les affaires.

*Maître Pierre sourit, Florence sort.*

Maître Pierre : - Quelle femme ! Mais mon Dieu ! Comme c'est difficile de sauver sa vie ! « Pierrot aime l'argent ! » Ah ! S'ils savaient où va mon argent ! S'ils savaient ils diraient « Pierrot aime le cul. » Comme c'est difficile ! S'il savait le mal qu'il m'a fait ce Ternoise en me refusant ma petite commission. « Pierrot est le pire des magouilleurs. » Alors que je n'ai jamais réclamé plus que de nécessaire. Enfin (*il sourit*) tout s'arrange. Un enfant ! Je vais avoir un enfant ! Avec la plus belle femme du monde. J'aurai un véritable héritier ! J'ai quand même le droit aussi au bonheur. TSA, tout sauf l'assassin ! Mais je ne suis pas un assassin ! En période de guerre, les survivants sont décorés. C'est la loi qui est mauvaise ! Certains ont fait bien pire et pourtant, ils ont la légion d'honneur ! Je ne vais quand même pas porter ce fardeau toute ma vie ! Mais je les aurai à l'usure ! Je serai centenaire ! Ils seront tous au cimetière, ceux qui savent, ceux qui croient savoir, ceux qui ont deviné ! Je les écrase déjà par mon fric ! Je leur survivrai ! Je les enterrerai tous ! Et pourquoi je ne le reconnaîtrais pas cet enfant ! Flo me prend pour un âne en matière scientifique... Mais je sais bien qu'avec un test ADN, je pourrais prouver qu'il n'est pas mon fils, cet idiot de Marcel, et prouver ma paternité ! Oh Flo ! Si je t'épousais, ma Flo ! Tant pis si la vieille se suicide ! Mon bonheur avant tout ! Et nous partirons de ce coin perdu ! Tu mérites mieux que tout ça, ma Flo...

*On frappe*

Maître Pierre : - Entrez.

*Yvonne entre.*

Yvonne : - Pierrot, il faut que je t'en cause ... Car je suppose que tu n'as rien remarqué...
Maître Pierre : - Je t'écoute.
Yvonne : - Florence a l'air bizarre ces jours-ci.
Maître Pierre, *en souriant* : - Bizarre ? Tu as vraiment dit bizarre, comme c'est bizarre.
Yvonne : - N'ironisez pas. Elle nous cache quelque chose. Elle a changé.

Maître Pierre : - Florence est une jeune femme, elle ressemble plus à son époque qu'au village, nous avons eu son âge.
Yvonne : - Mais elle ne m'a pas dit bonjour depuis plus d'un mois ! On s'entendait si bien avant ! Du jour au lendemain !
Maître Pierre : - Votre fils lui a peut-être bredouillé des confidences sur l'oreiller !
Yvonne : - Oh !
Maître Pierre : - Quoi oh !
Yvonne : - Vous m'aviez promis, promis de ne jamais utiliser ce « votre. »
Maître Pierre : - Il faut donc croire que cette expression m'a échappé. Bref, votre bizarre ne méritait pas que vous délaissiez ainsi votre cuisine.
Yvonne : - Et d'ailleurs, que faites-vous ici à cette heure ?
Maître Pierre : - Hé pardi ! Je suis en mon étude. J'attends la clientèle.
Yvonne : - Et vous n'aviez pas rendez-vous avec le châtelain ?
Maître Pierre : - Oh zut ! (*il regarde sa montre*) Je me sauve... Vous direz à Florence que nous terminerons le dossier à mon retour...
Yvonne : - Naturellement... Florence connaît suffisamment son métier pour que je n'aie pas à lui préciser...

> *Il est à un mètre de la porte donnant sur l'extérieur quand Florence, en colère, ouvre la porte secrétariat, tenant de la main droite le dossier.*

Maître Pierre : - Florence, j'ai rendez-vous avec le châtelain... Excusez-moi...

*Le notaire sort rapidement.*

Yvonne : - Vous entrez chez le notaire comme dans un moulin, sans frapper.
Florence : - Mais j'ai frappé, madame Yvonne. Peut-être devriez-vous consulter un spécialiste.
Yvonne : - Oh !
Florence : - Vous vouliez dire « *certes* », je suppose. Voyez donc un audioprothésiste.
Yvonne : - Oh ! Décidemment, cette journée n'annonce rien de bon. Mes calculs astrologiques se révèlent une nouvelle fois exacts. Puisque c'est ainsi, vous mangerez ce que vous trouverez, je vais me recoucher !
Florence : - Vous allez !…
Yvonne : - Oui Florence… La dernière fois que mes calculs astrologiques ont donné 124… Oh non ! Oh mon Dieu ! Quel drame va nous tomber dessus aujourd'hui ?
Florence : - Et qu'advint-il alors ?
Yvonne : - Vous êtes trop curieuse parfois, ma fille.

*Yvonne fait un pas en direction de la porte.*

Florence : - C'était le matin du puits.

*Yvonne vacille. Se retourne.*

Yvonne : - Vous venez de dire ?
Florence : - Je vous posais une question… La journée 124, c'était bien celle du puits ?
Yvonne : - Mon Dieu ! Mon Dieu ! (*elle s'effondre sur une chaise*)
Florence, *tente de la relancer (doucement)* : - Le puits…
Yvonne : - Qui vous a parlé du puits !
Florence : - Vous, Yvonne.
Yvonne : - Je ne vous ai jamais rien dit.
Florence : - Justement, il faudrait m'expliquer, sinon j'imagine.
Yvonne, *se lève* : - N'imaginez jamais Florence ! Tout le

monde a ses secrets. Mon Dieu ! Et vous annoncerez aux hommes que je suis souffrante, qu'il ne faut pas me déranger.

*Yvonne sort.*

Florence, *s'assied dans le fauteuil du notaire* : - Je devrais peut-être prendre mes jambes à mon cou et quitter cette maison de fous !... Ah non !... Quand même pas au moment où tout va s'arranger ! Il a intérêt de me la modifier cette petite phrase ! Il faut quand même qu'on se dépêche de passer une nuit ensemble ! (*Florence sourit*) Si dans deux siècles quelqu'un déterre toute cette famille pour des tests ADN, quel sac de nœuds ! Mais enfin, tout le monde sera heureux ! Le bonheur dans l'ignorance ! Marcel se demandera comment il a réussi à me faire un enfant mais il sera fou de joie ! Pierrot va triompher ! Et moi ! Je suis la reine Machiavelle ! Et en plus amoureuse ! Et si en plus c'était réciproque ? Pauvre notaire ! Encore une fois cocu ! Et cette fois avec son écrivain préféré !... Il avait tellement besoin d'être consolé !... Les hommes sont vraiment aveugles et naïfs. Encore attendre cette traînée incapable de rester fidèle trois mois en Ethiopie, quand je suis si près... Quelle grande dynamique ! Tu es mon ami, mon amour, mon amimour. Ah ! Si notre câlin pouvait devenir quotidien... Calme-toi Flo... Personne ne doit deviner pour l'instant cet amour clandestin... Je divorcerai avec un pactole et on vivra ensemble, mon écrivain adoré. Mon amimour, notre Amour nous le vivrons au quotidien, ne t'inquiète pas, nous pouvons dire ou écrire mon chéri ou mon amour à d'autres et continuer notre grande dynamique. Ils ne peuvent pas nous comprendre...

*On frappe.*

Florence : - C'est ouvert.

*Entre Marcel (très efféminé).*

Marcel : - Oh Flo ! Toi dans le grand fauteuil de père ! Oh Flo ! S'il te voyait !
Florence : - J'ai autant droit à cette place que lui !

Marcel : - Oh Flo !
Florence : - Finalement, maître Pierre n'a jamais obtenu le moindre diplôme et tout le monde le croit notaire.
Marcel : - Oh Flo ! Père déteste qu'on l'appelle ainsi, tu le sais bien.
Florence : - Quoi, maître Pierre, ça swingue !
Marcel : - A son époque, tu le sais bien, tous les métiers s'apprenaient sur le tas. Il faut plutôt admirer son parcours.
Florence : - Tu l'admires vraiment ! Franchement ? Entre nous, dans le secret de ce confessionnal improvisé.
Marcel : - Oh Flo ! Tu plaisantes ? Avoir maintenue vivace cette étude à la campagne, c'est une véritable performance, tu le sais bien.
Florence : - Est-ce que tu m'aimes ?
Marcel : - Oh Flo ! Que se passe-t-il ?
Florence : - Tu ne m'écris jamais de grandes lettres d'amour.
Marcel : - Oh Flo ! Tu sais bien…
Florence : - Ça faisait si longtemps que nous n'avions pas fait l'amour.
Marcel : - Fait l'amour !
Florence : - C'est charmant ! Tu ne te souviens plus !
Marcel : - Oh Flo ! Mais si !…
Florence : - Tu étais vraiment ivre !
Marcel, *troublé :* - Je disais… Faire l'amour… C'est bien normal pour un jeune couple…
Florence : - Mais c'est rare.

Marcel : - Rare, rare… Tu comptes, toi ?

Florence : - Les doigts d'une seule main suffisent.

Marcel : - Oh Flo… Tu sais combien je suis harassé, vidé, toujours sur les routes… Et cette histoire d'étude me perturbe… Tu sais bien qu'il me faut au moins neuf heures de bon sommeil. Je me demande vraiment pourquoi père ne veut pas qu'au moins nous soyons associés. Je ne demande rien d'extraordinaire. Les collègues ont des petits sourires déplaisants quand ils me posent la question.

Florence : - Il suffirait que tu ne lui laisses pas le choix.

Marcel : - J'aimerais t'y voir !

Florence : - C'est simple : j'arrive, je m'assieds sur le bureau, je le regarde droit dans les yeux, je fredonne « tin tin tin. »

Marcel : - Tu sais bien que personne ne peut soutenir son regard !

Florence : - Un certain Ternoise l'a fait.

Marcel : - Ça ne lui a pas porté bonheur. Jamais il n'aura son trottoir.

Florence : - Moi aussi, si je veux, je soutiens son regard, au vieux.

Marcel : - Oh Flo !

Florence : - Alors, tu lui balances : « puisque tu souhaites travailler jusqu'à 96 ans, je vais reprendre une étude à Cahors. »

Marcel : - Et s'il me répond « bonne chance, le fiston. »

Florence : - Hé bien ! Nous partirons à Cahors ! Mais il n'osera jamais prendre ce risque (*sourire*), il sait bien qu'il te suffirait de quelques mois pour que ton étude prenne nettement plus d'importance que la sienne.

Marcel : - Je n'oserai jamais. Et tu sais bien que je ne ferai jamais rien qui puisse le contrarier.

Florence : - Tu as la possibilité plus radicale : tu descends une demie bouteille de whisky et tu l'attrapes par la cravate, tu lui cries dans les oreilles « tu signes ou je te casse la gueule. »

Marcel : - Oh Flo ! Où vas-tu chercher tout ça ? Parfois tu me fais frémir !

## ***Rideau***

## Acte 3

*Même décor. Le notaire derrière son bureau. Florence, enceinte, assise sur une chaise à la droite du bureau.*
*Devant le bureau, assis : Madame le maire du village et Stéphane Ternoise. Florence, le plus discrètement qu'il lui est possible, le dévore régulièrement des yeux.*
*Madame le maire signe les feuillets d'une pochette verte.*

Madame le maire : - Et voilà, tout est en ordre. Une dernière signature. Encore une bonne chose de faite.
Maître Pierre : - Florence a rédigé l'acte, tout est donc parfait. Pour nous, un tel acte, c'est la routine, notre pain quotidien.
Madame le maire : - Enfin, je suis satisfaite que cette affaire se termine… (*se tournant vers Stéphane :*) je pense que certaines pages de certains sites Internet vont ainsi êtes positivement modifiées.
Stéphane Ternoise : - Vous savez… Je ne suis pas propriétaire de l'ensemble des sites Internet de la planète. Même pas de ceux de l'espace francophone. Qui plus est, même dans le canton, des voix divergentes peuvent s'exprimer ! Internet est un espace démocratique rarement présent en démocratie.
Madame le maire, *en souriant :* - Je vous fais confiance. Je crois que vous savez très bien les pages auxquelles je me réfère. Notre village a besoin d'entente cordiale, c'est aussi mon rôle d'apaiser les relations.
Stéphane Ternoise, *en souriant* : - Vous le savez bien, un écrivain se sert de sa vie comme source principale d'inspiration. Imaginez qu'un jour je me mette au théâtre et qu'une de mes pièces présente Madame le maire et monsieur le notaire d'un petit village du Quercy.
Maître Pierre : - Ce serait déloyal, monsieur.

Stéphane Ternoise, *très badin* : - Je sais naturellement que la loyauté est un des piliers de votre ordre.

Maître Pierre : - Je suis très heureux de vous l'entendre ainsi rappeler.

Stéphane Ternoise : - Mais l'écrivain n'a pas à se plier aux apparences, aux contingences, aux allégeances, il peut exposer le noyau noir de sa vie, et celui des autres. Chaque profession a ses grandeurs et ses bassesses.

Madame le maire : - La vie m'a appris qu'il est toujours préférable de ne pas généraliser.

Stéphane Ternoise : - Alors généralisons ! Car tous les métiers sécrètent une déformation professionnelle, les écrivains puisent dans leur vie, les viticulteurs vérifient du matin au soir si leur vin vieillit bien, les institutrices font des enfants, les fonctionnaires bougonnent et il est même des professions où l'on tente systématiquement d'obtenir un peu d'argent en liquide.

Madame le maire, *se levant* : - Maintenant que tout est ordre, nous n'allons pas vous déranger plus longtemps, maître…

Stéphane Ternoise, *se levant et se tournant vers Madame le maire* : - Ne vous inquiétez pas, Madame le maire ! Je parlais naturellement des agriculteurs et leur propension à vendre sans facture.

Madame le maire, *lui souriant* : - De part ma profession, j'avais saisi. Il est même des agriculteurs qui chaque année me demandent s'il n'y aurait pas un moyen de contourner la loi. Pour les subventions, ils veulent des factures mais quand il s'agit de gruger l'état, ils sont les premiers. Nous sommes passés depuis bien longtemps à la comptabilité réelle et ce genre de pratique est de l'histoire ancienne. Comme dans de nombreuses professions.

Stéphane Ternoise : - Ce qui n'empêche pas certains d'essayer !

*Maître Pierre se retient de réagir.*

Madame le maire : - Quand l'honnêteté y gagne, tout le monde est gagnant. (*se tournant vers le notaire, approchant sa main droite pour serrer celle de son premier adjoint*) Pierrot, on se voit demain soir au Conseil.
Maître Pierre : - Si notre Dieu à tous me prête vie ! Je n'ai jamais raté un Conseil depuis mon élection. Même avec 39,2 de fièvre, j'étais fidèle au poste. Je crois qu'un jour je mériterai une citation dans le livre des records.
Madame le maire : - L'homme le plus ponctuel du canton (*elle se tourne vers Florence et, lui serrant la main* :) Florence, vous allez donc bientôt laisser votre beau-père sans secrétariat.
Florence : - Il ne sera jamais seul ! Marcel débute en associé le vingt-cinq.

Madame le maire, *se tournant vers le notaire* : - Alors c'est fait ! Le fiston revient au village.
Maître Pierre : - Je pensais vous l'annoncer au Conseil... Florence, vous m'avez grillé.
Florence : - Oh excusez-moi...
Madame le maire : - Je garde l'information pour moi. Case « confidentiel. » Je vous laisserai la parole à la fin du Conseil. Si vous le permettez je ferai préparer le champagne.
Maître Pierre : - Oh, ce n'est pas nécessaire, c'est dans l'ordre des choses, n'en faisons pas un événement.
Madame le maire : - Vous connaissez ma position : « il ne faut jamais rater l'occasion de servir le verre de l'amitié, il rapproche ainsi les gens, ressoude la sensation d'appartenir à une communauté, en un mot, l'amitié. »
Stéphane Ternoise, *voix faible, durant la respiration de Madame le maire* : - Surtout quand il est payé par la

collectivité ! (*Madame le maire et maître Pierre font comme s'ils n'avaient pas entendu et Florence sourit*)
Madame le maire : - Enfin, Pierrot, nous en reparlerons et vous déciderez.
Stéphane Ternoise : - Tout est pour le mieux dans le meilleur des mondes.
Maître Pierre, *tout sourire* : - Vous l'avez dit !
Stéphane Ternoise, *serrant la main du notaire* : - C'est une réplique d'un ami, le sieur Voltaire. Un brave homme.
Maître Pierre : - Je m'en doutais.
Stéphane Ternoise, *serre la main de Florence* (*ils sont troublés*) : - Madame.
Florence, *retenant sa main plus que de nécessaire* : - Vous allez donc nous écrire une pièce de théâtre ?
Stéphane Ternoise : - Pas pour l'instant… Ce n'était qu'une réflexion de circonstance… Je reste fidèle au vieux roman. Quand on se sent bien quelque part, on a des difficultés à changer, ailleurs ça peut faire peur, quand on se sent bien dans un genre, on a des difficultés à le quitter… (*de plus en plus troublé*) Alors ça ne servirait à rien d'aller me divertir avec du théâtre… J'ai mes habitudes. Nous avons tous nos habitudes. Le théâtre contemporain n'intéresse personne.
Florence : - Pourtant je crois que vous pourriez faire de belles choses au théâtre. Quelqu'un a écrit que vous avez le don du dialogue.
Stéphane Ternoise : - Ça devait être l'un de mes pseudos ! Comme Stendhal a signé sous deux cents noms, je supplée les journalistes sûrement trop occupés ailleurs. Peut-être qu'un jour je changerai de vie, je changerai de genre… Et terminerai ma vie fidèle au théâtre…

> *Madame le maire, qui jetait des regards discrets au notaire, ouvre la porte.*

Florence : - La littérature est mon jardin secret.

Stéphane Ternoise, *en souriant* : - Vous êtes donc une exception dans le canton. Tenez bon, la littérature est la vraie vie… Et si un jour vous souhaitez devenir membre du jury salondulivre.net… Vous n'avez qu'à passer me voir.

Florence : - Oh merci !… Mais je doute d'être à la hauteur du jury d'un prix littéraire… Je suis une simple lectrice…

Stéphane Ternoise : - Lire permet de conserver une certaine humilité… Mais parfois il faut savoir saisir les occasions qui se présentent.

Madame le maire : - Excusez-moi, mais on m'attend au bureau.

Stéphane Ternoise : - Je vous suis, Madame le maire, même si nos routes sont opposées.

Madame le maire : - Bonne journée mes amis.

Maître Pierre : - A vous pareillement, Christine.

*Stéphane sort avec Madame le maire, referme la porte.*

Maître Pierre : - Je croyais qu'il ne partirait jamais ! Vous avez exagéré Florence ! Vous ne croyez pas que de m'obliger à retirer mon veto à la mairie était déjà bien suffisant !

Florence : - Je souhaite moi aussi tout faire pour apaiser les tensions dans notre pays. Il est de notre devoir de travailler au rassemblement de la nation (*on la sent ailleurs*)

Maître Pierre : - Tu vas bien ?

Florence : - Ce n'est pas tous les jours qu'on a la chance de parler avec un écrivain.

Maître Pierre : - Vous n'allez quand même pas me faire croire que sa conversation vous intéressait.

Florence : - Je suis admirative des gens qui vivent debout.
Maître Pierre : - Ecrivain, écrivain, qu'il dit. En tout cas, il vit du RMI. Ça permet peut-être de se donner un genre, écrivain, mais ça ne nourrit pas son homme.
Florence : - Mais l'éternité lui appartient ! Qui se souviendra de nous dans 200 ans, alors que Molière, Racine, Hugo, Voltaire, Auster, sont éternels.
Maître Pierre : - Il est vrai que vous avez fait des études littéraires. En tout cas, moi je préfère vivre comme je vis plutôt que dans la misère comme cet écrivaillon.
Florence : - Il faut une certaine grandeur pour accepter d'avancer à contre-courant.
Maître Pierre : - Ce n'est pas une raison pour vivre aux crochets de la société ! Il proclame refuser toute subvention mais n'hésite pas à se la couler douce au Rmi ! Il pourrait au moins être honnête !

*Florence éclate de rire.*

Maître Pierre : - Flo !
Florence : - Excusez-moi, je n'ai pas pu me retenir.
Maître Pierre : - Et qu'ai-je dit d'aussi drôle ?
Florence : - Le mot honnête, dans votre bouche.
Maître Pierre : - Oh ! Flo ! Comment me considères-tu ?
Florence : - En plus, c'est une réplique de votre écrivain préféré. Quand il se met en scène et se tourne en dérision.
Maître Pierre : - Parce qu'en plus vous achetez ses livres !
Florence : - Avec mon argent !
Maître Pierre : - Toi, ton mari devrait te surveiller ! Je trouve que tu vas un peu trop souvent là-haut !
Florence : - Oh ! Je marche ! Je ne suis avancée au bourg qu'une seule fois. Et c'était justement pour acheter son troisième livre. Parce que j'avais lu une excellente critique

sur internet... Tu ne vas quand même pas reprocher à une femme enceinte de marcher !
Maître Pierre : - Mais non, ma Flo. C'était juste pour te taquiner. Même pour une gloire posthume, je n'échangerais pas ma place contre la sienne... Je suis l'homme le plus heureux du monde... Approche ma douce, ma fleur, mon soleil, que j'effleure notre enfant. J'en deviens poète aussi !
Florence : - Pas ici, nous l'avions convenu.
Maître Pierre : - Où alors ?! Je suis quand même son papa à ce petit bout de chou qui m'a l'air bien vigoureux.
Florence, *apitoyée, s'approche* : - Allez, une main.

*Le notaire, la main gauche sur le ventre de sa belle-fille est aux anges. On frappe.*

*Entre Yvonne. Le notaire, tout à son émerveillement, n'avait pas entendu frapper. Il sursaute, comme pris en faute.*

Yvonne : - Oh !... Le notaire a beau être votre beau-père, je ne pense pas que cette attitude soit bien convenable.
Maître Pierre, *soudain en colère* : - Madame, tu m'emmerdes.
Yvonne : - Oh !
Maître Pierre : - C'est la première fois de ma vie que je touche le ventre d'une femme enceinte. La première ! A soixante-cinq ans ! Il est certains sujets sur lesquels je vous prierais de tourner trente-sept fois votre langue avec d'ouvrir la bouche. Et qu'on n'aborde plus le sujet ! Silence !
Yvonne : - Mon Dieu (*elle joint les mains*) 124... 124... Mes calculs astrologiques sont à 124.
Florence, *en souriant* : - C'est la troisième fois cette année que vous paniquez à cause de vos calculs... Et que je sache, les deux premières fois, la terre ne s'est pas

arrêtée de tourner. Elle tourne même sans jamais dévier de sa route, elle !

Yvonne : - Ma fille... Ma fille... Dieu vous pardonne... Vous ne savez pas tout... Heureux les innocents...

*Florence la fixe.*

Florence, *en souriant* : - Vous devriez prendre du Prozac, comme vous l'a prescrit le docteur.

Yvonne : - Le docteur, oh ma fille, si vous saviez ! Des mises en garde ! Pour annoncer un engrenage. Et l'inéluctable avance pas à pas... Mon Dieu... 124 était sorti deux fois aussi avant...

*Le notaire fait un geste de la main pour sa belle-fille, en direction de son épouse, signifiant : elle est folle.*

Yvonne : - Je n'y avais pas fait attention, la première fois... J'étais à l'âge de l'ignorance.

Maître Pierre : - Madame, vous divaguez. Laissez-nous travailler.

Florence, *en souriant* : - Je crois que ce midi nous mangerons des sardines... Heureusement, l'armoire est pleine de cakes ! Je suppose, madame Yvonne, que vous préférez retourner vous coucher...

Yvonne : - Ne souriez pas ma fille... N'ironisez pas ainsi ma fille... Oui ma fille... Je n'ai plus que cela à faire... Ne souriez pas... Vous ne savez pas sur qui va tomber la foudre aujourd'hui... Je ne peux m'opposer à l'inéluctable... J'ai pourtant tout essayé... J'ai fait une neuvaine, brûlé des cierges, prié Saint Benoît, Saint Christophe ! J'ai même prié notre regretté Jean-Paul II, le Saint Homme... (*elle joint les mains*) Je m'en remets à ta volonté, Seigneur.

*Elle fixe une toile (un château), se signe puis sort en courant.*

Maître Pierre : - Si on ne la connaissait pas, elle nous donnerait le cafard.
Florence : - Pauvre femme... Où mènent les superstitions ! Mais qu'y a-t-il dans le coffre-fort ? (*le montrant de la tête*)
Maître Pierre : - Pourquoi me poses-tu cette question ?
Florence : - Je ne t'ai jamais vu l'ouvrir... Yvonne a fixé avec une telle intensité le tableau, j'en conclus qu'elle scrutait derrière la toile.
Maître Pierre : - La pierre.
Florence : - Oh ! La pierre ! Vous gardez dans votre coffre la pierre qui a tué son amant.
Maître Pierre : - Je l'ai cachée là le premier jour. A cause du sang. Je souhaitais la jeter dans la Garonne. Et les années sont passées. Le temps passe si vite quand...
Florence : - Il faut le faire. Vous ne pouvez quand même pas garder cette pierre alors que Marcel...
Maître Pierre : - J'ai bien réalisé l'acte de ce Ternoise, je peux jeter cette pierre.
Florence : - Montre-la moi.
Maître Pierre : - Ça non !
Florence : - Et pourquoi ? Puisque tu vas la jeter, j'ai le droit de la voir.
Maître Pierre : - Tu oublies ton état ! Tu crois que je me le pardonnerais si je te causais un choc !
Florence : - Bon... Parfois tu as raison ! Mais tu me promets de la balancer aujourd'hui.
Maître Pierre : - Je vais à Montauban cette après-midi... Je crois d'ailleurs que je vais partir tout de suite et me payer le restaurant.
Florence : - Alors je mangerai des sardines seule.
Maître Pierre : - Votre mari doit rentrer ce midi.
Florence, *en souriant* : - Je l'oubliais lui !... Je vous laisse donc vous préparer.

*Elle fait deux pas vers la porte.*

Florence : - Bon courage.

Maître Pierre : - Merci Flo… Je te rapporte une bouteille de Sauternes ?… Et un peu de foie gras ?…

*Elle lui envoie un baiser, sourit et sort.*

Maître Pierre : - Cette pierre n'a plus rien à faire ici. J'ai quand même été imprudent de la garder. Je vis dangereusement ! Comment aurais-je expliqué le sang de cet idiot sur une pierre dans mon coffre-fort ! (*en souriant*) Personne n'aurait osé demander l'ouverture du coffre-fort du notaire !

*Tout en parlant, il se lève, va au coffre-fort, retire le tableau, le pose sur une chaise, prend son trousseau de clés, ouvre le coffre-fort et caresse la pierre.*

Maître Pierre : - J'ai ici assez de secrets pour déclencher une guerre civile dans le canton… L'arme fatale !

*Marcel entre sans frapper, une bouteille de whisky en main, claque la porte, titube, regarde vers le bureau et ne voit pas le notaire.*

Marcel : - Où il est, où il est ! Il est pas là, ce salaud.

*Le notaire le regarde sans comprendre.*
*Marcel donne un coup de pied dans le bureau, renverse une chaise. Avec sa bouteille de whisky il jette par terre quelques dossiers ; elle se renverse sur le bureau. Il se retourne, fait deux pas vers la porte du secrétariat, et aperçoit le notaire.*
*Marcel se précipite vers lui, en titubant.*

Marcel : - Salaud.

Maître Pierre : - C'est à ton père que tu t'adresses ainsi. Veux-tu t'excuser immédiatement.

Marcel : - Maman m'a tout raconté. Salaud. Assassin.

*Marcel attrape le notaire par la cravate, le pousse contre le mur.*

Maître Pierre : - Hé doucement... (*il repousse Marcel qui continue à le tenir du bout des bras*) Ta mère est très perturbée ce matin... Tu ne connais pas très bien les femmes... Mais il y a des périodes où elles sont sujettes à certaines vapeurs... (*Marcel le fixe dans les yeux*)
Marcel : - Salaud, assassin.
Maître Pierre : - Tu as fêté ton départ de Cahors... Allez lâche-moi... Sinon je vais devoir te faire une prise de judo... Il faudra que tu te modères un peu niveau boisson quand...

> *Marcel voit la pierre dans le coffre, pousse le notaire qui se cogne contre le mur, il prend la pierre dans le coffre et fonce sur le notaire, lui fracasse la tête. Le notaire n'a même pas le temps d'esquisser un geste.*
> Maître Pierre s'effondre en bredouillant « Flo. »
> Florence entre, hurle « non ! »

### Rideau - Fin

# Chanteur, écrivain : même cirque

*Comédie contemporaine en trois actes*

*Distribution* : Deux femmes, deux hommes

Sujet : un chanteur et un écrivain, en échec créatif et professionnel, et leur compagne.

Décor : le salon ; correctement tenu et meublé ; porte d'entrée et porte vers la cuisine ; un canapé, des chaises.

Le chanteur
Chantal : sa compagne.
L'écrivain
Elodie : sa compagne.

*Ont entre 25 et 30 ans à l'acte 1.*

## Acte 1

*Le chanteur et l'écrivain, assis dans le canapé. Deux bières vides sur la table basse et deux seront finies durant l'acte. Conversation entre amis comme ils ont pu déjà en avoir des centaines.*

Le chanteur : - Regarde, Gouriot, il a passé des années dans les bistrots, il a écouté, il s'est contenté de faire le tri, de mettre en forme et ça c'est vendu comme des petits pains, ses *brèves de comptoir*. Si tu veux vraiment être reconnu, compter dans ce milieu, il faut que tu trouves un sujet en béton et le proposer à un bon éditeur qui te lancera du tonnerre.

L'écrivain, *un temps puis en souriant* : - Le plus difficile, tout le monde le sait, c'est le sujet. Mais toi, si tu veux vraiment être Le chanteur top référence, il faut que tu trouves un créneau porteur, original. Souviens-toi de Cabrel arrivant à la télé en galoches, dans son costume de gascon attardé et devenant ainsi le nouveau petit prince du « nouveau romantisme. » Quand tu es connu, tu fais ce que tu veux mais avant faut bien leur donner ce qu'ils attendent.

Le chanteur : - Vaudrait peut-être mieux changer de pays !

L'écrivain : - Si les belges et les suisses viennent en France, chez eux ça doit pas être plus facile.

Le chanteur : - Le problème, c'est que maintenant si tu n'as pas des parents connus, il faut que tu en fasses dix fois plus que les autres pour être remarqué, dans ce pays.

L'écrivain : - On est dans le même bateau. C'est pareil dans la littérature.

Le chanteur : - Et il est trop tard pour se mettre au chinois, sinon on pourrait peut-être devenir les premières stars françaises là-bas.

L'écrivain : - Je peux toujours chercher une traductrice...
Le chanteur : - On ne s'en sortira jamais si tu racontes des conneries. Il faut être une star avant d'être traduit.
L'écrivain : - Tu l'as dit toi-même, il faut trouver un bon créneau, et ces choses-là, ça vient souvent en déconnant. Gouriot, tu crois pas que c'est durant un cours de philosophie qu'il a eu son idée géniale à la con !
Le chanteur : - Tu as écrit quoi ce matin ?
L'écrivain : - Une nouvelle.
Le chanteur : - Tu veux dire un roman, le début d'un petit roman dont tu sais déjà qu'après vingt pages tu vas l'abandonner, donc lui trouver une conclusion en queue de poisson.
L'écrivain : - Tu es gonflé parfois, toi qui ne dépasses jamais trois couplets un refrain.
Le chanteur : - C'est la loi du genre.
L'écrivain : - Léo Ferré faisait parfois trois pages.
Le chanteur : - Mais il est mort ! Plus de voix, Ferré ! Vive le chanteur du futur ! (*il boit une gorgée de bière*) Alors, ta nouvelle ?
L'écrivain : - Je crois que c'est la première d'une longue série. Publier un recueil de nouvelles, ça vous place un écrivain.
Le chanteur : - Tu sais bien, ça ne se vend pas.
L'écrivain : - Le succès d'estime, quelques bons papiers, tu sais bien qu'à Brive j'ai enfin sympathisé avec notre grand chroniqueur des recueils de nouvelles. Le dossier de presse est souvent aussi important que le contenu.
Le chanteur : - C'est sûr, quand on a une bonne entrée, il faut en profiter.
L'écrivain : - En plus, maintenant, avec tout le fric qu'il y a dans le cinéma, ils sont tous à la recherche d'idées. Il suffit d'un bon papier, je l'envoie aux réalisateurs et c'est le début d'une grande carrière. Je pourrais alors aussi

placer des petits textes dans les magazines, tu sais que ça paye bien, ce truc.
Le chanteur : - Alors, elle raconte quoi, ta nouvelle ?
L'écrivain : - L'histoire de docteur Joker mister Kanter.
Le chanteur : - Un remake de docteur Jekyll mister Hyde.
L'écrivain : - On ne peut rien te cacher !
Le chanteur : - Joker, le jus de fruit et Kanter la bière.
L'écrivain : - Bien !
Le chanteur : - Vaste programme... Un mec au jus de fruit devant sa famille, à la Kanter quand il s'échappe...
L'écrivain : - Comment tu as deviné ?
Le chanteur : - Tu ne te souviens plus, sûrement, un soir au bistrot, en (*souriant*) « tournée », quand j'avais signé un contrat avec les MJC de Lille, Roubaix, Dunkerque, Douai, Arras et que tu m'avais accompagné comme « manager », tu m'as balancé : « t'es vraiment docteur Joker mister Kanter. »
L'écrivain : - Alors... Alors tu crois que j'écris parfois ce que j'ai raconté bourré !
Le chanteur : - Tu serais pas le premier.
L'écrivain : - Faut quand même faire gaffe ! On pourrait me chiper mes bonnes idées.

> *Entrée, sans frapper, de la compagne de l'écrivain, Elodie. Enthousiaste (on sent qu'elle se force un peu). Elle accroche sa veste à un portemanteau.*

Elodie : - Salut les hommes !
Le chanteur : - Salut Sainte Elodie Nelson !
L'écrivain : - Salut femme du grand écrivain méconnu !
Elodie, *un instant sombre* : - Tu as reçu une réponse négative ?
L'écrivain : - Rien, toujours rien. Trois mois et dix jours. Alors qu'ils m'avaient tous dit « Je l'attends avec impatience. »

Elodie : - J'en suis certaine, *la Poste* a tout perdu.

L'écrivain : - Tu crois qu'il faut vraiment refaire 6000 photocopies ?

Le chanteur : - On devrait s'acheter une photocopieuse, en couleur. Moi aussi ça me servirait. Mes affiches sont trop artisanales. Même Pierrot me l'a balancé.

L'écrivain : - Tu sais bien que ça vaut une fortune.

Le chanteur : - Pour ton anniversaire ! Ou alors faudra la demander à une mère Noël !

L'écrivain : - J'aurais pourtant mis ma main à couper que j'aurais au moins trois réponses téléphoniques. C'aurait vraiment été classe de pouvoir estomaquer les journalistes avec « le lendemain, trois éditeurs m'appelaient, enthousiastes… »

Elodie : - Tu sais bien que tout ça ce sont des histoires. Tu sais bien qu'un écrivain invente ce qu'il veut pour sa promo, et surtout ce qu'il pense le plus intéressant. Certains s'inventent même deux cents refus avant le premier manuscrit accepté. Ça leur donne un côté « obstiné » parfois recherché.

L'écrivain : - Mais je ne suis plus un débutant. A mon âge, avoir déjà eu deux livres édités, c'est… Le prix Goncourt dans quelques années et l'Académie Française à 60 ans… et même le panthéon quand il faudra bien se séparer.

Le chanteur : - Tu irais vraiment à l'Académie Française ?

Elodie : - Et pourquoi il refuserait ?

Le chanteur : - Tu as toujours craché sur cette institution, ce truc du Moyen Âge.

L'écrivain : - Je la dénigrerai jusqu'au jour où mon nom circulera dans les couloirs. Comme toi tu critiques la Légion d'Honneur mais je suis certain que tu l'accepterais.

Le chanteur : - Euh... Pour faire plaisir à ma mère ! Mais ils ne m'ont même pas encore remis la médaille de la ville, alors que je suis le plus grand espoir de la chanson. Si j'étais footballeur, il aurait suffi que je marque un but en finale de la coupe de France. On devrait peut-être prendre notre carte.

L'écrivain : - C'est trop risqué, imagine qu'ils perdent les prochaines élections.

Le chanteur : - En tout cas, pas ici.

L'écrivain : - C'est trop dangereux la politique. Un artiste doit être neutre. Les causes humanitaires, défiler contre la guerre, OK, mais jamais trop marqué.

Le chanteur : - C'est vrai, tu as raison. C'est juste qu'au Conseil Général ils m'ont encore demandé si j'ai ma carte.

Elodie : - Allez, je vous laisse travailler. (*elle sort par la porte de la cuisine*)

Le chanteur : - Tu as vraiment une femme super ! Elle te soutiendra toujours.

L'écrivain : - Tu crois vraiment que Chantal va en avoir marre de travailler pour deux ?

Le chanteur : - Tu sais bien, elle prétend « C'est pas le problème » mais ce serait quoi le problème alors, qu'elle fait toujours la gueule ? Dans ce pays, avec les femmes, à part la tienne qui est une merveille, ça plante toujours à cause du fric. Pourtant elle gagne assez pour deux ! Elle devrait savoir qu'un artiste il lui faut du temps, des encouragements.

L'écrivain : - Chantal, je trouve pas qu'elle fasse toujours la gueule.

Le chanteur : - Tu vas bientôt être de son côté, croire que j'invente ! Elodie, jamais elle te fait un reproche. Alors que moi, ça y est, elle est repartie, elle veut un môme.

L'écrivain : - Y'a des femmes comme ça... Mais ça va durer quelques jours et ensuite elle te laissera tranquille

six mois. J'sais pas, tu n'as qu'à lui dire que ça tomberait juste à la sortie de ton prochain album, et ça c'est vraiment pas possible.
Le chanteur : - Elle en a marre ! Tu diras, parfois je la comprends ! Quand je me mets à sa place. Quand c'est pas l'album, c'est une tournée, quand c'est pas une tournée, c'est la déprime.
L'écrivain : - Depuis le temps, elle devrait avoir compris qu'un artiste ce n'est pas un comptable. Il faut en baver avant de cartonner.
Le chanteur : - Je me demande s'il va sortir un jour ce prochain album.
L'écrivain : - Pourtant le précédent s'est bien vendu.
Le chanteur : - Pas assez pour ces messieurs ! Ils ont même osé me dire, hier, qu'il serait temps que je me mette vraiment à internet. Alors qu'il y a un an, ils rigolaient tous des chanteurs et leur petit site ! Ils prétendaient même « *ça concurrence la vente des CDs* » !
L'écrivain : - Tu vois ! Ils disent un jour noir, un jour blanc, et nous on est là, au milieu. Parfois je me demande s'ils comprennent les artistes.
Le chanteur : - Finalement… Il faut être réaliste, savoir faire son autocritique !
L'écrivain : - A jeun !
Le chanteur : - Oui ! Je peux regarder la réalité en face même à jeun ! Je suis un super chanteur… T'es d'accord ?
L'écrivain : - Tu sais bien.
Le chanteur : - Je suis un super compositeur… T'es d'accord ?
L'écrivain : - On va encore en arriver à la conclusion qu'on vit une époque pourrie…
Le chanteur : - Attends ! Je suis un auteur nettement meilleur que la majorité des auteurs, mais ce qu'il me faudrait c'est un super parolier.

L'écrivain : - Ouais ! Bof ! Tu crois vraiment que dans une chanson, le texte c'est aussi important que tu sembles le croire ce soir ?

Le chanteur : - Si seulement Gainsbourg et Boris Vian vivaient encore.

L'écrivain : - Tu serais allé leur demander un texte ?

Le chanteur : - On se serait pris une de ces cuites ! Et ensuite j'aurais cartonné... Un jour il faudra qu'on travaille ensemble, que tu m'écrives des super paroles.

L'écrivain : - Tu sais bien qu'un écrivain n'écrit pas de chansons, c'est le travail des paroliers.

Le chanteur : - Y'a des exceptions.

L'écrivain : - Aucune exception. Si tu écris des bonnes chansons, tu es un mauvais romancier ou vice versa, ou même le plus souvent, les pitres écrivent des mauvaises chansons et des mauvais romans, certains ajoutent même du mauvais théâtre, de la mauvaise poésie...

Le chanteur : - Et Boris Vian ?!

L'écrivain : - De son vivant il n'a pas vendu trois cents exemplaires de ses romans. Tu sais bien ce que j'en pense de ses romans. Il est nettement surcoté, c'était un parolier, un bon parolier, je te l'accorde.

Le chanteur : - Alors tu serais le premier vrai romancier vrai parolier !

L'écrivain : - Tu t'es disputé avec l'ensemble des paroliers avec lesquels tu as essayé de travailler. Même les parolières.

Le chanteur : - Des cons ! Des connes ! J'allais pas partager la moitié des droits alors que j'écris nettement mieux qu'eux... Je t'ai pas encore raconté... Par internet justement, je croyais en avoir dégoté un, ce matin, un qui habite en plus à seulement cent bornes d'ici.

L'écrivain : - Et on n'en avait jamais entendu parler avant ?

Le chanteur : - C'est vrai que ça aurait dû me mettre la puce à l'orteil comme dit l'autre... Mais bon, il est connu en Afrique, il a obtenu une victoire de la musique là-bas. Je suis allé sur son site, auteurdechansons.net, je me suis dit, tiens, enfin un mec qui sait se présenter. J'ai vraiment flashé sur un de ses textes, j'avais même déjà une musique en tête, un truc bien déjanté, bien écolo... l'écologie ça peut être un bon créneau, tu ne crois pas ?
L'écrivain : - Je suis certain que tu te souviens, alors chante-moi ça !
Le chanteur : - J'ai perdu la musique, mais les paroles, attends, j'ai imprimé ça et ça doit traîner quelque part. (*il fouille ses poches et en sort une feuille pliée au moins en huit puis lit* :)

> *Puisqu'y'a pas d'raison*
> *Que tombe la sagesse sur les humains*
> *Puisqu'y'a pas d'raison*
> *Qu'on n'aille pas où l'on va tout droit*
> *Plantez donc dans vos jardins*
> *Plantez donc en mai sur vos balcons*
> *Des bananiers et des ananas*

Et le refrain :

> *Dans quelques décennies*
> *En plein cœur de Paris*
> *Les enfants des grands ânes*
> *Récolteront des bananes*
> *Durant quelques décennies*
> *Y'aura d'la joie sur les étals*
> *Dans l'hexagone tropical*

L'écrivain : - Du sous-Boris Vian !
Le chanteur : - C'est même pas le sujet ! Le type, il a rien compris au monde de la chanson. Boris, lui, au moins il a

travaillé avec les majors. Tandis que lui, on dirait qu'il cherche à se faire des ennemis.

L'écrivain : - Qu'est-ce qu'il t'a raconté ?

Le chanteur : - J'avais pas bien regardé son site avant de le contacter, j'avais lu que les gros titres, mais depuis j'y suis retourné. Saperlipopette ! Tu préfères savoir ce qu'on s'est dit au téléphone ou les âneries sur son site ?

L'écrivain : - Toujours respecter l'ordre chronologique !

Le chanteur : - Je lui envoie un mail, il me répond, me donne son numéro et vers midi, je l'appelle. Comme il est qu'à cent bornes, je lui propose de descendre ici et de se prendre une après-midi au bistrot.

L'écrivain : - Bon plan !

Le chanteur : - Et là, tu devineras jamais ce qu'il m'a répondu !

L'écrivain : - Seulement si tu payes le champagne.

Le chanteur : - Pire !

L'écrivain : - Plus cher que du champagne ! C'est un bourge ?

Le chanteur : - Le petit monsieur, il ne va jamais au bistrot, et tu ne devineras jamais pourquoi !

L'écrivain : - Unijambiste ou con. Quoique ça n'empêcherait même pas. J'en ai déjà vu.

Le chanteur : - Pire dans l'absurdité. Ecoute un peu ça : *« Je tiens à ma santé physique et psychique, je ne vais jamais dans ce genre d'endroit. Ni dans les restaurants, naturellement. Les produits industriels me sont déconseillés par mon cerveau. »*

L'écrivain : - C'est ta mémoire, qui m'a toujours épaté.

Le chanteur : - Un chanteur doit avoir une mémoire d'éléphant. Et il doit avoir vécu ce qu'il chante. Le vin est parfois bouchonné, le métro bondé, la jeunesse perverse, la drogue frelatée. Si tu n'as pas connu ces choses-là, tu peux pas les chanter. La vraie vie, c'est l'expérience.

L'écrivain : - Parfois, quand même, faut imaginer. Si tu parles des chercheurs d'or, tu n'en as pas rencontrés.
Le chanteur : - Non, ça se voit sur scène, quand tu parles d'un truc que tu connais pas ! Vaut mieux souvent revenir sur le même sujet que tu maîtrises bien, plutôt que de te la jouer « monsieur je sais tout. »
L'écrivain : - Alors arrête de parler d'amour !
Le chanteur : - Déconne pas, y'a des sujets sur lesquels on a dit « sérieux », t'imagines, si elle me larguait.
L'écrivain : - Pas possible, elle t'adore.
Le chanteur : - Mais elle pense trop. Un jour, ça va mal finir.
L'écrivain : - On devrait vivre à trois sur le salaire d'Elodie.
Le chanteur : - T'es vraiment un vrai pote. Mais ce serait pas suffisant. On s'en sortirait pas.
L'écrivain : - On va bien finir par cartonner un jour, on est les meilleurs.
Le chanteur : - Mais tu sais bien que j'ai besoin d'une femme avec qui je peux tout faire.
L'écrivain : - Un chanteur n'a aucune difficulté pour trouver une meuf. C'est pour ça que tous les p'tits jeunes veulent devenir chanteurs. Allez, plutôt que de te tracasser pour des trucs qui n'arriveront jamais, reviens à ton « auteur de chansons point net. »
Le chanteur : - Mais elle est jalouse en plus. Ça l'énerve parfois, mais merde, si je baise pas, comment tu veux que j'en parle, et c'est ça qui fait rêver les gens. Ou alors fallait pas habiter près de la fac ! Mon premier grand tube, c'est sûr, ce sera une histoire de mec adoré par les étudiantes.
L'écrivain : - Il faut lui expliquer que c'est une exigence professionnelle.
Le chanteur : - Alors, bon, l'auteur, je lui balance le père

Gouriot et ses *brèves de comptoir*, on n'est pas une journée sans en parler, de notre Jean-Marie. Je crois que je vais lui dédier mon prochain album. En plus, comme ça, il en parlera peut-être dans son prochain livre, t'imagines la pub !

L'écrivain : - Je suis certain qu'il ne connaissait pas !

Le chanteur : - Il a emprunté un bouquin à la bibliothèque ! Et il a osé me répondre : « *ça reflète bien la médiocrité, si tu l'as lu, ça ne peut que t'éloigner de ce genre d'endroit.* »

L'écrivain : - Il a rien compris. Y'a des gens comme ça, ils critiquent mais ils n'ont rien compris à l'art moderne.

Le chanteur : - Comme j'avais vu sur son site qu'il est allé aux rencontres d'Astaffort, je lui en parle.

L'écrivain : - Rien que pour ça, finalement, j'essayerais bien d'écrire des chansons... Mais tu sais que c'est mal vu pour un romancier, et ce serait dommage d'avoir mauvaise réputation.

Le chanteur : - De toute manière, être sélectionné, c'est trop difficile. Mais le mec, il a réussi à être retenu du premier coup !

L'écrivain : - Si c'est vrai, c'est qu'il a été pistonné.

Le chanteur : - Et tu sais ce qu'il ajoute ? « *Un attrape-nigauds, ce truc, complètement inutile. Enfin, utile si tu veux écrire un roman et une pièce de théâtre sur le show-biz à la française. Mais tu ne seras pas le premier, je l'ai déjà fait.* »

L'écrivain : - Parce qu'il écrit aussi des romans et du théâtre ! Tu vois ce que je te disais. La réalité confirme toujours mes théories.

Le chanteur : - Et sur son site, il n'hésite pas à les dégommer. En s'interrogeant sur le bien-fondé de subventionner de telles pseudo-formations !

L'écrivain : - Attends, ça me dit quelque chose ce genre

de discours, il s'appelle comment ton énergumène écrivaillon ?
Le chanteur : - Ternoise.
L'écrivain : - Mais oui ! C'est un dangereux révolutionnaire, au moins un maoïste ou un anarcho-syndicaliste. Un de ces intégristes de l'indépendance, de l'autoproduction, l'auto-édition, un marginal qui pense réussir en dénonçant l'autocensure des médias. Comme si les médias vont lui donner le bâton pour se faire cogner dessus !
Le chanteur : - Mais oui, au fait, ça me disait quelque chose. Autoproduction.info, c'est lui !
L'écrivain : - C'est sûr, quand on sait ce que l'on sait, ça se tient son raisonnement. Mais ces choses-là, ça ne rapporte rien de les écrire. D'ailleurs il est le seul à miser sur ce créneau. Il doit être complètement grillé partout. Il a aussi un webzine. Même moi j'y suis abonné, faut dire c'est gratuit !
Le chanteur : - Le webzine gratuit. Mais oui, j'y suis abonné aussi, je le lis pas, j'y suis juste abonné pour voir s'il parle de moi. On doit être nombreux dans ce cas, le nombre de ses abonnés grimpe chaque mois, le con !
L'écrivain : - Je me disais bien que son nom me disait quelque chose. Pour lui, le cinéma a simplement reproduit la dérive de la chanson. Mais pour le cinéma, si effectivement quelques chroniqueurs osent constater que notre production n'est plus qu'une industrie au service du petit écran...
Le chanteur : - On le sait tous, tout le monde l'a compris : à la télé, les réalisateurs ne sont plus là que pour remplir les tuyaux. Mais en attendant je serais bien content qu'ils me prennent une chanson de temps en temps... Et toi une nouvelle ! Il ferait mieux de vivre sur terre plutôt que je ne sais pas où.

L'écrivain : - Pour lui, les radios privées, en France, ont engendré le même phénomène. Depuis Mitterrand, l'industrie du disque déverse sa dose de banalités dans les tuyaux et les producteurs dits indépendants sont uniquement des petits industriels en quête d'une part du gâteau.

Le chanteur : - Alors tu lis ses conneries ! Il a rien compris à l'autoproduction, si on s'autoproduit c'est pour trouver une major ou au moins un indépendant, on ne va quand même pas les critiquer même si on le sait, rapaces et compagnie.

L'écrivain : - Il n'a pas tort, mais il va se faire dégommer. C'est un truc que seuls les historiens pourront raconter. C'est toujours mauvais d'avoir raison trop tôt. Ça tu peux me croire. Ce qu'il faut, c'est accompagner le mouvement, saisir ce qu'attend le grand public. Amélie Nothomb est vraiment une championne pour ça. Elle y sera à l'Académie française.

Le chanteur : - Y'a pas un journaliste sérieux qui osera parler de lui, il sait qu'il serait immédiatement privé de ses invitations dans les grands festivals. Déjà qu'ils n'osent même plus critiquer un chanteur quand il est d'une major, de peur que la major ne leur envoie plus de CD, plus d'invitations.

L'écrivain : - D'où l'utilité de signer avec une major.

Le chanteur : - Je signe des deux mains mais eux même pas d'un index ! Le con qui a osé me balancer que j'étais déjà trop vieux ! Ça je ne l'oublierai jamais ! Alors qu'on lui avait payé le restau !

L'écrivain : - C'est sûr qu'il fait rêver, quand il explique qu'on peut vivre de sa plume sans passer par les éditeurs institutionnels.

Le chanteur : - Mais si tu n'as pas d'éditeur, tu n'as pas de médias. Tout se tient.

L'écrivain : - Mais dans sa méthode, un écrivain vit de sa plume en vendant quelques milliers d'exemplaires, sans intermédiaire. Tu sais bien que sur un bouquin, l'écrivain touche des clopinettes, lui il garde tout.
Le chanteur : - Mais ça sert à quoi, d'en vivre, si personne ne le sait, si tu ne fais pas la une des journaux ?
L'écrivain : - C'est ça qui ne marche pas dans son système, il n'a pas compris qu'un artiste, s'il est vraiment un artiste, il veut passer à la télé en *prime time*, être à la une, être fêté, invité…
Le chanteur : - À la mairie, ils nous oublient souvent, tu as remarqué aussi.
L'écrivain : - Tu verras, le jour où on sera des stars, ils seront à nos pieds… On l'aura notre revanche. Ils ramperont pour un autographe !

***Rideau***

## Acte 2

*Même décor. Quelques jours plus tard. Elodie et Chantal dans le canapé.*

Elodie : - Tu crois que c'est tenable, cette situation ?
Chantal : - Là, je te dis non, non, un jour je vais craquer... Mais quand je le vois sur scène... Ah ! Je fonds !... Et toi ? Tu crois que tu vas tenir ?
Elodie : - Pareil pour le début... Mais quand je lis ne serait-ce qu'un paragraphe... Je fonds...
Chantal : - Nous sommes des fans !
Elodie : - Ils ont de la chance !
Chantal : - Et si demain ils ont du succès, tu crois que nos couples résisteront ? Tu crois que leur tête enflera encore plus et qu'il nous sera impossible de les ramener sur terre ?
Elodie : - Demain je regarderai sur internet s'il y a une étude sur le sujet.
Chantal : - Y'a trop peu d'écrivains et de chanteurs qui vivent vraiment de leur métier pour que ça ait suscité une étude.
Elodie : - Y'a tellement d'universitaires, ils ne peuvent quand même pas tous étudier l'homosexualité dans l'œuvre de Marcel Proust.
Chantal : - C'est quand même agréable, de se retrouver là, toutes les deux, à papoter comme quand on avait dix-sept ans.
Elodie : - Finalement, au fond, je te l'avoue, Je n'y croyais pas trop quand on s'était juré, « on va se trouver des mecs copains et on se prendra un appart à quatre. » C'était trop beau !
Chantal : - Les rêves se réalisent parfois ! Malheureusement !

Elodie : - Malheureusement ?

Chantal : - Mais non, c'était pour rire, c'est une référence à je ne sais plus qui. Parfois j'oublie le nom des écrivains, c'est sûrement normal mais ça m'inquiète toujours.

Elodie : - Ah ! Deux princesses invitées une fois par an au restau… Et c'est ce soir !

Chantal : - Tu crois que ton homme a reçu une réponse positive d'un éditeur ?

Elodie : - Ou le tien a signé avec une major ?

Chantal : - Non, il n'aurait pas pu le cacher plus de cinq minutes ! Depuis le temps qu'il en rêve !… C'est vrai qu'il n'a pas eu de chance avec ses producteurs, tous des véreux qui s'empiffrent de subventions et ne font rien pour aider les chanteurs… C'est vrai qu'une major, ce serait la meilleure solution. Déjà avec les journalistes, ce serait plus facile. Les festivals aussi. Ou alors, tout simplement, ils ont réalisé que ça faisait plus d'un an qu'ils ne nous avaient pas invitées au restau !

Elodie : - T'es négative ! Ça fait du bien de penser « ils vont nous annoncer une bonne nouvelle. »

Chantal : - En plus, ils invitent et on paye. C'est quand même une drôle de situation.

Elodie : - Tu ne vas quand même pas nous faire une crise de féminisme !

Chantal : - Je te l'ai déjà expliqué, ça ne me gêne pas de partager mon salaire. De toute manière, je gagne beaucoup trop pour ce que je fais !

Elodie : - Qu'est-ce que tu racontes ?

Chantal : - Je m'en rends de plus en plus compte. Dans certains pays, des gens font des boulots vraiment utiles et vivotent à peine avec leur salaire, tandis que moi je me contente de donner des avis sur des dossiers, même quand je n'en ai pas ! Et je gagne peut-être deux cents fois plus.

Elodie : - Tu ne vas pas refaire le monde ! On le sait qu'il y a des injustices.

Chantal : - Savoir n'est pas une excuse.

Elodie : - Ce sont les chanteurs, les écrivains, qui par leurs œuvres rendent le monde un peu moins cruel, un peu moins injuste, un peu plus beau.

Chantal : - Mais ils ne pensent pas ce qu'ils écrivent. Tu vois, maintenant qu'on côtoie des tas de chanteurs, des tas d'écrivains, c'est ce qui me choque le plus : ils ne vivent pas comme ils écrivent. Ils dénoncent le capitalisme, la mondialisation, mais ne pensent qu'à réussir, gagner un maximum de fric, descendre dans les palaces.

Elodie : - C'est normal ! Un artiste qui ne réussit pas, personne ne l'entend. Il faut réussir pour pouvoir dénoncer le système. Si tu es un marginal tu n'intéresses que les marginaux, tu ne passes jamais à la télé. Et la télévision, c'est la seule vraie audience.

Chantal : - Alors qu'ils aient l'honnêteté d'applaudir les grands patrons quand ils s'attribuent une tonne de stock-options.

Elodie : - Ça n'a rien à voir.

Chantal : - Mais si, il faut être crédible, d'abord appliquer ses belles idées à sa propre vie.

Elodie : - Tu es drôle parfois. On dirait parfois que tu n'es pas de notre époque. Tu n'as peut-être pas remarqué mais avoir de bonnes idées, écrire des chefs-d'œuvre, ça ne suffit pas, il faut se bouger pour le faire savoir. Un quart de talent, trois quarts de sueur. Si tu restes dans ton coin, personne ne viendra te chercher.

Chantal : - Elodie s'est donc ralliée au principe de réalité de la société occidentale !

Elodie : - Bin oui, je n'ai plus dix-sept ans, si c'est ce que tu insinues.

Chantal : - En tout cas, j'espère qu'ils ne vont pas nous refaire le coup de l'année dernière.
Elodie : - C'est vrai que tu avais cassé l'ambiance en faisant la gueule. Moi j'avais trouvé ça plutôt sympa.
Chantal : - Tu parles, notre fête annuelle, intime et calme, transformée en dîner de séduction pour deux gros cons peut-être même pas producteurs ni éditeurs.
Elodie : - Là tu exagères. Ils avaient des cartes.
Chantal : - Et tu crois les mecs qui présentent leur carte pour se faire payer le restaurant !
Elodie : - Sur le moment, j'ai vraiment cru que ce serait utile.
Chantal : - Tu parles ! C'était clair comme un feu rouge : il en existe des centaines, des mecs comme ça, qui vivent aux crochets des naïfs comme nos hommes et toi !
Elodie : - Sois pas cynique.
Chantal : - Parce que tu y as cru, franchement, toi, qu'en invitant le petit salarié d'un éditeur, peut-être même le laveur de carreaux, le lendemain il allait signer, ton homme ?
Elodie : - Les bonnes relations, tu dois le savoir, c'est utile. Moi aussi, je voudrais bien que le monde soit autrement mais tu sais que partout c'est copinage et magouilles. Tu sais, il t'en a voulu, ton homme, d'avoir fait la gueule. Va pas le répéter, mais il m'a dit, un an plus tard, je peux te raconter, y'a prescription, il m'a dit que c'est peut-être parce que tu as fait la gueule, qu'il n'a pas signé.
Chantal : - Le con ! Et il n'a même pas eu le courage de me le balancer en face !
Elodie : - Je ne t'ai rien dit. Et je suis même certaine qu'il ne s'en souvient même plus ! C'était sous le coup de la colère. Tu sais bien comme c'est important pour lui aussi de signer.

Chantal : - Tu vois, parfois, j'en ai marre de tout ça. Je rêvais d'une vie tranquille, paisible. Moi, au boulot, quand on me donne un dossier, je m'en fous de qui l'a écrit, l'important, c'est ce qu'il contient.
Elodie : - Mais tu sais bien que les producteurs et les éditeurs sont tellement sollicités, qu'ils prêteront d'abord attention au dossier du type sympa.
Chantal : - Les producteurs comme les éditeurs seront les premiers à se déclarer intègres et tout, honnêtes et droits. Finalement, je préfère encore mon milieu de petits bureaucrates que le show-biz. Tu vois, ça, à dix-sept ans, je ne l'aurais jamais cru ! J'avais une vision idéale des artistes. Les bureaucrates au moins ne cachent pas leur échec derrière des belles paroles.
Elodie : - Ça me rassure, toi aussi tu vieillis !
Chantal : - Mais je ne me vois pas continuer comme ça encore des années, il va falloir que je prenne une décision...
Elodie : - Toutes les copines du temps de la fac, elles échangeraient bien leur place contre la nôtre !
Chantal : - Ce n'est peut-être pas le critère, ce que les autres pensent de notre bonheur !
Elodie : - Tu n'es pas heureuse ?
Chantal : - Si on part sur ce sujet, je crois qu'on ne s'en sortira pas. Je t'ai déjà expliqué.

*« Le chanteur » et « l'écrivain » entrent, euphoriques.*

Le chanteur : - Super les filles, ce soir, à notre table, on aura le plus grand journaliste de la région !
L'écrivain : - Mathieu, le grand Mathieu, en chair et en os !
Chantal : - Surtout en alcool et en bouffe consommés sur

le dos des naïfs comme vous ! Comme ça recommence, vous vous la ferez à quatre votre grande fête intime !

Le chanteur : - Attends, y'a aussi Manu, du Conseil Régional, avec lui dans ma poche, c'est sûr, la subvention, je vais l'avoir.

Chantal, *prend une veste et sort* : - Alors vous serez cinq, tchao.

Le chanteur : - Vous inquiétez pas, elle va revenir, puisque c'est son tour de payer !

### *Rideau*

# Acte 3

*Une quinzaine d'années plus tard. Dans le même salon. Peu de changements. Elodie et Chantal assises.*

Elodie : - C'étaient... Nos plus belles années, tu ne crois pas, quand on vivait à quatre ici ?... Tu ne crois pas que nos plus belles années, nous les avons vécues sur ce vieux canapé ?... Je crois que je vais le garder à vie.
Chantal : - Nous étions jeunes... Simplement !
Elodie : - On y croyait, ils y croyaient.
Chantal : - Nous étions à l'âge de l'ignorance.
Elodie : - Qu'est-ce que tu racontes ?
Chantal : - L'âge de l'ignorance, la jeunesse, 20 ans, 25 ans, et même 30, et nous pensions tout savoir, nous pensions tout pouvoir, et surtout on les croyait, les pantins, qui prétendaient nous montrer le bon chemin.
Elodie : - Ça va, toi ?
Chantal : - On ignore que rapidement l'avenir espéré devient du présent banal et le présent passe encore plus vite au passé. Et si on a tout vécu dans l'insouciance, le passé est un poids, un poids de remords et de regrets. Tu sais ça, maintenant, toi ?
Elodie : - T'intellectualises décidément trop. Il faut vivre ma vieille ! C'est l'éternel fossé entre les gens qui vivent vraiment et ceux qui pensent, qui pensent. Il faut choisir !
Chantal : - Oui, quand on croit que penser s'oppose à vivre.
Elodie : - Sois cool. T'étais plus cool avant.
Chantal : - C'est avant que ça n'allait pas, quand j'avançais comme une ânesse !
Elodie : - Oh là, là... Il s'est passé quelque chose... Tu as un amant ?

Chantal : - Ça va sûrement te surprendre, mais à force de les étudier, je commence à vraiment comprendre les philosophes.
Elodie : - Ah ! C'est ça ! Je me disais bien que tu avais changé.
Chantal : - Mon couple aura été mon plus grand échec.
Elodie : - Ne dis pas cela... Vous êtes heureux...
Chantal : - Finalement, on ne s'est jamais aimés !
Elodie : - Oh !
Chantal : - J'adorais son image, le rêve de midinette devant le chanteur. L'admiration n'est pas un sentiment honnête. Et pour lui, j'ai toujours été sa stabilité, la femme qui l'empêchait d'aller trop loin dans les conneries et en plus avec un bon salaire.
Elodie : - Tu es allée voir un psy ?
Chantal : - C'est avant qu'un psy m'aurait été utile. Mais il est trop tard, j'ai gâché par ignorance les années où une femme peut avoir un enfant.
Elodie : - Y'a des cas de mères à 60 ans.
Chantal : - Pas un premier enfant.
Elodie : - Mais on était pourtant sur la même longueur d'onde, à quatre : il serait fou de donner la vie dans un monde pareil.
Chantal : - Faut bien, à l'extérieur, prendre un masque pour ne pas pleurer, parfois... Quand chez toi tu entends toujours : l'année prochaine si je trouve un producteur... L'année prochaine si la tournée se passe bien... L'année prochaine si, si, si... Et moi, pauvre cloche... Mais au fond, je ne l'aimais pas, donc ne pas avoir d'enfant de lui ne me traumatisait pas... Et je me suis réveillée à mon âge... Tu te rends compte... Nous sommes dans la quarantaine... Je vais partir...
Elodie : - Partir !
Chantal : - Oui, le quitter.

Elodie : - Pourquoi tu dis des bêtises ? Tu as rencontré un mec mieux ?

Chantal : - Partir. Simplement partir. Oser le mot fin. Fin. F.I.N. Et après, tout redeviendra possible. On rencontre parfois son âme sœur à notre âge. Ce n'est pas certain que ce sera mon cas mais qu'au moins je ne perde plus mon temps. Le pire serait de continuer en pensant que de toute manière l'essentiel est perdu, en pensant que l'harmonie, ce n'est pas pour moi. Tu comprends ?

Elodie : - Ça va lui faire un sacré coup !... Et tu crois que c'est bien le moment ? Ils ont mis tellement d'années pour se décider avant d'écrire un album ensemble, nos hommes, ça va foutre en l'air l'enregistrement...

Chantal, *se lève en colère* : - Mais je m'en fous ! Tu n'as rien compris, il s'agit de ma vie ! Vingt années de ma vie sont passées à la trappe, et il faudrait encore que je lui accorde quelques mois pour finir l'enregistrement d'un album que de toute manière je n'écouterai jamais ! Vingt années ! Quatorze plus six !

Elodie : - Je voulais dire... Tu as vraiment bien réfléchi ?

Chantal : - Je ne me souviens même plus de la première fois où nous nous sommes exclamées « je ne tiendrai plus longtemps. »

Elodie : - C'était pour rire. Pour dire de parler.

Chantal : - Eh bien pas moi. J'ai été vingt ans à croire aux balivernes artistiques ! A me forcer d'y croire. Mais ouvre les yeux, toi aussi ! L'art, ça n'a rien à voir avec tout ça ! Ce qu'ils souhaitent c'est le succès !

Elodie : - C'est normal, si tu n'as pas de succès, ça ne sert à rien d'écrire ou chanter !

Chantal : - Et tu vas encore rester là vingt ans, toi, à espérer qu'un éditeur remarque ton homme, qu'une magouille lui permette d'obtenir le prix Goncourt ?

Elodie : - Mais qu'est-ce que tu as ?... On ne parlait pas de moi !

Chantal : - Comme tu ne comprends rien à ce que je te raconte quand je te parle de moi, tu comprendras peut-être mieux si je transpose à ton cas ! Nous sommes tombées dans le même piège !

Elodie : - Mais arrête, tu veux foutre mon couple en l'air ? Moi je le soutiens mon homme, et je le soutiendrai toujours ! Je ne change pas, moi ! Ce n'est pas de sa faute si l'époque est complètement pourrie, si aucun des éditeurs n'a tenu ses promesses, si les éditeurs préfèrent publier les confidences des stars plutôt que de s'intéresser aux véritables talents. C'est pas de sa faute si les metteurs en scène ne tiennent pas leurs promesses, préfèrent monter Molière alors que sa pièce est géniale. Moi je crois en son talent, c'est dit !

Chantal : - Et tu y crois encore, au véritable chanteur, au véritable écrivain ? Ils n'ont pensé durant vingt ans qu'à une chose : trouver un producteur et trouver un éditeur ! C'est ce qu'attendent les producteurs, c'est ce qu'attendent les éditeurs, tu l'as entendue combien de fois cette phrase !

Elodie : - Tu ne me feras pas douter. Tu veux en venir où ?

Chantal : - Ils se sont fait avoir ! Ils ont cru les promesses des industriels qui vivent sur le dos de l'art et nous, pauvres cloches, petites fans aveuglées par les paillettes, nous avons tout gobé, nous y avons cru à leurs promesses d'artistes « différents. » Ils doivent être des milliers comme eux, à envoyer leurs manuscrits, leurs maquettes, et à se répéter « ça correspond exactement à ce qu'ils attendent. »

Elodie : - Mais l'époque est comme ça !

Chantal : - Mais non ! Les seuls créateurs qui resteront,

ce seront ceux qui n'auront pas écouté les pantins et auront avancé, auront créé une œuvre.

Elodie : - Quand je vois qui a eu le prix Goncourt, ça me dégoûte !

Chantal : - Mais le prix Goncourt, les victoires de la musique, ça n'a rien à voir avec l'art, c'est simplement de l'agitation d'industriels, un moyen de vendre quelques produits, en persuadant le consommateur qu'il doit absolument acheter, parce que c'est gé-ni-al !

Elodie : - Tu veux me démoraliser ?

Chantal : - Juste t'ouvrir les yeux !

Elodie : - De toute manière tu fais fausse route, même si tu avais raison avec ton homme, tu le connais mieux que moi, tu ne peux pas comparer un chanteur et un écrivain. Un écrivain, à cinquante ans, c'est encore un jeune auteur. Moi j'y crois... Regarde Julien Green, à plus de 90 ans, il a écrit ses plus beaux livres...

Chantal : - Mais il était dans une démarche d'écrivain, de créateur ! Et puis tant pis ! Je suis venue te dire adieu !

Elodie : - Adieu ! Ne me dis pas que tu vas faire une connerie !

Chantal : - Ce matin j'ai vendu ma voiture.

Elodie : - Oh !

Chantal : - Je me suis aussi entendue avec mon patron, on s'est séparés sans bruits ni heurts, il a très bien compris, lui.

Elodie : - Oh !

Chantal : - Le reste je le laisse dans l'appart, il en fera ce qu'il voudra.

Elodie : - Non !

Chantal : - Je vais prendre un billet de train, et ce soir j'arriverai dans une ville où je n'ai jamais mis les pieds. Je suis enfin libre !

Elodie : - Tu ne peux pas partir comme ça !

Chantal : - Peut-être n'y resterai-je pas, peut-être irai-je ailleurs. Enfin libre, tu comprends ?
Elodie : - Mais le travail, tu vas vivre comment sans travailler ?
Chantal : - Tu le sais bien : je peux vivre facilement un an sans travailler ; et dans une autre ville, je retrouverai toujours du boulot. Il sera peut-être moins bien payé mais ça n'a aucune importance. L'important, c'est de ne plus se laisser dévorer.
Elodie : - Tu as vraiment changé, je ne te reconnais plus.
Chantal : - Il est peut-être trop tard pour certaines choses mais pas pour toutes. Ce serait pire de continuer. De laisser la vie nous engloutir, tout ça parce qu'à 20 ans nous avons laissé le vent nous emporter.
Elodie : - Si je comprends bien tu me charges d'annoncer la nouvelle.
Chantal : - Je lui ai laissé une lettre.
Elodie : - Mais il va disjoncter ! Tu aurais au moins pu lui avouer droit dans les yeux. Après tout ce que vous avez vécu !
Chantal : - Nous n'avons rien vécu ! Nous avons fermé les yeux pour nous laisser vivre.
Elodie : - Tu joues encore sur les mots.
Chantal : - J'étais venue pour te parler de toi... T'ouvrir les yeux !
Elodie : - Mais tu es folle !
Chantal : - Je suis certaine que ton patron ne posera aucun problème pour rompre ton contrat. Et toi aussi, tu as des économies. C'est notre seul secret, finalement, ces petites économies. Il est venu le temps de s'en servir !
Elodie : - Mais tu es folle ! Je m'en fous des économies ! Je comprends maintenant : tu avais préparé ton coup ! Tu nous abandonnes parce que tu ne crois plus en nous.

Chantal : - Ne te cache pas la réalité, nous avons échoué. Vingt années vides.
Elodie : - L'argent ! L'argent ! C'est ça ! D'ailleurs, s'ils ne trouvent pas de producteur pour leur album, je le dépenserai. Ça leur fera une super surprise. Moi je souhaite vraiment que leur album existe.
Chantal, *se lève* : - Alors adieu.

*Chantal sort sans se retourner. Elle croise l'écrivain juste à la porte. Il arrive tout sourire.*

L'écrivain : - Bonjour Chantal (*il la regarde sortir*).

Elodie : - Elle est partie !
L'écrivain : - Qu'est-ce qu'il lui prend aujourd'hui, on dirait qu'elle ne m'a pas vu !
Elodie : - Comme toujours elle ne voit qu'elle.
L'écrivain : - Raconte !
Elodie : - Finalement, tu as toujours eu raison, on ne peut pas compter sur elle !... Elle quitte son homme !
L'écrivain : - C'est pas vrai !
Elodie : - Sur le moment ça va lui faire un choc... Mais ça tombe bien finalement... Séverine a enfin viré son chômeur ! C'était la semaine ! Il suffit d'organiser une petite fête samedi et tout rentrera dans l'ordre. Et bien fait pour elle, elle ne sera pas là pour notre triomphe.
L'écrivain : - Attends, j'ai bien compris, elle le quitte pour de vrai ? C'est pas encore une de ses comédies ?
Elodie : - Maintenant elle philosophe ! Tu as raison, sa vie n'est qu'une comédie. Mais on tourne la page. Et tu vas voir, c'est elle qui nous portait la poisse.

### *Rideau*

# Deux sœurs et un contrôle fiscal

*Deux sœurs et un contrôle fiscal,* **comédie contemporaine en quatre actes, existe en deux versions. L'originale, avec deux femmes et deux hommes. Où l'on découvre les deux sœurs, Aurélie, la trentaine, artiste peintre, bénéficiaire du rmi, la compagne de Stéphane... au début de cette pièce et Nathalie, sa sœur cadette, 25 ans, artiste peintre, poète, actrice, plus ou moins secrètement amoureuse de ce Stéphane.**
**Il s'agit de Stéphane... Ternoise... eh oui !... alors la trentaine et travailleur indépendant auteur-éditeur mais rmiste.**
**Le contrôle fiscal est réalisé par Christian Dupneu, la cinquantaine, inspecteur des impôts.**

Des demandes de troupes formées de trois femmes et un homme m'ont laissé croire que l'inspecteur pouvait être une inspectrice des impôts... ce sera Claude Dupneu, la cinquantaine, sa tenue, son attitude très strictes. Version 2.

# Deux sœurs et un contrôle fiscal

*Comédie contemporaine en quatre actes*

*Distribution* : deux femmes, deux hommes

Aurélie, la trentaine, compagne de Stéphane, artiste peintre, bénéficiaire du Rmi.

Nathalie, sœur cadette d'Aurélie, 25 ans, artiste peintre, poète, actrice.

Stéphane Ternoise, la trentaine, officiellement travailleur indépendant, activité auteur-éditeur. S'arrange pour atteindre chaque année un résultat insignifiant, ainsi bénéficier du Rmi.

Christian Dupneu, la cinquantaine, inspecteur des impôts.

Située dans la région de Cahors, cette pièce peur aisément être adaptée avec une autre ville de la France métropolitaine. Il suffit de changer quelques noms.

L'utilisation de Stéphane Ternoise comme personnage est naturellement un jeu de l'auteur.

Les personnages peuvent avoir une dizaine d'années supplémentaires en modifiant quelques répliques sur l'âge (naturellement, même au vingt-et-unième siècle, des acteurs plus âgés peuvent toujours tenir ces rôles sans modification du texte)

*Contrôles sur place*
*7 milliards d'euros de redressements fiscaux*

Au moment de la mise en page de la première publication, un petit texte sous ce titre attire mon attention. Dans *LE REVENU* – Juin 2005 – numéro spécial. Un numéro sûrement envoyé dans un « mailing » !...

*Plus de 50 000 contrôles sont effectués chaque année chez des particuliers ou dans des entreprises par des inspecteurs à la réputation quasi inquisitoire qui épluchent les plus petits détails. Ces contrôles sur place, appelés vérifications approfondies de situation fiscale d'ensemble (Vasfe dans le jargon du fisc), rapportent 7 milliards d'euros par an.*

Voir désormais le site http://www.controlefiscal.net

## Acte 1

*Le salon d'une maison de village, ancienne, en pierres, près de Cahors. Faiblement meublé : un canapé, une table basse, une télé, un téléphone. Correctement tenu.*
*Au premier plan, à gauche, porte donnant sur l'extérieur. Puis une fenêtre.*
*Au premier plan, à droite, porte ouvrant sur la cuisine (où est située l'ouverture conduisant au grenier).*
*Au fond, porte ouvrant sur un couloir, vers les chambres et la cave.*

*Stéphane, allongé dans le canapé. Il lit, s'interrompt régulièrement, se penche, griffonne quelques mots sur une feuille posée sur la table basse.*

### Scène 1

*Entre Aurélie. Une enveloppe en main. Elle regarde Stéphane plongé dans son livre. Il redresse la tête en souriant. Elle lui tend l'enveloppe.*

Aurélie, *une moue d'inquiétude* : - Trésor public.
Stéphane, *prenant l'enveloppe :* - Trésor public ! Ils ne vont quand même pas me faire payer la taxe d'habitation !
Aurélie : - Ou alors ils te remboursent la taxe foncière...
Stéphane : - Trop optimiste. J'ai juste téléphoné, j'ai prononcé mon nom tellement vite que même une dactylo stakhanoviste n'aurait pas pu le noter. Alors un fonctionnaire !
Aurélie : - Les conversations sont peut-être enregistrées, envoyées en Inde via internet, et là-bas des étudiants en langue française, pour quelques centimes de l'heure, les retranscrivent et les renvoient au service contrôle interne

de la direction des impôts, où un logiciel réagit à quelques mots-clés, tout en fournissant des statistiques au chef de service, statistiques primordiales pour dresser le planning des congés payés, du jeu de fléchettes et du nettoyage de la machine à café..

Stéphane : - Tu nous refais une dérive Big Brother is watching you !... et de toute manière il est impératif d'avoir dépassé 75 ans, c'est l'unique solution, affirmation du vénérable fonctionnaire.

Aurélie : - Les fonctionnaires affirment, confirment et parfois infirment. La loi peut évoluer ! Nos députés légifèrent ! Ou notre vénérable administration va reconnaître la première erreur de sa longue et vertueuse existence !

Stéphane : - Ou une mauvaise nouvelle.

Aurélie : - Sois pas pessimiste. Tu n'as jamais payé la taxe d'habitation... et même si quelqu'un m'avait dénoncée, deux travailleurs indépendants Rmistes n'ont pas à payer la taxe d'habitation.

Stéphane : - Qui aurait eu l'outrecuidance de te dénoncer ?

Aurélie : - Le notaire pardi ! Puisque tu ne lui as pas donné l'argent au black réclamé en contrepartie de son sourire.

Stéphane : - L'escroc ! Tu crois qu'ils demandent si tu vis ici, pour communiquer l'info au Conseil Général, diviser par le coefficient delta notre adorable Rmi.

Aurélie : - C'est ton tour Big Brother is watching you ! Officiellement je vis donc chez ma mère, na ! Et cette chère et inchangeable madame ma mère, même devant vingt-cinq présidents de régions en short et cravate assortie, elle le jurerait sur la tête de... mon père ! Elle ne tient quand même pas à me revoir chez elle !

Stéphane : - Trop tard maintenant, impossible de faire

l'amour ni de terminer ce chapitre si je n'ouvre pas cette satanée lettre (*qu'il tient toujours en main gauche, dans la droite le livre*).

Aurélie : - Très intéressante ta réaction... pour une ancienne étudiante en psycho !... On a beau être honnête, une lettre avec l'emblème « trésor public », ça panique toujours...

Stéphane : - Quand on regarde le vingt heures, on le voit bien, nous ne sommes que des magouilleurs amateurs...

Aurélie : - J'en suis certaine, jamais personne n'osera la chanter cette chanson. Ils ont tous trop peur d'un contrôle fiscal... Tu crois que c'est une blague de ma frangine cette lettre ?

Stéphane : - Tu la crois capable d'aller aussi loin dans le canular de mauvais goût ?

Aurélie, *en souriant :* - Monsieur Ternoise, vous êtes convoqué au centre des impôts de Cahors, troisième escalier, porte K !

> *Stéphane sourit, ouvre l'enveloppe. Sort la lettre. Commence à la lire. Laisse tomber le bouquin. Pas un mot. Il se fige. Blanc.*

Aurélie, *le fixe, puis :* - Je peux savoir ?

> *Stéphane sans réaction. Seuls les yeux scrutent chaque mot.*

Aurélie : - Raconte.

> *Aurélie va s'asseoir près de Stéphane. Il tourne la lettre.*

Aurélie, *lit, se fige, marmonne :* - Oh rivière de mercure !

Stéphane : - Tu crois qu'on m'a dénoncé parce que dans les salons du livre je demande toujours à être payé en liquide ?

Aurélie : - Nathalie ne serait pas capable d'une telle blague. Avant oui. Non, ce n'est pas possible. J'aurais reconnu son style. Ou alors elle a replongé.
Stéphane : - Replongé ?
Aurélie : - Replongé dans un de ses trips loufoques… c'est peut-être difficile à croire pour toi mais elle s'est bien assagie avec l'âge Nat !… Je ne t'ai jamais raconté ! Comme quand elle suivait les vieux dans la rue en notant sur un carnet leurs faits et gestes et le lendemain frappait à leur porte pour leur demander d'expliquer tel ou tel détour. Le plus souvent les vieux lui répondaient, lui offraient même le café ! C'était leur distraction gratuite, pas pire qu'un dimanche Jacques Martin. Ou quand elle téléphonait aux Nathalie de l'annuaire, pour leur demander comment elles supportaient leur prénom.
Stéphane : - Tu l'appelles.
Aurélie : - Tu la crois debout à onze heures, toi ?
Stéphane : - Essaye quand même.
Aurélie : - Si elle m'envoie acheter du tournesol, je te la passe.

*Aurélie se lève, va au téléphone, le décroche, pianote.*
*Près d'une minute. Puis :*

Aurélie, *à Stéphane :* - Je suis certaine, elle a débranché.
Aurélie, *au téléphone :* - Nat ! C'est ton Aurel.

Aurélie : - Je me doute…

Aurélie : - Mais non, nous n'avons pas retrouvé ton ébauche… Je te l'ai déjà juré, je suis certaine de ne jamais l'avoir vue… Nous avons bien reçu ta lettre… Sur le coup on a vraiment paniqué…
Stéphane, *tout sourire :* - Ah ! C'est elle !

Aurélie : - Allez Nat, tu peux te confesser maintenant.

Aurélie : - Bon, on y croit encore une minute et après tu nous expliques pourquoi tu nous as envoyé ça.

Aurélie, *à Stéphane :* - Elle joue serré, mais elle va avouer ! Elle répond comme si elle n'y comprenait rien.

Aurélie, *au téléphone :* - Je disais à Stéph que tu fais comme si tu comprenais rien.

Aurélie, *à Stéphane :* - Elle jure sur la tête de Max Ernest !

Aurélie : - Mais non je n'ai pas fumé de graines de tournesol ! Stéphane vient de recevoir une lettre de contrôle fiscal…

*Aurélie éloigne le téléphone de son oreille.*

Aurélie, *à Stéphane :* - C'est son célèbre cri « *Et tu me réveilles pour ça !* »

Aurélie : - Toi qui as presque terminé de grandes études de droit, tu devrais pouvoir nous aider…

Aurélie : - Bisous.

Aurélie : - Tu crois que j'ai la tête à te demander ce que tu as peint cette nuit ! Tu nous raconteras tout à l'heure.

Aurélie, *en raccrochant :* - Super Nat va passer avec tous ses souvenirs. Elle a vendu en mars un tableau à un mec du centre des impôts, elle va rechercher son nom… Si c'est lui, elle est même prête à lui en offrir un autre pour qu'il passe au dossier suivant… Je ne comprends pas comment tu m'as préférée !… Si j'étais un mec, je crois que je ne pourrais pas résister à Nat.

Stéphane : - Donc si tu deviens lesbienne… Ça m'a coupé l'envie de faire l'amour, cette sale histoire ! Tu te rends compte, c'est la première fois qu'à ton retour du facteur on ne fait pas l'amour !

Aurélie : - Ouf, tu as remarqué aussi ! Rien que pour ça, je le hais déjà ce Christian Dupneu… Tu devrais peut-être rechercher tes trois dernières déclarations…

Stéphane : - Comment veux-tu que je les retrouve !… Elles doivent s'empoussiérer dans les caisses des « brouillons à revoir. »

Aurélie : - Comme quoi, il ne faut jamais rien jeter !

Stéphane : - Ou les souris les ont dévorées.

*Stéphane se lève.*

Aurélie : - Tu y vas déjà… alors c'est vrai ! On se prive d'amour !

Stéphane : - Viens toujours chercher avec moi… Peut-être qu'au milieu des cartons…

*Ils sortent. Aurélie l'embrasse sur la joue.*

Aurélie : - Mon fraudeur adoré…

## Scène 2

*Un chien aboie. On frappe à la porte. Aurélie entre par le couloir, parlant à Stéphane qui la suit (les bras remplis de papiers, qu'il posera sur le canapé).*

Aurélie : - ...une voiture, et Gary aboie, c'est forcément super Nat... Ecoute... Je reconnaîtrais sa manière de frapper entre mille.

*Aurélie ouvre la porte.*
*Nathalie entre, se pend au cou de sa sœur.*

Nathalie : - Salut les paniqués... Toi tu viens de copuler férocement !

Aurélie : - Je préfère l'expression « faire l'amour »... Mais ça ne se voit pas !

Nathalie : - Tes yeux Aurel !

Aurélie *s'avance vers la glace et s'y regarde :* - C'est juste parce que tu sais que le facteur... Je ne te raconterai plus rien !

*Nathalie se pend au cou de Stéphane.*

Nathalie : - Tes yeux aussi Stéph !

Stéphane : - Puisque tu es voyante, tiens (*il lui tend la lettre du centre des impôts*).

Aurélie : - Alors, ton acheteur l'inspecteur ?

Nathalie : - Claude Duglaner.

Stéphane : - Christian Dupneu.

Nathalie : - C'est un bon début... Les mêmes initiales ! CD ! Quand la musique est bonne, on nique, on nique ! Excusez-moi, j'ai repassé une nuit avec l'autre CD, ce Carlo dragueur d'aéroport, vous vous souvenez, le CD d'Addis-Abeba ?

Aurélie : - Fais gaffe, quand même, il n'est pas net, ton fonctionnaire européen.

Nathalie : - Il veut se taper une bourgeoise black, séparée de son mari quoique retournant parfois dans son lit et en froid avec son amant officiel, une cocotte au baratin de vertus et dignités, alors on a répété des petites scènes d'amitiés particulières.
Aurélie : - Tu te souviens de tes cours de fiscalité ?
Nathalie : - N'oublie jamais : encore trente-six ans et neuf mois de Rmi à toucher avant de vivre correctement de mes créations... et comme tu le vois (*pose mannequin*) j'ai tout juste vingt-cinq ans !... (*elle récite :*) Sont le plus souvent contrôlées les professions où circule de l'argent en liquide...

*Aurélie et Stéphane la fixent.*

Aurélie : - Ce ne sont que quelques petites pièces !
Nathalie, *continue :* - Les contrôleurs effectuent systématiquement des recoupements pour traquer les invraisemblances... (*souriante :*) tu n'aurais pas rempli une déclaration d'ISF ?
Stéphane : - ISF ?
Nathalie : - Impôts Sur la Fortune quoi !
Aurélie : - TSF
Stéphane : - TSF ?
Nathalie : - Ne viens pas nous embrouiller... ISF, TSF, SNCF... On s'égare.
Aurélie : - TSF ! Redevance télé.
Stéphane : - Trésor public, service de la redevance de l'audiovisuel, circonscription de Périgueux, rue des Francs Maçons.
Nathalie : - Tu te souviens même de la rue !
Stéphane : - Attends, j'ai vu cette paperasse y'a pas dix jours, pas même dix minutes... (*il fouille ses papiers*)
Stéphane, *lit :* - A l'issue d'un rapprochement entre les fichiers « redevance de l'audiovisuel » et « taxe

d'habitation », effectué conformément aux dispositions de l'article L117 A du livre des procédures fiscales, il apparaît que vous n'êtes pas recensé comme détenteur d'un téléviseur à l'adresse où vous êtes assujetti à une taxe d'habitation. Si vous ne possédez pas de téléviseur, il vous suffit de le préciser sur le questionnaire en cochant la case adéquate.
Nathalie : - Et forcément tu n'as pas renvoyé le questionnaire !
Stéphane, *lui montrant :* - Ils n'avaient pas joint d'enveloppe affranchie pour la réponse !
Nathalie : - Et ce n'est qu'un article, le L117 A. Je peux même sûrement vous apprendre que le Code Général des Impôts, comprend 1965 articles, plus des annexes, plus le Livre des procédures fiscales et les instructions administratives de Bercy. Et nul n'est censé ignorer la loi !
Aurélie : - Faudra monter la télé au grenier.
Nathalie : - De toute manière, je ne vois vraiment pas à quoi elle vous sert.
Stéphane : - Je l'ai gagnée à un concours de connaissances... Sur le foot... Tu sais qu'à 17 ans j'étais déjà un ancien espoir du ballon rond !
Aurélie : - Très intéressant pour l'ancienne étudiante en psycho ! Ainsi en conservant cette télé qui ne fonctionne peut-être même plus, tu gardes un peu de tes 17 ans !
Nathalie : - On l'essaye !
Aurélie : - Tu ne crois pas qu'on a des choses plus urgentes à faire ?
Nathalie : - Si vous n'aviez pas fini, allez-y, je patiente ici.
Aurélie : - Qu'est-ce tu racontes ?
Nathalie : - Si vous m'en voulez d'avoir interrompu votre copu... amour effréné !
Aurélie : - Trésor fiscal !

Nathalie, *en s'asseyant :* - Regarder la télé ! Tu crois que je tiendrais ?... Tu me la donnes ta télé, Stéph ? J'écrirai « Ici personne » sur l'écran, et je la mettrai en vente lors de l'expo de printemps... Tu crois pas que c'est ma meilleure idée... de la journée ?

Aurélie : - Trésor fiscal ! (*elle s'assied, Stéphane aussi*)

Nathalie : - Bon ! Va falloir mettre un peu le bordel ici ! C'est trop propre votre nid de tourtereaux. Y'a même pas une toile d'araignée. Indispensable. Car si votre contrôleur est un fouineur, il trouvera forcément quelque chose dans tes déclarations. Comme on ne peut plus les changer, comme on ne peut plus changer de contrôleur... Il faut terroriser les terroristes (*voix grave à la Charles Pasqua*) ! Enfin, il faut décontenancer le contrôleur. Intimider l'inspecteur.

Aurélie : - Il faut frictionner le fonctionnaire.

Nathalie : - Confisquer les fiscaliseurs.

Aurélie : - Fermer le fisc.

Nathalie : - Délocaliser leur local.

Aurélie : - Enfouir les fouineurs.

Stéphane : - Vous croyez vraiment le bon moment approprié pour rivaliser de lyrisme fiscal !

Nathalie : - Il doit venir quand votre fonctionnaire ?

Stéphane : - 15 jours.

Nathalie : - Trop tôt !

Stéphane : - 15 jours ou un mois, ça change quoi ? Et le plus vite sera le mieux finalement, le pire c'est l'incertitude ! Comment vais-je dormir durant quinze jours ?

Nathalie : - T'inquiète ! Aie confiance en Aurel ! 15 nuits sans sommeil, ça vous remplira la vie d'un tas d'imprévus à me raconter !

Aurélie : - On n'est pas tes cobayes, Nat !

Nathalie : - Dans 15 jours si vous laissez la fenêtre

ouverte la nuit, la chaleur restera encore respectable dans le salon, tandis que dans un mois, ça risque d'être limite frigo.

Aurélie : - Tu veux dire qu'il faut congeler le contrôleur pour qu'il aille voir ailleurs !

Nathalie : - Exactement. Même un contrôleur a, au moins un jour, été un être humain. C'est dans les situations difficiles qu'un peu d'humanité peut ressortir. Il faut qu'il en arrive à penser : je perds mon temps, même s'il a fraudé ce type, il restera en dessous du seuil d'imposition…Tu n'as pas trop exagéré ?

Stéphane : - Comment pourrais-je le savoir ?

Nathalie : - Enfin, juste pour garder le Rmi et acheter du rosé… d'ailleurs je n'ai pas encore déjeuné… Vous n'auriez pas un p'tit rosé au frais ?

*Aurélie se lève et va à la cuisine chercher une bouteille de rosé.*

Nathalie : - Si vous me laissez carte blanche, je vous prépare une réception qu'aucun bureaucrate ne pourrait souhaiter à son ministre.

Stéphane : - Tu ne crois pas qu'il vaudrait mieux l'amadouer, plutôt qu'essayer de le terroriser ?

Nathalie : - C'est l'erreur impardonnable avec les fonctionnaires. Dans bureaucrate il y a bourreau. Essayer de l'amadouer c'est encore se croire dans un conte pour enfants où il suffit de sourire au lion pour ne pas être dévoré. Il a l'habitude de ressentir sa victime à sa merci, le bureaucrate, et plus le contribuable s'abaisse plus il appuie sur la tête. Ici, il va douter, puis il va trembler.

Stéphane : - Trembler… Faudrait quand même pas aller trop loin (*Aurélie rentre… sert trois verres de rosé*).

Nathalie, *prend un verre* : - A notre combat ! (*ils trinquent*)

Aurélie : - Comment vas-tu le faire trembler ce type ?

Nathalie : - Les souris !... Qui dit campagne dit souris !... Il va falloir attraper quelques souris d'ici là...

Aurélie : - Ah non ! On ne lâche pas de souris ici. J'arriverai plus à dormir.

Nathalie : - Bon... En plus, les lâcher, elles sont tellement peu coopératives qu'elles risquent de même pas se montrer. Il suffit d'en enfermer une dans vos pièges, ceux aux pigeons... Deux trois trappes aussi pour qu'à son arrivée il ait un service d'accueil conforme à son rang... Tu vas pas te montrer Aurel, nous irons au grenier, et nous jouerons aux petites souris excitée par un gros fromage suisse...

Aurélie : - Ça t'amuse ce genre de mise en scène !

Nathalie : - On n'a pas tous les jours l'occasion de bousculer un bureaucrate !... Et si ça marche... Tu trouves pas que ce serait un bon sujet... Tu peux m'en resservir un deuxième... Je suis à jeun... C'est une bonne bouteille ! Encore une réclamation réussie !?

Stéphane : - Comme les autres ! Mais cette fois l'œuvre d'Aurélie qui a inventé une histoire abracadabrante de repas des chasseurs gâché par leur vin bouchonné. Vingt-quatre bouteilles gagnées cette fois !

Nathalie : - Va vraiment falloir que je me mette aux réclamations ! Carlo m'a bien offert un carton de champagne pour notre nuit de grandes caresses. Mais ça part si vite ! Sa Momina a des scrupules, elle lui a écrit n'avoir aucune raison de tromper son copain mais elle a un fantasme, être caressée toute une nuit. Il me gonfle ce vieil étalon italien.

Aurélie : - Tu veux des biscottes ?

Nathalie : - Terminé ! Terminé quoi ? Les biscottes à jeun !... Mais une pomme je veux bien (*Aurélie se lève et va dans la cuisine*). D'ailleurs... Je crois que je suis bien

partie pour décrocher le rôle de Phèdre... Bon Phèdre de Cahors, Agen, Montauban, c'est pas Avignon... Oui, votre histoire m'intéresse... Je suis certaine que je pourrai en faire une pièce de théâtre !
Stéphane : - Avec dans le rôle de Nathalie : super Nat !... Auteur, metteur en scène, actrice principale, digne héritière de Sarah Bernhardt, pourvue d'une plume à remuer dans leur tombe Molière, Shakespeare et Sacha Guitry. (*durant cette tirade, Stéphane regarde tendrement Nathalie, qui le lui rend bien, et il caresse sa jambe gauche sur une vingtaine de centimètres en remontant, en partant du genou – ils détournent les yeux*) Et tu crois indispensable de retarder ce satané rendez-vous ?
Nathalie, *très bas* : - Je rêve d'Amour. (*plus haut :*) Indispensable !
Stéphane : - Et le motif sérieux ?

> *Aurélie revient et lui lance une pomme, reste debout, admirative de sa sœur.*

Nathalie : - Tu as un rendez-vous avec une chanteuse. A Paris. Dans l'optique d'écrire son prochain album. Naturellement tu ne peux pas décaler ce rendez-vous, essentiel pour ta carrière d'auteur.
Stéphane : - La chanteuse s'appelle ?
Nathalie : - Top secret forcément ! La chanson est un milieu où tout doit rester confidentiel. Il faut bien faire sentir à ce bureaucrate qu'il n'est pas de ce milieu. Il a beau posséder le pouvoir de fouiner, il ne peut que rêver devant sa télé. Ces artistes devant lesquels il est en bave, toi tu les tutoies ! (*Stéphane moue sceptique*) Stéph, tu les tutoies ! Il doit le croire, donc tu dois le croire avant lui. Il a peut-être une fille ou un fils ce Ducon ! Et qu'est-ce qu'il ferait pas pour ne plus passer pour le vieux con de service devant ses gosses de friqué. Quel beau dimanche il

va passer s'il peut proclamer avoir vu l'homme qui tutoie l'idole de sa fille.

Stéphane : - Sa fille est étudiante en droit et n'aime que l'opéra.

Nathalie : - Sois optimiste ! Le monde appartient aux héros assez courageux pour vivre debout, assez lucides pour regarder dans les yeux même les bourreaux, quand il n'est plus possible de changer de trottoir.

## *Rideau*

## Acte 2

*Le même salon... Crade et bordel (sans télé), fenêtre grande ouverte. Au premier plan un piège grillagé avec une souris à l'intérieur. Devant la fenêtre, une vieille gazinière et sa bouteille à côté. Le chien aboie. On frappe à la porte extérieure.*

### Scène 1

*Aurélie arrive en courant, enfilant un gros pull.*
*Aurélie ouvre la porte. Nathalie entre, très couverte.*

Nathalie, *tend un sac de supermarché* : - Présentez, armes !

*Et retourne le sac : un énorme nuage de poussière.*

Aurélie et Nathalie : - Hmm Hmm Hmm Hmm Hmm...
Aurélie : - Tu ne crois pas que c'était déjà amplement suffisant ?
Nathalie : - C'était l'occasion de faire... Hmm hmm... Le ménage.
Aurélie : - Ton appart est propre ! Qu'est-ce qui se passe ?
Nathalie : - Je vais peut-être déménager...
Aurélie : - Je croyais que tu avais viré à l'abstinence... Hmm hmm...
Nathalie : - Justement... Ce Carlo m'a dégoûté du futile et des mensonges... Je change de vie.
Aurélie : - Tu entres au monastère ?
Nathalie : - Je suis amoureuse !
Aurélie : - Et lui ?
Nathalie : - Je n'ai pas encore osé lui avouer !
Aurélie : - Toi ! Mais qu'est-ce qui se passe !

Nathalie : - Hmm hmm hmm hmm hmm... Imagine qu'au lieu d'un inspecteur arrive notre chère mère adorée.
Aurélie : - J'assisterais à... Vos fumeuses retrouvailles... Hmm hmm...
Nathalie : - Ne parle pas de malheur !
Aurélie : - Depuis que je vis avec Stéph, ça va nettement mieux... On parle pluie, beau temps, touristes, hausse des prix, achats remboursés, soldes !... T'inquiète pas, je lui en ai dit le minimum mais suffisamment pour qu'elle ne vienne pas.

> *Durant ces propos, Aurélie prend un pull sur le canapé et se le passe, puis met un bonnet. Nathalie sort un bonnet de sa poche et en fait de même.*

Nathalie : - Et Stéph ?
Aurélie : - Sois pas surprise... Tu l'as vu non peigné depuis huit jours... Ce matin j'ai ajouté un peu d'huile sur ses cheveux...
Nathalie : - C'était un ordre impératif de super Nat !... Pourquoi je serais surprise... Il doit être tout mignon comme ça !
Aurélie : - Je le préfère autrement...

> *Stéphane entre en peignoir, bonnet sur la tête, ses cheveux gras dépassent, grosses chaussettes (couleurs différentes), pantoufles trouées.*

Nathalie : - Whaaaaahhhhhh !
Stéphane, *la voix pâteuse* : - Salut les filles !

> *Il éclate de rire. Nathalie se pend à son cou très tendrement...*

Stéphane : - J'arriverai jamais à parler comme ça durant quatre heures.

Nathalie : - Il ne tiendra pas quatre heures ! Parole de Nat ! Allez, dernière répétition générale… Où est le sang ?
Aurélie : - Non, pas de répétition pour la scène du sang. On a déjà testé avec de l'eau, on sait que ça marche.

*Stéphane sort par la porte de la cuisine, revient avec un flacon.*

Stéphane : - Du vrai sang de souris. Il doit être temps de le sortir du frigo, sinon, du sang froid ça peut surprendre… (*il agite le flacon*) et même pas coagulé !
Nathalie : - Tu as dû t'amuser à saigner cette petite bête.
Aurélie : - Je me suis dévouée.
Nathalie : - La scène des fantômes.
Aurélie : - Mais non, on va la réussir !
Stéphane : - Refaites-la quand même… Il ne faudrait quand même pas exagérer… Il doit se demander si c'est un fantôme ou des souris… Je connais Nat !
Nathalie : - Quoi ! Tu me connais ?… Je sais me tenir… Parfois !
Aurélie : - Allez, allons au grenier.

*Nathalie et Aurélie sortent par la cuisine*

*On entend :*
Aurélie : - Attends que je sois dans le grenier avant de mettre un pied sur l'échelle… Tu sais que les échelles et moi on n'est toujours pas les meilleures copines du monde.
Nathalie : - Tu devrais en parler à ton psy !… Pourquoi tu as arrêté ?
Aurélie : - Tu sais bien que j'en connais plus que tous les psys de Cahors réunis…
Nathalie : - Sur les autres peut-être, mais c'est toujours sur soi le plus compliqué… Pourquoi tu ne veux pas être ma psy ?

Aurélie : - Je t'ai déjà expliqué : impossible. Le transfert ne fonctionnerait pas. Je te connais trop.

*Bruit : un saut à pied joint dans le grenier*

Nathalie : - Tes souris adorées sont arrivées !
Stéphane : - Des souris, pas des éléphants !
Nathalie : - Si on répétait les glissades à la crème !

*Bruit : les glissades !*

Stéphane : - Pas mal. On retient les glissades.
Nathalie : - Les petites danseuses, les vieux rats du conservatoire !

*Bruit : les « rats » !*

Stéphane : - Là je doute ! Vraiment vous ou des souris ?

Aurélie : - La marche sur talons.

*Bruit : des craquements du plafond.*

Stéphane : - Heureusement que tu n'as pas d'aiguilles.
Aurélie : - Mais ça donne quoi ?
Stéphane : - On se croirait un soir d'hiver quand on se demandait si des souris pouvaient faire un tel chambard.
Aurélie : - Alors on peut redescendre ? Essai concluant ?
Nathalie : - Attends.

*Bruit : comme des fantômes dans un grenier.*

Stéphane : - Tu fais ça comment ?
Nathalie : - Secret ! Ça donne ?
Stéphane : - A faire uniquement s'il commence à paniquer, à se demander s'il est arrivé dans une maison hantée.

Aurélie : - Je descends la première... Je sais je suis l'aînée... Mais sur une échelle... Stéph, viens tenir l'échelle.

*Stéphane sort (vers la cuisine). On entend de la cuisine :*

Stéphane : - Alors mon amour, les échelles seront toujours ton talon d'Achille ?

Nathalie : - Je peux descendre ou je vous laisse prendre une pause ?

*Bruit : un grand bond.*

Nathalie : - Sauter du quatrième barreau, un jour tu réussiras aussi petite frangine !

Aurélie : - Et si tu étais passée dans la cave ! C'est du plancher par terre ici !

Nathalie : - Donc tu n'as pas encore détourné suffisamment pour restaurer vraiment la cuisine ! N'hésite pas à le signaler à ton fouineur.

*Ils reviennent dans le salon.*

Nathalie : - Alors, tes petites souris fantomatiques ?

Stéphane : - Presque fantastiques... Mais bon, je ne suis pas inspecteur des impôts... J'ignore comment ça réagit ces humanoïdes-là !

Aurélie : - J'ai faim !... J'ai préparé à manger dans la chambre...

Nathalie : - Décidément, on y fait tout dans votre chambre !

Aurélie, *à Stéphane* : - Tu peux rester ici, si c'est trop difficile de nous regarder manger.

Nathalie : - Oh Stéph, ton odeur sauvage !

Aurélie : - A trois mètres, tu la renifleras aussi bien qu'à trois millimètres.

*Ils sortent par la porte des chambres.*

## Scène 2

*Entrent Nathalie et Aurélie.*

Nathalie : - Tu crois qu'il va tenir, Stéph ?

Aurélie : - Tu veux dire… Que finalement nous aurions dû dormir cette nuit ?… C'est terrible de l'avoir empêché de déjeuner… Alors que ça donne vachement faim !

Nathalie : - Moi ça me donne plutôt l'envie d'allumer la télé !… Ils sont tellement tous pareils les mecs, vides, comme téléguidés par une télé ou une radio… Des machos manchots du cerveau, des manipulateurs. Je me suis laissée triturer par ce salaud de Carlo aussi pour avoir devant les yeux un monstre.

Aurélie : - Je te prévenais de te méfier. C'était un sophiste, il t'aurait enfermé dans la dépression si tu avais continué.

Nathalie : - Je croyais être assez forte pour lutter mais je vois bien qu'il m'a utilisée comme il utilise les autres, avec ses théories d'amitié de sagesse et tendresse.

Aurélie : - Son baratin était trop bien huilé.

Nathalie : - Ça y est, il se l'est tapée sa bourgeoise. Après trois nuits, ils sont dans le bras de fer : il veut qu'elle accepte avec sourire et plaisir ses nuits avec Sophie et elle voudrait qu'il quitte sa blanche, l'épouse et l'engrosse. Si elle connaissait vraiment sa vie, madame naïve la schizophrène qui continue à écrire mon amour à son amant officiel qui continue de l'attendre. Bref, quand je te vois… Je peux te demander… Un service ?

Aurélie : - Si ce n'est pas de passer une nuit avec Stéph.

Nathalie : - Bon alors je n'ai rien dit !

Aurélie : - Tu reconnais quand même que tu exagères ?

Nathalie : - Non… Puisque je n'agis pas derrière ton dos… Je vais peut-être essayer avec des filles… Tu as déjà essayé ?

Aurélie : - Tu sais bien... Tu es la seule fille avec qui je peux parler plus d'un quart d'heure.
Nathalie : - Je ne dis pas de parler, je sais bien que nous sommes les frangines misanthropes... C'est une proposition !?
Aurélie : - N'exagère pas !
Nathalie : - Tu crois que Stéph serait d'accord pour un câlin à trois ?
Aurélie : - Je devrais peut-être me méfier de toi !

*Stéphane entre.*

Stéphane, *voix pâteuse* : - Alors, les filles, pas encore au grenier ?
Nathalie, *regarde sa montre* : - Oh Picasso !... Moins cinq !... On discutait de c'qu'on pourrait faire de tendre ce soir pour te... redynamiser !
Aurélie, *qui emmène Nathalie* : - Au grenier frangine, (*à Stéphane :*) n'oublie pas de fermer la fenêtre !
Nathalie : - Tes petites souris vont t'épater... Et n'oublie pas d'être vulgaire ! Je veux entendre des « merde », des « oh putain ! »

*Elles sortent vers la cuisine, Stéphane ferme la fenêtre et les volets puis va à la cuisine cacher l'échelle.*

Stéphane : - Ferme bien la trappe.

*Stéphane revient dans le salon, va se regarder dans le miroir. Se sourit.*

Stéphane : - La tête que j'ai aujourd'hui, j'la r'grettrai dans dix ans !*

* extrait d'une publicité de Serge Gainsbourg pour les pellicules photos Konica.

*Bruit : un grand coup de pied dans le grenier. Stéphane sursaute.*

Nathalie : - Compagnie du grenier, au poste !
Stéphane : - Chut !...

*Stéphane s'assied sur le bord du canapé. Se relève. Se rassied. On frappe à la porte.*
*Stéphane sursaute. Respire un grand coup. Se bouche le nez. Agite les bras. On frappe de nouveau.*

Voix du dehors : - Y'a quelqu'un ?

*On frappe de nouveau. Stéphane va à la fenêtre, l'ouvre, ouvre le volet. Apparaît l'inspecteur.*

Stéphane, *voix pâteuse* : - Vous êtes perdu ?
L'inspecteur : - Stéphane Ternoise ?
Stéphane : - Parfois... C'est pour quoi ?
L'inspecteur, *surpris* : - Vous êtes bien monsieur Stéphane Ternoise ?
Stéphane : - Parfois... Assez souvent.
L'inspecteur : - Inspecteur Dupneu, du centre des impôts de Cahors. Nous avons rendez-vous à quatorze heures.
Stéphane : - Ah oui... (*bâille*) Pourquoi vous passez ce matin ?
L'inspecteur : - Il est quatorze heures.
Stéphane : - Pas possible !
L'inspecteur, *tourne vers lui sa montre* : - Déjà quatorze heures cinq.
Stéphane : - Alors c'est à cause de ces putains de souris. Elles ont fait un de ces raffuts. Mais vous êtes sûr, quatorze heures en France ?
L'inspecteur, *s'impatiente* : - Je peux entrer.
Stéphane : - Oui... Si vous me jurez qu'il est bien quatorze heures... En France ?...

*Stéphane va à la porte, agite la serrure, revient à la fenêtre*

Stéphane : - Hé !... Inspecteur !...

*L'inspecteur réapparaît à la fenêtre.*

Stéphane : - Vous vous y connaissez en serrures ?
L'inspecteur : - C'est-à-dire ?
Stéphane : - C'est bloqué depuis deux mois.
L'inspecteur : - Et vous ne sortez pas depuis deux mois ?
Stéphane : - Si si, j'passe par la cave. Vous seriez pas un peu serrurier ?

*L'inspecteur le fixe, de plus en plus interloqué.*

L'inspecteur : - Pourriez-vous m'indiquer votre entrée secondaire ?
Stéphane : - Pas de problème (*il fait les signes en même temps*) tout droit, à gauche au bout du mur, à gauche encore, et première porte à gauche. Faites comme chez vous, c'est ouvert. Je vais vous ouvrir en haut. Y'a un escalier, c'est pas le Plazza mais ça tient.

*L'inspecteur disparaît.*

Stéphane, *sourit* : - S'il arrive avec des toiles d'araignées dans les cheveux, j'arriverai jamais à me retenir (*il joint les mains*). Mon Dieu des magouilleurs amateurs, faites qu'il se casse la gueule dans les escaliers !... Si j'étais à sa place, je le ferais exprès ! Accident du travail !

*Stéphane sort.*

*On entend* :
Stéphane : - Vous inquiétez pas, j'y passe trois fois par jours... Je passe devant vous...

*Ils entrent.*

L'inspecteur, *qui lui tend la main* : - Bonjour monsieur Stéphane Ternoise.
Stéphane : - Ah oui ! (*en baillant*) Au fait, bonjour monsieur André Dupneu.
L'inspecteur : - Christian Dupneu, inspecteur au centre des impôts de la 1$^{ere}$ circonscription du Lot.
Stéphane : - Oui, je me souviens. C'est vous qui avez signé la lettre que j'ai reçu. André Dupneu, chef du contentieux… Euh… Heureux de vous rencontrer en vrai.
L'inspecteur, *qui regarde autour de lui, interloqué* : - Oui, je sais, vous êtes auteur de chansons. Je connais la chanson de Jacques Brel. Mais moi c'est Christian Dupneu, inspecteur au centre des impôts de Cahors. Troisième secteur.

> *Bruit : des doigts grattent le bois dans le grenier. Stéphane ne s'en soucie pas. L'inspecteur regarde autour et au-dessus de lui.*

Stéphane : - Ah !… Vous êtes le fils d'André.
L'inspecteur, *gêné* : - Mon père s'appelait bien André… Mais ça n'a rien à voir. Je suppose que vous avez préparé votre comptabilité.
Stéphane : - Ma… Ah oui… Les dépenses et les recettes… C'est ce que vous appelez comptabilité ?
L'inspecteur : - C'est le terme exact.
Stéphane : - Vous êtes certain ?
L'inspecteur : - Parfaitement.
Stéphane : - Je croyais que comptabilité ça s'appliquait aux entreprises.

> *L'inspecteur avance et… Aperçoit la cage grillagée…*

L'inspecteur : - Ha ! (*il a un geste de recul…*)

Stéphane, *s'avance* : - Ça va être une bonne journée je crois !
L'inspecteur : - Vous pourriez la retirer.
Stéphane : - Vous êtes de la SPA ? Vous voulez que je la libère ?
L'inspecteur : - Non, non, surtout pas ! La mettre dans une autre pièce.
Stéphane : - Je vais aller la noyer tout de suite dans l'évier.

> *Il ramasse la cage et va dans la cuisine où il fait couler de l'eau tandis que l'inspecteur observe avec surprise et dégoût, s'essuie le costume.*
> *Retour de Stéphane.*

L'inspecteur, *avance vers la petite table* : - Ha ! (*de nouveau il recule... Il a vu les deux trappes, les deux souris mortes*)

Stéphane, *s'avance* : - Celles-là, inutile de les noyer !... Si j'avais dix trappes, je crois que chaque matin elles seraient pleines. Mais je préfère les mettre dans la chambre (*silence*).
L'inspecteur : - Vous êtes donc au régime...
Stéphane : - Non. Si ça vous dérange pas il faut que je déjeune.

> *L'inspecteur le fixe comme on doit fixer un martien ou, plus courant, un idiot.*

L'inspecteur : - Vous êtes donc au régime de la déclaration contrôlée... Je suppose que vous avez préparé vos justificatifs de... Dépenses recettes.
Stéphane : - Oui, tout est là (*il montre un carton sur la table*).
L'inspecteur : - Je peux m'asseoir ?

Stéphane : - Bien sûr...

*Stéphane retire les feuilles devant le carton et les pose un peu plus loin, ainsi l'inspecteur a juste une place pour s'asseoir, le restant du canapé étant couvert de papiers, cartons, chemises trouées...*

L'inspecteur : - Vous vivez seul ?
Stéphane : - Célibataire sûrement sans enfant à charge.
L'inspecteur : - Sûrement ?
Stéphane : - J'ai débuté mon activité sexuelle avant les messages préventifs contre le sida et... Enfin je ne vais pas vous raconter ma jeunesse. Vous ne travaillez pas pour *Voici* !

*L'inspecteur ouvre le carton, sort les premiers papiers, Stéphane va chercher du lait, en verse dans une casserole.*

Stéphane : - Vous voulez un bol de lait ?
L'inspecteur, *le fixe de nouveau* : - Non merci.
Stéphane : - Même avec du chocolat dedans ?... Vous avez de la chance, y'avait du Poulain remboursé, c'est pas tous les jours que les achats remboursés sont de qualité.
L'inspecteur : - Vous pourriez m'indiquer où se situent vos déclarations.
Stéphane : - Je suis certain qu'elles sont dans... (*il craque une allumette et allume le gaz*) Ah... (*il sourit*) Avant ça m'inquiétait mais j'ai lu que c'est normal chez les humains du sexe mâle, de pouvoir faire qu'une chose à la fois, alors que les humains de sexe femelle peuvent faire trente-six choses à la fois (*L'inspecteur le fixe, se demandant sûrement le rapport avec sa question*)... Je suis certain qu'elles sont dans le carton, carton, c'est le mot qui m'échappait... Ça vous arrive aussi de ne plus trouver le terme exact en allumant le gaz ?

L'inspecteur, *hésitant à répondre* : - J'ai une cuisinière électrique.
Stéphane : - Si un jour j'en ai les moyens, j'en achèterai une... Ça paye mieux qu'auteur de chansons, chef du contentieux.
L'inspecteur : - Inspecteur des impôts.
Stéphane : - Ah, c'est pas un mot différent pour qualifier la même fonction ?... Un... Synonyme ?
L'inspecteur : - Nous en étions donc à vos déclarations.
Stéphane : - Je suppose que vous avez les doubles.
L'inspecteur : - Certes...

> *Bruit : un pied glissant contre le plancher du grenier. L'inspecteur s'arrête, relève la tête, regarde Stéphane qui surveille le lait sans la moindre réaction.*

L'inspecteur : - Certes... Mais je suppose qu'à l'intérieur de vos déclarations je trouverai le détail de vos... Dépenses recettes.
Stéphane : - Tout y est... Il m'a fallu huit jours pour tout retrouver. Mais tout y est !

> *Bruit : un morceau de bois claqué contre le plancher du grenier. L'inspecteur sursaute, laisse échapper « hein ! » Stéphane reste impassible.*

Stéphane : - Vous voulez un bol de lait ?
L'inspecteur : - Vous êtes sûr que (*il regarde au-dessus de lui*) le plafond est solide ?
Stéphane : - Dans la grande pièce, des tuiles se sont envolées avec la tempête. Mais le voisin m'a aidé, et il tombe plus que quelques gouttes. J'ai mis un seau dans le grenier et ça va. Ici au-dessus, j'y suis monté, à voir ça tient. Vous aussi, vous avez eu des dégâts avec la tempête ?

*Un nouveau bruit.*

L'inspecteur : - Vous avez entendu ?
Stéphane : - Ah !... Les copines...
L'inspecteur : - Vous hébergez des amies dans votre grenier ?
Stéphane : - Les copines... Oh c'est pas des travailleuses clandestines !... (*Stéphane sourit*) C'est une déformation professionnelle... Ça m'arrive aussi, quand il se passe quelque chose, j'essaye d'en faire une chanson... Les copines, c'est comme ça que j'appelle les souris... Le matin on dirait qu'elles ont besoin de se dégourdir les pattes... C'est rare qu'il y ait du grain empoisonné remboursé... Vous aussi vous êtes embêté avec les souris ?
L'inspecteur : - Je vis en ville. Mais je croyais que les souris dormaient le jour.
Stéphane : - Je suis certain qu'il y a plusieurs tribus. Certaines s'agitent la nuit pour m'empêcher de dormir, d'autres le jour pour m'empêcher d'écrire... Parfois, je me dis qu'elles sont payées par la sacem, ces garces... (*L'inspecteur le fixe de nouveau*) Ces garces, c'est les souris de la journée... Ou alors elles voudraient que je leur laisse la maison. Mais je ne céderai pas... Oh putain ! (*Stéphane souffle en direction du lait et soulève la casserole*) Oh putain, on discutaille on discutaille et peu à dire le pinard caillé se sauvait... J'aurais pas voulu vous mettre ce drame sur la conscience... (*Stéphane arrête le gaz*)

*Nouveau bruit.*

L'inspecteur : - Vous êtes certain que des souris peuvent se rendre coupables d'un tel bruit ?
Stéphane : - J'en doutais aussi au début. Certains ont prétendu que j'avais acheté une maison hantée.

*L'inspecteur se redresse, effrayé.*

Stéphane : - Alors j'ai phantasmé sur ce grenier, persuadé d'avoir touché le gros lot, persuadé qu'y logeaient des succubes, persuadé qu'une nuit j'aurais une agréable surprise. (*passent dans les yeux de L'inspecteur des sentiments difficiles à traduire ; ignore-t-il la signification du terme succube ? A-t-il regardé trop de films d'horreur ?*) Mais comme rien n'arrivait, je suis monté au grenier.

L'inspecteur, *tombe dans le jeu du silence de Stéphane et lâche un* : - Et ?

Stéphane : - Devinez comment la réalité m'a alors piteusement renvoyé à mon triste sort ? Malheureusement, aucune diablesse ne viendra égayer mes nuits. (*Se voulant lyrique* :) Aucune diablesse ne viendra égayer les nuits d'un écrivain maudit, jamais, ni succube ni fée, pour me sauver du marasme aussi sentimental. (*Silence*) Le grenier est envahi de crottes de souris. Finalement, j'y crois pas aux fantômes... Ou alors dans les châteaux ! Vous croyez, vous, qu'ils passeraient des siècles dans une vieille baraque alors qu'ils peuvent se loger gratos dans un palace ? Vous ne croyez pas ?

L'inspecteur : - C'est un raisonnement logique.

Stéphane : - Si j'en croise un je lui donnerai votre adresse !

> *Nouveau bruit. Stéphane se lève comme si de rien n'était, va chercher un bol.*

Stéphane : - Vous dérangez pas, je vous laisse la table, je vais déjeuner ici... J'ai l'habitude.

> *Il prend la casserole de la main gauche, donne un coup de coude dans le couvercle de la gazinière... (un bruit donc assez proche de celui du grenier... L'inspecteur sursaute)*

Stéphane : - Vous inquiétez pas... Je n'ai que deux bras. Pas vous ?

*Il pose le bol, verse le lait, pose la casserole, va chercher du pain, du beurre, de la pâte à tartiner premier prix, déjeune...*
*L'inspecteur feuillette les papiers... Quelques bruits dans le grenier le font toujours redresser la tête.*

L'inspecteur : - Pourquoi vos... dépenses – recettes ne sont pas classées ?
Stéphane, *sourit* : - Je pouvais quand même pas imaginer qu'un jour un inspecteur préférerait passer sa journée à vérifier mes additions, plutôt que de s'attaquer aux fraudeurs... Les artisans qui se déplacent uniquement s'ils sont payés au noir, les bouchers, les charcutiers, les agriculteurs, les pharmaciens qui revendent les médicaments qu'on leur rapporte normalement pour les pays pauvres.
L'inspecteur : - Vous avez réglé en liquide un artisan ?
Stéphane : - Vous croyez que j'ai les moyens de faire des travaux ?... (*en souriant :*) Je n'ai pas votre paye !

*L'inspecteur a un très léger sourire et replonge dans les papiers. Stéphane termine son déjeuner... L'inspecteur ouvre sa sacoche, en sort une photocopie.*

L'inspecteur : - J'ai ici un article. Je suppose que vous le connaissez.
Stéphane : - On me l'a montré. La photo était plutôt réussie, vous trouvez pas ? Je suppose que vous avez compris !
L'inspecteur : - Qu'y a-t-il à comprendre ?
Stéphane : - Oh, comme vous êtes tenu au secret professionnel, je peux vous l'avouer : j'ai fait comme tout le monde.

L'inspecteur : - Pourriez-vous être plus clair ?

Stéphane : - Ça vous intéresse vraiment les grandeurs et misères des artistes ?

L'inspecteur : - J'étudie sans a priori les dossiers, et pour cela je dois connaître votre position.

Stéphane : - Alors vous devez savoir que les artistes qui n'ont pas les moyens de se payer de la chirurgie esthétique, donnent aux journalistes une ancienne photo, qui plus est retouchée.

L'inspecteur : - La photo n'est pas l'essentiel pour moi. Vous y déclarez avoir vendu mille huit cents exemplaires de votre dernier ouvrage.

Stéphane : - C'est déjà bien, vous trouvez pas ? Les romans se vendent en moyenne à 600 exemplaires.

L'inspecteur : - Mais quand je multiplie mille huit cents par le prix de vente, j'obtiens des recettes nettement supérieures à vos déclarations.

Stéphane, *éclate de rire* : - Vous êtes sérieux !

L'inspecteur : - Ai-je l'air de plaisanter ?

Stéphane : - Donc des gens avec votre salaire lisent ce torchon... Et en plus le croient !

L'inspecteur : - Ce sont bien vos déclarations ? Sinon vous auriez exigé un démenti.

Stéphane : - Et vous croyez quand même pas qu'un éditeur va communiquer aux journalistes ses véritables chiffres !

L'inspecteur : - Si vous mentez aux journalistes, je n'ai pas de raison de croire que vous agissiez différemment envers le centre des impôts ?

Stéphane : - Et si demain le journaliste vous demande à quoi vous passez votre temps, vous allez lui raconter : à vérifier si les informations qu'il publie dans son canard sont conformes aux déclarations fiscales ?

L'inspecteur : - De part ma profession, je suis tenu au secret professionnel.
Stéphane : - De part ma profession, je suis tenu au baratin professionnel. Vous ne croyez quand même pas Gallimard ou Fayard et leurs publicités 300 000 exemplaires vendus un mois après la sortie d'un roman !
L'inspecteur : - Ces contribuables ne figurent pas dans notre circonscription fiscale.
Stéphane : - Je suis le seul éditeur de votre circonscription ?
L'inspecteur : - Vous déclarez dans cet article être « *le premier auteur éditeur professionnel de la région* », et je ne suis pas tenu de vous signaler si l'ensemble des représentants de votre profession sont vérifiés.
Stéphane : - Alors vous avez de la chance... Vous venez de découvrir qu'un éditeur considère les journalistes comme de simples relais commerciaux ! Vous n'avez jamais vu le bandeau best-seller sur des livres dont on annonce simplement la sortie pour le mois suivant ?
L'inspecteur : - Monsieur Ternoise, puis-je voir votre stock ?
Stéphane : - Pas de problème... C'est dans la grande pièce... Vous avez un bonnet ?
L'inspecteur : - Je vous suis.

*Stéphane prend un vieux manteau délabré, le passe au-dessus de son peignoir...*

L'inspecteur, *qui veut faire de l'humour* : - J'ai des difficultés à envisager qu'il puisse faire plus froid qu'ici.
Stéphane : - La grande pièce est située au Nord. Pour vous ce n'est pas grave... En cas de maladie vous avez droit aux congés payés.

*Ils sortent. Bruits de pas dans le grenier. Puis conversation.*

Nathalie : - Pendant ce temps-là, les petites souris se dégourdissement les pattes. Et les bras, et les bras (sur l'air d'Alouette), et le cou, et le cou, et les seins et les seins.
Aurélie : - Oh !
Nathalie : - T'aimes pas qu'on te caresse les seins.
Aurélie : - Je préfère que ce soit Stéph.
Nathalie : - Ne sois pas désagréable ! C'est simplement qu'avec Stéph tu es nue. Veinarde !
Aurélie : - Mais je suis ta sœur ! Qu'est-ce que tu fais !
Nathalie : - Je passe doucement mes doigts sous ton gros pull et ton petit tee-shirt. Tu te souviens, quand on dormait dans le même lit ?
Aurélie : - Arrête !
Nathalie : - Chut, j'entends des pas, les gladiateurs reviennent.
Aurélie : - Arrête !

L'inspecteur, *en rentrant* : - Vous prétendez que mentir aux journalistes est fréquent dans votre profession.
Stéphane : - Vous pouvez vérifier. Le tirage de mon dernier roman est de 1024 exemplaires. Comment voulez-vous qu'en tirant à 1024 je puisse avoir vendu 1800. En plus vous avez bien constaté qu'il m'en reste plus de 25 !
L'inspecteur : - Mais c'est un mensonge ! Je ne comprends pas ! Pourquoi vous proclamez-vous « *premier auteur-éditeur professionnel de la région* » ? Alors que vous ne vendez presque rien et vivez du Rmi ?
Stéphane : - Pour qu'un livre se vende, il faut d'abord faire croire qu'il se vend. Les écrivains n'y peuvent rien, les lecteurs sont comme ça, ils nous regardent uniquement si on les a persuadés que leur voisin nous a lu. Il faut qu'inconsciemment ils se sentent coupables de ne pas nous avoir lu… Vous, par exemple.
L'inspecteur : - Moi ?
Stéphane : - Oui, vous, au volant de votre voiture, vous

pensiez « ça doit être intéressant ce qu'il écrit, quelle chance j'ai, je vais rencontrer un grand écrivain. » (*silence*) Vous aviez même décidé d'acheter un de mes livres. Et maintenant ?

L'inspecteur : - Désolé de vous décevoir mais avec ma charge de travail, je n'ai pas le temps de lire au-delà des lectures professionnelles.

Stéphane : - Vous n'achetez jamais de livre !

L'inspecteur : - Euh... Parfois pour offrir.

Stéphane, *désabusé* : - C'est le problème. Les gens intéressés par mes livres sont jeunes et sans un sou, et les friqués s'en foutent de la littérature. Qui plus est, quand vous achetez un livre, vous prenez celui dont « on », le « on » de la manipulation médiatique, dont on dit « c'est intéressant. » Et votre ami vous dira merci, il placera ce livre dans sa bibliothèque et jamais ne l'ouvrira. Mais vous aurez l'impression de réaliser un cadeau original et lui aussi sera satisfait, parce qu'il pensera que vous le considérez comme un lecteur, donc comme une personne intelligente... C'est foutu, la littérature...

L'inspecteur : - Nous sommes ici pour évoquer votre comptabilité.

Stéphane, *encore plus désabusé* : - Si mes explications vous emmerdent, je vais me recoucher.

> *Enorme bruit : comme si deux personnes se roulaient par terre dans le grenier. L'inspecteur dresse la tête.*

L'inspecteur : - Et cela ne vous inquiète pas ?

Stéphane : - Oh vous savez, vous faites votre métier, mais vous pouvez passer trois jours dans ma comptabilité, si vous trouvez une erreur, elle sera même pas de 17 euros, alors pourquoi je m'inquiéterais, erreur ou pas erreur de 14 euros, de toute manière je suis loin d'être imposable.

L'inspecteur : - Je parlais des bruits étranges dans votre grenier.
Stéphane : - Vous croyez que j'ai les moyens de faire venir la compagnie de défantomisation ?

*L'inspecteur a un sourire crispé.*

Stéphane : - Vous vous y connaissez en fantômes ?... Vous croyez que c'est dangereux ?
L'inspecteur, *qui se frotte les mains* : - Vous ne chauffez jamais ?
Stéphane : - Y'a des gens qui dorment dehors à moins dix, mon grand-père a passé un hiver dans les tranchées, vous croyez qu'il jouait les chochottes ? Quand on a la chance d'avoir un toit, on doit déjà se considérer bien heureux, on baisse la tête, on ferme sa gueule et on attend le printemps, et ça n'empêche pas d'être heureux... C'est en soi qu'on trouve l'essentiel... Vous ne croyez pas ?
L'inspecteur : - Certes mais... Je vais terminer de consulter votre... Comptabilité.

*L'inspecteur se rassied et feuillette.*

L'inspecteur : - Haaa ! (*il bondit hors du canapé*)
Stéphane : - Vous avez eu une vision ?

*L'inspecteur ne peut plus parler, montre la table.*

Stéphane : - Qu'est-ce qui se passe ?... Vous avez eu une vision ?... Votre femme avec le facteur ?
L'inspecteur, *continue à montrer la table et réussit à articuler* : - Du sang !
Stéphane : - Votre femme perd son sang ?
L'inspecteur, *respire profondément* : - Du sang est tombé sur les feuilles.
Stéphane : - Le sang de votre femme est tombé sur les feuilles ?... Dans votre jardin ?

L'inspecteur, *montrant le plafond* : - Du plafond, sur vos feuilles.
Stéphane, *s'avance vers la table, prend une feuille* : - Vous êtes certain que ça n'y était pas avant ?
L'inspecteur : - Je l'ai vu tomber... C'est du sang frais.
Stéphane, *bascule la feuille* : - Ah oui ! Il bouge sur la feuille... Vous ne vous seriez pas coupé... Ça arrive souvent avec des feuilles...
L'inspecteur, *qui se regarde quand même les mains* : - Le sang est tombé du plafond.
Stéphane : - C'est pas possible !... Les fantômes ne perdent pas de sang.

*L'inspecteur se rapproche de la table en regardant le plafond puis la feuille que Stéphane tient en main.*

L'inspecteur : - C'est bien du sang.
Stéphane : - Oh putain ! Vous croyez que ça vient du plafond... Alors tout s'explique.
L'inspecteur : - Tout s'explique ?
Stéphane : - Oui, une fois j'avais laissé un bouquin ouvert sur la table et le lendemain il y avait une grosse tache rouge dessus. C'était un bouquin de la bibliothèque, *les ombres errantes*, de Pascal Guignard, je me suis demandé comment j'avais fait la veille pour ne pas la voir... Donc y'a aussi du sang qui tombe du plafond... Ce s'rait mieux si c'était de l'or.
L'inspecteur : - Je crois qu'il vous faudrait prévenir les services sanitaires.
Stéphane : - Vous croyez qu'à la mairie, ils ont un service de défantomisation ?...

*L'inspecteur tremble.*

Stéphane : - Le notaire me répondrait avec son petit air de vipère, « vous ne pouvez pas dire que je vous ai caché que votre maison est située près du cimetière »… Pour comprendre ma réflexion, il faut savoir que ce notable de campagne n'a pas jugé opportun de me signaler qu'un projet de ligne à Très Haute Tension était dans les cartons, une ligne à Très Haute Tension qui doit passer à même pas cinq cents mètres d'ici… Plutôt que de chercher des poux chez les honnêtes citoyens, vous feriez bien de vérifier les dépenses recettes des notaires… Parce qu'il m'a demandé du fric en liquide, ce blaireau. J'ai bien sûr refusé, je vous le dis tout de suite. Mais d'autres doivent se laisser dépouiller.

*Silence. L'inspecteur est comme tétanisé. Il continue à regarder le plafond. Stéphane, derrière lui, sourit. Il tire sur une ficelle derrière le canapé. Et on entend le « clic » d'une trappe à souris. L'inspecteur sursaute, se retourne.*

Stéphane : - Ah ! Ça doit être une bonne nouvelle.

*Il contourne le canapé, se baisse et brandit une trappe avec une souris morte.*

Stéphane : - Toujours une qui n'ira pas se réfugier dans votre poche.

*L'inspecteur frappe machinalement ses mains contre ses poches, puis s'essuie le front.*

L'inspecteur : - Bon… Je crois avoir recueilli suffisamment d'informations…

*Il regarde discrètement dans sa sacoche, ne veut pas trop montrer qu'il vérifie s'il n'y a pas de souris, regarde vers la table, regarde Stéphane.*

L'inspecteur : - Je vous souhaite une bonne journée, monsieur. Je vous souhaite bon courage.

Stéphane : - Je vous souhaite un bon retour... C'est bon, donc, ma... Ma comptabilité.
L'inspecteur : - Vous recevrez une notification écrite.

*L'inspecteur, à reculons, va vers la porte de la cuisine, qu'il ouvre.*

Stéphane : - Vous préférez sortir par la fenêtre de la cuisine ?
L'inspecteur : - Ce n'est pas la sortie ?
Stéphane : - Si vous préférez sortir par la fenêtre, ça ne pose pas de problème pour moi. Vous aviez l'option acrobaties au bac ?

*L'inspecteur essaye de se repérer et va vers la porte couloir / cave.*

L'inspecteur : - Je vous souhaite une bonne journée.
Stéphane : - Je vais vous ouvrir la porte de la cave.

*L'inspecteur sort, Stéphane le suit.*

*Du grenier :*
Nathalie, *doucement* : - Tu vois bien qu'il était nickel mon plan !
Aurélie : - Attends qu'il ait démarré, on ne sait jamais.

*Quelques instants. Stéphane rentre avec un radiateur, le branche.*

Aurélie : - On doit voir sa voiture par les trous à pigeons.

*Elles courent dans le grenier.*

Nathalie : - Il est blanc comme un linge ton inspecteur... Il a du mal à respirer... Ah, il vient de mettre sa bagnole de bourge en marche... En plus il ose nous polluer, ce fonctionnaire.
Aurélie : - C'est bon, il est parti.

Nathalie : - Remets l'échelle Stéph…

*Stéphane va dans la cuisine, on l'entend poser une échelle, la trappe du grenier s'ouvre…*

Nathalie : - Cette fois je passe la première…

*Bruit : un grand bond.*

Aurélie : - Mais tu es folle de sauter comme ça.
Nathalie : - C'est pour sauter dans les bras de Stéph, ma grande sœur adorée… Tu as été génial mon Stéph adoré !…
Aurélie : - Tenez l'échelle… Nat, je te permets pas de frotter tes seins contre la poitrine de Stéph…
Nathalie : - Ne regarde pas en bas, tu vas avoir le vertige !…
Aurélie : - Nat, tes seins !
Nathalie : - Mes seins… Après c'qu'on a fait là-haut… Je peux bien embrasser Stéph aussi sur la bouche (*on entend un bruyant baiser sur la bouche*).
Aurélie : - Mais défends-toi Stéph… Et tiens-moi l'échelle… Nat, ça t'avais pas le droit…

*Un nouveau bruyant baiser.*

Nathalie : - Bon, je te tiens l'échelle… À condition qu'on prenne une douche à trois.
Aurélie : - Jamais. Jamais !
Nathalie : - Viens Stéph, on va aller prendre une douche à deux… On va quand même retirer l'échelle, on ne sait jamais avec Aurel, la jalousie pourrait être plus forte que sa phobie !
Aurélie : - Nat, je te défends.
Nathalie : - Quoi, je suis couverte de toiles d'araignées, je peux bien prendre une douche.

Aurélie : - Stéph, tiens-moi l'échelle !

Nathalie : - Allez, décontracte-toi… Alors, tu en as envie aussi, d'une douche à trois ?

Aurélie : - Nat, arrête… Stéph, plutôt que de te laisser caresser, tiens-moi l'échelle… Il est temps… Nat arrête.

Nathalie : - J'aime bien te caresser les jambes, descends encore d'un barreau…

Aurélie : - Tu veux vraiment que je me casse la gueule.

Nathalie : - T'inquiète pas, on te récupérera dans nos bras, et on t'emmènera immédiatement sous la douche.

Aurélie : - Arrête Nat.

Nathalie : - Je n'y peux rien, comme tu es descendue d'un barreau, tu es juste à la hauteur… Encore un et...

Aurélie : - Mais Stéph, empêche-la.

Stéphane : - Vous avez fait quoi là-haut pour être dans cet état ?

Aurélie : - Ah non Nat !…

Nathalie : - Entre sœurs, une certaine tendresse est permise quand même…

***Rideau***

# Acte 3

*Idem acte 1 (sauf télévision), Stéphane lit, allongé dans le canapé... Entre... Nathalie !...*
*Elle tient dans la main droite une lettre (dès qu'elle ouvre la porte, Stéphane se retourne, la fixe d'Amour).*

## Scène 1

Nathalie : - Gloire à l'administration fiscale qui a changé notre vie !
Stéphane : - Mais maintenant que sa vie n'a pas été totalement inutile, qu'elle nous fiche la paix !
Nathalie : - Ne sois pas impatient ! (*Nathalie déchire l'enveloppe, sort la lettre à toute vitesse, la lit de même, et la jette en l'air tout en se précipitant sur Stéphane qui se lève*) Aucune charge retenue contre vous... mon Amour.

*Ils se serrent.*

Nathalie, *sourit et se sépare de Stéphane* : - Tu sais comme je suis...
Stéphane : - Presque !
Nathalie : - Je m'étais dit que s'ils nous laissaient tranquilles, c'était bon signe... Et dans le cas contraire que j'étais...
Stéphane, *sourit* : - Tu étais ?
Nathalie : - Une garce !
Stéphane : - Oh !
Nathalie : - Ce n'est pas tout !... S'ils nous laissaient tranquilles c'était bon signe... Et nous pouvions avoir un enfant cette année.
Stéphane : - Tu crois notre rythme de vie compatible avec un enfant.

Nathalie : - Quand nous serons trop occupés, sa marraine se fera un plaisir de le pouponner.
Stéphane : - Sa marraine... Tu veux dire ?
Nathalie : - Bin oui, Aurel... Je vais l'appeler pour lui annoncer... Lui annoncer... Oui, je ne t'ai pas encore tout avoué !... Comme ils tardaient à nous écrire, ça signifiait que tout allait bien... Donc j'ai devancé la bonne nouvelle... J'ai arrêté la pilule y'a sept semaines.
Stéphane : - Tu ?
Nathalie : - Ça fait un moment que faire l'amour dans la baignoire, ce n'était plus par obligation.
Stéphane : - Tu sais bien que je mélange les jours et les semaines. Tu veux dire... (*il pose sa main droite sur le ventre de Nathalie*)
Nathalie : - On va avoir un bébé.

*Stéphane serre Nathalie dans ses bras.*

Nathalie : - Tu trouves pas que tu exagères... Je m'empresse de résumer avant toi !
Stéphane : - Tu crois qu'Aurélie va être ravie, sera d'accord pour être marraine ?
Nathalie : - C'est ma frangine. Et je la connais même mieux que toi... Tu vois... Elle doit attendre mon appel. Elle va me demander ce que je deviens depuis le temps, où j'étais passée pour la laisser sans nouvelles.
Stéphane : - Bon, je veux bien croire qu'elle ne t'en veuille plus mais...
Nathalie : - Et toi, tu veux dire ?
Stéphane : - Bin oui, faudrait quand même que la marraine de notre enfant ne me morde pas dès qu'elle me verra...
Nathalie : - Au contraire !...
Stéphane : - Au contraire ?...
Nathalie : - Ou plutôt ça risque d'arriver.

Stéphane : - Qu'elle me morde !
Nathalie : - C'est c'qui m'embête... Mais je n'ai pas le choix... Elle risque de te laisser de tendres morsures...
Stéphane : - Oh !
Nathalie : - Bin oui, je lui ai piqué son mec. Dans notre langage ça fait 2-1.
Stéphane : - C'est quoi de votre score footballistique !
Nathalie : - Donc Aurel ne t'a jamais raconté !
Stéphane : - Alors ce n'était pas la première fois !
Nathalie : - La première fois, ça n'avait rien de comparable avec nous, c'était juste pour rire. Et finalement elle a été bien contente que je la débarrasse... Mais dès que je suis sortie avec un autre mec, il ne lui a pas fallu huit jours pour égaliser. Donc je sais que même si pour elle comme pour moi ça n'a rien à voir...
Stéphane : - Je crois plutôt qu'elle m'en veut.
Nathalie : - Je sais qu'elle te veut.
Stéphane : - Je t'ai déjà dit.
Nathalie : - Je sais... Et Aurel aussi... Mais ça ne change rien, elle va essayer de te récupérer.
Stéphane : - Oh ! Tu crois que je pourrais...
Nathalie : - Qui pourrait résister à Aurel quand elle veut quelque chose !
Stéphane : - Qui pourrait résister à Nathalie quand elle veut quelque chose !... C'est bien ce qu'elle avait conclu... Avant de m'envoyer cette gifle que je sens encore (*il se touche la joue*). Tu n'as pas confiance en moi ?
Nathalie : - Oh si !
Stéphane : - Alors ! En plus nous allons avoir un enfant !
Nathalie : - Elle va essayer d'être ton amante !
Stéphane : - Oh !
Nathalie : - Le jour où nous devrons arrêter de faire l'amour.

Stéphane : - Oh !
Nathalie : - Elle a plusieurs solutions.
Stéphane : - Tu as déjà réfléchi à tout ça !
Nathalie : - N'oublie pas qu'en plus d'être la plus grande artiste peintre du... J'allais dire du pays... Bon, du Quercy, un jour je serai auteur de théâtre.
Stéphane : - Alors Aurélie sur ça avait raison ! Nous sommes tes cobayes !
Nathalie : - Mais je suis aussi mon propre cobaye. Et tout le monde ferait bien d'en faire autant, d'utiliser son vécu pour le transcender en art. C'est la seule manière de le sauver du néant.
Stéphane : - Tu es vraiment la dernière Proustienne.
Nathalie, *récite* : - *La vraie vie, la vie enfin découverte et éclaircie, par conséquent la seule vie réellement vécue, c'est la littérature.*
Stéphane : - Et si j'ai bien suivi, dans cinq minutes tu téléphones à Aurélie...
Nathalie : - Et dans une heure elle débarque ici !
Stéphane : - Et elle arrivera avec un moral d'enfer pour essayer d'égaliser dans votre grand jeu !
Nathalie : - Ça va bien plus loin que ça.
Stéphane : - C'est à dire ?
Nathalie : - Elle t'aime encore.
Stéphane : - Là tu exagères.
Nathalie : - On verra... Mais...

## Scène 2

*Les mêmes*

Nathalie, *va au téléphone* : - Je ne peux pas faire autrement que de l'appeler... Tu préfères que je ne l'appelle pas ?
Stéphane : - Peut-être que oui.
Nathalie : - Mais c'est impossible. Je crois que ça devient invivable pour elle comme pour moi de ne plus se voir... Et comme je t'aime... Je suis même prête à comprendre qu'un jour elle devienne ton amante.
Stéphane : - Oh !
Nathalie : - Je serai au courant. Je devinerai. Mais... Enfin, on verra... De toute manière je n'oublierai pas que c'est moi qui ai fait revenir ainsi ma... concurrente.
Stéphane : - Ou alors, tu veux te prouver que jamais elle n'égalisera !
Nathalie, *en souriant* : - Alors maintenant monsieur le magouilleur amateur essaye de me deviner !... Bon j'appelle...

*Nathalie décroche l'appareil, pianote les dix numéros... et attend.*

Nathalie : - Aurel !

Nathalie : - Comment je sais quoi ?

Nathalie : - Qu'est-ce qui t'arrive ?

Nathalie : - Oh zut ! Tu aurais pu appeler !

Nathalie : - Et tu vas faire quoi ?

Nathalie : - Quoi ! A la rue ! Jamais !

Nathalie : - Tu vas venir ici quelques jours avant de retrouver quelque chose.
Nathalie : - Mais si, Stéph est d'accord.

Nathalie, *à Stéphane* : - Son téléphone est coupé demain, elle est à la rue lundi, elle n'a plus un centime, virée du Rmi, et elle ne veut pas venir ici quelques jours. Elle ose prétendre que tu ne voudras jamais ! Tiens, dis-lui.

*Stéphane prend l'appareil.*

Stéphane : - Aurélie...

Stéphane : - Tu me prends pour un grand méchant loup alors... En plus Nathalie avait quelque chose d'important à t'apprendre.

Stéphane : - Je t'invite aussi quelques jours...

Stéphane : - Nathalie va te dire.

*Stéphane redonne l'appareil à Nathalie.*

Nathalie : - Je suis enceinte.

Nathalie : - Tu es toujours là ?

Nathalie : - Tu veux bien être la marraine à gâteaux ?

Nathalie : - On va venir te chercher...

Nathalie : - T'es sûre... Bon, à tout de suite...

*Nathalie raccroche.*

Nathalie : - Elle arrive en stop. Elle n'a plus qu'un sac de sport ! (*silence*) Picasso ! Jamais j'aurais cru qu'elle puisse tomber comme ça ! Picasso ! Même virée du Rmi ! Elle t'aime donc autant que je t'aime !

Stéphane : - Dire que durant des années j'ai vécu seul, en pensant qu'aucune femme ne pourrait supporter cette vie d'écrivain sûrement un peu trop lucide, de campagnard même pas milliardaire américain.

Nathalie : - Ton cœur balance déjà ?

Stéphane, *va vers Nathalie, la prend dans ses bras* : - C'est une vraie question ou c'est juste… Pour si un jour tu en fais une pièce de théâtre ?

Nathalie : - Mais là je suis dépassée ! J'aurais jamais pu imaginer qu'un jour j'inviterais l'ancienne amie de l'homme que j'aime à venir partager nos quelques mètres carrés. Même si cette ancienne amie est ma sœur adorée !… Tu crois que notre couple peut résister à un pareil cyclone ?

Stéphane : - Aurélie t'appelait souvent Nat le cyclone.

Nathalie : - Les sœurs cyclones. Cyclothymiques aussi.

Stéphane : - Donc mon avenir est d'être naufragé !

## Scène 3

*Les mêmes plus Aurélie*

*On frappe à la porte.*

Nathalie : - Déjà !
Stéphane : - C'est pas possible.

> *Aurélie apparaît à la fenêtre. Nathalie va ouvrir ; les deux sœurs tombent dans les bras l'une de l'autre.*

Nathalie : - Comment as-tu fait pour arriver aussi vite ?
Aurélie : - Imagine sur qui je suis tombée au rond-point ? Not… Votre voisin ! Mais je n'ai rien dit pour…

> *Aurélie pose une main sur le ventre de sa sœur.*

Nathalie : - Il est trop tôt pour l'entendre.

> *Aurélie se tourne vers Stéphane.*

Aurélie, *dont la voix tremble légèrement* : - Bonjour monsieur. (*elle sourit*) Bonjour Stéphane.
Stéphane : - Bonjour Aurélie.

> *Nathalie les regarde, interrogative. Aurélie se tourne vers elle :*

Aurélie : - Vous l'avez fait exprès ou tu as oublié ta pilule ?
Nathalie, *vexée* : - Je n'ai jamais joué à la roulette russe avec ma vie… (*posément :*) Tu nous racontes tes aventures ?
Aurélie : - Aurélie, trente ans et des poussières, sans domicile fixe, sans illusion, sans passion, sans présent, sans avenir, punkitude totale, tendance Cioran.
Nathalie : - Et tes tableaux, ton chevalet ?

Aurélie : - J'ai hésité entre le mont de piété et… Et j'ai tout cassé. Je ne suis pas peintre, il n'y a qu'un artiste par génération dans la famille… J'ai hérité de la mère et toi du père… Je suis looser, parano, mauvais karma, détraquée, héritière des tares accumulées par des générations d'ivrognes, de schizophrènes, d'hystériques. Bon, je vous préviens, zéro niveau moral, ces jours-ci…

Nathalie : - J'ai ce qu'il te faut…

*Nathalie va dans la cuisine et revient avec une bouteille de rosé et trois verres. Elle les pose sur la table, et verse. Durant son absence, Aurélie et Stéphane n'osent pas se parler, détournent les yeux et se lancent quelques regards…*

Nathalie : - Allez…

*Aurélie et Stéphane s'approchent de la table.*

Aurélie : - Balancez-moi dans un foyer ou sous un pont. Ce s'rait sûrement mieux

Nathalie : - Dis pas de conneries… Allez, à ton grand rôle de marraine à gâteaux…

*Ils trinquent debout. Nathalie et Stéphane boivent une gorgée. Aurélie vide son verre cul sec. Nathalie lui en ressert un immédiatement. Vidé de nouveau cul sec.*

Aurélie : - Prendre une cuite et dormir, c'est peut-être ce que j'ai de mieux à faire… Je suppose que vous n'avez pas vraiment eu le temps de faire des travaux… Je dormirai dans le canapé.

*Aurélie vide un troisième verre.*

Aurélie : - Vous avez du stock ?

Nathalie : - Stéph m'a formé aux réclamations, c'est ma première réussite viticole de magouilleuse amateur : quatre cartons reçus hier matin.

**Rideau**

## Acte 4

*Stéphane, Nathalie, Aurélie*

*Environ un an plus tard. Décor identique à l'acte précédent. Stéphane dans le canapé. Il pose son livre. Et pense à voix haute, en souriant :*

Stéphane : - Un contrôle fiscal ! Je n'aurais jamais pu croire qu'un contrôle fiscal bouleverserait autant ma vie !

*Entre Nathalie.*

Nathalie : - En plus tu parles seul maintenant !
Stéphane : - Je pensais à ce qui vient de nous arriver... (*souriant*) C'est vrai, finalement, on devrait peut-être en faire une pièce de théâtre de notre vie !
Nathalie, *montre une lettre* : - Et y'à une suite !
Stéphane : - Peut-être qu'il s'est décidé à m'acheter un livre.
Nathalie : - Tu attends ce soir avant d'ouvrir... (*elle s'approche très câline*)
Stéphane : - Ouvre quand même !
Nathalie, *ouvre, devient blême, se tient au canapé* : - Oh misère !
Stéphane : - Quoi ?
Nathalie, *lit d'une voix mécanique* : - Il apparaît après enquête de voisinage et diverses écoutes téléphoniques, deux points à la ligne, un tiret, les sœurs Kelly, officiellement hébergées à titre gratuit, sont vos concubines et perçoivent indûment le RMI ainsi que l'allocation parents isolés pour des enfants dont tous les indices concordent pour vous en attribuer la paternité.
En conséquence de quoi, et après concertation avec le Conseil Général, nous nous réservons le droit de déposer

plainte auprès du Tribunal de Grand Instance de Cahors pour extorsion d'avantages sociaux indus et polygamie contraire à la législation, ceci dans le cas où vous ne régulariseriez pas votre dossier sous trente jours par le remboursement des sommes trop perçues, soit

*Nathalie s'évanouie.*

Stéphane, *bondit et hurle* : - Aurélie !

*Stéphane essaye de réanimer Nathalie, Aurélie arrive.*

Aurélie : - Dis pas que Nat s'est évanouie... C'est pas possible !

*Stéphane ramasse la lettre et la lui tend, tout en essayant de réanimer Nathalie par des gestes désordonnés.*

Stéphane, *affolé* : - Aide-moi plutôt, tu liras plus tard.
Aurélie, *en souriant* : - Essaye le bouche à bouche, je suis certaine qu'elle va adorer.
Stéphane, *la regarde* : - Et ça te fait rire !
Aurélie : - Viens, on va faire l'Amour, on s'occupera de son cas plus tard !
Stéphane : - Qu'est-ce qui te prend ?
Aurélie : - Bin quoi ! Tant que Nat est évanouie, je peux en profiter quand même !
Stéphane : - Arrête, c'est grave, elle réagit plus (*Stéphane continue à la remuer*).

*Aurélie se baisse et... gifle doucement sa sœur... qui ne réagit pas. Elle la pince. Aucune réaction.*

Aurélie : - Merde ! Je ne me serais quand même pas trompée ?

Stéphane : - Trompée ?
Aurélie : - Cette lettre, c'est une lettre de Nathalie.
Stéphane : - Pas possible. J'vois vraiment pas pourquoi elle aurait fait ça. Aide-moi, plutôt que de dire n'importe quoi... T'as pas fait secouriste ?
Aurélie : - Quatre heures ! Et il y'a deux minutes, j'en aurais mis mes seins à couper. Elle ne réagit pas quand je la pince !... J'ai trouvé !
Stéphane : - Quoi ?
Aurélie : - J'ai trouvé ! Les chatouilles sous les pieds.

*Nathalie se redresse en bousculant Stéphane toujours agité près d'elle.*

Nathalie, *en riant* : - Non, pas les guilis !
Aurélie : - Nat, tu peux te jouer de Stéph... Mais pas de ta grande sœur adorée.
Nathalie : - J'ai fait quoi comme erreur ?
Aurélie : - Aucune !
Nathalie : - Alors ?
Aurélie : - Je savais bien qu'un jour tu t'amuserais à ça !
Stéphane : - Et vous croyez qu'un mec peut survivre ainsi avec deux femmes et deux enfants !

*On entend un enfant pleurer.*

Aurélie : - Je suis certaine que c'est le cri « pas les guilis » qui l'a réveillée. Allez Stéph... C'est une de tes filles !

*Stéphane sort.*

Aurélie : - Alors, pourquoi tu as joué à ça ?
Nathalie : - Je n'arrivais pas à trouver une chute originale pour ma pièce de théâtre.
Aurélie : - Alors, c'est ça que tu écris !
Nathalie : - Je voulais vous en faire la surprise !

Aurélie : - Arrête, tu ne peux pas écrire notre vie. On va avoir tout le monde sur le dos, le fisc, le Conseil Général, des ligues nous accuseront d'incitation à la polygamie, un ministre voudra nous exclure de la nationalité française puisque nous n'avons pas de légion d'honneur à rendre et nos relations sont légèrement…

Nathalie : - Quoi légèrement ! Entre adultes consentants ! Où est le problème ?… Et en plus… Je peins depuis quinze ans et j'ai vendu un tableau, encore, parce que le vieux roudoudou espérait qu'une nuit soit comprise ! Alors on touchera le minimum vieillesse avant qu'elle soit jouée, cette pièce.

Aurélie : - Et tu penses que ça ferait une bonne chute, ta tirade sur l'environnement de notre combat contre une société étriquée et a-culturelle ?

Nathalie : - Une bonne chute… Quelque chose dont tout le monde se souviendra…

Aurélie : - Tu as une meilleure idée ?

*Nathalie sourit, elle gifle sa sœur.*

Nathalie : - Un partout !


**Rideau - Fin**

# Amour, sud et chansons

*Comédie en trois actes*
deux femmes, deux hommes
(ou un homme, une femme et deux voix enregistrées)

Sujet :

ELLE et LUI ont quitté Douai (nord de la France) pour le sud-ouest (région de Montcuq en Quercy), un février de la fin du deuxième millénaire.

Personnages :

- *Elle :* vingt-cinq ans, cheveux longs, physique top model. Haut de pyjama impeccable, avec tee-shirts en dessous.
Bas : survêtement neuf, chaussettes.
Ne veut pas travailler et ne veut pas s'ennuyer. Fautes de français fréquentes.

- *Lui* : trente ans, cheveux mi-longs ébouriffés ; banal. Pas moche mais banal. Pas rasé d'au moins huit jours. Vieille veste de pyjama (un trou bien apparent au coude droit), au-dessus d'autres vestes de pyjama et tee-shirts.
Bas : survêtement « ancien. »
Sent le négligé. Veut être écrivain, écrit des textes de chansons (jamais chantés), a été sélectionné aux « Rencontres d'Astaffort », semaine de rencontres musicales organisées par un chanteur populaire, Francis Cabrel.

Deux rôles secondaires (au téléphone uniquement, peuvent avoir été enregistrés avant les représentations) :

- *Première voix au téléphone* : connaissance de LUI. Compositeur connu aux *Francofolies* de La Rochelle (festival de chansons), ayant participé aux rencontres

d'Astaffort lors d'une précédente cession. La trentaine. Riche et efféminé.
- *Deuxième voix au téléphone* : sœur de LUI. Trente-sept ans. Secrétaire, « bonne à tout faire » d'une PME.

Références à :
*Maman est folle* : mère d'ELLE.
*La vieille* : une voisine, quatre-vingt-cinq ans, veuve, cancanière.
*Le vieux* : un voisin, quatre-vingt ans, veuf, raconte « le pays » aux « jeunes. »
*Goldorak* : patron de la sœur de LUI.

# Acte 1

*La chambre, d'une maison en pierres, « dans le sud », le sud-ouest, le Quercy, région de Montcuq.*
*Au milieu, un lit (deux matelas posés par terre). A sa droite une étagère « pin des Landes », remplie de classeurs, livres et peluches. A sa gauche, un bureau (une planche sur deux tréteaux) avec un amas de papiers en désordre.*
*Entre le bureau et le « lit » : un téléphone (avec touche haut-parleur et touche « discrétion » - à maintenir enfoncée pour parler sans être entendu du correspondant tout en continuant à l'entendre), un balai, une lampe électrique (une femme et un homme enlacés)...*
*Traînent aussi par terre : un pistolet avec à l'intérieur une cartouche de joint mastic, une perceuse, des publicités, des cartons, certains ouverts (dépassent, des serviettes, des fringues, des plats), d'autres empilés et fermés de gros scotchs marrons, et tout ce qui sera évoqué...*
*Les murs : à droite, pierres crépies (peinture écaillée d'au moins trente ans), une fenêtre masquée par une couverture maintenue avec deux grosses lattes en bois ; fond et gauche : isorel marron très laid... ; gauche : une porte, en isorel, peinte en bleu écaillé.*
*Une ampoule (très forte) au-dessus du lit.*
*Le plafond : entre chaque poutre, du lambris. Aux raccords : du sparadrap, des boulettes de journaux et du joint mastic blanc du meilleur effet !*
*A côté de la fenêtre : un radiateur électrique, neuf... Mais bruyant.*
*Ce décor « idéal » peut être remplacé par une création reflétant la même impression d'arrivée récente et d'habitat rudimentaire.*
*Dans « le lit » : ELLE et LUI à sa gauche, allongés,*

*emmitouflés (grosses écharpes) sous de nombreuses couvertures.*
**Tandis que se lève le rideau :**

Elle : - Aïe ! *(très plaintif)* Oh ! Mon Dieu !
Lui : - Ouille !
Elle : - Ton côté ?
Lui : - Mon dos.

*Il essaye de se redresser, de s'asseoir, et le fait en marmonnant régulièrement « ouille. »*

Elle : - Tu vas pas dormir ?
Lui : - Je crois que je vais lire un peu.
Elle : - Encore !
Lui : - Tu crois qu'on est en état de faire l'amour !
Elle : - On pourrait essayer quand même... Même si tu bouges pas, c'est mieux que rien...
Lui : - Tu veux vraiment que je reste bloqué ?
Elle : - Bin non... Parfois j'ai l'impression que tes bouquins comptent plus que moi.
Lui : - Tu avais pourtant tendrement et judicieusement proclamé : « *Je vais essayer de dormir !* »
Elle : - Je croyais être bien sur le dos... Oh ! Mon Dieu... Je vais essayer de me mettre sur le côté.
Lui : - Qu'est-ce qui t'a pris de vouloir soulever ce tronc, il pèse au moins cent quatorze kilos.
Elle : - J'ai pas envie de mourir de froid...
Lui : - Tu aurais pu ramener des brindilles... Ça chauffe aussi.
Elle : - Tu parles ! Avec une cheminée qui fume tout le temps... Etre obligé de laisser la porte ouverte pour pas être asphyxié !... On n'arrivera jamais à chauffer...
Lui : - Surtout maintenant qu'on est deux éclopés.
Elle : - Qu'est-ce qu'on va faire ?
Lui : - Attendre l'été.

Elle : - Toi tu t'en fous, tu pourrais même vivre dans une pièce, une fois que tu as un livre, ton stylo et du papier, on dirait que plus rien compte pour toi.
Lui : - C'est ma chance et tu le présentes comme un drame !
Elle : - Je croyais quand même pas que tu étais comme ça.
Lui : - Je te l'ai pourtant annoncé le premier soir : « *jeune retraité, ma vie oscille désormais entre lire et écrire...* »
Elle : - Je croyais que c'était juste une belle phrase pour me séduire.
Lui : - Parfois les êtes humains parlent comme ils pensent.
Elle : - Ça t'embête si je te parle ?... Tu préfères lire ?
Lui : - Finalement, je vais essayer de dormir. Plutôt que de te plaindre, va éteindre !
Elle : - Oh, non, je me lève plus.
Lui, *souriant* : - J'en suis certain : tu vas bientôt te lever.
Elle : - T'es dégueulasse ! J'y pensais plus. Maintenant j'ai vraiment envie... C'est pas drôle.
Lui : - Toi, tu ne m'avais pas prévenu que tu dois visiter quinze fois les toilettes avant de t'endormir.
Elle : - C'est comme ça une fille... Dans la famille.
Lui : - Va, et n'oublie pas de fermer la lumière quand tu reviendras.

> *Elle se lève, difficilement, enfile son bonnet, un gros manteau, posés juste à côté du lit, et sort... Chaque pas est un « léger » craquement du plancher qui se poursuit dans le couloir... Ainsi chaque retour sera de même précédé.*

Lui : - Qu'est-ce qu'ils font ensemble ces deux-là ? Je me demande si souvent ça !...
Si on nous voyait !... Le diagnostic serait catégorique : ils ne s'aiment pas ! Ou : « des vieux ! »

Si je voyais un couple comme ça, je conclurais, « ça va pas durer. » Ou non : « le pire, c'est que ça peut durer comme ça toute une vie ! » Dans ce cas-là, oui, comme ça doit être long une vie !
Si je reprends un livre, elle va encore faire la gueule. Alors on va papoter.
Papoter pour quoi dire ! Mon Dieu ! Si on nous entendait... On se gausserait bien : « ils sont comme les autres ; vraiment pas plus intelligents que nous ! ; même lui, malgré qu'il veut se donner des airs, avec sa patine de culture !... » C'est peut-être pour cela que les gens passeraient une soirée à nous regarder... A moins qu'ils espèrent du tragique, « il va sûrement finir par l'étrangler ! »
Ou un drame : « on va voir du sang ; au moins une scène ! »
A moins qu'ils espèrent encore, en la voyant si belle, ma compagne... « on va les voir... » Les voir quoi, ils penseraient ? Oseraient-ils employer l'expression « faire l'Amour » ?
*Aimer, regarder dans la même direction*, pas toujours, mon cher St-Exupéry ! On regardait vers le sud...
Maintenant qu'on y est, je sais plus quoi faire de mes yeux...
Mais il faudrait être un monstre pour lui balancer, « *retourne dans ton nord, retourne à Douai* », la quitter après l'avoir emmenée à neuf cents kilomètres.
(*souriant*) Retourne chez ta mère !

Voilà je suis enchaîné ! La liberté... Choisir ses chaînes, ouais ! Comment je parle ! Mais non, elle ne deviendra pas forcément comme sa mère.
J'ai encore l'illusion de pouvoir la cultiver, l'extraire de son conditionnement, la transformer... C'est peut-être ça l'amour !

Il arrive un moment où tout bascule... Devenir vraiment adulte !
Etre comme furent les parents... Encore maintenant ! Ça ne dure qu'un temps, ressembler plus à la société qu'aux parents !

Comment il résume ? Ah oui, « *les structures mentales familiales finalement triomphent...* »
Ah ! Il lui faudrait une force qu'elle n'a sûrement pas, pour ne pas ressembler, finalement, à sa mèèèère...
Elle était en guerre contre sa mère...
Mais la force de s'opposer aux valeurs, de conquérir les siennes...
Pourtant, je suis amoureux. Sincère ! Je lui pardonne...
Pas tout quand même. C'est demain, dans quelques mois, que seuls les scrupules, la mauvaise conscience...
Et la peur de la solitude. Alors que je sais la pire des solitudes, celle d'être avec quelqu'un qui ne s'intéresse à rien de ce qui nous passionne.
Même Zola. Même Houellebecq ! Même Jacques Brel !
Mais seul pas possible d'avoir un enfant ! En tout cas pour moi !
On rêve d'avoir un enfant en se jurant, je ferai mieux que mes parents, alors il faut bien quelqu'un... Avoir un enfant... Pour qu'au moins quelque chose continue après...
Elle ou une autre... Affreux misogyne va !
Paraît que Jacques Brel s'est confié ainsi, en partant pour les Marquises, *elle ou une autre...*
Avoir un enfant pour au moins réussir quelque chose !
L'Amour, on verra plus tard !
Mais non, je l'aime... Impossible d'arrêter de me faire un film de ma propre vie... Je dois quand même être écrivain !... Allez... On s'aime bien quand même (*il sourit*)

Faut que j'arrête de me croire dans un roman ! Ou plutôt, ne pas oublier : l'hérédité n'est pas la seule maîtresse du destin ; l'environnement est un élément fondamental... Je peux la sauver.

> *Elle rentre... Il allume la lampe à sa gauche, elle éteint la lumière centrale...*

Lui : - Y'a du boulot !
Elle : - Ah ! Tu penses à t'y mettre.
Lui, *souriant* : - Tu crois vraiment qu'il est urgent de s'y mettre ?
Elle : - Tu vois, je suis même allée dans la cuisine (*elle lui donne une confiserie*). Aïe !... J'espère que ça va passer. C'est affreux quand je m'assois.
Lui : - Tu vas aller revoir « la mort lente » demain ?
Elle : - La vieille a l'air de pas dire n'importe quoi, il est connu pour ça.
Lui : - Tu vas te laisser triturer les os, retourner la tête, te laisser manipuler par lui...
Elle : - Je l'ai bien laissé me faire une prise de sang.
Lui : - Et ton abcès ?
Elle : - Je le sens même plus, c'est juste quand je l'accroche.
Lui, *imitant le docteur* : - « C'est pas grave ! » (*voix âgée « sud ouest»... mais avec un accent du nord*)
Elle : - Imitateur, c'est un beau métier ! Ça doit bien payer.
Lui : - Je voudrais bien savoir combien de ceux à qui il a dit « c'est pas grave », y sont passés ?
Elle : - Quel pays ! Un seul docteur... En plus avec une barbe aussi longue que tes cheveux !
Lui : - Mais non, l'autre est malade. Un docteur a la grippe et l'autre, personne n'ose diagnostiquer son état !
Elle : - Tu crois que c'est un homéopathe ? C'est bizarre toutes ses plantes partout...

Lui : - Il ne m'aurait pas donné de médicaments, si je n'en avais pas réclamés.
Elle : - Tu as exagéré... Il t'a regardé tout drôle...
Lui : - J'aurais pas été surpris s'il avait sorti un couteau pour me faire une saignée... Fallait bien que je lui demande ! Je croyais que c'était une sangsue dans son bocal sur son bureau.
Elle : - Arrête, fais-moi pas rire, ça fait vraiment trop mal... Dans quel pays on est tombé ! C'est ça le sud ! Il s'est bien foutu de nous le notaire en nous chantant Nino Ferrer... La Louisiane, l'Italie, tu parles !... Un frigo ! Nino, frigo, Nino, nigaud, toi qui cherches toujours des rimes !
Lui : - Tu peux même ajouter gogos.
Elle : - Arnaud aussi !
Lui : - C'est quoi le rapport entre ton cousin Arnaud le poivrot et le Nino devenu milliardaire grâce aux gogos ?
Elle : - Je te trouve des rimes, c'est à toi de faire les phrases.
Lui : - Tu es déjà allée en Louisiane fin février ?
Elle : - Cherche-lui pas des excuses !
Lui : - On a déjà le chien, il manque plus que le chat, une tortue, des poissons rouges...
Elle : - Mais tu aurais peut-être dû le laisser faire... Ça fait huit jours et tu as toujours le dos en compote.
Lui : - C'est un problème de ligaments moi, pas des dorsales.
Elle : - Qu'est-ce tu en sais ?... Tu n'es pas médecin...
Lui : - Je serais pas surpris qu'on ait fait les mêmes études.
Elle : - La vieille m'a dit, il est docteur parce que son père l'était, c'est comme le notaire.
Lui : - Tu crois qu'il a vraiment soixante-seize ans ?
Elle : - Les médecins, c'est comme les notaires, faut qu'ils

meurent pour laisser la place aux jeunes, qu'elle a dit la vieille !
Lui : - Alors tu vas le laisser te tordre la tête et le dos ?
Elle : - Oh demain ça ira mieux... Il faut bien sinon comment on va se chauffer ?
Lui : - On vivra ici... Je te colle un sparadrap sur la bouche et je lis !
Elle : - Tu vois, je me suis pas énervée, j'ai compris que c'est pour rire.
Lui : - Tout le monde peut se tromper !
Elle : - Acheter cent cinquante hectares habitables pour vivre dans douze !...
Lui : - Cent cinquante hectares habitables, même le notaire ne les a pas ! Cent cinquante mètres carrés c'est déjà bien !
Elle : - Tu vois, pour une fois que j'utilise un mot savant pour te faire plaisir, ça ne te va pas !
Lui : - Les mots ont un sens !
Elle : - Pourquoi ta mère parle toujours en hectares, alors ?
Lui : - Les terres cultivables, en hectares, les maisons, en mètres carrés.
Elle : - Vous êtes compliqués ! Je sens du vent... (*elle lève le bras droit, ce vent vient donc du grenier*)
Lui : - Moi aussi... Je crois bien que je vais encore me réveiller avec des migraines.
Elle : - Le chauffage est à fond ?
Lui : - Tu ne l'entends pas !
Elle : - Je finis par plus l'entendre.
Lui : - Tu as de la chance.
Elle : - J'ai été élevée dans le bruit moi... Faudra aller le reporter.
Lui : - Faudra...
Elle : - Quarante kilomètres pour faire des courses. Quel pays !
Lui : - Quoi ? Tu te plains encore !

Elle : - Une fille ça se plaint.

Lui : - Tu le savais avant... On l'a choisie ensemble...

Elle : - En été oui. Je me rendais pas compte. Et puis tu as dit, ça me portera bonheur d'habiter dans le pays de Nino Ferrer.

Lui : - Tu lui en veux !

Elle : - On chante pas des conneries comme ça ! Il aurait dû dire « mais en février il fait froid. »

Lui : - Ça rime pas.

Elle : - Eh alors ! Froid rime avec doigts. Il fait froid et j'ai mal aux doigts. Si un jour je dois travailler, j'écrirai des chansons aussi. J'en ai des choses à dire avec une mère pareille !

Lui : - Tu raconteras pourquoi nous avons acheté !

Elle : - Et puis tu es l'homme, tu aurais dû t'apercevoir qu'ils vendaient en été parce qu'on peut vivre qu'en été par ici... C'est mort en plus !

Lui : - Le bruit te manque déjà ?

Elle : - Au moins à Douai, on voyait des gens.

Lui : - Tu leur parlais ?

Elle : - Non, mais... Oh tu pourrais vivre dans un désert toi !

Lui : - Ah !

Elle : - Et tu avais pas dit qu'on allait déménager en février.

Lui : - C'est donc de ma faute si en février il fait le même temps qu'à Douai, Nœux-les-Mines et Wallers ?

Elle : - Faut que je me mette sur le côté... Mais de toute façon j'irai pas voir l'autre... En plus c'est un roux... *Maman est folle* a toujours dit qu'un roux ça peut pas être docteur...

Lui : - Tu vas quand même pas le prendre en grippe !

Elle, *riant* : - C'est de toi ?

Lui : - Ça changerait quoi ? L'essentiel c'est ce qu'on

pense, ce que l'on dit, ce que l'on fait. Pas forcément d'être le premier à le dire, le penser ou le faire.
Elle : - Tu peux pas parler comme tout le monde !
Lui : - Oui madame, bien madame.
Elle : - Arrête ! Je sais jamais si tu plaisantes ou si c'est sérieux ce que tu dis.
Lui : - Et tu ne le sauras peut-être jamais !

*Elle le fixe d'un regard de gallinacés*

Elle : - Si tu es dans cet état, jeudi tu vas quand même pas aller à Astaffort ?
Lui : - Astaffort, paraît qu'on y aime les hommes forts !
(*chantonnant en Jacques Brel déraillant*)
Puis y'a Cabrel,
Qui a pu s'acheter un peigne
Avec ses premiers cachets
Puis y'a Richard
Avec sa grosse Jaguar
Faut vous dire madame, que chez ces gens-là, on...
(*reprenant sa voix habituelle*) Qu'est-ce qu'on fait chez ces gens-là ? On compte ?

Elle : - Tu verras bien... Mais arrête de te moquer, sinon tu vas pas pouvoir t'empêcher là-bas... Tu crois que tu as été sélectionné parce que tu as noté que tu venais vivre par ici ?
Lui : - Tu trouves vraiment mes chansons pas terribles ?
Elle : - Ça ressemble pas à du Cabrel. Pourquoi tu n'écris pas des chansons d'amour ?
Lui : - Ah !
Elle : - *Magouilleurs amateurs*, je vois personne chanter ça. En tout cas, Cabrel c'est pas le messie par ici, ils lui en veulent tous de rien avoir fait pour empêcher la centrale nucléaire.

Lui : - Faudra que je lui demande pourquoi... Mais je crois savoir.
Elle : - Le vieux t'a raconté ?
Lui : - Tu as déjà vu Cabrel dans une cause qui peut le fâcher avec quelqu'un ? Quand il défend une cause c'est qu'elle est consensuelle et lui permet de se faire de la pub.
Elle : - Tu crois qu'il est comme ça !
Lui : - L'inspecteur mène l'enquête.
Elle : - Je suis sûre que tu fais le fier ici mais là-bas tu vas être impressionné !
Lui : - On les nique les tristes figures.
Elle : - Je suis sûre que tu aimerais bien être à sa place... Ça te ferait quoi d'être une star ?
Lui : - Et toi, ça te ferait quoi d'être avec une star ?
Elle : - Moi, je te connais avant.
Lui : - Moi aussi, je me connais avant...
Elle : - Oui, mais les filles qui te draguent...
Lui : - Pas que les filles !... Les sourires... Avoir une cour... S'entourer de crétins... Ça donne parfois l'impression d'être intelligent... Tu crois que je deviendrais comme ça ?
Elle : - Je sais pas moi. Pourquoi tu réponds jamais aux questions ?
Lui : - Mais si j'y ai répondu...
Elle : - *Maman est folle* a raison, faut laisser dire les hommes.
Lui : - Si *maman est folle* a bavé... Au fait !... Elle le sait comment vous l'appelez ?
Elle : - Une fois le frangin entre dans ma chambre, je faisais mes devoirs, et il dit *maman est folle,* elle repique sa crise. J'ai pas eu le temps de l'arrêter : elle était dans la salle de bains, elle est arrivée en bondissant, un vrai kangourou, elle a poussé le frangin contre l'armoire, en hurlant « *qu'est-ce que tu viens de dire, comment*

*t'appelles ta mère »*, elle avait vraiment des yeux de folle... Tu devineras jamais comment j'ai sauvé la situation. Le frangin m'a acheté une barrette le samedi... Devine ce que j'ai dit...

Lui : - Tiens v'la le tube de colle.

Elle : - Je t'ai déjà raconté ?

Lui : - Mais non, qu'est-ce qui rime avec folle, tu avais le tube de colle devant les yeux... Et tu t'es crue géniale, divine, carrément phénoménale !

Elle : - Le frangin m'a dit qu'il y aurait jamais pensé.

Lui : - Oui mais ton frère... Il a fait comptabilité...

Elle : - Moi aussi...

Lui : - C'est qu'il faut croire aux miracles... Car on les nique les tristes figures.

Elle : - Tu crois vraiment qu'on va réussir, qu'on va « les niquer les tristes figures » ?

Lui : - Ah ! Tu vois, tu retiens les expressions d'un film, et ça te fait une référence, ça te fait tilt quand je la replace... Tu peux en faire autant avec un livre.

Elle : - Un livre, un livre, c'est compliqué. Il y a toujours des mots que je comprends pas... Mais tu crois vraiment qu'on va « les niquer les tristes figures » ?

Lui : - Quoi ? Tu en doutes ?

Elle : - Et si les gens nous dénoncent ?

Lui : - Les gens... Qui a la conscience suffisamment tranquille ici, au point d'inviter les volatiles à venir renifler le quartier...

Elle : - Tu veux dire ?

Lui : - Que tous travaillent au noir... Et d'ailleurs, tu n'es pas la seule à être logée à titre gratuit...

Elle : - La prochaine fois, je viendrai parler avec le vieux... Il sait plus de nouvelles que la vieille... Tu as encore su des nouvelles...

Lui : - Finalement, tu aurais aimé vivre dans un coron.

Elle : - Au moins y'avait de l'animation. Donc on n'est pas les seuls, on est comme tout le monde par ici ?

Lui : - Ils magouillent par amour du fric, moi par soif de liberté, de connaissances.

Elle : - Tu crois qu'ils sont comme nous au « *Boéron* » ?

Lui : - Comme nous, comme nous... Eux ? Des glandeurs sans grandeur, comme il existe des révoltés sans cause... Ils ne font rien, fument des joints et croient vivre...

Elle : - Je croyais que ce matin le vieux allait te demander ce que tu fais comme métier... C'est pour ça que je suis partie.

Lui : - Assureur !... On appelle toujours monsieur le Président un ancien Président... Alors tant qu'il le faudra je me ferai appeler monsieur l'assureur... Monsieur l'assureur de l'assurance, c'est bien comme situation sociale...

Elle : - Et si l'ANPE te trouve une place ?

Lui : - Dès que je serai chanté, ils me classeront auteur de chansons...

Elle : - Alors c'est vrai, tu retravailleras jamais ?

Lui : - Tu vas finir par penser comme ta mère, que c'est pas un travail de lire et d'écrire.

Elle : - Tu sais ce qu'elle a dit, que soit tu te remettrais à travailler, soit on va crever de faim.

Lui : - Vive le sud !

Elle : - Mais moi j'ai peur qu'ils essayent de me faire travailler. Surtout maintenant que je touche le RMI. Déjà à Douai, ils voulaient que je fasse une formation. Je crois que je vais être convoquée.

Lui : - Et au boulot ! Un contrat emploi formaté ! La plus belle des caissières, pour sourire aux portefeuilles sur pattes.

Elle : - Ah ! Non ! Je veux pas travailler... Faut que tu me

fasses rapidement un enfant... Puis tu m'en feras un tous les trois ans, trois fois quatre, douze, plus vingt-cinq, trente-sept. Et à trente-sept ans avec quatre enfants ils n'oseront quand même pas me faire travailler.
Lui : - On voit que tu as fait comptabilité !
Elle : - Moque-toi... Je veux pas être esclave moi, je veux pas devenir comme le frangin, *maman est folle* ou ta frangine... Tu m'as même dit que j'ai raison... En plus quand on travaille on est stressé, et c'est ça qui rend malade (*il sourit, sourire Bouddhiste, et joint les mains*).
Elle, *levant les yeux* : - Ça gratte.

> *On entend effectivement du bruit dans « le grenier », comme une meute de souris en goguette.*

Lui : - Tu as bougé mes boules quies ?
Elle : - Je touche plus à tes affaires je t'ai dit... J'ai compris... Tu aurais pu faire un vieux célibataire...
Lui : - Ah, enfin, les voilà (*il les a retrouvées sous son oreiller*)
Elle : - Tu vois, c'est pas moi *qui les a mises* là.
Lui : - C'est pas toi qui as fait le lit ?
Elle : - Oh si c'est ça je le ferai plus, de toute façon c'est une niche, on peut dormir comme dans une niche...

> *Il la regarde d'une expression « mon Dieu ! », levant les épaules, la tête en arrière, plissant le front.*

Elle : - Tu es parti en disant : « *au moins je pourrai dormir sans boules quies !* »
Lui : - Ça te fait rire... Même avec des boules quies elles me réveillent ! Comment tu arrives à dormir ?
Elle : - Je les entends plus !
Lui : - Tu ressembles à ma frangine... Pourtant elle n'a pas

grandi au bord d'une route nationale... Tu ne deviendrais pas sourde ?

Elle : - Elle rigolerait bien si elle nous voyait dormir avec un peignoir sur la tête... Tu vas lui dire qu'on a attrapé sept souris aujourd'hui.

Lui : - C'est le record ?

Elle : - Le record c'est neuf.

Lui : - Tu vois, tu t'es trouvé une occupation !

Elle : - Et même que je note vraiment tout sur le calendrier dans la « cuisine. »

Lui : - Tu notes quoi d'autre ?

Elle : - La température du matin dans « la cuisine. »

Lui : - C'est tout ?

Elle : - Les œufs, les coups de téléphone, le temps, un bâton quand je déprime, une croix les jours où on fait l'amour.

Lui : - Tu as plus de bâtons ou de croix ?

Elle : - Tu iras voir... Si tu n'as pas peur d'attraper froid dans « ma cuisine. »

Lui : - Il vaudra cher ce calendrier quand je serai célèbre... La misère du poète.

Elle : - Je le garde !

Lui : - Déjà ! Alors, si je deviens célèbre tu vas te chercher un nègre pour raconter ma vie...

Elle : - Pourquoi, tu comptes me laisser comme une vieille chaussette ?

Lui : - Pour une starlette de la jet-set !...

Elle : - Pour moi les deux degrés dans la cuisine et pour une pouffiasse la vie de château... Ce serait dégueulasse.

Lui : - J'ai lutté avec lui !

Elle : - Ça veut dire quoi ? Pourquoi quand on parle sérieux faut toujours que tu termines par une phrase qui veut rien dire... Tu m'as jamais dit que tu veux te marier avec moi...

Lui : - Je croyais que tu étais contre le mariage...
Elle, *gênée* : - Oui, mais... Oh, pas aujourd'hui, le jour où on aura des enfants... Puisque tu veux des enfants de moi... Ah, zut ! Faut que je retourne aux toilettes.

*Elle se lève... Et sort.*

Lui : - C'est quand même fantastique le progrès ! La touche haut-parleur du téléphone est la plus grande invention depuis... la crème de marrons (*il se marre*)
Elle répondrait encore : ça veut dire quoi ? Je ne l'ai même pas fait exprès d'entendre les conseils de *maman est folle* : (*imitant*)
« *Tu le regretteras qu'il l'a pas mis à vos deux noms la maison. Tu verras, le jour où ça ira plus, tu te retrouveras sous les ponts, tu le regretteras, et tu viendras pas pleurer ici, rien, t'auras rien. Tu m'as pas écoutée... Tu le regretteras.*
*Au moins tu aurais la moitié de la maison, c'est déjà quelque chose. Dépêche-toi de te faire faire un gosse puisqu'il en veut un, et mets lui la bague au doigt... Ecoute au moins mes conseils. T'as qu'à arrêter la pilule sans lui dire. Tu diras que tu l'avais oubliée pendant trois jours, tu seras pas la première, et un homme ça croit tout c'qu'on lui dit.*
*Et il va retravailler au moins, sa lubie est passée ?...* »
Elle n'a quand même pas tardé pour me demander de retravailler et de l'épouser !
Ma lubie !... C'est vraiment pas la vie rêvée !
Lire et écrire... Ça devrait pourtant être le bonheur...
Pas de patron, pas de gros cons... Si au moins je pouvais l'hypnotiser durant la journée ! Puisqu'elle ne fait rien et ne s'intéresse à rien ! Au moins je pourrais lire et écrire en paix.
(*souriant*) Laissez moi lire et écrire en paix ! Parce qu'à la radio passait « *trouver quelqu'un.* »

(*il récite*) « *Trouver quelqu'un, quelqu'un de très très bien, au moins quelqu'un pour être bien.* »
J'y ai vu un signe du destin ! Et je me suis dit (*il récite*), « *je tiendrai sa main, du soir au matin, et ce sera le nirvana.* »
Le sud, l'Amour, des pêches, des abricots, du melon !
Parfois ça frise le gâtisme mon romantisme !
Qui ose écrire des chansons pareilles ! Mais qui chantera (*il récite avec emphase*)

*Après les jours câlins. L'amour c'est triste ce que ça devient. Quand on n'a pas au moins. Une passion en commun.*

Faut que je le note, je vais finir par l'oublier, ça peut faire une chanson (*il prend par terre une feuille et un stylo, et note*).

*Elle rentre...*

Elle : - Tu m'écris un mot doux ?... Oh, non, c'est l'horreur, demain je vais voir ton vétérinaire... Pourquoi tu m'as pas répondu « mais non, quand je serai une star, il n'y aura toujours que toi dans mon cœur, ma chérie adorée d'amour tout plein » ?
Lui : - Je ne l'ai pas dit ?
Elle : - Dis-le au moins.
Lui : - J'aurais l'impression de me répéter.

*Aussi pour changer de sujet, il prend le balai à côté du lit et frappe dans le lambris.*

Elle : - Frappe pas si fort, tu vas passer au travers... En plus ça sert à rien. (*on entend comme des pas au-dessus*)
Lui : - Ecoute.
Elle : - Mais non, on est encore allé voir hier... C'est des souris.
Lui : - Ce sont des souris et on dirait des pas.

Elle : - Ouuuuuh !

Lui : - Arrête !

Elle : - Je ne te croyais pas trouillard comme ça.

Lui : - Comment des souris peuvent faire un boucan pareil ?

Elle : - Ou c'est un loir, qu'il a dit ton voisin préféré. (*il regarde en direction du téléphone*). Tu regardes si j'ai pas bougé ton couteau ?

Lui : - Tu as le tien ?

Elle : - Si *maman est folle* nous voyait ! Ou ta sœur ! Ou ta mèèère !

Lui : - Elle arrive vraiment dans un mois, *maman est folle ?*

Elle : - Eh oui !

Lui : - Faut que tu lui dises, c'est pas possible.

Elle : - Elle veut voir dans quel taudis tu as emmené sa fille chérie d'amour adorée pas tout plein.

Lui : - Elle peut attendre juillet… Au moins il fera beau, je vous laisserai magnifier le bon vieux temps du rock and casseroles et j'irai à la chasse aux papillons.

Elle : - Il fera peut-être beau dans un mois… Elle m'a encore dit aujourd'hui qu'il faut qu'elle voit ça.

Lui : - C'est tout ce qu'elle a bavé ?

Elle : - Bin oui, pour elle tu m'as forcée. Tu m'as droguée, on ne part pas comme ça avec un inconnu à l'autre bout du pays.

Lui, *souriant* : - Pas tout à fait un inconnu…

Elle : - Se connaître depuis un an, c'est pas se connaître qu'elle a dit ma grand-mère… En son temps après six mois on osait à peine s'embrasser…

Lui : - Alors Zola a tout inventé dans *Germinal*… Et ton oncle n'est pas né trois mois avant son mariage, à ta mère-grand ?

Elle : - Oh, je te dirai plus rien !

Lui : - Dans ces cas-là, on criait, hosanna au plus haut des cieux, un miracle…
Elle : - Enfin, pour *maman est folle*, c'est moi la folle… Elle trouve qu'après m'avoir emmené si loin, faut se marier, parce que les cousins croient que j'ai fugué…
Lui : - Tu veux dire un grand mariage avec même les cousins invités !
Elle : - Faudrait d'abord gagner au loto.
Lui : - Tu commences à croire que je t'ai hypnotisée.
Elle : - Je suis romantique moi, je suis une fille moi, j'ai besoin d'entendre des mots d'amour, sinon je me pose des questions.
Lui : - C'est bien de se poser des questions.
Elle : - Mais tu réponds jamais.
Lui : - Je n'ai pas dit de me poser des questions, mais de se poser des questions…
Elle : - Mais j'ai pas les réponses, moi.
Lui : - Les seules questions importantes sont celles dont les réponses sont en nous.
Elle : - Tu vois, dès qu'on parle sérieux, faut que tu dises un truc on dirait le prof de philo.
Lui : - C'est normal pour un « gourou. »
Elle : - *Maman est folle* m'a demandé si tu as pas des amis qui sont venus… Elle croit vraiment que tu es le gourou d'une secte. Elle peut pas croire qu'on est parti comme ça par ici parce qu'on a vu la maison en juillet. Tu vois qu'elle s'inquiète pour sa fille chérie…
Lui : - Gourou, parce qu'à vingt-cinq ans j'ai choisi de quitter le monde de l'absurde, le monde de la besogne, pour enfin me nourrir l'esprit, vivre en osmose avec mon intérieur.

*Elle retrouve son regard de gallinacés.*

Elle : - Parle pas comme ça quand elle sera là, sinon elle va vraiment te croire d'une secte.
Lui : - Gare au gourou ou ou ou ou !
Elle : - Oh non, fais-moi pas rire, j'ai trop mal... Et j'ai trop froid.
Lui : - Tu veux une niôle, c'est ça !
Elle : - On va finir poivrots si on boit à chaque fois qu'on a froid.
Lui : - On fera notre cure de désintoxication en été.

*Il prend, derrière le téléphone, la bouteille et les deux verres...*

Elle : - Si pépé me voyait boire du Cognac, j'aurais honte.
Lui : - Pourquoi, parce que tes cousins sont des alcoolos ?
Elle : - Et toi, tu n'as pas peur de finir comme ton père ?
Lui : - Quelqu'un qui boit parce qu'il ne peut pas apprivoiser ses fantômes est un malade qui refuse de se faire soigner ; quelqu'un qui boit pour ouvrir les vannes de l'imagination n'a rien compris à la création ; mais quelqu'un qui boit parce qu'il a froid, mérite le respect du public.
Elle : - Donc ça va, je bois parce que j'ai froid...
Lui : - Je ne suis pas ton psy !
Elle : - Arrête avec tes psys... Tu crois vraiment que je devrais vraiment en voir un ? Arrête, tu me fais peur.
Lui : - Dans vraiment il y a *ment* et comme tu l'as dit deux fois, ça fait *maman*.
Elle : - Vraiment ?
Lui : - *Maman ment* ! Tant que tu n'auras pas assumé que ta mère te déteste et que ton père s'en fout de toi...
Elle : - Tu as l'art de tout dramatiser.
Lui : - Il faut être dramatique ou comique !

Elle : - Je préfère croire que ma mère préfère mon frère et que mon père a refait sa vie.
Lui : - Tu le croiras sûrement un jour !... Crois comme tu peux ! On ne refait jamais sa vie, elle continue, tout simplement.

*Ils trinquent... et boivent cul sec.*

Elle : - Oh ! Ça pique !... Mais toi, comment tu as fait pour pas devenir fou avec un père pareil ?
Lui : - Ce qui ne te tue pas te rend plus fort. Nietzsche... Je suis encore loin de la paix intérieure... Je suis sur le chemin... Je n'ai pas encore atteint la racine profonde qui entrave ma liberté intérieure...

*Elle retrouve son regard de gallinacés.*

Elle : - Est-ce que tu m'aimes vraiment ?

*Il la regarde d'un air « tu poses toujours les mêmes questions. »*

Elle : - Bon, de toute façon tu répondras pas... Je retourne aux toilettes.
Lui : - Qui va aux toilettes perd ma réponse !
Elle : - Alors ?... Oh non ! Faut que j'y aille.

*Elle se lève... Et sort.*

Lui : - Est-ce que je l'aime ? Sincèrement ! *(il éteint la lampe)* Déjà ça de fait ! Les faits, rien que les faits, dites je le jure *(il se marre)*. Faut que j'arrête de me croire sur scène, je vais finir complètement mythomane... Ah ! Devenir fou pour ne pas voir la fin du film...
Bon, les faits mon psy :
Petit un : je voulais partir dans le sud.
Petit deux : mais partir seul ça fait peur.
Petit trois : elle aurait vendu son âme pour quitter *maman est folle*.

Petit quatre : je veux un enfant.
Petit cinq : elle veut un enfant.
Mon tout : pas étonnant que nous ayons trouvé un terrain d'entente !... Qu'on proclame « amour »...
Mais après l'amour y'a les jours !...
Quand on n'aime pas vraiment, on devrait au moins ne pas perdre l'instant.
Travailler, travailler, y'a que ça, travailler à la connaissance, à se connaître vraiment... En restant vigilant au cas où quand même !
Vigilant pour ne pas rater le regard passionné, ce regard où l'on se reconnaîtrait sans s'être jamais vu ! Comme dans une chanson !
Je suis un grand romantique malgré mes airs de vieux misogyne attardé !
Les connes me traitent de misogyne, les femmes doivent comprendre ! Et elle seule me verra comme je suis !
Il me faut travailler, m'imprégner des philosophes, des romanciers... Sinon j'aurai une vie de con !

*Elle rentre...*

Lui : - Déjà !
Elle : - C'était une fausse alerte...
Lui : - Qui précède toujours une double attaque !
Elle : - Arrête hein, je bouge plus. Tu pourrais allumer au moins, avec tous tes cartons je vais encore me casser la gueule.
Lui : - Mes cartons !

*Elle va à tâtons... Puis s'allonge.*

Elle : - T'as pas allumé !
Lui : - Je sais que tu te plains... Mais tu connais le chemin... Tiens je pourrais peut-être en faire une chanson... Elle se plaint mais elle connaît le chemin.

Elle : - T'arrêtes pas de penser à tes chansons ! C'est énervant à force ! Je t'ai manqué au moins ?
Lui : - On dort !
Elle : - T'es pas romantique. Dis-moi au moins à quoi tu pensais.
Lui : - Je comptais les points.
Elle : - Les points ?
Lui : - Perdus et gagnés.
Elle : - Tu mets quoi dans les gagnés ?
Lui : - Ne plus voir ta mère.
Elle : - Et la tienne !
Lui : - Pas en deuxième !
Elle : - Tu as trouvé un deuxième !
Lui : - Le sud en été c'est le paradis.
Elle : - Si on tient jusque là.
Lui : - Hrrra, t'es négative !
Elle : - J'ai toujours été comme ça.

> *Il joint les mains en signe d'abattement... Elle ne le voit pas, forcément...*

Elle : - J'ai peur de m'ennuyer, tu sais, sans télé.
Lui : - On ne s'ennuie jamais quand on fait de grandes choses.
Elle : - Tu avais préparé ta phrase.
Lui : - Mais non, je l'ai empruntée à Balzac.
Elle : - C'est pas du jeu ! Tu prends les phrases des autres, comment tu veux que je sache ce que tu penses ?
Lui : - Balzac a exprimé clairement ce qui est un peu confus dans ma tête, pourquoi je me priverais. Ça sert aussi à ça les écrivains : donner des mots à nos pensées.
Elle : - Et c'est quoi, des grandes choses ?
Lui : - Il y a huit jours, faire de la poterie te tentait. Devenir la potière de Montcuq, c'est peut-être ta grande chose.

Elle : - Tu vois, tu te moques. Je te dirai plus rien.

Lui : - C'est sûr que la littérature est au-dessus de la poterie... Mais la poterie, c'est mieux que l'ennui... Peu importe le domaine finalement, l'essentiel étant de se dépasser...

Elle : - Se dépasser ?

Lui : - Dépasser notre humaine condition, tendre vers un absolu.

Elle : - C'est trop compliqué pour moi... Tu es déçu de pas avoir rencontré une intellectuelle ?

Lui : - Tu ne m'as pas déjà posé la même question hier ?... On dort...

*Le rideau se ferme*

Elle : - Tu m'embrasses encore quand même ?

Lui : - Tu crois que je vais réussir à me tourner ?... Ouille !

*Ils s'embrassent.*

Elle : - Tu essayes quand même de me faire l'amour.

**Rideau**

## Acte 2

*Même décor. Le lendemain matin.*
*Le téléphone sonne. Le rideau se lève. Lumières éteintes.*

Lui, *la voix pâteuse* : - Ouais.

Lui, *la voix pâteuse* : - Ouais.

Lui, *soudain réveillé* : - Quoi dix heures ! Dis pas n'importe quoi.

> *Il tâtonne, allume la lampe à sa gauche, prend sa montre à côté, s'appuie contre le mur...*

Lui : - Ah ouais, tu as raison.
Elle, *doucement* : - Qui c'est ?
Lui, *tout en mimant la guitare avec la main gauche* : - C'est à cause de ces satanées souris, elles nous ont empêchés de dormir.
Elle, *doucement* : - Mets le son.
Lui, *doucement* : - Hrra.
Elle, *doucement* : - Pour une fois que je peux rire, allez.

> *Il appuie sur la touche haut-parleur*

La voix au téléphone : - ...me remémore chez mamie, gamin toujours j'étais persuadé d'entendre quelqu'un marcher au grenier, ça se passait à sa résidence secondaire en Touraine ; alors le vieux Charles, son domestique, paix à sa gracieuse âme, venait dans la chambre tant que je m'endorme... On jouait comme des fous... Il m'a tout appris... Enfin, l'essentiel.
Lui : - Et tu as travaillé les textes ?
La voix au téléphone : - Je ne te téléphone nullement au sujet des textes, mais pour te donner mes derniers conseils... Tu sais comme j'ai parlé de toi de manière

élogieuse... Donc ne va surtout pas te répandre en bêtises, surtout pas une critique sur les chanteurs que tu déplores du caniveau... Ce sont peut-être eux qui demain nous chanteront, tu sais comme il est primordial d'être bien vu. La réputation c'est essentiel. Et tout le reste, comme je t'ai déjà expliqué... Tu es en forme ?
Lui : - A part le dos, la tête et le côté, ça va !
La voix au téléphone : - Et ta copine, elle va bien ?
Lui : - Elle t'entend, si tu veux la saluer...
La voix au téléphone : - Je vous salue chère mademoiselle...
Elle, *se retenant de rire* : - Je vous salue cher monsieur.
La voix au téléphone : - Bon alors j'évite de verser dans la grivoiserie !... Tu as préparé tes textes, parce que tu sais, ah, non ! Je ne t'ai pas encore informé, oh ! Où ai-je la tête parfois, bon, il te reste le temps. Il faut à tout prix que tu arrives avec des chansons toutes prêtes, c'est la légende ça de proclamer que les auteurs écrivent des chansons à Astaffort... Y'a tellement d'autres choses à faire. Si tu joues le jeu tu vas te retrouver avec un seul petit texte chanté le samedi soir. Pour réussir il convient de bien faire semblant d'écrire... Mais je suppose, tu avais deviné.
Lui : - Bin, non... Comment pourrais-je savoir ce que les interprètes vont vouloir.
La voix au téléphone : - Mais mon chou, l'interprète ne sait jamais ce qu'il veut, il faut lui mettre dans la bouche et après il s'exclame « c'est bon. »
Elle, *doucement* : - Tu vas pas dire, il est un peu olé olé...
Lui, *en appuyant sur la touche discrétion* : - Il aime bien se donner un genre... Le genre show-biz quoi !... Bises bises bisous... Le snobisme du show-biz... C'est vraiment super cette touche, je peux le traiter de compositeur de merde et il va approuver !

Elle : - Et le jour où la touche marchera plus ?...
Lui : - Imagine que ce soit ta mère de l'autre côté !
La voix au téléphone : - Alors, tu as tout enregistré ?

> *Durant les dialogues entre ELLE et LUI, on entend la voix au téléphone sans comprendre.*

Lui, *abandonnant la douche discrétion* : - Naturellement, c'est pourri, mais on les nique les tristes figures !
La voix au téléphone : - Ah zut, the big big boss, fais pas de bêtises hein, bisou... Je vous tiens informé dès la validation du dossier, au revoir cher ami.
Lui : - Tchao !
Elle : - Ils sont tous comme ça les compositeurs ?
Lui : - Va plutôt préparer mon chocolat !
Elle : - Puis je t'ai déjà dit que j'aime pas quand tu dis tchao.
Lui : - Je sais... Ça te rappelle ton ex !
Elle, *troublée* : - Comment tu sais ?... Je te l'ai jamais dit... La garce, *maman est folle*, pour essayer de me faire du tort... Elle t'a dit quoi d'autre ?
Lui : - Mais non, pour une fois *maman est folle* n'y est pour rien.
Elle : - Comment tu saurais alors ?
Lui : - Les mots, en eux-mêmes, n'ont aucune raison d'être détestés. Si quelqu'un déteste un mot, la raison se trouve dans son passé.
Elle, *chagrinée mais admirative* : - T'es vraiment trop intelligent, c'est pas du jeu. Alors va falloir que je me méfie de ce que je dis avec toi...
Lui : - Pourquoi, tu as tant de choses à cacher ?
Elle, *troublée* : - Non... Mais toi tu ne me parles jamais de ton passé et tu voudrais tout savoir du mien, c'est pas du jeu ! Moi aussi je devine des choses... Je suis la plus belle fille que tu as connu... Et comme toi tu es le plus

intelligent, faut vite qu'on se dépêche de faire des enfants... Tu te rends compte, ma beauté et ton intelligence...

Lui : - Et si c'était le contraire !

Elle : - Quoi le contraire ?

Lui : - Ton intelligence...

Elle : - Ah, t'es pas marrant ! En plus aujourd'hui c'est ton jour de faire le petit-déj...

Lui : - Quoi ! J'ai le dos en compote, le cou en marmelade, la tête en tambour et le côté qui s'dilate... Et tu ne m'apporterais pas mon petit-déjeuner !

Elle : - Il caille dans la cuisine...

Lui : - Pas plus que hier, je suis certain... Dans six mois tu seras habituée... Mon amour.

Elle : - Mais dès que ton dos va mieux, c'est mon tour de m'allonger et d'attendre en prenant un bouquin.

Lui : - Qu'est-ce que tu ferais avec un bouquin ?

Elle : - Comme toi !

Lui : - Tu sais... (*il se retient... mais ne peut pas se retenir !*) Y'a rien à colorier !

Elle : - Dès le matin faut que c'est ma fête.

Lui : - C'est pour te réchauffer.

Elle : - Tu as de la chance que j'ai faim.

> *Elle se lève, prend son manteau, les gros gants de laine...*

Lui : - Mais tu t'es levée sans crier aïe !

Elle : - Ah oui ! J'y pensais même plus !

> *Les jambes bien droites, elle touche ses pieds avec les doigts, d'un geste très sportif.*

Elle : - J'ai connu un mec qui me faisait faire des abdos dès qu'il me trouvait un gramme de graisse... Qu'est-ce qui me prend de te dire ça, tu vas encore me le ressortir un jour en te moquant (*elle ouvre la porte*).

Lui : - Bon voyage.
Elle : - Pacha va !
Lui : - Mets bien le chocolat et le sucre dans le lait avant de faire chauffer...
Elle : - Je sais, chef... C'est vrai que tu aimes bien commander...
Lui : - Oui mon amour.
Elle : - Ah ! Tu sais enfin que c'est comme ça qu'il faut me répondre... Mais on dirait ton compositeur ! (*elle sort*)
Lui, *haussant la voix* : - Et pense à faire quelques abdos...

> *Elle rouvre la porte, lui tire la langue et repart en courant.*

Lui : - On pourrait nous croire amoureux ce matin. Peut-être même qu'avec dix-neuf degrés nous aurions fait l'amour !
Mais j'ai encore rêvé d'elle ! L'Amour ! J'ai peut-être tort de m'obstiner à le rêver avec une majuscule. Les autres se font bien une raison ! Et sans cet idéal, on peut peut-être se faire une vie bien gentille.
Mais quand on a vécu une fois l'Amour... Il me reste au moins ça, j'ai vécu une fois l'Amour... Deux névrosés s'Aimaient...
Trop névrosés pour comprendre ce qui nous arrivait. On croyait retrouver facilement ça ailleurs... Et nous n'avons presque rien vécu ! Les cons !
Mais si je me laisse enfermer entre deux choix extrêmes, seul ou le grand Amour, je vais finir mes jours entre mille bouquins ! Et en plus sans enfant...
C'est terrible : elle veut un enfant, je veux un enfant. Ce sera le même enfant. Et quelque part, je ne me sens pas le droit de te refuser de naître...
Alors, après, après j'aurai peut-être la force... L'enfant sera là... J'aurai réalisé l'un de mes rêves... De toute

manière, grandir entre des parents en guerre froide tiède ou chaude, ou grandir en voyant rarement papa, ta névrose ne sera pas pire en me voyant peu...
Après, oui, peut-être, comme le devoir accompli, la finalité de l'existence se limitant si souvent à la reproduction de l'espèce, je pourrai essayer de te chercher...
La femme belle. Rebelle. Spirituelle. Intellectuelle. Intègre...
(*de plus en plus rêveur*) Dans un salon de thé nous irons papoter. Je t'offrirai des roses. (*souriant*) Tu me confieras ta névrose... Je ne peux pas rester sérieux ! Mais bon, avec roses, faut bien trouver une rime ! Avec offrir je rime plaisir ! Mais quand ?... M'aimera-t-elle ?...
M'appelleras-tu « l'homme de ma vie » ?...
Mozart, la femme qu'il aima lui préféra un crétin. Alors que Dieu me protège, moi qui ne connais même pas le solfège !...
Je serai dans quel état si tu me préfères un crétin ?...
(*il sourit... jaune*) Et ce ne serait pas la première fois !
Ah ! Ne jamais connaître le goût de tes lèvres, de ta peau... (*lyrique*) Ne jamais Aimer dans la joie de vivre, ne jamais partager le bonheur d'être né, ne jamais dépasser la platitude d'une habitude par effroi de la solitude...
(*dépité*) Toujours parler sans être compris...
Belle, rebelle, spirituelle, intellectuelle, intègre...
Les critères !
Mais quel prénom ?
Puisqu'elles ont débuté les longues années de patience...
Avec intègre... ne rime que vinaigre !...
Avec intellectuelle...
(*songeur*) intellectuelle, intellectuelle, spirituelle, spirituelle...

    *Elle ouvre la porte, passe la tête.*

Elle : - Alors, le pacha, tu rêvasses pendant que je me gèle. J'ai donné à manger à ton chien.
Lui : - Puisqu'il t'a dit merci, j'aurais l'impression d'être sa voix dans un dessin animé.
Elle : - Pfou... Ça chauffe.
Lui : - Laisse pas sauver... Pour une fois !
Elle : - Je venais juste voir si tu ne t'ennuies pas... Tu pourrais me dire, viens m'embrasser mon amour... Même pas !
Lui, *parodique* : - Oh, kiss me, my love !

*Elle lui lance le pain.*

Elle : - Trois tartines. Je referme bien la porte pour surtout que tu n'attrapes pas froid... Regarde mon nez ! (*elle referme la porte*)
Lui, *plus fort* : - Laisse pas sauver... Ma Pinocchio chérie...

*Il prend le plateau à côté du lit, un couteau, coupe le pain, prend le pot de chocolat, l'ouvre... Tout en poursuivant ses réflexions... Au point de délaisser régulièrement le pain...*

Finalement, la langue française prétendue si riche est bien pauvre côté cœur. Je t'aime pour une amourette. Je t'aime pour une femme de quelques années faute d'absolu. Je ne mens même pas quand je répète « moi aussi », ou quand dans l'enthousiasme jaillit un « je t'aime. »
J'aime comme on aime si souvent. Je t'Aime, comment j'oserai te le dire...
(*pause en extase : il voit LE BONHEUR*)
(*toujours en extase :* Il te faut un prénom ! ou un visage !)
(*toujours en extase :* « Quelquefois j'ai vu ce que les hommes ont cru voir »)
(*légèrement dépité :* Le voir le voir... mais le vivre !)
(*retour en extase : il voit de nouveau LE BONHEUR*)

*Elle arrive doucement, le regarde, surprise.*

Elle : - Ça va ?
Lui, *surpris* : - Oui !... Pourquoi ?
Elle : - Tu avais les yeux du frangin quand il a fumé deux joints (*elle pose le plateau sur le lit*).
Lui : - Y'en a il leur faut ça !
Elle : - Tu pourrais dire merci.
Lui, *mécanique, encore dans ses visions* : - Merci mon amour.
Elle : - Quoi ! Tu n'as même pas fait mes trois tartines !
Lui : - Mange déjà les deux premières !
Elle : - Ah zut ! J'ai oublié le sucre pour mon café, parce que moi je le mets pas directement ! Tu vas pas lire au moins aujourd'hui en déjeunant... Oublie pas ma troisième tartine, ou je te dévore... (*elle se lève et sort, toujours de très bonne humeur*)

Lui : - Lire. Lire. Tant de romanciers. Tant de philosophes. A découvrir. A lire et relire. Qu'il serait inexcusable de perdre du temps. Avec quelqu'un de vraiment trop différent.
Je sais et pourtant je vais continuer... Bon elle n'a pas que des défauts, je vais peut-être m'habituer... Les femmes aiment et les hommes s'habituent... Oui mais moi je suis un écrivain !
Elle va arriver et me trouver triste. « Qu'est-ce qui se passe, tu en fais une tête, tu as des idées noires ? »
On sait toujours ! Enfin on pressant souvent. Mais on espère se tromper ! Force de dire non à la fatalité ou lâcheté de ne pas savoir prendre une décision brutale... Un peu des deux... La vie quoi !

*Elle rentre...*

Elle : - Qu'est-ce qui se passe, tu en fais une tête, tu as des idées noires ? Vous avez des idées noires, comme dit monsieur Lemort... Tu sais que *maman est folle* va le voir que quand elle veut des arrêts de travail (*il croque dans sa première tartine, et le petit-déjeuner débute*), c'est le seul docteur qui donne tout le temps des arrêts de travail, parce qu'avec un nom pareil il sait que les gens qui se sentent malades ils vont jamais le voir.
Lui : - Il aurait le droit de changer de nom... Comme l'a eu madame La Raie.
Elle : - Pourquoi elle a eu le droit de changer de nom ? La Raie, c'est pas un nom vilain.
Lui : - Sauf que tout le monde souriait en lui disant bonjour !
Elle : - Là je comprends pas... Et là je suis sûre que personne à ma place comprendrait... Madame La Raie... Tu demanderas à Cabrel, je suis sûre que madame La Raie il trouve que c'est pas un nom plus con que monsieur Souchon... Mais dis pourquoi au lieu de rire... Ça doit encore être tordu.
Lui : - Tu vois qu'il ne me raconte pas que des conneries le vieux, Madame La Raie... de Montcuq.

Elle, *qui manque s'étrangler avec son café* : - C'est pas vrai ! Tu viens de l'inventer !
Lui : - C'est ce que tout le monde croira dans cinquante ans. Alors tu peux le croire dès maintenant.

Elle : - J'ai rêvé que *maman est folle* venait habiter par ici.
Lui : - Je croyais qu'elle avait demandé sa mutation à Nice.
Elle : - Oui mais elle l'a eue par ici pour rapprochement familial... C'est qu'un rêve hein ?... Ça va pas arriver vraiment... Tu crois que les rêves sont primonotoires (sic) ?...
Lui : - Ah !

Elle : - Tu vois, je connais quand même des mots savants.
Lui : - Mais pour que tout le monde comprenne tu devrais quand même dire prémonitoire.
Elle : - Ah non ! C'est primonotoire, alors là j'en suis sûre ! Primo et notoire l'un derrière l'autre, c'est facile à retenir. Je l'ai vu dans un magazine sur les rêves.
Lui : - Regarde quand même dans le dictionnaire... (*il se penche et attrape un dictionnaire*)
Elle : - Ah non ! Pas maintenant... En plus c'est mauvais de lire en mangeant... Alors, tu crois que parfois les rêves ça arrive ?
Lui : - Ah ! (*rêveur*) Parfois ce serait bien...
Elle : - Ah ! On serait riche, ce serait super, on aurait le chauffage central, on irait en vacances aux Baléares, on aurait une grosse voiture, un caméscope, des chevaux... Quoi d'autre encore, mon amour ?...
Lui, *éploré, il la regarde* : - Un frigidaire, une armoire à cuillères, une lampe solaire, un portail mécanique, et une belle-mère en hôpital psychiatrique !
Elle : - De toute manière, elle quittera jamais Douai, c'est pour se donner un genre qu'elle demande sa mutation, elle sait qu'elle l'aura pas, elle a même pas sa carte du syndicat.
Lui : -Tu en connais des gens du nord qui ne rêvent pas du sud ?
Elle : - Ta sœur !
Lui : - C'est l'exception.
Elle : - Oui mais ils partent pas, ou quand ils partent ils ont de l'argent, ils prennent leur retraite à Menton.
Lui : - Tu aurais préféré bosser comme des fous pour à la retraite partir promener nos rhumatismes entre les crottes de chiens ?
Elle : - *Maman est folle* t'a déjà répondu « c'est les hommes qui bossent »... Si tu avais travaillé cinq ans de

plus, on aurait au moins eu une maison où on sent pas le vent passer partout.

Lui : - Tu vas finir par me maudire !

Elle : - Heureusement que je t'aime. Tu peux te moquer de moi, mais y'en a pas deux des filles aussi belles que moi qui accepteraient de vivre dans le froid.

Lui : - Mon héroïne ! Tu dev-

*Le téléphone sonne.*

Lui : - Quand on parle de la folle !... Elle pense à sa fille préférée durant sa pause (*il lui passe le téléphone*).

Elle : - Allô !

Elle : - J'ai apporté son petit-déjeuner au lit à monsieur et on déjeune.

Lui, *doucement* : - Mets le haut-parleur au moins.

Elle : - Hier soir on n'a pas pu s'endormir à cause des souris.

Lui, *doucement* : - Insiste bien sur les souris.

Elle : - Bon je mets le son et je te passe ton frère qui me disait d'insister sur les souris pour que ma mère voit pas où ton frère a emmené sa fille chérie (*elle appuie sur la touche haut-parleur et lui passe le téléphone*).

La voix au téléphone : - Alors le retraité. Vous avez la belle vie, on n'a pas de soucis dans le sud, être encore couché à cette heure-ci ! C'est la belle vie, moi ça fait bientôt trois heures que je suis au boulot. Là Goldorak est parti à la banque alors j'ai un peu de temps. J'appelle sur la ligne du fax, c'est la seule maintenant qui est pas en facture détaillée, ça lui permet de téléphoner aux Etats-Unis sur les frais de la société, parce que je vous ai pas dit il a une nouvelle gonzesse, Goldorak, encore une mannequin, Angélique, qu'elle s'appelle. Avec les sous ! Là elle est partie pour (*il pose le téléphone sur le lit, entre eux*) un défilé en Virginie. Mais vous avez moins froid au moins ? Ah, je croyais que j'allais devoir raccrocher car le magasinier vient de passer mais il est pas rentré. Faut dire il est déjà venu deux fois prendre du café aujourd'hui. Tu sais pas que ce matin Goldorak a cassé du sucre sur le dos de la femme de ménage, il la traite de fainéante parce qu'elle est sortie de l'hôpital depuis huit jours et elle est encore en congés maladie, alors que depuis quinze ans elle a pas posé une seule fois, alors qu'elle va...

Elle, *appuyant sur la touche discrétion* : - Tu devrais lui dire à ta sœur que tu t'en fous de ses histoires... Mais moi j'aime bien, au moins elle emploie pas des mots compliqués, elle parle de la vie de tous les jours, elle est simple elle au moins.

Lui : - Tu devrais être lesbienne.

Elle : - Y'a pas que le sexe dans la vie.

Lui, *souriant* : - Même dans la tienne !

Elle : - Tu t'en plains pas toujours !

La voix au téléphone, *fort* : - Vous êtes plus là ?

Lui, *il écarte son doigt de la touche discrétion* : - Tu n'as pas posé de question.

La voix au téléphone : - Mais tu pourrais dire oui, commenter au moins.

Lui : - Alors tu es décidée à venir quand Goldorak aura l'extrême bonté de t'accorder des congés ?

La voix au téléphone : - Oui, bin, je sais pas encore quand je pourrai les prendre, je lui ai dit que j'aimerais bien le savoir rapidement cette année parce que cette année je compte partir dans le sud et que pour réserver il faut que je le sache rapidement, tu sais pas ce qu'il a osé me répondre ? Il a osé me répondre que j'y ai droit mais que lui n'est pas obligé de me donner la date avant de savoir quand ça l'arrangera. Tu vois le con. Si je devais réserver je pourrais pas réserver. Là y'aura de la place pour les vieilles ?

Lui : - Et la reine de la ruche, elle va venir ?

La voix au téléphone : - Elle dit qu'elle est trop vieille pour un voyage comme ça, que c'est aux jeunes de revenir. Elle dit que vous deviez pas partir, que vous lui avez pas demandé son avis. Elle dit. Elle dit. Je lui dis de se calmer car sa tension elle monte. Ah ! Elle a pas encore pris ses billets de train. Elle dit qu'on va se perdre, elle dit qu'on va se faire attaquer ou jeter par une porte du train.

Elle, *appuyant sur la touche discrétion* : - C'est marrant, tu vois elle a lu moins de bouquins que toi et tu arrives pas à en placer une.

Lui : - Tu crois que l'important c'est de parler ?

Elle : - C'est toujours elle qui a le dernier mot. C'est une femme, une femme faut que ça ait le dernier mot.

Lui : - Alors qu'on peut tout se dire d'un regard !

Elle : - Qu'est-ce que tu veux encore dire ?

Lui : - Ecoute le téléphone (*elle abandonne la touche discrétion et écoute*).

La voix au téléphone : - …on leur a dit que tu vas voir Cabrel, on leur a dit comme tu as dit de dire, un des huit auteurs francophones retenus par Francis Cabrel, ça les a impressionnés, ils ont demandé s'il allait te chanter, on leur a dit qu'on espère, ton cousin a dit qu'il veut un autographe.

Lui : - Qu'est-ce qu'il va faire avec mon autographe ?

La voix au téléphone : - Comme si ! De Cabrel.

Lui : - Tu lui répondras que Cabrel sait pas écrire, il a un nègre.

La voix au téléphone : - Oh faut s'attendre à tout, le show-bizness c'est la décadence, je sais pas dans quel milieu t'es embarqué, je sais pas ce qui t'a pris d'écrire des chansons, enfin, si ça rapporte des sous on en verra peut-être la couleur.

Elle : - Moi j'espère en voir de la couleur…

La voix au téléphone : - Qu'est-ce qu'elle dit à côté, elle se moque encore de moi ?

Elle : - Pour une fois que je me moque pas, c'est ton frère qui se moque tout le temps des autres, mais maintenant je fais comme tu m'as dit, je fais plus attention, c'est un homme hein, je te disais que j'espère en voir la couleur moi, des sous de ses chansons.

La voix au téléphone : - Il faut tenir la caisse.

Elle : - Ah zut ! Faut que j'aille aux toilettes... Je vais aux toilettes et je reviens (*elle se lève...*).

La voix au téléphone : - Ah ! Le magasinier ! Ah il m'embête ! Je vais pas refaire du café à cette heure-ci... Bon je vous laisse... Oui, vous recevrez la livraison dans la

Lui : - Bonne nuit (*il raccroche*).

> *Lui la regarde avec interrogation, elle hausse les épaules...*

Lui : - Mon Dieu ! Vieillir ! Vieillir ! Dire qu'elle aussi, elle a eu quinze ans ! Elle a eu vingt ans. Elle a dû rêver. Vieillir. Vieillir. Pas avancer vers la connaissance mais se dégrader doucement, s'étioler, s'effilocher, s'éteindre, rapetisser, s'amenuiser...
Non, il n'y a pas de fatalité ! Ce monde n'est pas le monde. C'aurait été tellement différent si... Si au moins un rêve était devenu réalité... Mais à quoi bon me torturer !... (*il pense visiblement à quelqu'un*) Si tu n'étais pas déjà junkie. « Je t'aime mais je t'ai connu trop tard. » Vingt-deux ans et déjà condamnée à seulement danser avec moi, obéir, s'allonger pour obtenir sa dose... Putain de drogue. Ah ! Où es-tu ? Qu'es-tu devenue ?
Si tu n'avais pas cru que deux années t'attachaient à ce type ! Ce type, type forcément, me préférer à des souvenirs... M'allumer et refuser de t'enflammer !... Ah !

Si enfin tu t'enflammais ! Nous serions les deux torches sous le porche du temple que tu contemples...
Si tu ne militais pas, ma pauvre Bovary ! Parce que tu souffres d'un manque de racines, reprendre la dialectique revendicative des leaders régionalistes ! Les langues régionales comme racine d'un peuple... Endoctrinée au communautarisme. Enfin, tu es en analyse... Tout n'est peut-être pas perdu... Mais te souviendras-tu de moi quand tu auras fait la paix avec les ombres de ton passé ?...
Un coup de fil et j'accours ! Ou plutôt je t'accueille les bras ouverts !
Tu parles d'un amour dans le sud ! Mais non, ce n'est pas retourner en arrière... Mes pauvres Bovary, mes passantes, oui vous êtes trois pauvres Bovary mes jolies passantes... Qui pourrait le croire, quand je pense à quelqu'un, c'est sans un grand souvenir... Juste des mots, des sentiments, aucun contact physique...
Quand tout est resté au stade du possible, ça laisse une chance pour l'avenir... Je ferai le deuil... Sauf de Toi ! Si tu es vraiment rebelle et spirituelle... J'ai toujours cru trouver l'intelligence dans la beauté !
Sinon je ferai le deuil de toi aussi ! Na !
Elle me tuerait, me mordrait au moins ! Si elle savait que je préfère faire l'amour dans le noir pour penser à Toi...
L'Amour, est-ce que je cherche vraiment l'Amour ?... Ou est-ce qu'une compagnie me suffit, une petite histoire banale, bancale, dans laquelle je n'ai pas à m'investir affectivement, en gardant quelques fantasmes avec les passantes...
Trop de blessures non cicatrisées ? Avec le temps... On aime différemment ! Je cherche l'Amour ou matière à écrire ? Des perturbations, des frustrations... Quand j'aurai trois cents textes de chansons, je pourrai voir la vie autrement !

Allez ! Au travail. Plus vite j'aurai réalisé mon œuvre, plus vite je pourrai vivre l'Amour ! Et j'écrirai des romans, paisible, de huit à douze... Ou alors après trois cents chansons, direct en analyse !

*Elle rentre... Revient s'asseoir sur le lit, dos au mur.*

Lui : - Tu vas faire une analyse ?
Elle : - J'en ai fait une... *(elle pâlit, voix tremblotante)* Pourquoi, tu m'as trompée ?
Lui : - Quoi ?
Elle : - On a fait une prise de sang avant d'arrêter les préservatifs. On n'avait pas le sida. *(il sourit)* Pourquoi tu veux que je refasse une analyse ? Pour les gammas le vieux a contrôlé, c'est bon...
Lui : - Pas une analyse de sang ni d'urine, une analyse, une vraie analyse, psychiatrique.
Elle : - Arrête, déjà hier soir tu m'as dit ça, je suis pas folle.
Lui : - Pourquoi, ta mère en a fait une ?
Elle : - Tu sais pas qu'un jour elle a été avec un psychiatre et qu'il lui a dit « tu devrais faire une analyse. » Ah oui, il avait dit une analyse aussi, elle en a été malade pendant huit jours... Mais chut surtout, son gros le sait pas, c'est quand il est resté bloqué dix jours en Italie... Mais pourquoi tu me demandes ça ?
Lui : - Juste pour savoir ton opinion sur l'analyse.
Elle : - Pourquoi, tu crois vraiment qu'il faut que j'en fasse une... Oh non, je pourrais pas aller raconter des conneries comme ça à un vieux barbu... Ils sont vraiment tous fous les psychiatres, ça c'est ma prof de français qui l'a dit... Mais pourquoi tu me parles encore de ça ? J'ai dit une connerie ?
Lui : - Tu trouves qu'on ne parle pas et dès que je te demande ton avis, tu t'inquiètes.

Elle : - Jamais personne m'a posé des questions pareilles.
Lui : - C'est normal !
Elle : - Ah ! Tu vois, alors pose-moi des questions intéressantes.
Lui : - Quelle est ta couleur préférée ?
Elle : - Jaune et bleu... Aussi rouge. Les couleurs vives.
Lui : - Si tu changeais une chose à ton apparence ?
Elle : - Pourquoi tu demandes ça, qu'est-ce qui te plaît déjà plus en moi ?
Lui : - Donc tu ne changes rien.
Elle : - Je grossirais. Ah non, tu aimes les minces !
Lui : - Quel est le trait principal de ton caractère ?
Elle : - Pourquoi tu demandes ça... Arrête, j'ai l'impression de répondre à des questions.
Lui, *souriant* : - Quel est le trait principal de ton caractère ?
Elle : - L'égoïsme... D'après *maman est folle*... Mais c'est pas vrai, hein mon chéri ? C'est la gentillesse. Hein, je suis gentille. Trop même !
Lui : - Ta devise ?
Elle : - Je n'ai pas de devise... C'est quoi une devise ? Arrête de me poser des questions compliquées.
Lui, *didactique* : - Une devise, une phrase qui résume ta pensée de la vie, par exemple reprendre Henri Michaux « *L'être humain est toujours très en deçà de ce qu'il pourrait être* » (*elle le regarde d'un air « qu'est-ce que ça veut dire ? »*). Mais ça peut être plus simple. Pour les Dupond Dupont on peut considérer que leur devise c'est la formule « *Je dirais même plus...* »
Elle : - Non, j'ai pas de devise... On n'est pas obligé d'en avoir ?
Lui, *souriant* : - Quelle est la qualité que vous préférez chez un homme ?
Elle : - Arrête, j'ai l'impression d'être à la télé.

Lui : - Ça pourrait pourtant continuer ainsi, une vie à se poser des questions, à trouver des réponses, une vie ainsi, c'est une belle vie, non ?
Elle : - Parfois je me demande si tu es sérieux, si je dois rire ou croire ce que tu dis.
Lui : - Et alors ?
Elle : - Je sais pas moi, tu me poses de ces questions.
Lui : - Je crois que je vais lire un peu !
Elle : - Et le feu ?... Ah, je sais, tu as mal au dos.
Lui : - Et tu sais que quand j'ai bu un chocolat, il me faut une heure de digestion.
Elle : - Tu n'as qu'à boire du café comme tout le monde.
Lui, *fredonnant* : - J'aime ses bas couleur chocolat...
Elle : - Attends, quand il fera beau, tu vas rejointer.
Lui : - Rejointer... Rejointer ! Et ma formation ?
Elle : - Ta formation ! Même moi je saurais faire des joints... N'importe quoi une formation pour des joints !
Lui : - Ma formation d'écrivain.
Elle : - Ecrivain, y'a pas d'école pour ça, si tu es écrivain tu écris, sinon c'est que tu n'es pas écrivain !
Lui : - Tu veux dire que pour toi je ne suis pas écrivain car un écrivain n'a pas à lire mais seulement à écrire ?
Elle : - A la télé on dit toujours qu'un écrivain a écrit un livre, on dit pas qu'il en a lu un. D'ailleurs, un jour quelqu'un a dit que la majorité des livres, personne les lisait. Un écrivain est comme tout le monde, il lit quand il n'a vraiment rien d'autre à faire.
Lui : - C'est-à-dire ?
Elle : - Je sais pas... Quand il prend le train.
Lui : - Tu plaisantes ?
Elle : - Pourquoi, j'ai dit une connerie, on lit pas dans un train ?... Depuis que je te connais tu dis que tu es écrivain mais j'ai jamais vu un livre !
Lui : - Et toutes les pages que je t'ai montrées ?

Elle : - Je t'ai déjà dit que c'est trop compliqué... Si tu veux que je te lise, il faut écrire simplement... C'est comme tes chansons, les gens veulent des trucs simples, un livre si faut chercher un mot dans le dictionnaire... De toute façon j'ai pas de dictionnaire.
Lui : - Tu n'as jamais eu de dictionnaire ?
Elle : - A quoi ça sert ? Là je suis d'accord avec *maman est folle*. Quand la prof de français avait noté d'acheter un dictionnaire, le soir elle m'avait dit « *De toute façon si tu regardes une définition, le lendemain tu t'en souviendras plus* »
Lui : - Mon Dieu *(il joint les mains, sourire Bouddhiste)* !
Elle : - Moque-toi de moi, mais tu verras, à Astaffort, tu vas pas rencontrer des intellectuels. Les chanteurs, ça n'a pas fait d'études, c'est des gens comme nous. Cabrel il vendait des chaussures, il n'a pas fait d'études.
Lui : - Ça s'entend.
Elle : - Je suis sûre que tu n'oseras pas lui dire ça... Ah, pis arrête de regarder le plafond, j'ai toujours l'impression que tu penses à une autre.
Lui : - Va falloir que tu t'habitues, c'est comme ça un écrivain.
Elle : - Arrête de te croire écrivain, tu n'as pas d'éditeur... Pourquoi tu n'envoies pas au moins tes papiers à des éditeurs ?
Lui : - Des éditeurs ? Mais ça sert à quoi un éditeur ? Si tu es connu tu n'as pas besoin d'éditeur, et si tu n'es pas connu tu ne les intéresses pas, alors je ne vois pas pourquoi je perdrais du temps avec des éditeurs. L'éditeur est la sangsue de l'écrivain.
Elle : - Si tu n'as pas d'éditeur tu n'auras pas de bouquin, toi qui es logique, tu aurais dû y penser.
Lui : - Je serai mon propre éditeur.
Elle : - Là tu rêves... Ça doit coûter une fortune...

Lui : - Mais non, c'est simple comme tout. Auteur-éditeur. L'auto-édition, la voie de la liberté, ni Dieu ni maître, aucun intermédiaire, du créateur au lecteur. L'auto-édition est l'avenir de l'édition.
Elle : - Arrête, ils ont tous des éditeurs les écrivains.
Lui : - Moi je serai mon propre éditeur... Quand je serai connu grâce à la chanson.
Elle : - Parfois, je crois que tu rêves ! Et comment tu feras pour vendre ?
Lui : - J'irai dans la rue. Jean-Paul Sartre vendait bien *la cause du peuple* dans la rue.
Elle : - Peut-être, mais tu as vu, il est pas connu.
Lui : - Jean-Paul Sartre, pas connu !
Elle : - Il passe jamais à la télé (*effondré, il la regarde*).
Lui : - L'existentialisme, tu connais ?
Elle : - Pourquoi tu emploies toujours des mots compliqués ? (*il joint les mains, sourire Bouddhiste*)
Elle : - J'ai dit une connerie ? Il est connu ton Jean-Paul Partre ? Oh ! Je suis pas une intellectuelle moi (*énervement*)... T'es compliqué comme mec... Finalement tu as des cheveux longs mais t'es pas cool, on t'a déjà dit que t'es un faux baba cool ?
Lui : - C'est mieux qu'un vrai qui fume des joints.
Elle : - Et t'es pas un hardeux non plus... Alors, pourquoi tu as des cheveux longs ? Oui, tu m'as jamais dit, t'es pas baba cool et t'es pas hardeux, alors pourquoi tu as des cheveux longs ?
Lui : - Et toi, pourquoi tu as les cheveux longs ?
Elle : - Je suis une fille, moi... Je crois pourtant que tu as remarqué.
Lui : - Alors, un mec, avoir des cheveux longs, c'est forcément un signe communautaire identitaire !
Elle : - Tu es reparti dans tes mots compliqués... Je crois que tu le fais exprès pour que je comprenne pas.

Lui : - C'est juste que je me préfère avec des cheveux longs.
Elle : - Tu vois que quand tu veux, tu peux le dire simplement. Je suis sûre qu'on va finir par se comprendre (*triomphante*). Alors je te pose une autre question ! Tu dis que tu es écrivain, alors pourquoi tu écris des chansons ?
Lui : - Ah !
Elle : - Ah, non ! Donne-moi une vraie réponse. Et simplement.
Lui : - C'est un entraînement.
Elle : - Explique mieux.
Lui : - Avant d'arriver à la forme aboutie qu'est le roman, pour laquelle la maîtrise totale des idées et du langage sont indispensables, plutôt que de ne rien faire, j'écris des chansons.
Elle : - Je t'ai laissé dire... Mais tu recommences déjà ! Ça va être long avant que tu comprennes qu'il faut parler simplement ! Oh, pis finalement, écris des chansons tant que tu veux, une fois que ça rapporte des sous et que tu me fais bien l'amour…
Lui : - Alors j'ai le droit de lire ce matin ?
Elle : - Et moi, je fais quoi ?
Lui : - Tu ouvres la fenêtre, tu vas allumer le feu, promener le chien… Ou tu prends un bouquin !
Elle : - Oh j'ouvre pas la fenêtre. C'est trop chiant le soir à remettre.
Lui : - Alors je vais rester toute la journée à la lumière électrique !
Elle : - Tu vas quand même te lever ?
Lui : - Pour aller aux toilettes.
Elle : - Oh non ! Je t'ai déjà dit de pas parler de ça… Faut que j'y aille (*elle se lève… et sort*).

Lui : - Est-ce qu'un jour je vais rire à ce qu'elle rit ? Est-ce qu'un jour elle sera totalement triomphante, aura vaincu celui qui avait toujours des mots compliqués ? (*fataliste*) Et j'écrirai des chansons à la con ! Celles qui ramènent du pognon.

*Il prend un livre, la biographie « Bonjour, monsieur Zola », d'Armand Lanoux, ouvre et lit ; on sent qu'il ne lit pas ce passage pour la première fois.*

« *Après l'idéal impossible du « chapeau rose », après la réalité toute matérielle de Gabrielle, Zola rencontrait la femme de sa vie* » (*il pose le livre*)

(*abattu*) Mais Zola avait quarante-huit ans ! Attendre la gloire, atteindre cent kilos, cent quatorze de tour de bidoche !...

(*combatif*) Non, je vais marcher, marcher, marcher, et je te rencontrerai.
(*triomphant*) Et tu m'aimeras !... Mais avant, la chanson ! Allez, qu'est-ce qui pourrait faire une bonne chanson pour jeudi ? (*il prend un amas de papiers et feuillette*)

**Rideau**

# Acte 3

*Même décor (seulement des cartons déplacés)*
*Le premier lundi après les « rencontres d'Astaffort. »*
*Le téléphone sonne. Le rideau se lève. Lumières éteintes.*

Lui, *la voix pâteuse* : - Ouais.

Lui, *la voix pâteuse* : - Ouais.

Lui, *soudain réveillé* : - Quoi onze heures ! Dis pas n'importe quoi.

*Il tâtonne, allume la lampe à sa gauche, prend sa montre à côté, se redresse...*

Lui : - Ah ouais, t'as raison.
Elle, *doucement* : - Qui c'est ?
Lui, *tout en mimant la guitare de la main droite* : - C'est à cause de ces satanées souris, elles nous ont empêchés de dormir.
Elle, *doucement* : - Mets le son.
Lui, *doucement* : - Hrra.
Elle, *doucement* : - Pour une fois que je peux rire, allez.

*Il appuie sur la touche haut-parleur.*

La voix au téléphone : - ...suppose, hier, tu as essayé de me joindre, mais je prenais du bon temps chez des amis, il faudra que je te les présente, et j'avais oublié de brancher le répondeur, tu as embrassé toute l'équipe de ma part...
Lui : - Tu es certain d'être bien vu ?
La voix au téléphone : - Quoi, quelqu'un t'a sorti des vacheries sur moi ?
Lui : - Pas plus que sur les autres ! Les anciens sont des anciens, les sélectionnés sont des artistes, les anciens de simples numéros !

La voix au téléphone : - Arrête ! Tantôt au téléphone, ils étaient charmants...

Lui : - Quand tu leur as dit qu'ils pouvaient loger chez toi dès qu'ils passent à Paris et que tu avais un copain qui pouvait leur faire une fausse note d'hôtel...

La voix au téléphone : - Joue pas les idéalistes, tu sais comment ça fonctionne, allez, raconte.

Lui : - Super, trois textes interprétés...

La voix au téléphone : - Des textes emmenés suivant mes conseils ?

Lui : - Bin... Oui.

La voix au téléphone : - Tu vois mes conseils, tu me dois une fière chandelle ! Tu vois si tu suis tout le temps mes conseils, on va faire une sacrée équipe nous deux...

Lui, *en appuyant sur la touche discrétion* : - Il m'énerve !

Elle : - Envoie-le promener, maintenant que tu connais Cabrel, tu n'as plus besoin de lui. En plus il ne sait pas jouer de guitare. Qu'est-ce que tu en as à faire d'un pianiste !

Lui : - Mais ça fait du bien d'entendre « c'est génial » !

Elle, *riant* : - C'est génial mon chou !

La voix au téléphone, *plus fort* : - Pourquoi ne réponds-tu pas ?

Lui, *retirant le doigt de la touche discrétion* : - Ah ! Tu es encore là, ça fait une minute qu'on n'entend plus rien, on croyait que tu avais dû poser le téléphone pour faire la bise à ton boss, j'allais raccrocher... Mais avant faut que je te dise... Tu as du boulot... Et urgent... Une interprète veut des musiques sur douze de mes textes.

Elle, *appuyant sur la touche discrétion* : - Tu me l'as pas dit, ça...

Lui, *retirant son doigt de la touche discrétion* : - Hrra.

La voix au téléphone : - Elle a un physique ?

Lui : - Voix, physique, blonde, dix-neuf ans, mince, un

regard de braise, un vrai cristal de baccarat, tout pour cartonner...
*La voix au téléphone* : - Tu lui as dit que tu connais un super compositeur.
*Lui* : - Qui travaille super vite et va lui proposer douze musiques dans un mois.
*La voix au téléphone* : - Je ne sais pas si je vais avoir le temps, tu sais... Je suis très pris par le boulot... Mais oui, naturellement, je vais essayer, lesquels elle préfère ?
*Lui* : - Je t'envoie tout par la poste, y'a des textes que tu ne connais pas, ils seront sur l'album.
*La voix au téléphone* : - Elle veut faire un album, super !
*Lui* : - Et de la scène.
*La voix au téléphone* : - Elle habite où ?
*Lui, après avoir hésité* : - Toulouse.
*La voix au téléphone* : - Bon, je vais faire le maximum... Tu n'as mis personne d'autre sur le coup ?
*Lui* : - Attends, on a bien dit qu'on forme un duo. Tu es à 100% sur mes textes...
*La voix au téléphone, après une hésitation* : - Ouais, ouais... Je te demandais juste comme ça pour dire de parler... Ah zut ! Big big boss, qu'est-ce qu'il me veut encore... Allez bisous, on se voit à La Rochelle en juillet de toute manière...
*Lui* : - Tchao... Et au boulot ! (*il raccroche*)

*Elle* : - Tu recommences ! Plus de tchao, s'il te plaît... Allez bisous... Je suis sûre qu'il en est...
*Lui* : - Même ton frère tu te le demandes, alors !
*Elle* : - Oui, mais mon frère c'est différent, c'est toi qui me l'as dit, il a été trop couvé par *maman est folle*...
*Lui* : - Peut-être qu'il a aussi eu sa *maman est folle*... Après tout s'il veut rencontrer ton frère !
*Elle* : - Tu as déjà été avec un mec ?

Lui : - Comme si !

Elle : - Ah, parce que passer après un mec, ça je pourrais pas... *C'est génial !*... En tout cas on en dira pas autant de ses musiques, c'est tout le temps la même chose.

Lui : - Mais bon, si ça fait un CD, il faut bien un début, avoir quelque chose à montrer, pouvoir dire la musique est classique, la voix pas terrible...

Elle : - Surtout si c'est la vieille qui chante.

Lui : - Mais non, elle s'amuse, elle est trop occupée avec son mari, ses enfants et le karaoké.

Elle : - Alors, qui va les chanter ?

Lui : - Quand ça sera prêt, comme il a du fric, on trouvera bien une interprète.

Elle : - C'est qui, dix-neuf ans, blonde, cristal de j'sais plus quoi, un physique ?

Lui : - Toutes les grandes réussites artistiques passent par le bluff. Il me croit, il va bosser. Il va bosser, mes textes auront des musiques, seront de vraies chansons. Et pendant ce temps je vais écrire des textes pour les autres. Ils veulent du gnangnan, ils vont en avoir. Dès qu'on va à Cahors j'achète un dictionnaire de rimes ! Je peux faire aussi gnangnan qu'eux !

Elle : - Gnangnan, tu veux dire des belles chansons d'amour ?

Lui : - Cent, pas une de plus ! Je serai le stakhanoviste de la chanson !

Elle : - Recommence pas avec tes mots compliqués... Si je te connaissais pas d'avant je croirais que c'est Cabrel qui t'a tourné la tête.

Lui : - Stakhanoviste, il doit penser que c'est l'avant-centre d'une équipe Russe !

Elle : - En tout cas je vois que tu es un sacré baratineur quand tu t'y mets, il a tout gobé ! J'espère que tu n'es pas comme ça en amour ! Enfin, je te donne pas tort, parce

qu'avec lui tu es mal parti ! Tu crois qu'il va le sortir son fric ? En plus il m'a l'air radin.
Lui : - L'important c'est d'avancer, avoir des projets !
Elle : - Et si ça marche pas tout de suite, tu vas pas te décourager ?
Lui : - Personne ne m'attend. C'est à moi de m'imposer. Personne n'attend personne. Ceux qui progressent sont ceux qui continuent... Continuer malgré l'échec, c'est là le secret, toujours viser plus haut... L'histoire ne retient que les exceptions. Il faut être l'exception... Le talent, dans la chanson, c'est du travail et de l'obstination. Mais je vais écrire un succès, t'inquiète pas, c'est décidé !
Elle : - Ça rapporte combien un succès ?
Lui : - Un château chauffé !
Elle : - Je croyais que tu t'en foutais de l'argent !
Lui : - L'argent oui... La mesquinerie d'amasser miette par miette, mais celui qui peut faire le grand saut, pourquoi s'en priver ?
Elle : - Mais ce que tu viens de me dire là, tu crois que tu es le seul à le penser ?
Lui : - Qui d'autre verrait ainsi la vérité ? Et ceux qui réussissent préfèrent la maquiller pour garder le secret, préfèrent s'autoproclamer « un peu médium », comme si leurs gnangnanteries venaient d'une autre galaxie ! Ils sont tous accros à la télévision, ils écoutent même religieusement le baratin des attachées de presse.
Elle : - Alors tout le monde peut réussir à écrire des chansons ?
Lui : - Faut quand même pas exagérer ! Mais celui qui veut porter un masque sera condamné à le porter, sauf s'il est assez fort pour un jour dire « stop. »
Elle : - Là j'ai pas suivi.
Lui : - Je t'expliquerai un jour... Allez, va au froid, je t'expliquerai devant des tartines. Et crois en moi !

Elle, *convaincue* : - Oui mon amour.

*Elle se lève... Bonnet, écharpe, pull... Et sort*

Lui : - Un masque ! Porter un masque... Révéler la théorie du masque... Mais pas au point de confier la vérité quand même !
La vérité... La vérité, tu parles, qui oserait avouer la vérité ?
Qui oserait avouer tout ce qu'il faut faire pour avoir trois chansons retenues le samedi soir... Mais celui qui ne joue pas le jeu n'en a qu'une... Alors !...
Connard de compositeur va... Parce qu'il est ingénieur, parce que ses parents croulent sous le fric, il se croit compositeur, parce qu'il arrose des crétins on lui sourit... Et on me sourit !
Qui peut être dupe de ça ?...
Mais il faut révolutionner ce monde...
Ah internet, si je m'y connaissais en informatique, c'est sûrement la solution... Sinon c'est trop verrouillé...
Avoir cent chansons, être connu, et après donner un coup de pied dans la fourmilière, ils ne m'auront pas... Ils croient m'avoir... Avec leurs magouilles jusqu'aux...
Je devrais peut-être me mettre à l'informatique...
J'arrive trop tard ou trop tôt... Celui qui saura utiliser internet... Les crétins ne vont pas le rater... Celui-là, je lui tire mon chapeau s'il arrive à percer dans la chanson sans faire la pute...
Bon il me faut cent textes chantés... Peu importe le niveau, peu importe qui ! Je suis Rastignac aux pieds d'Astaffort. Après je ferai comme je voudrai, je fixerai les règles. Il me faut payer le prix de ma liberté... La liberté ! Ah !... (*il rêvasse*)

*Elle ouvre la porte, passe la tête.*

Elle : - Alors, et ces chansons gnangnantes, je les attends !

*Elle lui lance le pain.*

Elle : - Trois tartines... Regarde mon nez ! Gelée que je suis. Les mois se suivent et se ressemblent.

*Elle referme la porte.*

Lui : - Les années aussi, parfois ! Mais courage ! Le succès n'a jamais été aussi près !

*Il prend le plateau à côté du lit, un couteau... Tout en poursuivant ses réflexions...*

J'ai encore rêvé d'elle ! Elle est belle, rebelle, spirituelle, intellectuelle. Mais si elle n'était pas intègre, jamais je ne l'aurais aimée au point de lui susurrer : je veux être l'homme de ta vie. Bon, ça rime pas ! Mais je trouverai sûrement la rime avant la femme.

*Il rêvasse...*
*Elle arrive doucement, le regarde, surprise.*

Elle : - Ça va ?
Lui, *surpris* : - Oui !... Pourquoi ?
Elle : - J'avais oublié que chaque matin je te retrouve dans cet état... A quoi tu penses ?
Lui : - Tu crois que ça s'écrit tout seul des chansons !

*Elle pose le plateau sur le lit.*

Elle : - Tu pourrais dire merci.
Lui, *mécanique, encore dans ses visions* : - Merci mon amour.
Elle : - Neuf jours sans personne pour faire mes tartines, ça m'a manqué !

*Il croque dans sa première tartine, et le petit-déjeuner débute.*

Elle : - Et toi, ça t'a manqué qu'on t'apporte pas ton p'tit déj au lit ?

Lui : - Mais on me l'apportait !

Elle : - Dix-neuf ans, un physique ! Arrête, sinon je vais me poser des questions. Tu sais que j'ai confiance en toi... Mais faut pas me dire des conneries sinon ça va tourner dans ma tête et je vais finir par croire que tu m'as trompée.

Lui : - Pourquoi tu déjeunes pas simplement, en profitant de l'instant. Carpe Diem ! Profite de l'instant présent.

Elle : - Oh, tu es vraiment trop calme ! Tu as toujours été comme ça ?

Lui : - Je plains celles et ceux qui croient les chansons à la con !

Elle : - Qu'est-ce que tu veux dire ?

Lui : - Celles et ceux qui pensent, par exemple, que ça ne change pas un homme !

Elle : - *Maman est folle,* elle a dit, c'est bien vrai ça, un homme, ça change pas, c'est jamais mature.

Lui : - Mais personne ne t'oblige à la croire !

*Elle prend une publicité à côté du « lit », la lui tend, la pose finalement entre eux.*

Elle : - Tiens, tu t'es fait avoir avec ta perceuse, là elle est moitié prix.

Lui : - Mais c'est pas la même qualité.

Elle : - Tu t'y connais en perceuses, maintenant ?

Lui : - Non, mais j'aime pas l'idée de m'être fait avoir !

Elle : - Tu vas te laver après ?

Lui : - Tu rigoles !

Elle : - Moi je me suis lavée hier...

Lui : - C'est cher pour ce que c'est, mais on a au moins le chauffage à Astaffort... J'ai pris de l'avance pour trois mois ! Chaque jour deux douches.

Elle : - Ah, le rêve ! Tu vas le dire à ta sœur, trois dans la salle de bains.

Lui : - Trois dans la salle de bains !... Tu as invité les vieux quand j'étais chez Francis ?
Elle : - Arrête, trois degrés... Et puis dis pas chez Francis comme si tu étais son pote !
Lui : - Je l'ai vu sans maquillage tu sais ! Et j'ai mangé à sa droite de la viande de supermarché. C'est pas Jean-Paul Sartre ! Même avec des lunettes.
Elle : - Me parle plus de celui-là, tu vois j'ai retenu son nom ! Tu aimerais pas qu'elle vienne vivre par ici ta sœur ?
Lui : - Parle pas de malheur !
Elle : - Pourquoi ? Elle est gentille ta sœur.
Lui : - Il faut fuir la famille et les gens tristes.
Elle : - Alors on se retrouve tout seul.
Lui : - Parfois on a la chance d'être deux. Si on rencontre l'âme sœur. « *Les âmes sœurs finissent par se trouver quand elles savent s'attendre* » a écrit Théophile Gautier. (*il plane un peu, ailleurs*) L'amour dans la sérénité quoi.
Elle : - Tu crois que l'amour ça résiste au froid ?
Lui : - L'amour... L'amour... C'est quoi l'amour ?
Elle : - Je t'aime moi !

>   *Elle le regarde en attendant au moins « moi aussi je t'aime. »*

Lui : - Ça ferait trop téléphoné si je te répondais, moi aussi !
Elle : - Tu aurais pu me téléphoner plus souvent !
Lui : - Ça fait pas encore cent quatorze fois que tu le déplores !
Elle : - Tu me parlais pas comme ça à Douai.
Lui : - Tu ne te souviens déjà plus comment c'était ! Il fallait aller à l'hôtel pour enfin ne pas avoir quelqu'un sur le dos ! Quand ta mère nous disait « restez-là, au moins ici c'est gratuit », il fallait qu'elle nous emmerde jusqu'à

plus de minuit. Son gros nous assommait avec ses lectures financières qu'il ne comprenait jamais et ton frère détaillait ses prétendus exploits sexuels jamais confirmés pas son monstre.
Elle : - Les gens normaux ne se parlent pas comme ça, si ?
Lui : - Tu as dit « les gens normaux. »
Elle : - Bin oui, les gens qui travaillent, qui rentrent, mangent, regardent la télé et vont se coucher.
Lui : - C'est une analyse sociologique que tu me fais là !
Elle : - Quoi ?
Lui : - Tu as toujours vu les gens vivre comme ça ?
Elle : - *Maman est folle*, à chaque fois qu'elle a eu un homme, c'était comme ça... Et chez l'oncle c'est pareil... C'est quoi de ton truc de philosopher ?... Tu as appris ça où ?
Lui : - Dans les livres... Et il faut toujours essayer de vivre ce qui est écrit dans les meilleurs livres !
Elle : - Ah ! La vieille elle m'a dit, ça sert à rien que tu ailles voir Nino Ferrer, ça fait au moins vingt ans qu'il fait plus rien.
Lui : - Elle t'a dit qu'il ne fait plus rien !
Elle : - Oh si, il fait des trucs, mais c'est nul, ça marche pas. Il a de la chance d'avoir fait des trucs bien avant alors il vit sur ça.
Lui : - Des trucs bien ? *Gaston* et les *Cornichons* ?
Elle : - C'était avant de vivre par ici. Peut-être que le climat est pas bon pour la chanson. De toute façon quand on le voit à la télé c'est que pour ça...
Lui : - Ça doit être drôle mais les gens ne le comprennent pas et lui non plus sûrement : le présentateur lance une image d'archive et ensuite interviewe un mec ressemblant vaguement au jeune dynamique, un mec qui pourrait être le grand-père du type qui chantait les *cornichons*. Etre prisonnier de son image ! Porter un masque à vie !

Elle : - En plus elle a dit qu'il peint... Un chanteur peindre ! C'est vraiment que la chanson ça marche plus.

Lui : - Pour une fois qu'un guignol de variété a la volonté de ne pas se copier, de grandir un peu, de sortir de l'adolescence, de créer vraiment, de chercher. Mais visiblement pas au point de poser son vieux masque !

Elle : - En tout cas, ça marche pas... Regarde Cabrel, c'est tout le temps la même chose mais ça marche !

Lui : - Mais nous n'avons qu'une vie ! Si c'est pour la passer avec le masque d'un succès de potache !

Elle : - En tout cas, je suis sûre que Cabrel il a plus de sous que Nino Ferrer.

Lui : - C'est le critère de qualité actuel !...

Elle : - Au moins il en profite, il a un vrai château, et bien chauffé je suis sûre.

Lui : - Mais dans cent ans il ne restera rien de ses ritournelles.

Elle : - Si c'est pour avoir du succès quand on est mort, ça sert à rien...

Lui : - Je te rassure, il ne restera rien non plus de l'autre, art mineur.

Elle : - J'ai pensé, pendant que tu étais là-bas...

Lui : - Et ne t'arrête surtout pas !

Elle : - J'ai pensé, pourquoi tu prends pas des cours pour écrire des chansons ?

Lui : - Des cours !

Elle : - Oui, je me suis souvenue, un jour j'ai vu à la télé un mec qui donne des cours, il paraît qu'il a écrit plus de cinq mille chansons lui, et après il suffit d'une heure pour écrire une chanson. Ça doit être pour les gens comme toi, qui restent des journées à tourner en rond.

Lui : - En une heure, tu crois que ça donne quoi ?

Elle : - Bah, des chansons. Lui en a écrit cinq mille... Des trucs connus, je sais plus quoi, mais des trucs vraiment connus.
Lui : - Les cours... Ça ne se donne pas... C'est l'auteur qui doit les prendre, en lisant, en écoutant, en réfléchissant...
Elle : - C'est pour ça que tu fais compliqué !
Lui : - Ne t'inquiète pas, il va exister, être chanté, l'auteur seul en face du monde, seul en face de Créon, il sera l'Antigone sans silicone.
Elle : - Créon, c'est le surnom de Cabrel ?
Lui : - Un jour, si tu as le temps, tu liras Antigone.
Elle : - J'aime pas non plus les bandes dessinées.
Lui : - Pourtant Jean Anouilh dessinait bien.
Elle : - Le jockey ?
Lui : - Non, son frère.
Elle : - Il n'a jamais parlé de son frère Léon Zitrone.
Lui, *il la regarde étonné* : - Tu l'as fait exprès ?
Elle : - Quoi ? J'ai dit une connerie ? Léon Zitrone, tu regardais la télé quand tu étais plus jeune, c'est lui qui commentait les courses de chevaux et les mariages des reines.
Lui : - Avec les rois ?
Elle : - J'sais pas... Bin oui, tu vois, à force que tu m'poses des questions comme si j'étais à la télé, j'sais plus c'que j'dis... Tu me stresses !... Qu'est-ce que j'ai fait exprès ?
Lui : - Antigone / Silicone / Zitrone
Elle : - Alors, c'est bien, tu devrais m'embrasser quand je dis quelque chose de bien.
Lui : - J'ai trop d'avance !...
Elle : - Trop d'avance ?
Lui : - Laisse, je te raconterai...
Elle : - J'ai remarqué, y'a pas qu'avec moi que tu te

moques. Tu te prends pour un génie ! C'est une maladie ça, non ?

Lui : - « *Un génie ? En ce moment cent mille cerveaux se voient en songe génies comme moi-même et l'histoire n'en retiendra, qui sait ? Même pas un ; du fumier, voilà tout ce qui restera de tant de conquêtes futures.* »

Elle : - On voit que tu es un fils d'agriculteur, de bouseux comme on dit chez nous, tu parles toujours de fumier.

Lui : - Mais non, je te citais Pessoa.

Elle : - Tu pourrais citer autre chose qu'un mec qui picolait.

Lui : - Tu sais que Fernando Pessoa picolait !

Elle : - *Maman est folle* en a acheté une bouteille… Même que tu as aimé.

Lui : - Une bouteille ?

Elle : - Bin oui, c'est rouge et ça se met dans du jus d'orange.

Lui, *qui éclate de rire* : - Pessoa. Fernando Pessoa.

Elle : - Pourquoi, c'est pas le même ?

Lui : - Passoa, dans le jus d'orange !…

Elle : - Ah !

Lui : - Je pourrais même pas en faire une chanson. Si j'écrivais du théâtre ce serait une bonne réplique… Quoique, on accuserait l'auteur d'avoir voulu ridiculiser l'absence de culture poétique !

Elle : - Ah, tu n'as qu'à mieux articuler… Je te l'avais dit que je suis pas une intellectuelle.

Lui : - Ahhhh !

Elle : - Quoi Ahhhh ! Tu regrettes déjà de m'avoir choisie pour le meilleur et pour le pire comme dit *maman est folle…*

Lui : - Sans alliance…

Elle : - Tu me demanderas en mariage un jour ?

Lui : - Je croyais que tu étais contre.

Elle : - Oh, pas tout de suite... Pour les enfants, tu crois pas que ce serait mieux...
Lui : - *Je ne suis rien. Jamais je ne serai rien. Je ne puis vouloir être rien. Ceci dit, je porte en moi tous les rêves du monde*
Elle : - C'est de toi ou de l'autre ?
Lui : - L'autre... *Ah, c'est l'amour qui est essentiel !... L'homme n'est pas un animal mais une chair intelligente, quand bien même il lui arrive d'être malade.*
Elle : - Je préfère quand tu parles d'amour... Mais tu crois qu'il va falloir attendre l'été pour le refaire vraiment... Parce qu'avec nos pull-overs...
Lui, *pour le public* : - Dose... Déjà !
Elle : - Alors quand il fera bon, tu me fais un enfant ?
Lui : - Tu crois qu'il fera bon un jour.
Elle : - Tu as toujours la phrase pour pas répondre.

*Elle se lève...*

Elle : - Tu sais où je vais.

*Elle sort*

Lui : - Un enfant ! Déjà ! Bon, c'est vrai, plus vite on le fera, mieux ce sera ! Une chanson qui marche, ça rapporte combien ? Et juste après, tu me fais un enfant !
Ah ! Si j'avais rencontré une chanteuse belle rebelle spirituelle intellectuelle intègre ! Astaffort, pas une âme, que des corps !
On a beau avoir chacun sa raison... La mienne est existentielle quand même ! Mais elle !
La certitude de se goinfrer d'une part du gâteau de la chanson !
Existentielle, c'est quand même plus acceptable. C'est même excusable ! Faut m'y résoudre : partir à la recherche de quelqu'un vraiment bien, c'est remettre l'enfant à trop

loin… A jamais peut-être ! Quitte à tricher, au moins ne tricher qu'une fois !

Est-ce que tu grandiras avec un peu de ce que la vie m'a appris ?

Ou est-ce qu'elle va se servir de toi comme vengeance contre moi ?… Parce que chez ces gens-là !… (*il sourit*) Alors j'écrirai des chansons pour que tu les apprennes à l'école !

Finalement, ma vie c'est le sud et la chanson ! L'Amour… Ah ! si ça ne dépendait que de moi !

Ah ! Etre vraiment amoureux… Est-ce qu'ils existent les enfants de l'Amour ? Etre vraiment amoureux…

Pas… Ouais… Elle est pas mal… Et après avoir expérimenté toutes les possibilités de l'intimité, toujours penser « J'ai encore quelque chose à découvrir. » Etre vraiment amoureux… Jusqu'à en bafouiller, les idées pas claires à part « je t'Aime. »

Dire pour la vie ou ne pas le dire. Mais que ce soit évident. Et là, avoir un enfant ! Un enfant de l'Amour.

*Elle rentre…*

Elle : - Alors, tu écris des chansons en mars, tu rejointes en avril et tu me fais un enfant en mai ?

*Il bâille*

Elle : - C'est ta réponse ! Arrête tu vas me faire bâiller aussi (*elle bâille*)

Lui : - Un bon bâilleur fait bâiller… C'est donc mon tour d'aller aux toilettes (*il sourit*).

Elle : - Tout ça pour pas répondre… Tu vas revoir ce que c'est de traverser la grande pièce !

Lui : - Mais j'ai mon peignoir.

*Il se lève, enfile son peignoir…*

Elle : - Le peignoir d'une ancienne !

Lui : - Les objets n'ont pas d'âme... Je garderai même la lampe que tu m'as offerte !
Elle : - Quoi, tu penses déjà à me quitter !...
Lui : - Tu n'as pas d'humour hein !
Elle : - On sait jamais quand tu plaisantes ou quand c'est vraiment pour de vrai.
Lui : - Allez, je te laisse à tes réflexions. C'est quand même mieux que les abdos !

*Il sort.*

Elle : - Je rentre bien calme, j'y ai pensé pendant une semaine à mon programme ! J'aurais dû ajouter et je te laisse lire le samedi et le dimanche. Pépé allait bien au PMU, lui peut lire.
Je suis sûre qu'il pense déjà à me virer. J'espère au moins qu'il n'a pas rencontré une chanteuse ! Non, il pourrait pas me faire ça. De toute façon *maman est folle* l'avait dit, « hum, tu as pris un trop intelligent, un homme faut pas que ça réfléchisse trop. »
Bientôt qu'il me traitait de bonne pisseuse ! Il croit que j'ai pas compris. Cousin me l'a déjà faite celle-là ! Mais j'ai dit je m'énerve plus.
Mais s'il avait osé ! C'aurait été la goutte d'eau qui aurait fait déborder le verre. Y'a des limites quand même ! Et il aurait eu sa première scène de ménage. C'aurait peut-être été mieux ! On se serait réconcilié en faisant vraiment l'amour.
Chez *maman est folle* au moins je regardais la télé... Mais bon, maintenant que le frangin est parti, oh non, j'aurais pas supporté...
Tu parles le sud... Et il va vraiment écrire des chansons ! Comme si quelqu'un va chanter ses trucs... Ah ! S'il pouvait faire un truc qui ramène du fric... Bon là il semble décidé à enfin faire comme les autres. Ça doit pourtant pas être compliqué pour lui à faire des trucs comme Cabrel ou

Hervé Villard. Même avec du Francis Lalanne, on pourrait refaire la maison, je suis sûre. Parfois on dirait qu'il s'en fout de moi. Une fois qu'il a ses bouquins, son stylo et ses papiers.
Parfois j'ai l'impression qu'il me prend pour une conne.
Y'a que son chien qui montre qui m'aime... Heureusement que je suis là pour lui.
Je suis sûre que si ça marche ses chansons, il va me jeter comme une vieille chaussette.
Et si ça marche pas je suis partie pour avoir froid toute ma vie.
*Maman est folle* avait raison, c'est des égoïstes les intellectuels. Jamais il m'offrirait des roses.
Oser me dire qu'à son institutrice il lui offrait des roses et jamais m'en offrir... C'est pas une excuse l'argent... Il avait de l'argent quand il m'a connue. Ah ! Comme j'ai rêvé... Ah ! Comme j'ai rêvé quand il m'a dit, « on va acheter une maison dans le sud... » Je m'en foutais alors qu'il m'offre pas des roses, il me faisait rêver... En plus, j'aime pas les roses. J'aime que les chrysanthèmes, parce que ça rime avec je t'aime. Moi aussi je suis poète. Mais il paraît qu'il faut pas le dire, qu'on aime les chrysanthèmes, ça porte malheur. Comme de passer sous une échelle.
*Maman est folle* a raison, il aurait dû mettre la maison à nos deux noms, au moins j'aurais été sûre de le garder.
J'aurais dû oser lui dire. Je croyais qu'il allait le faire. Je suis trop conne ! Peut-être que c'est parce que c'est l'hiver. Ça ira mieux en été... Je me baladerai au moins, et il redeviendra peut-être comme quand on allait à l'hôtel... J'ai besoin qu'on me fasse bien l'amour moi, on dirait qu'il comprend pas !
Allez ma grande, faut le motiver ton homme, qu'il écrive des bonnes chansons... Après la pluie le soleil, comme dit mère-grand.

*Elle reste pensive*
*Il rentre... Revient s'installer sur le lit...*

Lui : - Qu'est-ce qui ne va pas ?... Tu as l'air pensive... (*souriant*) Souvent ça ne te réussit pas !
Elle : - Moque-toi, avec tes chaussettes ! Tu exagères, tu pourrais mettre des chaussettes pareilles... (*il a donc des chaussettes dépareillées*) Tu feras un effort au moins quand *maman est folle* sera là.
Lui : - Ah ! Comme le conseillaient déjà les grands philosophes stoïciens... Il faut toujours prendre les chos... ettes comme elles viennent !
Elle, *indifférente à cette saillie* : - Partir dans le sud pour dormir avec des chaussettes !
Lui : - Elle dort avec des chaussettes
Parce qu'elle a trop froid
Avec des socquettes
C'est pas la joie
Peu importe le temps
Elle râle comme un éléphant...
Tu vois, j'essaye d'écrire une chanson sur toi... Cent chansons à la con, et viva la liberté !
Elle : - Éléphant ! Gazelle plutôt je suis ! Tu aimes bien te moquer de moi, tu es un moqueur ouais. Tu appelles ça une chanson d'amour... C'est pas toi qui dirais « ma femme m'inspire toutes mes chansons. »
Lui : - Parce que tu le crois !
Elle : - Pourquoi, tu crois qu'il a une femme dans chaque port ?... Tous les mêmes, les hommes, dès qu'ils ont de l'argent, leur femme leur suffit plus.
Lui : - Comme dit *maman est folle*.
Elle, *souriant* : - Ah ! Tu l'as déjà entendue dire ça.
Lui : - Non, elle a jamais osé devant moi, elle sait bien que j'aurais trouvé une réponse pour la ridiculiser...
Elle : - Bin alors, comment tu sais que ça vient d'elle ?

Lui : - Dis-toi que c'est la transmission de pensée.
Elle : - Tu y crois à ces trucs-là ?
Lui, *joignant les mains style bouddhiste* : - Lumière, sérénité, intégrité.
Elle : - Arrête, si je te connaissais pas je te prendrais pour un fou, avec tes mots bizarres.
Lui : - Un jour je comprendrai peut-être la quintessence de mes propos.
Elle : - Qu'est-ce que tu veux dire ?
Lui : - Que j'ai du travail pour devenir ce que je veux être.
Elle : - Pourquoi, tu n'es pas bien comme ça ?
Lui, *la voix « asiatique »* : - Celui qui s'arrête au milieu du chemin, c'est qu'il ne mérite pas d'aller plus loin.
Elle : - Arrête, tu vas me faire peur... Non, tu me fais rire... (*elle rit*) Qui est-ce qui t'a appris ces conneries ?
Lui : - Quand on passe ses journées avec des gens exceptionnels, on voudrait au moins mériter leur ombre !
Elle : - Tu passes tes journées avec les araignées, et elles s'en foutent, elles font leurs toiles.
Lui : - Balzac, Proust, Zola, Auster, Stendhal, Kundera, Modiano, Kafka, Le Clézio...
Elle : - Mais ils sont morts tes gens exceptionnels !
Lui, *souriant* : - Tous plus vivants que les pantins de naphtaline ! Plus je côtoie les gens, plus je me sens des affinités avec les personnages des romans ! Etienne Lantier, Fabrice del Dongo, Daniel D'Arthez, Docteur Pascal, mes frères, mes guides !
Elle : - Qu'est-ce tu en as à faire des idées des autres... Si tu as des idées tu les écris, sinon moi aussi je peux le faire de recopier les idées des autres (*il joint les mains style Bouddhiste*). En tout cas, aujourd'hui, tu n'as plus d'excuse avec ton dos !
Lui : - Astaffort m'a rendu plus fort !
Elle : - Tu vois, tu peux faire de l'humour. Pourquoi tu

écris pas plutôt des sketchs, ça doit bien payer aussi... Alors, j'ouvre les volets !
Lui : - Tu vois, tu peux prendre une bonne initiative.

*Elle va retirer la couverture, ouvrir la fenêtre, les volets, en commentant.*

Elle : - Tu aimes bien me regarder travailler !... Oh, on dirait qu'il va faire beau... Il fait moins froid dehors que dans la cuisine.
Lui : - Tu vois, il ne faut jamais désespérer... Du temps !
Elle : - La vieille est déjà sur sa terrasse, elle me voit pas... Tu sais qu'elle est encore plus myope que le boulanger mais elle dit que ça la vieillirait des lunettes, alors elle veut pas en porter... Je vais essayer d'allumer toute seule le feu mais pendant ce temps-là tu m'écris une chanson avec plein plein de « je t'aime » dedans ! Allez, je te laisse... « travailler. »

*Elle l'embrasse, prend son manteau... Et sort.*

Lui, *voix très grave* : - Personne n'est à l'abri. De passer sa vie.
Avec quelqu'un de si différent. Qu'il déteint forcément.
*(joie soudaine)* Mais si je fais les choses que j'aime vraiment, je finirai forcément, par croiser les gens, qui comme moi veulent vivre autrement... *(perplexe)* Vais-je y parvenir ?... Ah ! Vivre d'Art et d'Amour !...

*Une grande pause avant sa référence finale à Bertolt Brecht :*

Est-ce qu'elle va m'inoculer la graine féconde
D'où surgit la bêtise humaine qui nous inonde ?

*Elle passe la tête à la porte.*

Elle : - Alors glandeur, tu viens allumer le feu, il veut pas démarrer, le papier est trop humide. Deux degrés dans la cuisine. Glandeur, je suis contente de ma trouvaille...

Puis arrête de te casser la tête, écris des chansons simples avec plein de « je t'aime... » Au moins on aura des sous ! *(très contente d'elle)* Allez glandeur, viens allumer le feu à ta petite chérie.

*Elle repart. Il reprend.*

Lui : - Est-ce qu'elle va m'inoculer la graine féconde
D'où surgit la bêtise humaine qui nous inonde ?

**Rideau - Fin**

# Pourquoi est-il venu ?

*Comédie contemporaine en trois actes*

Distribution : Huit femmes, cinq hommes

Décor : un salon du livre « à la campagne. » Une salle des fêtes avec tables sur tréteaux.
Trois tables. Au centre Stéphane, à sa gauche Nadine, à sa droite, La libraire.
D'autres tables invisibles. Quelques phrases et bruits fuseront de ces espaces hors champ.

Personnages :

Quatre personnages phares, trois femmes et un homme :

> La libraire, la trentaine, coiffée à l'ancienne, avec un chignon, de grosses lunettes, une tenue stricte, un regard sévère ; sa beauté passe inaperçue ; des livres touristiques, de cuisine, des romans du terroir. Derrière elle, « librairie du centre » et une grande photo typique de la région* (reproduction probable de la couverture d'un livre).
> Stéphane, la quarantaine dynamique ; sa notoriété, acquise dans la chanson et sur internet, lui permet de nombreuses impertinences ; ses livres et CD ; derrière, des feuilles 21 x 29.7 blanches placardées, avec des slogans : « l'auto-édition est l'avenir de l'édition », « le libraire est un parasite de l'écrivain », « achetez directement les livres aux écrivains » (poster couleur de l'acteur possible).
> Nadine, la soixantaine vaincue, avec quelques sursauts d'enthousiasme et des tentatives d'humour, ses livres (rien derrière elle).

Julie, la trentaine, blonde rayonnante, magnifique, visiteuse « invitée. »
Nathalie, la quarantaine, organisatrice.
Des visiteurs, acheteurs, badauds (minimum huit, quatre femmes, quatre hommes).

Pour la mise en scène :

La libraire, Nadine et Stéphane forment naturellement l'ossature, présents dans les trois actes.
Julie apparaît à l'acte 1 et reviendra pour le coup de théâtre de l'acte 3. Elle est au cœur de la pièce, en porte sa raison et l'intrigue.

Personnages de second plan :

Acte 1 : - Une vieille femme
- Un badaud (le chasseur)
- Un badaud (Olivier)
- Un couple : un homme et une femme
- Un vieil homme pressé
- Nathalie, organisatrice

Acte 3 : - Deux femmes qui passent en parlant

\* la région : le sud-ouest mais ces personnages peuvent s'exprimer ainsi ailleurs et probablement là où sera jouée la pièce, alors remplacer Toulouse et Editions Milan...

L'utilisation de Stéphane Ternoise comme personnage est naturellement un jeu de l'auteur. Vous pouvez remplacer ce nom par celui qui vous plaira.

La présence de rôles secondaires permet de jouer la pièce avec moins de comédiens et comédiennes, ainsi pour la version jouée par quatre femmes et deux hommes : Julie, Nathalie et l'une des femmes qui passent à l'acte 3 sont jouées par la même comédienne. La vieille femme de l'acte 1, la femme du couple de l'acte 1 et l'autre des femmes qui passent à l'acte 3 sont jouées par la même comédienne.

Le chasseur, Olivier, l'homme du couple et le vieil homme pressé sont joués par le même acteur.

## Acte 1

*La libraire, Nadine, Stéphane. Puis : une vieille femme, le chasseur, Olivier, un couple, un vieil homme pressé, Julie, Nathalie.*

*La libraire, debout derrière sa table, regarde sa montre, s'ennuie.*
*Stéphane et Nadine ont rapproché leur chaise et discutent. Ils se connaissent depuis une quinzaine d'années, ont débuté ensemble les salons du livre dans leur région...*

Nadine : - Ce midi, quand on reviendra de manger, tes slogans auront disparu... Je crois !
Stéphane : - Elle n'osera jamais.
Nadine : - Tu as vu comme elle te regarde !
Stéphane : - Elle n'ose pas me demander un autographe !
Nadine : - Tu as quand même la grosse tête.
Stéphane : - Au moins 97% des personnes qui me critiquent seraient prêtes à se compromettre dix fois plus que moi pour la moitié de ma notoriété.
Nadine : - Je me souviens de nos débuts...
Stéphane : - Pour les organisateurs, j'étais un jeune con inconnu, donc ils me méprisaient, me toléraient uniquement comme animateur obtenu gratuitement pour leurs petites agitations locales. Maintenant, je suis un vieux con, un peu connu, alors ils me courtisent ! Ils croient important de pouvoir piailler « nous avons obtenu la présence du grand écrivain et auteur de chansons ! »
Nadine : - Et tu en profites.
Stéphane : - Tu crois peut-être que j'en suis dupe ! Ils m'ont invité pour éviter mes critiques sur le site du département. Ce n'est même pas leur choix, c'est le Conseiller Général, il espère être épargné ! Mais enfin, Nadine, ce n'est pas sérieux tout cela (*il montre livres et*

*CDs*). Le jour où tu crois pouvoir te reposer sur ce que tu as fait, autant aller garder des moutons au Burkina Faso !
Nadine : - Mais je croyais que tu ne participais plus à ce genre de salon.
Stéphane : - Je collectionne les invitations ! Tu veux connaître le montant du chèque !
Nadine : - Quoi, ils t'ont payé !
Stéphane : - Et remboursement des frais de déplacement, hôtel hier soir et ce soir !
Nadine : - Tu déconnes ! Tu es à quarante kilomètres.
Stéphane : - Hé alors ! Tu ne sais pas qu'un écrivain a besoin d'une bonne nuit avant d'affronter un salon exténuant ?
Nadine : - Et en plus ils t'ont payé !
Stéphane : - Et toi, tu es comme moi avant ! Tes frais de déplacement sont de ta poche, tu payes ton repas du midi…
Nadine : - Pas toi !
Stéphane : - Ce serait mesquin ! Et tu as payé ta place ! Tu comprends pourquoi il y a quelques années, j'ai décidé de boycotter les salons.
Nadine : - En plus, c'est quand tu étais rmiste, que ça t'aurait été utile d'être payé. Maintenant, j'ai l'impression que c'est une goutte d'eau.
Stéphane : - J'ai depuis longtemps conceptualisé les conneries de la culture officielle, avec mon « non aux subventions. » En plus la chanson est une vraie pompe à fric !
Nadine : - Ce n'est pas pour critiquer ! Tu me connais ! Mais parfois tu ne te casses pas !
Stéphane : - Quand tu es connu, tu es sollicité et personne n'ose te dire non quand tu rends ta copie. Si ça se vend, tu es encore plus sollicité alors tu écris encore plus vite ! Le seul critère c'est la vente. Ça laisse du temps pour écrire des livres !

Nadine : - Faire du fric pour être tranquille, comme tu résumes.

Stéphane : - Cette année, mes seuls revenus internet me permettraient de vivre sans vendre le moindre livre. Alors que l'année prochaine, si je n'avais pas la chanson, je retomberais peut-être rmiste ! Il faut avoir conscience de la précarité de tout cela. Même la chanson finalement. Il suffit de trois bides consécutifs et ils feront appel à d'autres ! Si je vivais comme une star, un jour c'est certain, tu me verrais pleurer mes belles années !

Nadine : - Tu as remboursé depuis longtemps par tes impôts ce que tu as touché du Rmi.

Stéphane : - Un jour les jeunes écrivains seront cotés en bourse. Tu te rends compte, si tu avais pris des actions du jeune écrivain, tu pourrais arrêter de travailler.

Nadine : - Mais si tu avais pris les miennes ! De toute manière, tu le sais, je suis contre le capitalisme.

Stéphane : - Pendant des années tu as vécu comme une française moyenne alors que j'étais rmiste. Il faut bien qu'il y ait une certaine logique. Etre écrivain c'est à plein temps !

Nadine : - Une française moyenne, tu exagères ! Si je ne te connaissais pas je te prendrais pour un pistonné qui n'y connaît rien à la réalité !

Stéphane : - J'ai simplement observé le monde tel qu'il est. Et j'ai essayé de trouver la meilleure solution.

Nadine : - Mais moi, si je refuse qu'on se foute de ma gueule, je fais quoi ?

Stéphane : - On en a déjà parlé.

Nadine : - Oui, mais en ce temps-là, tu étais comme moi (*elle se veut lyrique*) inconnu au bataillon, simple écrivaillon de la région.

Stéphane : - Hé oui, vous étiez nombreux à vous foutre de ma gueule, les premières fois où je vous ai glorifié internet.

Nadine : - Oh, Stéphane, moi, jamais ! J'ai toujours reconnu ne rien y comprendre.
Stéphane : - Et surtout que les gens, jamais, n'achèteraient un livre sur internet !
Nadine : - Moque-toi, c'était impossible à prévoir pour une modeste enseignante en zone sinistrée...
Stéphane : - Devancer les événements est une exigence pour le créateur.
Nadine : - Mais tu es devenu une véritable entreprise. Tu en as combien, des sites ?
Stéphane : - Ce n'était pas prémédité... J'ai simplement réservé un nom de domaine quand j'avais une idée et qu'il était disponible. Souviens-toi qu'en ce temps-là les subventionnés ne voyaient pas l'intérêt d'internet.
Nadine : - C'est encore un de tes secrets, le nombre de tes sites.
Stéphane : - C'est dingue le nombre de choses qu'on veut désormais savoir de ma vie !

Nadine : - Ça fait bizarre, si je tape un nom sur internet, même le mien, j'arrive sur l'un de tes sites, comme quand j'allume la radio, c'est parfois une de tes chansons.
Stéphane : - Hé oui, mes chansons, mes sites... Et mes livres, finalement, ne sont pas tellement beaucoup plus lus que les tiens.
Nadine : - Mais toi, tu fais comme tu as envie, tandis que moi, à mon âge, je suis encore enseignante.
Stéphane : - Jusqu'à quel âge ils vont te garder ?
Nadine : - Ils sont fous ! Il faudrait que je bosse encore cinq ans pour obtenir une véritable retraite.
Stéphane : - Rassure-toi, l'espérance de vie est en hausse constante et tu auras le temps d'écrire tes souvenirs !
Nadine : - Tu ne vas quand même pas me sortir le refrain du ministère.

Stéphane : - Plus un refrain est simple, plus il est efficace ! Travailler plus pour gagner plus ! Penser moins pour dépenser plus ! Tu sais bien qu'un écrivain écrit jusqu'au dernier souffle, alors moi, vos histoires de retraites !

Nadine, *en montrant la libraire* : - J'en connais une qui ne tiendra pas jusqu'à la retraite si elle fait encore des salons près de toi.
Stéphane : - Je ne suis pas responsable du plan d'occupation des sols !
Nadine : - C'est un grand honneur pour moi d'avoir été placée à ta gauche.
Stéphane : - Le week-end prochain certains te demanderont de raconter ! Tu te souviens, lors de nos premiers salons, à la table d'honneur, c'étaient les anciens.
Nadine : - Ils sont tous morts.
Stéphane : - Etaient-ils encore vivants ?! Nous entrerons dans la carrière quand nos aînés n'y seront plus.
Nadine : - Mais moi, j'ai usurpé cette place ! Je sais avoir été placée-là uniquement parce qu'ils se souviennent qu'on était proches.
Stéphane : - Parce que tu leur as rappelé !
Nadine : - J'avoue !
Stéphane : - Et à ma droite ils n'ont trouvé personne.
Nadine : - Michel, Oscar, Christian, on dirait qu'ils t'ont copié ! Ça fait des années que je ne les ai pas croisés.
Stéphane : - Mais pas pour la même raison !
Nadine : - Tu as des nouvelles ?
Stéphane : - Forcément ! Tout le monde désormais m'envoie des nouvelles, des invitations, un livre dédicacé, même ses meilleurs vœux !
Nadine : - Je ne te les enverrai plus !
Stéphane : - Michel a arrêté d'écrire... Il est le seul avec qui j'entretiens un échange manuscrit, il préfère retaper sa maison. Oscar a hérité donc vit comme un héritier

quelques années en espérant enfin convaincre un « grand éditeur. »

Nadine : - Un qui ne fera pas faillite !

Stéphane : - Tu vois, tu te moques aussi ! Christian essaye de signer des contrats avec un à-valoir, même s'il ne touchera qu'un pour cent sur les ventes. Comme il vient d'avoir sa retraite, il cultive sa petite notoriété en intervenant dans les écoles. Mais il voudrait être invité au salon de Paris ou Saint-Etienne ! Il a de l'ambition, quoi !

Nadine : - C'est normal que tes anciens compagnons de salons essayent de capter un peu de la lumière que tu émets désormais !

Stéphane : - Comme tu fais de belles phrases, je suppose qu'un jour tu vas raconter tes souvenirs, donc naturellement nos rencontres dans les salons.

Nadine : - Tu sais, je me suis reconnue dans l'une de tes pièces de théâtre. Au début j'étais en colère mais avec le recul je trouve que tu aurais dû laisser nos noms (*Stéphane sourit*). Tu as déjà traité le sujet, on m'accuserait de copier. De toute manière, je ne raconte pas ma vie, moi, je fais de la littérature. J'ai jamais rien raconté sur Léo Ferré, ni sur Bernard Lavilliers, ce n'est pas avec toi que je vais débuter !

Stéphane : - Tu étais jeune en ce temps-là... Et avoue qu'il n'y a rien à raconter sur eux ! Des trois, un seul laissera une œuvre.

Nadine : - Tu sais que pour moi, Léo, il est sacré.

Stéphane : - Tu étais jeune, tout simplement, alors il reste associé à cette jeunesse, à tes rêves d'alors. Tu avais l'admiration plus facile aussi, et tu l'as connu qu'il était en pleine gloire, tu étais fan même. Tandis que moi, tu m'as connu avec le statut du petit jeune accueilli sur la dernière place au bout de la table.

Nadine : - Tu as toujours su te mettre en valeur.

Stéphane : - J'ai été le plus jeune ! Tu veux dire que même

avant, je ne fayotais pas pour me faire bien voir... même des libraires !

Nadine : - Ça m'a dégoûté ce matin, ces p'tits jeunes qui pensaient se faire bien voir de toi en t'achetant ton bouquin et en t'offrant le leur. Pas un n'achète les miens.

Stéphane : - Ils feront la même chose avec toi le jour où tu auras le prix... le prix Goncourt.

Nadine : - Des claques qu'ils méritent !

Stéphane : - Comment tu parles de tes chers collègues ! N'oublie pas : je suis simplement de passage pour prendre quelques notes, c'est avec eux que tu vas continuer à boire du mauvais vin !

Nadine : - Oh une cliente potentielle ! Si je me souviens bien, ce n'est pas la catégorie socioprofessionnelle de tes acheteurs !

*Arrive, à la table de la libraire, une vieille femme, soixante-dix ans au moins (Nadine et Stéphane écouteront la conversation).*

La libraire : - Bonjour madame, vous trouverez ici tout ce que vous cherchez.

La vieille femme : - Bonjour madame.

La libraire : - Toutes les nouveautés des plus belles plumes de la région et aussi les classiques, les célèbres romans du terroir de nos grands écrivains regrettés... A moins que vous les ayez tous ?

La vieille femme : - Oh ! Ce n'est pas pour moi, avec ma vue, je ne vois que les gros caractères.

La libraire : - Vous savez, nous sommes nombreuses à avoir besoin de lunettes pour lire.

La vieille femme : - Oh, quand je mets les lunettes, je m'assieds sur le canapé et je regarde la télé, c'est quand même plus distrayant que toutes leurs histoires. Si seulement c'était vrai, ce qu'ils racontent.

La libraire : - Nous avons naturellement des livres de souvenirs.
La vieille femme : - Oh ! Je cherche un livre pour offrir à ma petite-fille.
La libraire : - Elle a quel âge ?
La vieille femme : - Elle va avoir dix ans. Mais elle aime bien ça, lire, alors c'est comme pour les vêtements, il lui faudrait bien du douze ans. Même du quinze. Elle fait 1 mètre 50.
La libraire : - J'ai ce qu'il vous faut. Je suppose qu'elle aime les chiens.
La vieille femme : - Oh non, oh non, surtout pas de chiens. Elle s'est fait mordre par le chien de monsieur le maire, un setter gordon. On dit que c'est pas méchant, cette race, mais en tout cas, il l'a bien mordue, ma p'tiote Manon. Il l'a attrapée à la cheville. Au sang. Ça a fait du bruit, dans le village. En tout cas, il a perdu des voix pour les prochaines élections. Vous êtes sûrement au courant, la p'tite Manon, à côté de l'église.
La libraire : - Je ne suis pas du village.
La vieille femme : - Ah oui, vous venez de... (*elle regarde sur la table*) Ah !
La libraire : - Nous avons ce livre, il plaît beaucoup. Il a été écrit par un enfant du pays, qui aurait dû être là mais il n'a pas pu venir, alors je le représente (*en lui tendant le livre*).
La vieille femme, *le prenant avec réticence* : - Vous êtes sa femme ?
La libraire, *en souriant* : - Non, madame, je suis libraire. Heureusement que je ne suis pas l'épouse de l'ensemble des auteurs dont je vends les livres.
La vieille femme : - Oh ! Vous ne pourriez pas, c'est interdit par la loi.
La libraire : - Je suis libraire, c'est mon métier de vendre les livres, de faire connaître les œuvres des écrivains.

La vieille femme : - Milan, monsieur Milan, ça ne me dit rien.
La libraire : - Milan, c'est l'éditeur, les éditions Milan, à Toulouse, vous ne connaissez pas ?
La vieille femme : - Vous ne me croirez peut-être pas, mais je n'y suis jamais allée à Toulouse. C'est pas les occasions qui ont manqué, encore l'année dernière, mon fils me dit « je t'emmène », mais non, ça ne me dit rien de voyager. Toutes ces grandes villes, je me demande toujours si les gens y sont comme nous.
La libraire : - Le nom de l'auteur est à l'intérieur. Tenez (*elle lui tourne la page*).
La vieille femme : - Non, ça ne me dit rien. Avant je suivais *Apostrophes*, mais c'est dommage, ils ont arrêté. Souvent, le nom de l'auteur est écrit sur la couverture, c'est parce qu'il n'est pas connu qu'ils l'ont sanctionné.
La libraire : - Dans le livre jeunesse, il est rare que le nom de l'auteur soit inscrit sur la couverture.
La vieille femme : - Si j'étais écrivain, je refuserais. Moi je vendais du foie gras, mon nom était toujours sur les étiquettes... Oh, c'est cher ! (*elle en profite pour reposer le livre*)
La libraire : - Vous savez, ça coûte cher à fabriquer, un livre.
La vieille femme : - C'est dommage, l'année dernière, ils avaient organisé une brocante en même temps. Là au moins on trouvait des livres à un prix normal. Faudra que je le dise à Nathalie. C'est dommage. Vous n'allez pas voir grand monde, sans la brocante à côté.
La libraire : - Si personne n'achetait les livres aux libraires, il n'y aurait plus d'écrivains, donc plus de livres non plus dans les brocantes.
La vieille femme : - Oh, pardi ! C'est peut-être pas utile. Maintenant qu'elle a internet. Et puis les livres, les meilleurs sont à la bibliothèque, alors ! Ça m'a fait plaisir

de parler avec vous, c'est en parlant qu'on comprend vraiment les choses, sinon j'aurais été capable de dépenser mes sous, et je l'aurais regretté ce soir. Et où je vous aurais retrouvée pour récupérer mes sous ? On n'a pas une grosse retraite dans l'agriculture. Merci madame (*elle avance*).
La libraire : - Au revoir madame.

> *La vieille femme passe devant Stéphane et Nadine avec un regard méprisant pour les livres.*

Stéphane : - Tu vois, les libraires, ça te transforme une vieille femme presque sympathique en ennemie des écrivains. Si elle avait eu une kalachnikov, nous étions morts. Quand je dis nous, c'est nous, les écrivains, elle aurait épargné sa libraire adorée avec qui elle a eu une formidable conversation.
La libraire : - Vous n'aviez qu'à pas écouter les conversations, monsieur !
Stéphane, *se tourne vers elle* : - Monsieur ! Je pourrais être votre fils ! Si vous souhaitez être aimable, utilisez l'expression « maître » ou « vénérable. »
La libraire : - La prochaine fois, vous m'écrirez ce que je dois répondre aux visiteurs.
Stéphane : - Mais non, surtout pas, parlez ! Je suis ici pour voir comment vivent les gens, et même les libraires !
La libraire : - En plus vous êtes masochiste.
Stéphane : - Les femmes comprennent l'humour mais parfois les connes me décrivent ainsi ! Vous devriez savoir que je suis écrivain !
La libraire, *excédée* : - On peut être écrivain et normal.
Stéphane : - L'écrivain dévore et digère tout ce qu'il trouve.
La libraire : - Comme un prédateur.
Stéphane : - Le « comme » est superfétatoire.
La libraire : - Et vous en êtes fier !

Stéphane : - La limite de la comparaison avec le prédateur, s'arrête rapidement. Avant le recyclage. Je ne vais pas vous apprendre comment un léopard recycle une gazelle.

Nadine, *avec le souci visible de faire diversion* : - Tu devrais écrire une bande dessinée !

Stéphane, *se retournant vers elle* : - La libraire serait capable de la photocopier pour la vendre dans son échoppe.

La libraire : - Si ma librairie ferme, ce sera trois chômeurs en plus.

Stéphane : - Quelle chance ! Car dans le même temps, peut-être cinq ou dix écrivains passeront du Rmi à travailleur indépendant, vivront de leur plume.

La libraire : - Arrêtez de faire rêver les jeunes avec vos démonstrations.

Stéphane : - Même la société y gagnerait. Et surtout le bon sens : il est plus logique que le travailleur vive de sa sueur plutôt que le parasite sur son dos. Nadine, tu ne préférerais pas en vivre et que madame soit au Rmi ?

Nadine : - Vu sous cet angle… Ah ! Un visiteur va interrompre votre conversation animée… Hier soir c'était la pleine lune !

> *Un badaud, la cinquantaine, arrive au stand de la libraire. Encore marquée par cet échange, elle n'essaye pas de l'intéresser ; il passe, passe aussi devant Stéphane.*

Nadine : - Bonjour monsieur. Les éditeurs associatifs aiment les vrais livres.

Le badaud : - Bonjour madame… Vous voulez dire qu'il existe de vrais livres et des faux livres.

Nadine : - En quelque sorte, oui.

Le badaud : - Je cherche des vrais livres, sur la chasse. Mais il n'y a pas de chasseurs parmi les invités ? C'est un comble, nous sommes un village rural, où la chasse, la nature, la pêche et les traditions sont sauvegardées et les organisateurs ne pensent même pas à inviter un chasseur.

Nadine : - Vous croyez que ça existe, un chasseur écrivain ?

Le badaud : - Vous avez quelque chose contre les chasseurs ?

Nadine : - Non, non... C'était juste une question... Je vais dans les salons depuis quinze ans et je n'ai jamais eu le privilège d'en rencontrer un... Vous devriez demander à l'organisatrice, elle est là-bas, en blanc (*elle montre de la main hors scène*).

Le badaud : - Merci madame, vous êtes la plus aimable des écrivains du salon.

Nadine : - Vous allez donc m'acheter un livre ?

Le badaud : - Si vous en aviez un qui parle de la chasse !

Nadine : - Le dernier, vous qui aimez la nature, il se déroule dans l'arrière-pays.

*Il prend le livre, le retourne, l'ouvre.*

Le badaud : - Vous m'avez convaincu (*il sort son portefeuille et donne un billet*). Et gardez la monnaie, comme ça vous écrirez dans votre prochain livre que les chasseurs sont généreux... Les routiers sont sympas et les chasseurs généreux, retenez !... Je me dépêche, je vais voir l'organisatrice.

Nadine : - Merci monsieur, bonne lecture.

Stéphane : - Tu as toujours le courage de baratiner.

Nadine : - Tu vois, ce type, jamais tu n'aurais cru qu'il allait acheter !

Stéphane : - Finalement, tu pourrais faire libraire ! Je suis entouré par deux libraires !

*Un badaud, la quarantaine, arrive au niveau de la librairie.*

Stéphane : - Tu vas voir, moi aussi je peux baratiner. Mais une fois, pas plus ! (*plus fort* :) Attention, mesdames et messieurs, Ternoise va vous raconter l'histoire de la littérature. Si vous achetez chez les libraires, les auteurs touchent des clopinettes (*le badaud, près de la libraire, se recule d'un pas et observe*). Tandis que si vous achetez directement à l'auteur, vous lui permettez d'acquérir sa bière, son vin, le grain pour ses poussins, et même son pain et trois plaquettes de beurre. Ça rime avec auteur. (*s'adressant directement au badaud* :) Hé oui, vous ne le saviez pas. Mais comme les chats, les écrivains ont parfois des parasites.

*Le badaud s'approche.*

La libraire : - Ce sont des méthodes de vente inacceptables ! Il faut une certaine déontologie. Monsieur, la librairie est à votre service.
Le badaud, *à la libraire* : - Je reviendrai, je reviendrai.

Le badaud : - Bonjour... Bonjour, vous êtes Stéphane Ternoise !
Stéphane : - Parfois ! Et aujourd'hui vous avez de la chance, j'ai mis ma tête de Ternoise.
Le badaud : - Vous savez, j'ai acheté l'album que vous aviez fait avec des chanteuses et des chanteurs du département, c'est le plus bel album de ces dix dernières années.
Stéphane : - Vous auriez pu affirmer du millénaire.
Le badaud, *en souriant* : - Je n'ai pas osé, pas osé !
Stéphane : - Mais sur le CD, il vous manque quelque chose ! Et ce quelque chose vous l'aurez aujourd'hui !
Le badaud : - Je ne comprends pas.
Stéphane : - La dédicace. Vous savez que certains de mes livres se revendent sur internet dix fois leur prix uniquement parce qu'ils sont dédicacés.

Le badaud : - Je ne savais pas ! Je ne savais pas !
Stéphane : - Naturellement, la plupart des gens gardent le livre dédicacé comme un précieux souvenir. Qu'ils transmettront à leurs petits-enfants. Il en est même qui m'achètent des livres et ne les liront pas ! Uniquement pour le petit mot. Mais je suppose que ce n'est pas votre cas. Vous, vous les lisez, les livres.
Le badaud : - Naturellement, naturellement. Et je me disais que c'est une occasion unique unique... Je ne m'attendais pas à vous voir. Vous pouvez aussi faire des dédicaces pour offrir ?
Stéphane : - Naturellement, « A x, de la part de y », avec une petite phrase inédite en plus sur chacun. Parce que les récipiendaires ensuite vont se montrer la dédicace, alors il faut que je me creuse un peu au niveau de l'originalité !
Le badaud : - Vous trouvez toujours quelque chose d'inédit, d'inédit ?
Stéphane : - Ça fait des années que je n'ai pas participé à un salon, alors aujourd'hui, l'inédit est assuré. Le dernier, je le dédicace à ?
Le badaud : - A moi, à moi. Tout seigneur tout honneur.
Stéphane : - Votre prénom ?
Le badaud : - Olivier.

*Stéphane dédicace.*

Stéphane : - Comme vous aimez la chanson, je suppose que ce recueil vous allez l'offrir.
Le badaud : - A Juliette, c'est mon épouse, Juliette, et ce sera pour son anniversaire.
Stéphane : - Si vous me donnez la date et l'âge, la dédicace en sera encore plus personnelle.
Le badaud : - Trente-sept ans le 9 mars, 9 mars.

*Stéphane dédicace.*

Stéphane, *prenant un livre* : - Vous avez des amateurs de théâtre parmi vos proches. ?
Le badaud : - Mon père, Alexandre, soixante-six le 8 septembre, Alexandre.
Stéphane : - Alexandre, pour un livre de théâtre, c'est merveilleux, comme Sacha Guitry... Sacha, c'est ainsi qu'il fut surnommé en souvenir de sa naissance à Saint-Pétersbourg.
Le badaud : - Je l'ignorais, j'ignorais.

*Stéphane dédicace.*

Stéphane : - Et vous avez des enfants ?
Le badaud : - Deux. Eric quinze ans et Manon treize. Eric et Manon.
Stéphane : - Pour Manon, le recueil de poésie, vous en pensez quoi ?
Le badaud : - C'est parfait ! Parfait !
Stéphane : - Vous lui offrirez pour son anniversaire ou pour Noël ?
Le badaud : - Oui, c'est vrai, Noël, c'est une bonne idée. Une bonne idée, oui, Noël.
Stéphane : - Et comme elle ne croit plus au père Noël !

*Grand sourire du badaud.*

Le badaud : - A son âge ! A son âge !

*Stéphane dédicace.*

Stéphane : - Votre fils aime lire ou il préférerait un CD ?
Le badaud : - Un CD, oui, je crois que ce serait préférable. Un CD, oui.
Stéphane : - J'ai celui avec les artistes du monde entier... Ou peut-être, à son âge, les chansons un peu engagées.
Le badaud : - Et j'en profiterai aussi ! Mais j'espère que tout cela ne va pas dépasser mon budget.
Stéphane : - Vous ne souhaitez rien acheter pour votre fils ?

Le badaud : - Bien sûr que si, bien sûr que si, je pensais juste à voix haute.

*Stéphane dédicace.*

Le badaud : - De toute manière, je pense que vous allez me consentir une petite réduction.
Stéphane : - C'était déjà la dernière dédicace ?
Le badaud : - Pour cette fois, oui... oui...
Stéphane : - Vous payez par chèque ou en liquide ?
Le badaud : - C'est la même chose pour vous ?
Stéphane : - Pour moi oui, mais pour vous la réduction sera plus importante avec des billets. Il paraît que les plombiers font pareil !
Le badaud : - Pas de problème. Je suis artisan, je vous comprends. Je vous comprends.
Stéphane : - Je vous fais vingt pour cent, mais n'allez pas le raconter !
Le badaud : - Promis.
Stéphane : - Donc 125 moins 20% et j'arrondis même à cent. Tout rond ou tout rectangle plutôt.
Le badaud : - Merci... (*donne l'argent*)
Stéphane : - En un seul billet, c'est encore plus discret.
Le badaud : - Vous avoir parlé restera un grand souvenir. Je peux vous écrire si je veux vous en acheter d'autres ou si j'ai des informations à vous communiquer ?...
Stéphane : - L'adresse est sur les livres, précisez en haut à gauche de l'enveloppe que nous nous sommes rencontrés aujourd'hui, ainsi il est certain que votre lettre me sera transmise.
Le badaud : - Je comprends, moi aussi j'ai une secrétaire et elle fait le tri. Merci, merci encore (*il part sans un regard pour Nadine*).
Stéphane : - Agréable journée, Olivier.

Nadine : - Tu es vraiment un pro quand tu veux !

Stéphane : - Il suffit de persuader les gens qu'ils font une merveilleuse affaire en achetant.
Nadine : - Mais avant, il te fallait vingt tentatives pour réussir une vente. Comme moi !
Stéphane : - Ça veut juste dire que je vieillis.
Nadine : - Moi aussi pourtant...

*Deux badauds, un homme et une femme, s'arrêtent au stand de la libraire.*

La femme : - Bonjour.
La libraire : - Bonjour madame, bonjour monsieur.
La femme, *à son mari* : - Ça, tu ne trouves pas que pour ta sœur, ce serait bien ?
L'homme : - On a dit qu'on faisait le tour.
La femme : - Tu vois bien qu'ailleurs c'est que des écrivains.
L'homme : - Ils ont peut-être des choses intéressantes.
La femme : - Tu sais bien que s'ils sont venus ici, c'est qu'ils ne vont pas dans les vrais salons, comme Paris ou Brive. Les régionaux, du compte d'auteur même, le fond du panier, si j'osais je dirais la racaille, des rmistes.
L'homme : - Ne t'énerve pas Mathilde, fais comme tu veux.
La femme : - Oui, on va prendre ce livre d'humour. Il est passé à la télé. Vous pouvez nous l'emballer, c'est pour un cadeau.
La libraire : - Je peux vous le mettre dans cette poche, c'est la plus belle, et c'est original, elle vient du Conseil Général.
La femme : - Vous n'auriez pas plutôt un paquet cadeau ?
L'homme : - Si madame te dit que non. De toute façon, ça va finir à la poubelle.
La femme : - C'est le geste qui compte, tu n'y comprends vraiment rien en présentation.

L'homme : - De toute manière, elle ne le lira pas.
La femme : - C'est toi qui m'as dit un livre.
L'homme : - Qu'est-ce que tu veux acheter d'autre ici ?
La libraire : - Tenez madame. Ce sera vingt-cinq euros.
La femme : - Vous prenez les chèques ?
La libraire : - Naturellement, madame.

*La femme rédige son chèque, le pose sur la table et le couple part.*

La femme : - Au revoir madame.
L'homme : - Au revoir.
La libraire : - Je vous remercie et vous souhaite une agréable journée.

*Ils passent devant Stéphane et Nadine en jetant un œil.*

*On entend :*
L'homme : - Tu as vu, c'est Ternoise.
La femme : - Si on avait su qu'il était là, on lui aurait acheté un livre pour ta sœur.
L'homme : - Avec une dédicace, elle aurait apprécié.
La femme : - Tu vois, tu es toujours pressé… Alors Marie avait raison, il va racheter le château !

Nadine : - Tu as raté une vente.
Stéphane : - Positive ! Ils ont raté un souvenir ! Et elle m'avait l'air encore plus crade dans sa tête que ton chasseur.
Nadine : - Alors tu vas t'acheter un château !
Stéphane : - Tout est possible, rien n'est certain. Ternoise châtelain, ça sonne bien.
Nadine : - Ça ferait encore jaser !
Stéphane : - Du d'jazz, toujours du d'jazz !
Nadine : - Dire que je t'ai connu rmiste et que je te retrouve capitaliste !

*Un vieil homme passe.*

Nadine : - Les éditeurs associatifs aiment les vrais livres.

*Il se dépêche d'avancer.*

Nadine : - Alors, tu vas rester jusqu'à la fin ?

*Stéphane ne répond pas, il fixe l'entrée de la salle. Nadine s'en aperçoit.*

Nadine : - On peut dire qu'elle n'a pas le physique habituel de nos badauds... Tu crois qu'elle correspond à ta cliente idéale ?

*La visiteuse arrive à la table de la libraire, avance à petits pas, en regardant vaguement.*
*Stéphane la fixe toujours.*

Stéphane : - Bonjour Julie.

Julie : - Bonjour... Vous vous souvenez donc vraiment de moi !

Stéphane : - Vous en doutiez !

Julie : - Vous devez voir tellement de lectrices.

Stéphane : - Des visages qu'on oublie, et parfois un autre qu'on n'oublie pas.

Julie, *gênée* : - C'était y'a si longtemps... Et nous n'avions parlé que quelques minutes.

Stéphane : - Sept ans, oui. Déjà.

Julie : - Vous avez donc changé de nom depuis. Une amie m'a offert un de vos livres l'année dernière... Celui avec les pièces de théâtre... Et je n'avais pas fait le rapprochement. C'est seulement quand j'ai reçu votre carte, que j'ai eu la certitude de vous avoir déjà vu quelque part en vrai.

Stéphane : - Un visage presque oublié.

Julie : - Ce n'est pas ce que je voulais dire. Mais le changement de nom, ça m'a embrouillée.

Stéphane : - Vous écrivez toujours de la poésie ?

Julie : - Je ne me souvenais plus de vous avoir confié que j'en écrivais ! Vous avez une mémoire extraordinaire. Comment faites-vous ?
Stéphane : - Tant de mots qu'on oublie, et d'autres qu'on n'oublie pas.
Julie : - J'ai eu des contacts, même de très bons contacts. Mais je n'ai jamais publié, il m'aurait fallu faire certaines choses. Je crois que pour les femmes, c'est encore plus cruel que ce que vous décrivez dans votre livre, ce milieu.
Stéphane : - La beauté n'a pas que des avantages. Elle fait parfois passer à côté de l'essentiel plutôt qu'éclairer cet essentiel...
Julie : - Qui s'en soucie encore de l'essentiel !
Stéphane : - J'ai toujours cru trouver l'intelligence dans la beauté.
Julie : - Si vous saviez !
Stéphane : - Je vous dois cette phrase !
Julie : - N'exagérez pas... De toute manière, si j'avais publié, j'aurais moi aussi changé de nom. On n'est pas prise au sérieux, quand on se prénomme Julie.
Stéphane : - Julie... dans votre cœur...
Julie, *qui le regarde plus tendrement* : - Je n'ai pas compris... Pourquoi m'avez-vous envoyé cette carte aussi gentille ?... Vous avez atteint un tel niveau.
Stéphane, *plus bas* : - Et vous croyez que ça devrait me faire passer à côté de l'essentiel ?
Julie : - Je crois que je vais tout vous acheter !
Stéphane : - Vous aurez une méga réduction !
Julie : - Merci.
Stéphane : - Mais avant, j'aimerais vous lire. Vous avez apporté quelques textes ?
Julie : - Je ne vais pas oser vous les montrer. Je ne les montre plus à personne depuis des années. C'est mon jardin secret.
Stéphane : - Pour l'instant, vous connaissez un livre de ma

jeunesse, un de ma quasi vieillesse et sûrement quelques chansons, alors que j'ignore tout de vous.

Julie : - Vous savez, il n'y a pas grand-chose à savoir. J'ai une vie somme toute banale. J'ai rêvé d'une grande vie. Et comme c'est banal ! Je suis une modeste employée dans une administration.

Stéphane : - Je ne suis pas magicien... Mais peut-être... (*se lève légèrement, s'approche d'elle qui imite son geste*) Je préférerais continuer notre conversation loin des oreilles indiscrètes (*Julie jette machinalement un regard à droite et à gauche, Nadine et la libraire se retournent, comme prises en faute*).

Julie : - Je vous comprends... En plus il fait beau !

*Stéphane se lève... Ils sortent tranquillement.*
*Nadine et la libraire se regardent.*

Nadine : - Je comprends !

*La libraire s'approche.*

La libraire : - Vous croyez qu'ils avaient rendez-vous ?
Nadine : - Je comprends pourquoi il est venu à ce salon paumé. D'après ce que j'ai entendu, il lui a envoyé une carte d'invitation. Et ça explique pourquoi depuis ce matin il n'arrêtait pas de regarder la porte d'entrée.
La libraire : - J'avais remarqué aussi. J'en concluais que ses affaires ne marchaient pas aussi bien qu'il veut le faire croire, qu'il est obligé de bien vendre pour s'en sortir.
Nadine : - Mais je crois qu'il s'en fout ! Il est venu en espérant voir cette princesse !
La libraire : - J'ai entendu que vous vous tutoyez, vous le connaissez depuis longtemps ?
Nadine : - On a débuté ensemble ! Et moi, j'ai essayé de creuser un véritable sillon littéraire alors qu'il est allé vers la facilité. Et ses livres se vendent comme des petits pains, alors que les miens !

La libraire : - Vous y croyez, vous, que ses livres se vendent bien ? A la librairie il est rare qu'on m'en demande.
Nadine : - Tout le monde sait maintenant qu'il ne vend pas en librairie.
La libraire : - On ne me fera pas croire que tout le monde achète sur internet quand même ! Surtout les personnes âgées, elles gardent le souci du contact. Heureusement. Il en faut pour tous les publics. Sinon, c'est la fin du commerce de proximité.
Nadine : - Je crois que son public, ce ne sont pas vraiment les personnes âgées.
La libraire : - Les gens connaissent surtout ses chansons.
Nadine : - Et ses sites internet.
La libraire : - Pourtant, un professionnel m'a dit que ça ne vaut rien, c'est zéro niveau graphisme.
Nadine : - Ça fait dix ans qu'on dit ça de lui, et vous devez connaître sa réponse : « *les graphistes voudraient imposer une norme de graphisme kitch, mais la majorité des internautes recherchent du contenu, et c'est ce qu'ils trouvent sur le réseau Ternoise.* »
La libraire : - En tout cas, ils ont des choses à se raconter, ça dure...
Nadine : - Mais je comprends ! L'enfoiré !
La libraire : - Racontez.
Nadine : - Il s'est fait payer l'hôtel hier soir et ce soir, comme ça il a la clé.
La libraire : - Vous croyez qu'elle ?
Nadine : - A voir, c'est bien le style !
La libraire, *en souriant* : - Vous voulez que je vous dise... C'est entre nous...
Nadine : - Dites.
La libraire : - Il va être déçu, je la connais cette fille, elle vient parfois à la librairie, (*plus bas*) elle est lesbienne.
Nadine : - Il n'a vraiment pas de chance avec les femmes !

La libraire : - Pourquoi ?... C'est vrai... maintenant qu'on en parle, je ne l'ai jamais vu en photo avec une femme.
Nadine : - Même que certains ont cru...
La libraire : - Certains le prétendent.
Nadine : - Mais je peux vous l'assurer... Oscar Detroivin, que vous connaissez sûrement, un militant de la cause gay.
La libraire : - Il est déjà venu dédicacer l'un de ses livres. Il est d'un charmant, trop même. Efféminé comme on croit que ça n'existe pas avant d'en rencontrer.
Nadine : - Oui, Oscar a essayé, un soir. Mais Stéphane l'a envoyé balader d'une manière sans équivoque... Mais timide comme il est, Stéphane, et ça, même la gloire, au fond, ça ne l'a pas changé, il connaissait donc son adresse à cette lectrice, mais il n'a pas osé lui téléphoner ni passer chez elle, et il a imaginé cette histoire rocambolesque, improbable, de participer à un salon du livre minable.
La libraire, *qui l'écoutait avec une profonde attention* : - C'est vrai que c'est minable. C'est pire que l'année dernière. J'ai compté 67 personnes ce matin.
Nadine : - Vous avez compté la sortie de la messe !
La libraire : - Vous voyez, ils invitent une star et les gens ne se déplacent pas plus... Alors ce n'est pas le prétentieux qu'il veut nous faire croire !
Nadine : - Comme souvent, l'arrogance est une carapace.
La libraire, *en regardant sa montre* : - Dans ces cas-là, on soupire, ce sera mieux l'après-midi... ça peut difficilement être pire.
Nathalie *apparaît, inquiète* : - Vous ne savez pas si monsieur Ternoise va bientôt revenir ?

*Nadine et la libraire se regardent, se sourient.*

Nadine : - Nous n'avons pas eu droit à ses confidences.
Nathalie : - C'est embêtant, monsieur le maire et monsieur le Conseiller Général viennent d'arriver, les journalistes sont là, il va y avoir le discours dans la salle du fond,

avant l'apéritif qui vous est offert par la municipalité... Et sans monsieur Ternoise, ce n'est pas possible... Il nous avait bien promis qu'il participerait à l'apéritif.
Nadine : - Il est sorti en galante compagnie.
Nathalie : - Comme c'est embêtant, c'est ça le problème avec les stars, elles ne tiennent jamais leurs engagements, je vous le dis, mais ne le répétez pas, on les a vus entrer à l'hôtel...
La libraire *s'exclame* : - Elle est lesbienne !... Oh, ça m'a échappé !... Je ne vous ai rien dit.
Nadine : - Il faut croire que Stéphane a le don de renverser les situations, ou alors ils discutent, il a du baratin quand il s'y met, vous avez vu comment il a fourgué quatre livres à un inculte.
Nathalie : - Il va bien falloir que j'invente une histoire décente pour monsieur le maire et monsieur le Conseiller Général.
Nadine : - Dites qu'il est avec Patricia Kaas !
Nathalie : - Formidable, vous me sauvez ! Je lui dis que vous venez de m'en informer, et qu'elle viendra sûrement prendre le repas en notre compagnie. Au moins l'apéritif ne sera pas gâché ! Et je vais aller chercher quelques bouteilles supplémentaires, ainsi l'ambiance sera joyeuse. L'important, c'est de ne pas plomber l'ambiance dès le départ à cause d'une... Comme vous avez dit. (*Nathalie part en se pressant*)
Nadine : - Mais je n'ai rien dit. Je n'ai jamais vu Patricia Kaas ! Ça va encore retomber sur moi. Lui, il s'en fout.

***Rideau***

# Acte 2

*La libraire, Nadine. Puis : Stéphane.*

*La libraire, assise derrière sa table, lit ; Nadine, devant son stand, essaye de le rendre plus attractif par des permutations de livres. On sentira qu'elles ont bien profité de l'apéritif. Arrive Stéphane, visiblement contrarié.*

La libraire : - Je vous ai emprunté un livre. Pour patienter. Il faut croire que les gens ont d'autres préoccupations que de venir nous voir.
Stéphane, *sec* : - Ça ne peut pas vous faire de mal !
Nadine, *manifestement pour éviter les tensions* : - Les gens ne lisent plus. Et les derniers qui lisent, n'ont plus les moyens d'acheter des livres, alors ils les empruntent à la bibliothèque.
La libraire : - Si vous voulez, je vous le repose immédiatement.
Stéphane : - Le mal ou le bien est déjà fait !
Nadine : - Ne t'énerve pas, Stéphane.
Stéphane : - Tout le monde sait que les libraires n'achètent jamais de livres !
La libraire : - Si vous considérez que de l'avoir touché va vous empêcher de le vendre, je vous le paierai.
Stéphane : - Restez dans votre optique de l'emprunt, ça m'évitera de vous le dédicacer.
Nadine : - Je vais t'en acheter un, Stéphane. Tu te souviens, lors de notre première rencontre, je t'avais acheté ton premier roman et comme tu ne m'avais pas acheté le mien, je n'ai pas continué.
Stéphane : - Mais tu te demandes bien quelle dédicace je vais te pondre !
Nadine : - Tu me promets une superbe dédicace ?
Stéphane : - Puisque c'est toi et puisque c'est moi !

La libraire : - Moi aussi, finalement, je vais dépenser les bénéfices de ma journée !
Stéphane : - Ah non ! Pas vous !
Nadine : - T'es à cran ! Je croyais te voir revenir plus... gai (*en souriant, fière du rapprochement gay / lesbienne que personne ne saisira*). Tu m'as l'air soucieux (*aucune réponse*). Ça me fera une dédicace acidulée.

Stéphane : - Franchement, tu ne vas pas t'y mettre aussi, à ces conneries de dédicaces.
Nadine : - Tu devines que monsieur le Conseiller Général a vivement regretté ton absence.
Stéphane : - Alors c'est toi qui as eu l'idée de Patricia Kaas, l'organisatrice m'a raconté. Et ces couillons ont tout gobé ! Les gens croient vraiment n'importe quoi, et plus c'est rocambolesque mieux ça passe. Ça me rappelle les magouilles de ma jeunesse. Comme si Patricia Kaas serait venue dans leur trou à blaireaux pour discuter de son prochain album !
Nadine : - Tu es bien venu toi !
Stéphane : - Tu vas l'avoir ta dédicace !
La libraire : - Je vous l'achète malgré vos propos, malgré la faute d'orthographe page 38.
Stéphane, *se retournant vers elle* : - Sachez qu'une correctrice professionnelle revoit mes écrits avant publication. Et s'il reste vraiment une faute, c'est sûrement cent fois moins que dans la soupe que vendez, madame !
La libraire : - Je vends de la soupe, oui ! Eh alors ! C'est mon job, monsieur. Vous avez peut-être plus de tolérance pour les péronnelles fonctionnaires.
Nadine : - Finalement, c'est moi qui devrais être à la table d'honneur. Je ne m'absente jamais et je tiens parfaitement les apéritifs et le vin rouge.
Stéphane : - Oui, je crois que je vais te laisser ma place.

Ça doit être mon point commun avec Jacques Brel, je n'y comprendrai jamais rien aux femmes.
Nadine : - Si seulement sur terre quelqu'un y comprenait quelque chose !
Stéphane : - Tu t'es mise à Kierkegaard ?
Nadine : - Non, c'est un constat personnel.
Stéphane : - Alors je te conseille Kierkegaard ! Ou Sartre, c'est plus simple.
Nadine : - Tu en as eu d'autres, des histoires d'amour impossibles.
Stéphane : - Pourquoi tu dis impossible ?
Nadine : - Il suffit de comparer ta tête au moment où tu es sorti et celle trois heures plus tard.
Stéphane : - C'était une mauvaise idée de venir ici !
Nadine : - Mais tu n'en as pas trouvé d'autre !
Stéphane : - Tu devrais te reconvertir psychanalyste.
Nadine : - Si tu lisais mes livres, tu t'apercevrais qu'une analyse psychologique soutient l'action et je suis sûrement la seule en France à maîtriser la narration à ce point.
Stéphane : - Mais la psychologie n'aide peut-être pas dans la vie !
La libraire : - Alors, ma dédicace ?
Stéphane : - Je ne vais quand même pas lui faire de la pub en déposant plainte pour harcèlement livresque ! Une libraire saoule c'est pire qu'à jeun.

> *La libraire semble vexée... et finalement démonte son chignon, pose ses lunettes, se transforme littéralement en magnifique femme brune.*

Nadine : - Tu devrais te retourner et tu ne vas pas en croire tes yeux !
Stéphane : - Elle s'est volatilisée ! (*Stéphane se retourne en souriant... il reste abasourdi puis :*) Vous êtes enfin la remplaçante.

La libraire, *en souriant* : - Finalement, comme votre personnage, vous restez très sensible aux apparences.
Stéphane : - J'ai cru au miracle quelques secondes. Mais c'était une illusion. Vous êtes vraiment libraire.
La libraire : - En tout cas, si j'étais votre correctrice, quand il est écrit « pain béni », béni « i », j'ajouterais un « T », ne confondant pas un adjectif avec un participe passé.
Stéphane : - Et vous croyez être embauchée pour un T ?
La libraire : - Peut-être que si vous nous offriez un thé, l'après-midi se passerait mieux. Je n'irai peut-être pas, quand même, jusqu'à vous corriger gracieusement votre prochain manuscrit !
Stéphane : - Une libraire disposée à travailler bénévolement, au service de la littérature, je n'y crois pas !
Nadine : - Il n'y a qu'à toi qu'on fait de telles propositions. Moi, j'offrirais même des petits biscuits avec le thé.

*La libraire sourit et Stéphane la fixe, s'aperçoit qu'elle est vraiment très belle.*

Stéphane : - Pourquoi être libraire alors que vous savez sourire ?
La libraire : - J'échangerais bien ma place contre la vôtre ! Vous savez encore ce que c'est, la vraie vie, celle où il faut travailler pour vivre ?
Stéphane : - Si vous aviez lu mes livres, vous sauriez que je suis passé par la case employé modèle de 20 à 22 ans parce qu'il me fallait travailler, puis cadre presque dynamique avant de dynamiter la direction, chômeur, viré de l'ANPE, rmiste, viré du Rmi par un Conseil Général officiellement de gauche et partenaire de la culture. Mais je préférais vivre de peu que sombrer dans un boulot répétitif, frustrant, stressant ou parasite des créateurs ! J'ai tenu sans subvention, sans soutien, alors vos leçons de vie, gardez-les pour les clients de votre échoppe.

La libraire : - J'ai toujours vu mes parents sourire, recevoir les auteurs avec plaisir, leur offrir le repas le soir quand ils passaient à la librairie, se passionner pour les livres, heureux de conseiller les lectrices et lecteurs qu'on n'a jamais appelés des clients. Et quand ils sont disparus, j'avais le choix entre vendre la librairie pour la remplacer par un McDo ou continuer malgré la véritable haine tenace vouée par certains aux libraires.

Stéphane : - Oh haines ! Oh pourcentages !

La libraire : - Nul besoin d'avoir lu vos livres pour connaître votre parcours. Vos sites et vos interviews suffisent !

Stéphane : - Ainsi vous croyez l'autopromotion sur les sites et le baratin des journalistes !

La libraire : - Je n'ai pas d'autres sources d'informations.

Stéphane : - Si vous me racontez votre vie, je vous raconterai la mienne !

La libraire : - Je ne tiens pas à retrouver ma vie dans votre prochain livre.

Stéphane : - Si nous restons ici, je vais vendre deux livres tandis que si vous me racontez votre vie, j'en écrirai peut-être un ! En plus, j'ai faim.

La libraire : - Vous croyez que l'on peut s'emparer de la vie des autres ainsi ? Comme vous le savez, je suis une modeste commerçante qui doit vendre la soupe qui se vend, j'ai une caisse à tenir.

Stéphane : - On va confier notre caisse à Nadine. Comme ça elle réalisera son rêve ! Etre à la table d'honneur et même régner sur les tables voisines ! Si elle nous vend quelques livres, nous lui donnerons sa commission ! Et vous gagnerez peut-être le rôle d'héroïne dans mon prochain roman !

La libraire : - Je me moque bien d'être héroïne ! Je suis une femme normale, même pas déprimée ni schizoïde. Même pas... rien d'autre.

Stéphane : - Et vous croyez peut-être que je vais vous croire sur parole !
La libraire : - Vous êtes quand même un mec bizarre.

Stéphane, *en la regardant dans les yeux* : - Si vous aviez prononcé cette phrase ce matin c'aurait été une insulte. Maintenant je la considère autrement.

La libraire : - Vous prenez donc parfois des apparences pour la réalité.
Stéphane : - Parfois, parfois la vie pourrait être vraiment comme dans les romans. On écrit peut-être des romans uniquement pour provoquer la vie, la forcer à s'adapter à nos rêves.
La libraire : - Et ça marche souvent ?
Stéphane : - Non. Mais il suffit d'une fois pour sauver le reste. Et comme vous allez me raconter votre vie, peut-être qu'elle va se transformer, et la mienne aussi !

> *Stéphane a un geste galant...La libraire hésite... Se lève...*

Nadine : - 15 %, c'est mon tarif !
Stéphane *en se retournant* : - Je t'accorde même 20.
La libraire : - D'accord pour 15... Ça risque de toute manière de ne pas faire grand-chose !

> *Ils sortent.*
> *Nadine les accompagne du regard, se passe la main droite dans les cheveux, va s'asseoir à la place de Stéphane.*

Nadine : - L'enfoiré ! Deux !... Mais qu'est-ce qui lui a pris à la libraire ! Elle n'a vraiment pas l'habitude de boire ! Et dès qu'un type passe à la télé, les femmes sont folles. Ah ! Si j'avais 20 ans de moins ! (*sombre*) Ah Nadine ! Il ne te reste plus que la littérature ! Ce serait ma revanche. Si au moins Stéphane m'aidait à être connue ! Et après, après je saurai... Il suffirait d'un seul livre pris !... J'en ai marre de claquer toutes mes économies dans les livres. Certains voyagent, moi je donne l'illusion de publier des livres. Ce serait enfin ma revanche ! Et quelle revanche ! Mais ils sont trop misogynes, jamais ils ne m'éliront à l'Académie Française... Le prix Fémina, ce serait déjà pas mal...

***Rideau***

## Acte 3

*Nadine. Puis : la libraire, Stéphane, deux femmes qui passent en parlant, Julie.*

*Nadine, assise à la place de Stéphane, fixe un point extérieur à la scène, les yeux écarquillés.*

Nadine : - Je n'aurais pas vendu grand-chose mais au moins je pourrai dire que j'étais là ce jour-là.

> *La libraire et Stéphane reviennent main dans la main.*
> *Ils sourient à Nadine. Qui sourit donc aussi.*
> *La libraire et Stéphane passent, par la droite, derrière les tables ; ils se serrent et se séparent. La libraire s'assied, ravie, épanouie. Stéphane avance et reste debout.*

Nadine : - Je vous ai vendu chacun dix-sept livres ! Match nul ! Hé oui ! Un car du village voisin est venu. Ils voulaient un autographe, Stéphane !
Stéphane : - Et moi je voudrais ma place !
Nadine : - Alors je ne peux plus jouer à Stéphane !

> *Nadine se lève en souriant et regagne sa place.*
> *Stéphane s'assied tout en souriant à la libraire.*

Stéphane, *à Nadine* : - Alors tu leur as fait croire qu'en réalité Stéphane est l'un de tes pseudonymes !
Nadine : - Certains avaient même des magazines pour obtenir leur dédicace. Durant une demi-heure on se serait cru à Paris ! Vous avez peut-être entendu ?
Stéphane : - Je suppose que ce n'est pas une question !

Stéphane *prend la feuille devant lui* : - En plus tu as tout noté et tu as même déjà fait les comptes ! Tout ça c'est

donc pour moi ! Bien, tout en liquide ! (*il met l'ensemble dans une poche*)
La libraire *en fait de même* : - Merci Nadine. Et vous avez même noté les titres !

> *Stéphane fixe l'entrée. Nadine a vu aussi. La libraire reste sur son nuage, tout sourire. Deux femmes passent en se parlant, indifférentes aux livres :*

Première femme : - C'est pas une raison.
Deuxième femme : - C'est ce que je lui ai dit. Mais elle ne m'écoute jamais.
Première femme : - Si au moins elle la laissait sortir quelques heures.
Deuxième femme : - C'est ce que je lui ai dit, parce qu'un jour elle va faire une bêtise.
Première femme : - Comme sa mère...

> *Julie passe rapidement devant la libraire qui a un haut-le-cœur et s'arrête devant la table de Stéphane.*

> *Julie regarde Stéphane dans les yeux. Il est troublé.*

Julie : - oui.

> *Stéphane, durant trois quatre secondes, reste sans réaction, comme abasourdi. Puis il se lève, passe au-dessus de sa table en faisant tomber quelques livres, prend la main de Julie et ils sortent en courant.*

> *Silence.*

> *Nadine continue à regarder droit devant elle. On sent qu'elle n'ose pas se tourner vers la libraire (qui se prend la tête dans les mains).*

La libraire, *se redresse, visage sévère* : - Le salaud !... La garce !

Nadine, *se tourne vers elle* : - Tu sais, la littérature, la littérature, mais comme l'a écrit Sartre, le monde tourne autour d'une paire de fesses.
La libraire : - Je me suis fait avoir.
Nadine : - Moi qui étais neutre dans l'affaire, j'ai bien vu son visage, son trouble, son hésitation. Elle a dû comprendre cette hésitation comme un bonheur intense impossible à exprimer. Mais c'était bien une hésitation.
La libraire : - N'essaye pas de me consoler.
Nadine : - Ça fait des années qu'il en rêve, de cette fille. Et contre ça, tu ne pouvais rien. Ta seule chance aurait été qu'elle arrive plus tôt et qu'elle vous voie revenir main dans la main. Alors c'est elle qui se serait effondrée ! Des années, tu te rends compte l'idéalisation...
La libraire : - Je l'ai donc rencontré le mauvais jour... Je croyais avoir le temps, ce soir, demain, toute notre vie... c'est moi qui ai insisté pour qu'on revienne...
Nadine : - Il paraît que ça fait des années qu'il vit seul. Certains voyaient dans sa solitude une forme de dépression.
La libraire : - Et tu crois qu'il rêvait d'elle !
Nadine : - Il est venu pour elle, il repartira avec elle. Entre-temps, tu as vécu des sentiments que tu n'oublieras jamais. C'est déjà ça !
La libraire : - Tout aurait pu finir mieux !
Nadine : - Moi, je vendais des livres, alors ! Je n'ai été que spectatrice dans tout cela. Au premier rang certes. Mais spectatrice.
La libraire : - Parfois, il vaut mieux, c'est moins douloureux.
Nadine : - Mais parfois...
La libraire : - On n'est jamais vraiment contente de ce qui nous arrive.
Nadine : - Même Stéphane, à cet instant, doit se demander s'il a eu raison.

La libraire : - Je ne crois pas.
Nadine : - Tu n'auras qu'à lire son prochain roman.
La libraire : - Je n'en aurai pas la force. Je n'ai pas l'illusion de croire qu'il se souviendra de moi dans six mois. Si elle se donne à lui, elle va tout lui faire oublier. Elle a fait tourner la tête à tant de gars. Mais pas un n'avait su la détourner de ses compagnes.
Nadine : - La passion passera aussi entre eux ! Peut-être qu'il va rester deux ans sans écrire une chanson, sans écrire un livre mais un jour il y reviendra. Malgré son peu d'exigences dans certaines pages, c'est quand même un écrivain.
La libraire : - Franchement, j'ai lu quelques pages et je ne m'attendais pas à ça. C'est une vraie écriture. Dommage que son image soit brouillée par ses chansons, ses provocations et ses déclarations. S'il avait un éditeur comme il écrit « classique », il serait considéré comme l'un des géants.
Nadine : - Tu n'es plus objective ! Mais je te le parie, le jour où il reviendra à la littérature, c'est autour de toi que tournera son roman.
La libraire : - Qu'il me laisse tranquille maintenant.
Nadine : - Mais il aura le sentiment d'avoir été injuste envers toi.
La libraire : - Tu ne crois quand même pas que j'ai compté ! J'en ai eu l'illusion mais tu vois, c'est déjà parti. Croiser une femme, l'emmener à l'hôtel, pour lui, ça doit être d'un banal.
Nadine : - Sans être indiscrète, je suis certaine qu'il était timide.
La libraire : - Tu n'aurais pas déjà eu une aventure avec lui, pour le connaître aussi bien ?
Nadine : - J'avais à peu près l'âge qu'il a aujourd'hui quand on s'est connus... Mais ça ne changeait rien à notre différence d'âge !

La libraire : - Alors tu es très perspicace.
Nadine : - Et il s'achètera un château si elle veut devenir châtelaine.
La libraire : - Lady châtelaine.
Nadine : - Perspicace, oui, trop, parfois ! Je suis écrivain, même si presque personne ne le remarque... Et ce qui lui est arrivé aujourd'hui, je peux te l'affirmer avec certitude, c'est la première fois : voir la femme dont il rêvait depuis des années et qu'en plus elle transforme complètement sa vie pour lui, et qu'en plus une libraire au départ assez banale se métamorphose ainsi en femme fatale.
La libraire : - J'ai vraiment trop bu d'apéritifs ! Je ne me reconnais pas.
Nadine : - Oh moi ! Même si j'en avais bus encore plus !... (*se reprenant*) Que vive la littérature !

**Rideau - Fin**

# Aventures d'écrivains régionaux

*Comédie contemporaine en trois actes*

*Distribution* : Six hommes et une femme

Personnages :

Paul : écrivain (six livres publiés... le point commun de ses éditeurs : en faillite avant de lui avoir versé le moindre droit d'auteur) rmiste, animateur d'ateliers d'écriture, 50 ans, accueille chez lui, pour la soirée et la nuit, des « collègues auteurs » invités au salon du livre de sa ville mais « ni hébergés ni nourris » par les organisateurs.

Martine : 51 ans, a auto-édité cinq livres, professeur de français.

Christophe : 57 ans, publie des « livres jeunesse » chez divers éditeurs... qui lui versent des droits d'auteur dérisoires. Son épouse ayant un bon salaire, ne peut prétendre au Rmi.

Stéphane Ternoise : 35 ans, a auto-édité sept livres, créateur de sites internet. Mi rmiste mi travailleur indépendant.

*Passera au repas :*
Nestor : 75 ans, écrivain « romans du terroir » en auto-édition, notable régional, hébergé par la municipalité.

*Passeront au petit-déjeuner :*
Francis : 40 ans, ami de Paul.
Pierre : 52 ans, publie des livres en dilettante, à quelques

exemplaires, auto-édite et auto-imprime, « ni hébergé ni nourri » par les organisateurs mais retourné chez lui la veille (vit à vingt kilomètres).
L'utilisation de Stéphane Ternoise comme personnage est naturellement un jeu de l'auteur. Vous pouvez remplacer ce nom par celui qui vous plaira.
De même Figeac peut être remplacée par une ville de même importance dans la région de votre choix.


Une pièce désormais disponible en de multiples distributions.
Comme en quatre hommes et trois femmes, avec les inamovibles Paul, Martine, Christophe et Stéphane. Mais passera au repas Natacha, 70 ans, écrivain « *romans du terroir* », qui s'avère être la fille d'un certain Nestor (peu importe la temporalité ! Elle éclaire la vie de ce Nestor). Au petit-déjeuner, c'est toujours Francis l'ami de Paul mais Patricia remplace Pierre.
La non venue de Francis permet également de jouer sur le nombre de comédiens nécessaires.

# Acte 1

*Paul, Martine, Christophe. Puis : Stéphane et Nestor.*

*Chez Paul : la pièce principale : salon / salle à manger.*
*Un canapé. Une table. Des chaises. Quelques livres dispersés.*
*Au mur, encadrée, une feuille rose 21\*29,7 où il est griffonné au marqueur rouge : « A Paul, en signe d'amitié » et une signature illisible.*
*Trois portes : la première conduit à la cuisine et aux toilettes, la deuxième donne sur l'escalier vers les chambres, la troisième est la porte d'entrée.*
*Paul, Martine et Christophe à table, durant l'apéritif (on sent plusieurs verres déjà vidés).*

Paul : - Vous savez pourquoi il a pris un pseudonyme ?
Martine : - Parce qu'un pseudo, ça donne un genre.
Christophe : - C'est simple : lui qui se croit si grand, ne pouvait plus supporter de vendre des livres sous le nom de Petit.
Martine : - Olivier Petit, c'est vrai, on ne peut pas plus banal... Donc ça collait parfaitement à ses textes !
Paul : - Oh Martine ! Même moi je n'aurais pas osé.
Martine : - Allez, toi qui as toute une journée été le voisin de sa sainteté le plus jeune d'entre nous, dis-nous pourquoi il édite désormais ses (*avec emphase*) « œuvres » sous pseudo.
Paul : - Un peu de tout ce que vous avez suggéré, naturellement, on le sait tous, mais il m'a avoué la raison principale.
Martine : - Et tu l'as cru ?
Paul : - Ça ne signifie évidemment pas qu'il s'agit de la vérité, mais on peut affirmer qu'en ce samedi il voulait que je retienne cette version.

Martine : - Donc, comme tout chez lui, c'est du préfabriqué, c'est de la mise en scène.

Paul : - Là, je ne lui donne pas tout à fait tort, n'oublie pas la manière dont Jean Cocteau définissait le roman, (*en appuyant fortement* :) un mensonge qui dit la vérité.

Christophe : - Mais s'il était romancier, ça se saurait.

Martine : - Je suis quand même allée jusqu'à la page 52 de son premier roman... Vous pourriez m'applaudir !

Christophe : - T'as quand même pas acheté son bouquin !... Alors que tu n'achètes jamais les miens !

Martine : - Bin si !... Mais sans illusion littéraire... Je suis naïve peut-être, je pensais qu'en contrepartie il parlerait de moi sur internet.

Christophe : - Et il a encaissé ton blé, en liquide forcément, je connais l'oiseau. Et sur ses sites il ne parle que de lui, veut se faire passer pour un vrai écrivain.

Martine : - Ecrivain multi-facettes !

Christophe : - Fossettes on dit, multi-fossettes (*personne ne prêtant attention à sa remarque, il laisse échapper une moue de déception*).

Paul : - En fait, il s'essaye un peu à tout, après la poésie, les nouvelles, la chanson, je n'ose dire, vu le niveau, le roman, et monsieur nous annonce ses ambitions théâtrales ! Il est plus à plaindre qu'à moquer ! Ça doit être terrible, d'être nul en tout !

Martine : - Tu devrais être critique littéraire !

Paul : - Je l'ai été... Dans ma jeunesse... Après avoir arrêté l'enseignement. Mais j'en ai eu vite marre d'écrire de bons articles sur de mauvais livres.

Christophe : - Comme Martine avec l'autre, tu espérais le renvoi d'ascenseur !

Martine : - C'est notre maladie ça, on rêve !

Christophe : - Moi j'ai compris depuis longtemps : j'ai aussi aidé les copains mais à chaque fois je passais pour un con. C'est triste mais c'est chacun pour soi dans ce milieu ! On est des loups !

Martine : - On le sait Christophe, que tu as pompé trois sites internet pour écrire ton dernier livre et maintenant tu passes pour un spécialiste du loup ! Encore un effort et tu seras invité à la télé ! Prépare ton déguisement !

Christophe : - Je ne dirai plus rien. A chaque fois que je fais une confidence, ça me retombe sur le coin de la gueule ! Mais merde, au prix où je suis payé, je vais quand même pas partir quinze jours en Autriche observer des loups ! Et puis merde ! Tout le monde fait comme ça dans le livre documentaire ! Surtout pour enfants ! Y'a pas que l'autre cinglé qui sache utiliser internet !

Martine : - Reverse-lui un verre, sinon il risque de se métamorphoser en loup (*Paul ressert un apéritif, ils trinquent*).

Paul : - Ça ne vous intéresse pas, alors, pourquoi il est passé de Petit à Ternoise, notre futur partenaire de belote.

Martine, *en souriant* : - Si si, naturellement, c'est passionnant d'avance, dépêche-toi avant qu'il n'arrive, c'est une information essentielle.

Paul : - Ah ! Martine ! Est-ce que moi je lui en veux de son acrostiche disons déplacé ?

Martine : - Il s'est même essayé aux acrostiches ! Mais toi... dès qu'un mec est plus jeune que toi, tu t'enflammes.

Paul : - Je m'enflamme, je m'enflamme... Nettement moins qu'avant... Même pour ça je vieillis...

Christophe : - Tout plutôt que la vieillesse ! Allez, parlez-nous du pseudo... Le pseudo, le pseudo (*se met à chantonner*), le pseudo, le pseudo... (*accompagné par Martine au troisième*)

Paul : - Puisqu'à l'unanimité... Mais promettez-moi de ne pas lui rapporter que je vous ai raconté sans exposer ses arguments alors déclamés comme les émanations d'un maître incontesté.

Martine : - Tu nous connais.

Christophe : - Allez, de toute manière, il ne doit pas avoir d'illusion sur notre estime, même littéraire.

Paul : - Détrompe-toi ! Je suis certain qu'il est persuadé d'être le meilleur d'entre nous et qu'on le considère même ainsi.

Martine : - Ça me rappelle quelqu'un, « le meilleur d'entre. »

Paul : - Mais qu'est-ce qu'il devient ce… Ah !… Il a été notre Premier ministre et je ne me souviens même plus de son nom… Comme quoi il m'a nettement moins marqué que ce cher et si romantique Charlus…

Martine : - Alain. Alain Juppé.

Christophe, *chantonne* : - Le million. Le pseudo, le pseudo…

Paul : - Donc ? Selon notre brave collègue, la lettre P étant déjà occupée par PROUST, il lui fallait une lettre où il pourrait trôner pour des siècles et des siècles.

Martine : - C'était une boutade, quand même ! Faut être réaliste parfois !

Paul : - Tu sais, il a nettement plus d'orgueil que d'humour, ce petit.

Christophe : - A la lettre T, il doit bien y en avoir tout un wagon qui passe devant lui.

Martine : - Tu veux dire que même le train, en faisant Tchou Tchou, s'inscrit plus dans la littérature que lui.

Paul, *en riant* : - Oh Martine ! Tchou Tchou ! Tu devrais écrire du théâtre !

Martine : - Mais j'en ai écrit. Trois pièces même.

Paul : - Ah ! (*il joue l'intéressé*) Et elles ont été représentées ?

Martine : - Pas encore. J'espère bien quand même, qu'un jour. J'avais un contact au Québec…

Christophe : - Mais il a pris froid !

Paul : - Moi j'en écris plus, j'ai peut-être tort, puisque ma pièce diffusée sur *France-Culture* avait eu d'excellentes critiques. Mais on ne me demande plus rien... Sinon j'ai bien quelques idées...

Martine : - J'aurais bien aimé avoir ton avis de professionnel sur mon théâtre.

Paul : - Il faut le publier ton théâtre... Ou la prochaine fois, apporte-moi une copie de tes manuscrits, dédicacée « à Paul avec mon admiration. »

Martine : - *La tentation de Ouaga*... Le modeste et néanmoins peut-être génial livre que je t'ai échangé l'année dernière contre ton roman, c'était ma troisième pièce...

Paul, *gêné* : - Martine... (*on sent qu'il réfléchit*) Il faut que je t'avoue. J'avais un copain, un petit jeune, un apprenti maçon avec des muscles, mignon mais mignon, je te dis pas... Je ne t'en ai jamais parlé, je n'ai pas vraiment eu le temps il faut dire, il passait pourtant souvent. Le soir même du salon du livre de notre échange, je m'en souviens comme si c'était hier, le ciel était d'un bleu à réveiller les tulipes ; il a ouvert ton livre, il devait sentir le génie.

Martine, *en souriant* : - Le génie se sentait dans la pièce... Tu veux dire.

Paul : - Je me souviens très bien, il m'a murmuré, enfin pas vraiment murmuré, il était plutôt viril, en tout, ah !, je revois encore sa petite frimousse, son petit sourire coquin quand il m'a dit « *Mais ça a l'air super, vraiment super. Ah ouais ! Je peux te l'emprunter ?* » Naturellement, tu me connais, je ne pouvais pas réfréner sa soif de connaissances. Il m'avait promis de me le ramener la semaine suivante, parce que moi aussi j'étais impatient de te lire, et le petit scélérat, il ne me l'a jamais rendu.

Martine : - Selon toi, j'ai donc de l'avenir dans le théâtre ouvrier.

Paul : - Au fait, tu as apprécié mes... Nouvelles ?

Martine, *sourit, un peu gênée à son tour* : - Si je te jure qu'une copine me les a empruntées à long terme, connaissant ma vie sexuelle, tu ne me croiras sûrement pas...

Christophe : - Jure sur la tête de l'autre !

Martine : - Mais c'est terrible, je n'ai plus le temps de lire, j'écris durant les congés, et le reste du temps, quand je rentre le soir, je suis crevée, alors je me dis, vivement vendredi, et le vendredi, ah ! Enfin le week-end, mais il me faut maintenant tout un week-end pour récupérer... Je crois que je vieillis aussi...

Christophe : - Tu ne vas pas t'y mettre aussi.

Paul : - Je te l'ai toujours dit, tu aurais dû faire comme moi. Enseigner, ça te bouffe la vie. Je ne regrette nullement mes sept années d'enseignement mais c'était amplement suffisant.

Martine : - Déjà que je n'arrive pas à vivre avec un salaire, alors, le Rmi...

Paul : - Je suis certain, même financièrement, je m'en sortirais pas mieux avec un salaire. Tu vois, le Rmi, ça laisse vachement de temps. Et puis de temps en temps, j'anime un atelier d'écriture.

Christophe : - Avec tes acrostiches en plus, tu dois être le plus riche d'entre nous.

Martine : - Mais je n'ai aucun talent pour les acrostiches.

Paul : - Oh, ne te moque pas de moi, ça me prend dix minutes et ça me rapporte un deuxième Rmi par mois.

Christophe : - T'es donc payé 24 mois ! Plus les ateliers d'écriture, 36 !

Martine : - Et comme tu as toujours, je suppose, ton copain de la direction des impôts, tu es tranquille.

Paul : - Parfois il faut payer de sa personne... Mais ce

n'est pas désagréable. Ah ! Ce brave Claudio... Il n'est plus tout jeune, et il perd parfois son temps avec des midinettes... Mais il a un p'tit quelque chose.
Martine : - Je crois deviner où.
Christophe : - Tu vas te mettre à l'autofiction ?
Martine : - L'autofiction pour moi, depuis quelques années, ce serait plutôt du genre *les pensées* de Pascal, rester dans une chambre et méditer sur le sexe des anges.
Christophe : - Et regarder la télé !
Martine : - Non, Christophe ! Pour ma légende, il faut marteler, marteler « méditer. » On ne sait jamais, Paul écrira peut-être bientôt ma biographie... Oh oh, Paul, tu es encore avec nous ? *(depuis qu'il ne participe plus à la conversation, il est dans... des pensées)*

Paul : - Je vais vous laisser causer télé *(il se lève)*. Sur ce sujet, je ne suis plus à la page.
Martine : - Fais comme chez toi, Paul...

*Paul sort (porte cuisine / toilettes).*

Christophe : - Tu savais qu'une de ses pièces avait été diffusée sur *France-Culture* ?
Martine, *en souriant* : - Entre 3 heures 30 et 5 heures... du matin ! Il devait être le seul à écouter ! Avec ses droits d'auteur, il ne doit même pas avoir pu acheter une ramette de papier pour imprimer ses acrostiches.
Christophe : - Je n'ai jamais osé lui balancer, je ne sais pas comment il réagirait, mais il devrait quand même se rendre compte, ça ne fait pas sérieux ses acrostiches, il ne retrouvera jamais d'éditeur avec une telle réputation.
Martine : - C'est ce qu'on appelle un euphémisme... Surtout vu le niveau. *(en souriant :)* « *Sa main évoque le velours...* »
Christophe : - Tu connais par cœur.
Martine : - Encore un salon où il y avait un monde fou,

alors plutôt qu'être bassinée par Nestor, j'ai feuilleté... Je n'ai pas pu tenir plus d'un quart d'heure.

Christophe : - Au moins Nestor, ses histoires sont drôles.

Martine : - Mais quand tu les entends pour la quinzième fois, et qu'à chaque fois il a un rôle de plus en plus avantageux... Un jour il va en arriver à prétendre qu'il a écrit toutes les chansons de Georges Brassens.

Christophe : - Tu crois qu'il a vraiment connu Brassens ?

Martine : - Il baratine tellement, on ne peut plus être certain de rien... En tout cas son inspecteur des impôts, à Paul, ça... Ça lui prend du temps.

Christophe : - Tu crois que... Non ? Quand même pas... Il n'est pas à ce point-là !?

Martine : - Fais le test : parle d'une plage où tu as croisé trois jeunes mecs en bronzage intégral, et commence à les décrire.

Christophe : - Mais les mecs, ça ne m'intéresse pas, moi j'aime les femmes de vingt-cinq-trente ans qui viennent d'avoir un enfant. Tu vois, le matin, je me promène toujours à l'heure de l'école maternelle, tu les vois ressortir avec une petite inquiétude sur le visage mais un tel sentiment d'épanouissement.

Martine : - Soit tu es un poète qui s'ignore, soit un déprimé qui rêve encore.

Christophe : - Comme j'ai déjà essayé la poésie et

*Sonnerie.*

Christophe : - Ça doit être l'autre cinglé... Moi je ne vais pas ouvrir...

*Deuxième sonnerie.*

Martine, *en souriant :* - Pourquoi aller ouvrir alors que personne n'a sonné !

*Ils rient.*

Martine : - J'espère qu'il pleut !
Christophe : - Qu'il tombe des grêles !

*Troisième sonnerie. Ils rient de plus belle.*

Christophe : - Si j'étais méchant, je souhaiterais un orage et que la foudre nous en débarrasse... Mais il ne faut jamais souhaiter la mort des gens...
Martine : - Il se réincarnerait peut-être en écrivain.
Christophe : - En simple stylo bic. Au moins il serait utile.

*Quatrième sonnerie.*

Paul, *arrive en courant, lance :* - Vous exagérez, que va penser Stéphane ?

*Paul ouvre.*

Paul : - Entrez, entrez, chers collègues.

*Entrent Stéphane (avec un sac de sport) et Nestor.*

Stéphane : - J'ai croisé Nestor, alors je l'ai emmené... Je crois qu'il cherchait la rue des filles faciles.
Nestor : - Y'a bien longtemps que je m'y perds plus... J'ai mon portable... (*il sort son portable*)
Paul : - Excusez-moi, j'étais à la cuisine, je préparais les plats pour l'omelette et je crois que Martine et Christophe devaient se bécoter en douce ou qu'ils n'ont pas osé aller ouvrir.
Martine : - On ne sait pas qui peut sonner chez toi à une heure pareille.
Nestor : - Tiens ! D'ailleurs j'ai un sms...
Paul : - Rassure-toi, j'ai prévenu tout le monde que ce soir je recevais un autre milieu...
Stéphane : - Ça nous aurait fait une bonne étude sociologique.
Nestor : - Oh, elle avait qu'à être là quand je suis passé... (*personne ne l'écoutant, plus fort :*) Les femmes il faut les

laisser envoyer des sms et leur offrir des fleurs quand on en a besoin.

Paul : - Nestor, alors, ton prochain livre, ce sera le dictionnaire de tes conquêtes ?

Nestor : - Mon prochain livre... J'ai plus votre âge, les amis... Oui, j'aimerais bien encore en écrire quelques-uns mais bon...

Christophe : - Ne nous casse pas le moral Nestor.

Paul : - Je crois que Christophe nous fait une petite déprime, il vaut mieux éviter de parler d'âge aujourd'hui.

Stéphane : - Pourquoi tu déprimes alors que tu as signé pour trois livres.

Christophe : - J'ai signé. Oui, j'ai signé. Mais c'est déprimant. 1% des ventes, tu te rends compte ! Toucher un pour cent du prix de vente hors taxe, c'est scandaleux. Des rapaces !

Paul : - Mais tu vas être distribué en grandes surfaces !

Christophe : - J'ai l'impression qu'ils se foutent de ma gueule.

Martine : - Tu aurais dû répondre, « de ma face ! » (*personne ne semble comprendre sa réponse*) Alors ce soir, on va refaire le monde de l'édition, on va tout changer, on va s'attribuer les prix Goncourt, Renaudot, Femina, vous permettez, le Femina, je le garde, on va se partager les passages télé, et même les bourses du Conseil Régional...

Paul : - Tu vas bien Stéphane ?

Stéphane : - Ne pose pas des questions dont tu connais la réponse.

Paul : - Je ne sais pas si tu vas bien.

Stéphane : - Mais tu sais bien que je vais te répondre une banalité. Tu n'as quand même pas oublié qu'il y a deux heures nous étions des voisins qui, faute d'un possible lectorat, échangeaient leur point de vue sur les avantages et inconvénients de leurs choix d'édition.

Paul : - Mais depuis je t'ai vu partir en galante compagnie...
Stéphane : - Elle voudrait être chanteuse.
Paul : - Il paraît que les chanteuses sont très... Coquines...
Stéphane : - Et les chanteurs crétins, les écrivains fauchés, les bureaucrates... On ne va quand même pas perdre la soirée à débiter des lieux communs.
Paul : - Bon, donc ça ne s'est pas très bien passé.
Stéphane : - Elle voulait que je voie ses parents.
Paul : - Et ?
Stéphane : - Et c'était vrai, quand on est arrivé chez elle, ses parents étaient là !
Martine : - Et toi tu espérais !
Stéphane : - Sinon il suffisait d'échanger notre adresse e-mail.
Paul : - Donc tu es de mauvaise humeur.
Stéphane : - J'ai vieilli depuis le temps qu'on se connaît. Ce genre d'aléas ne peut plus grand-chose contre moi.
Paul : - Mais tu es quand même déçu.
Stéphane : - Maudites pulsions des glandes endocrines ! Parfois elles font oublier le choix de l'intégrité, d'attendre la vraie rencontre dans la douce solitude.
Paul : - Sois de ton temps ! Profite ! Il faut vivre !
Stéphane : - Tu ne vivras jamais ainsi en sérénitanie !
Martine : - C'est quoi de ton truc ?
Stéphane : - Le pays de la sérénité.
Martine : - Le Ternoise nouveau est arrivé, arôme mystique.
Paul : - On papote on papote, assieds-toi Nestor (*il lui tend une chaise*), tiens Stéphane (*il lui en tend une autre*), prends une chaise chaude...
Stéphane : - Une chaise chaude ?
Paul : - Oui, la mienne. Celle où j'étais avant de vaquer à la cuisine, d'ailleurs il faut que j'y retourne. (*Martine sourit en regardant Christophe*) Pose tes fesses là où

étaient les miennes voici quelques minutes… Tu ne trouves pas que tu vas vivre un moment exquis ?
Martine : - On ne le changera pas ce Paul, dès qu'il voit un mec plus jeune que lui, il frétille.
Christophe : - Pourtant ça rime avec fille…
Stéphane : - Et vous croyez ainsi obtenir trois lignes dans ma biographie.
Martine : - Tu vas écrire ta biographie !
Stéphane : - Quand j'aurai l'âge de Nestor.
Nestor : - Bien, commence un peu plus tôt mon ami, parce que je suis en route, et j'espère bien la terminer avant qu'il m'abandonne (*il place sa main droite sur son cœur*).
Stéphane : - Si tu ne forces pas trop sur le Viagra, y'a pas de raison qu'il déraille, défaille, se défile dirait Christophe.
Martine : - Oh ! La plus belle phrase de ton œuvre !
Nestor : - Et comment je pourrais vivre, moi, sans Viagra ? Tu verras quand tu auras 90 ans.
Stéphane : - Arrête de te vieillir.
Nestor : - Quand j'avais 50 ans, je disais 40, quand j'en avais 60 je disais 50 et depuis 70 je me vieillis de 5 ans chaque année.
Stéphane : - Un jour tu vas prétendre avoir connu Napoléon.
Christophe : - Napoléon enfant.
Nestor : - Je suis plutôt du genre à avoir dépucelé Marie-Antoinette.
Martine : - Nestor !
Paul : - Bon, je verse l'apéro et j'y vais, sinon on ne la mangera jamais cette omelette.

*Paul va dans la cuisine.*
*Durant l'absence de Paul :*

Christophe : - C'est vrai qu'il fait soif… On n'avait pas osé commencer…

Paul, *en rentrant*: - Si Stéphane te croit, c'est que sa chanteuse le perturbe vraiment.

*Paul pose deux verres. Et verse l'apéro à Stéphane et Nestor. Il remplit les autres.*
*A l'initiative de Paul, qui s'est assis, ils trinquent.*

Paul : - A nos ventes !
Martine : - Tu n'aurais pas un sujet plus réjouissant ?
Stéphane : - Aux arbres épargnés par nos tirages.
Nestor : - A votre jeunesse !
Christophe : - A tes souvenirs !
Nestor : - Oh ! Là, je vous souhaite tous d'en avoir d'aussi beaux à mon âge ! On pourrait trinquer toute la nuit !
Martine : - On a dit qu'on se couchait tôt. Parce que demain il faut piquer le fric aux bourgeois de Figeac.
Paul : - Je ne te savais pas aussi intéressée.
Martine : - Je n'ai pas les moyens de perdre de l'argent avec mes livres, moi. Je ne demande pas d'en gagner, tu sais, mais au moins de rentrer dans mes frais.
Nestor : - Moi je peux publier dix livres sans en vendre un seul ! La vente du restaurant a fait de moi un capitaliste ! Mais je préfère les vendre, mes bouquins ! C'est toujours un plaisir de recevoir un chèque ou un billet. Et avec l'argent, je me paye toutes les femmes que je veux.
Christophe : - T'es tellement connu que les femmes doivent être à tes pieds.
Nestor : - On voit que tu es bien informé ! Ça arrive, je n'ai pas à me plaindre mais offrir quelques billets, ça entretient l'amitié.
Martine : - On n'est plus en 1800 !
Nestor : - Heureusement, je vais te dire ! En 1800 un communiste capitaliste, c'aurait été impossible ! Guillotine !
Martine : - Si on part sur la politique, y'a des œufs qui risquent de voler !

Nestor : - J'ai toujours été communiste ! Et je le resterai ! Vous verrez le jour où la Chine fera comme moi, le jour où ils comprendront qu'on peut être communiste et capitaliste !
Paul, *se lève* : - Omelette !
Martine : - Je crois que je suis la seule qui osera t'accompagner dans la cuisine... (*en souriant :*) C'est bien dans la cuisine qu'on la prépare...
Paul : - Qu'est-ce que tu imagines encore Martine ?...
Martine : - Allons casser des œufs...
Stéphane : - J'allais oublier !... (*Stéphane se lève et va près de la porte où il avait posé son sac, il l'ouvre, en sort une boîte en carton, il la tend à Paul*)
Paul : - Comme tu n'en parlais plus, je pensais que tu les avais offerts aux parents de ta chanteuse.
Christophe : - C'est vrai que tu as des poules.
Stéphane : - Comme l'a écrit Stendhal : « *L'homme d'esprit doit s'appliquer à acquérir ce qui lui est strictement nécessaire pour ne dépendre de personne.* » Le nécessaire passant par le manger il vaut mieux élever ses bêtes.
Christophe : - Moi j'ai une femme... y'a pas besoin de changer sa paille.
Martine, *à Paul* : - Pourquoi n'as-tu pas de poules ?
Paul : - J'ai essayé les poulets mais je n'ai jamais eu un seul œuf.

*Paul et Martine vont dans la cuisine.*

Christophe : - Alors Nestor, tu as encore été celui qui a vendu le plus aujourd'hui !
Nestor : - Je crois que les gens se disent « le vieux va bientôt casser sa pipe, alors faut qu'on ait au moins un de ses livres dédicacé »... Et puis je vais te dire... je vendrais n'importe quoi aux gens... j'ai un de ces baratins quand je m'y mets.

Christophe, *plus bas* : - Tu vendrais quand même pas un livre de Martine !

Nestor, *idem* : - Sois pas vache avec elle... elle est encore jeune, peut-être qu'un jour elle écrira des livres intéressants... Il faut du temps... Si elle arrête de confondre roman et rédaction pour les sixièmes B. Mon premier livre ne se vendait pas aussi bien que les suivants...

Christophe : - Ne joue pas les modestes. Depuis que je te connais, je te vois dédicacer dédicacer...

Nestor : - Je sais m'y prendre quoi ! A chaque livre tous les copains me font un bon article dans leur journal... ça compte aussi ça... Et les politiques, ceux qui sont au pouvoir, je les ai connus gamins, ils venaient manger au restaurant. Tout ça, ça crée des liens. C'était la belle époque le restaurant ! Ah ! Le droit de cuissage !

Christophe : - Dis pas ça devant Martine !

Nestor : - Elle aurait fait comme les autres, à cette époque-là ! Tout se tient dans la vie. Parfois il faut concilier l'agréable et le rentable : encore aujourd'hui, vaut mieux coucher avec la femme qui va te faire vendre deux cents bouquins plutôt qu'avec celle qui n'a pas de relations.

*Martine revient avec cinq assiettes.*

Nestor : - Non, ma Martine adorée, pas pour moi, tu sais bien que monsieur le maire m'offre le repas... (*il regarde sa montre*) D'ailleurs je ne vais plus tarder...

Stéphane : - Et nous on squatte !

*Martine pose les assiettes, boit une gorgée et retourne dans la cuisine.*

Christophe : - A part des poules, t'as quoi comme bêtes ?

Stéphane : - Deux dindes, un dindon, deux oies, trois canards, des pigeons, des cailles.

Christophe : - Tes bouquins, internet et tes bêtes, tu t'en sors alors ?
Stéphane : - Tant qu'ils ne m'auront pas viré du Rmi, j'essayerai de le garder.
Christophe : - Oh, ils ne virent pas du Rmi.
Stéphane : - Là ça devient limite, ils m'ont encore baissé... Il faut dire que je ne vais plus à leurs convocations, je leur réponds en recommandé : « Messieurs les censeurs, vous n'avez aucune légitimité artistique pour juger de ma démarche littéraire. »
Christophe : - Et tu feras quoi, si tu n'as plus le Rmi ? Tu n'auras plus de couverture sociale non plus...
Stéphane : - Internet prendra le relais. Et ne perdons pas notre temps avec des problèmes possibles. Chaque jour est une équation à résoudre où ni le passé ni le futur n'ont leur place.
Christophe : - Comme Paul n'est pas là, on peut parler d'auto-édition... Tu crois que l'auto-édition, dans le livre jeunesse, ça pourrait fonctionner ?
Stéphane : - Tes livres sont bien distribués... Mais le plus souvent ton nom ne figure même pas sur la couverture... Donc tu ne peux pas compter sur ta notoriété.
Christophe : - Je suis à moral zéro... Là tu m'enfonces encore un peu plus la tête sous l'eau...
Stéphane : - Pour répondre correctement à une question, mieux vaut ne pas se bercer d'illusions, (*plus bas, en souriant* :) si tu veux des louanges, déshabille-toi devant Paul !
Nestor : - S'il présentait le 20 heures, je ne dis pas non ! Mais là, le jeu n'en vaut pas la chandelle (*personne ne l'écoute*).
Christophe : - C'est vrai qu'au niveau notoriété c'est néant, partout je dois préciser « j'ai publié vingt livres. » Quand j'ajoute le nom des éditeurs, là les gens me regardent autrement... (*plus bas*) Mes éditeurs n'ont pas

fait faillite, moi. Et pourtant le CRL ne m'a toujours pas accordé de bourse. Vous trouvez ça juste, vous ?
Stéphane : - Dans le livre jeunesse, c'est encore pire que le roman, les réseaux de distribution sont complètement verrouillés.
Christophe : - Mes meilleures ventes se font en grandes surfaces... Je suis même certain que les ventes sont plus importantes que celles notées sur mes relevés.
Stéphane : - Mais si tu envoies un huissier pour vérifier leur comptabilité, là tu es certain d'être grillé chez tous les éditeurs.
Christophe : - C'est une vraie mafia. Tu vois, malgré vingt livres publiés, j'ai l'impression d'être un petit enfant qui doit remercier quand on lui signe un contrat. Pour le 1%, j'ai répondu « mais chez *Milan* j'étais à 3. » Elle s'est pas gênée, la blondasse platine, de me balancer : « *vous savez bien que si vous ne signez pas, un autre auteur sera enchanté de signer.* »
Nestor : - Une mafia, tu l'as dit. Un pour cent à l'auteur, un pour cent à l'illustrateur, ils doivent considérer que donner deux pour cent c'est encore trop. J'ai compris à mon premier livre, vous savez que j'avais un éditeur. Ils m'ont fait une pub dingue c'est vrai mais au moment de payer, y'a fallu que je fasse intervenir un bon copain pour que l'éditeur mette l'argent sur la table.
Stéphane : - C'était mafia contre mafia !
Nestor : - Si je raconte tout dans ma biographie, vous en découvrirez de belles mes amis.

*On entend Paul de la cuisine, ce qui interrompt la conversation* :

Paul : - Aïe... Oh Charlus ! Oh ça fait mal... de la glace, vite de la glace... dans le haut du frigo... Aïe... Que ça fait mal...

Christophe : - Un drame de l'écriture...
Stéphane : - Il va demander un arrêt de travail.
Christophe : - On ne peut pas le soupçonner de s'être brûlé pour attendrir Martine, qu'elle lui applique tendrement des compresses.
Stéphane : - Ça change, parfois, un homme !
Christophe : - Y'a des cas désespérés...
Nestor : - Y'a des techniques plus rapides et moins douloureuses. Si vous voulez, je vous en raconterai quelques-unes.
Stéphane : - Ou alors il ne s'est pas brûlé... Il a réalisé une expérience avec un œuf !
Christophe : - Et l'œuf a explosé au mauvais moment ! Tu prépares un livre X qui se déroulera dans ta petite ferme ?
Nestor : - C'est vrai que le coq avec les poules, il ne perd pas son temps à répondre à des sms, à écouter leurs petits malheurs ! La civilisation n'a pas apporté que des bonnes choses... C'était quand même le bon temps, le restaurant !

> *Paul arrive en secouant la main gauche dont le dessus est recouvert d'un sparadrap. Martine suit avec la poêle dans la main droite, la casserole de pâtes dans la gauche.*

Paul : - C'est affreux, quelle douleur.
Stéphane : - La douleur est une invention du corps pour se protéger des agressions extérieures. Remercie plutôt ton organisme !

> *Martine pose l'ensemble sur la table.*

Paul : - Parfois, tu dis vraiment n'importe quoi, quand même !
Stéphane : - Ta main vient de te signaler qu'il ne faut pas la détruire. Si tu as retenu la leçon, remercie ta douleur et dis-lui « bonne nuit la douleur »... Il te suffit de te convaincre en répétant « ça ne fait pas mal. »

> *Martine reprend la poêle.*

Martine, *à Stéphane :* - Tu veux que je te la colle pour tester ta théorie ?
Paul : - Tu veux la voir ma cloque ?
Martine : - Là, fais attention à ta réponse, il parle peut-être pas de sa main gauche.
Christophe : - On a évité un drame, si c'avait été la droite, demain tu ne pouvais plus dédicacer...
Paul : - Je suis gaucher.
Christophe : - Donc c'est un drame.
Stéphane : - Il faut prévenir *la Dépêche du Midi*...
Paul, *en s'asseyant :* - Allez, servez-vous... J'ai connu pire !... Mais en ce temps-là c'était volontaire !
Martine : - L'autofiction masochiste selon Saint Paul.
Christophe : - J'hésite... J'ai jamais vu une omelette aussi jaune.
Nestor : - Au restaurant, on avait un chef extra. Il utilisait de ces colorants, certains étaient même interdits ! Les plus beaux plats de la région qu'on avait !
Christophe : - Vous avez ajouté du maïs ?... Vous savez bien que je suis allergique au maïs...
Stéphane : - Tu les trouves où tes œufs ?
Christophe : - Comme tout le monde, au supermarché.
Stéphane : - Et elles mangent quoi les poules qui pondent dans tes barquettes ?
Christophe : - Elevées en plein air.
Stéphane : - En plus d'être élevées en plein air, elles choisissent leur herbe, retournent le sol pour y trouver de bons petits vers de terre, attrapent des criquets, des escargots.
Christophe : - Ah ! Des criquets, des escargots ! C'est pas naturel ! Tu crois que c'est bon pour les poules ?
Stéphane : - Goûte ! Je te croyais spécialiste de la nature ! La nature vue des villes ! Les poules n'ont pas attendu les nutritionnistes des multinationales pour exister. Tu vas voir la différence.

Paul : - Tu es sûr, Nestor, que tu ne veux pas au moins la goûter, l'omelette aux œufs de Stéphane.
Nestor : - Ce serait avec plaisir. Mais je ne peux quand même pas arriver le ventre plein à la réception de monsieur le maire (*il regarde sa montre*). D'ailleurs je vais vous laisser.
Martine : - Tu vas quand même prendre un verre de vin avec nous ! Et le vin ?... *(tous sourient)* Quoi, j'ai l'air de réclamer ?... Mais non Paul !... Comme tu nous invitais j'ai amené une bouteille.

*Elle se penche, ouvre son sac, et en sort une bouteille.*

Martine : - Bon, c'est du Cahors... mais on n'a pas encore vendu 200 000 exemplaires...
Christophe : - Avec les traductions, je dois y être... Mais je crois que j'aurais touché plus d'argent si j'avais vendu mille exemplaires d'un livre auto-édité.
Martine : - Ah ! Vendre mille bouquins en auto-édition... on en rêve tous !... Alors malgré tes 200 000 exemplaires tu n'as pas les moyens de nous offrir une bouteille ?...
Christophe : - J'attendais que la tienne soit vide pour proclamer « j'ai gardé la meilleure pour la fin » mais bon... *(il se baisse et sort de son sac une bouteille)* C'est du Buzet ! C'est quand même meilleur que du Cahors...
Martine : - On verra, on verra, ne vendons pas la peau du Cahors avant de l'avoir bu.

*Elle se penche et sort de son sac une autre bouteille.*

Martine : - Cahors 2 Buzet 1. Et c'est Cahors qui nous saoule le plus !
Christophe : - Là, Stéphane, avec tes trois œufs tu passes pour un radin !
Stéphane : - Bon, alors je dois la sortir avant l'heure prévue...

*Stéphane se lève, va ouvrir son sac, en sort une bouteille.*

Paul : - Oh ! En plus des œufs, du champagne, je suis touché.

Stéphane : - Ce n'est pas tout à fait du champagne, mais quand on aura vidé les bouteilles de vin, du bon mousseux ça nous paraîtra sûrement meilleur que du mauvais champagne.

Paul : - Je ne sais pas si tout ça, ça s'accorde avec une omelette et des pâtes... J'avais prévu du rosé... Mais les mélanges, pour des écrivains, c'est toujours souhaitable... Mélangeons, mélangeons-nous !

Christophe : - Bon, je fais le commentaire avant vous : c'est moi qui passe pour un radin avec une misérable bouteille.

Martine : - Mais non, Christophe, on sait bien que ta femme te surveille. Déjà pour sortir une bouteille, tu as dû inventer des stratagèmes pas possibles !

Christophe : - C'est vrai que je suis le seul marié ici !

Nestor : - Mais je suis marié mon ami ! Quarante ans de mariage ! Peut-être même plus !

Christophe : - Faut pas demander si tu n'étais pas marié !

Nestor : - Tu crois quand même pas qu'en plus de la voir entre mes quatre murs, je vais la laisser me suivre ! J'ai passé l'âge !

*Paul se lève et sort. Christophe et Martine se sourient.*

Christophe : - Pourtant je n'ai pas parlé d'éphèbes sur une plage...

*Paul revient avec un tire-bouchon. Il ouvre une bouteille de Cahors puis remplit les verres. Ils trinquent.*

Paul : - Aux livres et à ceux qui les achèteront.

Christophe : - Pour du Cahors, c'est buvable !
Paul : - Très raffiné, je dirais.
Nestor, *vide son verre d'un trait* ; *en se levant* : - Allez, je vous laisse les amis, ça m'a fait bien plaisir de passer quelques instants avec vous mais je dois maintenant rejoindre monsieur le président du Conseil Régional... Allez, j'essayerai de lui glisser un petit mot en votre faveur pour que l'année prochaine ils vous invitent aussi aux frais de la princesse... Je crois que je vais d'abord faire un saut à l'hôtel... Y'a une petite à l'accueil, je ne vous dis pas !
Christophe : - Nestor ! A ton âge !
Nestor : - Je crois que je vais lui raconter que j'ai racheté l'hôtel, ça marche souvent avec les filles de la réception.
Stéphane : - Nestor, sans vouloir t'offenser, ça se voit que tu n'as plus l'âge de racheter des hôtels. Sauf peut-être au Monopoly !
Nestor : - A mon âge ! J'ai un truc auquel aucune femme ne résiste.
Christophe : - On ne demande pas à voir.
Nestor : - Je vais vous le montrer, vous pourrez dire, « j'ai vu le secret de Nestor » *(il met sa main droite dans la poche droite de son pantalon et ressort une liasse de billets)*.
Martine : - Ça va sûrement te surprendre, mais y'a des femmes que ça laisse indifférent.
Paul : - Indifférentes, au féminin pluriel, j'aurais dit à ta place.
Nestor : - Tu dis ça parce que t'es entourée d'amis... Allez on en reparlera en tête à tête un de ces jours... *(en avançant vers la porte)* Allez, n'hésitez pas à faire des bêtises, c'est de votre âge. Je vous raconterai combien elle m'a coûté.

*Presque en même temps :*

Christophe : - Embrasse la dame en blanc de notre part.
Martine : - Bonne nuit Nestor.
Paul : - Merci Nestor, d'avoir honoré cette maison de ton passage.
Nestor : - Et n'oubliez pas qu'il ne faut jamais laisser un fond dans une bouteille, quand on est invité.
Stéphane : - N'oublie pas de prendre des notes pour ta biographie.

*Nestor sort.*

Martine : - Vieil obsédé va !
Stéphane : - Comme beaucoup il doit en dire plus qu'il en fait... Il arrive un âge où le sexe devient la médaille de ceux qui n'ont pas la légion d'honneur...
Christophe : - Le plus honteux, c'est que ses livres se vendent.
Martine : - Les gens achètent n'importent quoi. Il suffit d'un sourire de Nestor et sa petite phrase sirupeuse « *ça vous replongera dans un monde qui n'existe plus* », et les vieilles cruches achètent.
Christophe : - Les jeunes aussi avec son « *vous l'offrirez à vos parents* » ou « *vous verrez comment ont vécu vos grands-parents.* »
Stéphane : - Ça ne veut pas dire que ses livres sont lus.
Martine : - Mais au moins le fric rentre ! Moi il me faut deux ans pour rentrer dans mon argent. J'ai au moins dix livres en attente.
Paul : - Moi ça me donne un moral d'enfer, de le voir en si bonne forme ! Je ne parle pas de son écriture mais de son entrain. Je me dis que j'ai encore devant moi quelques bonnes décennies.
Martine : - C'est un formidable métier, écrivain : à soixante ans on regarde l'académie française et on se persuade qu'on a tout l'avenir devant soi !
Christophe : - Faudrait encore en vivre avant cent ans !

Martine : - T'inquiète pas, dans quelques années tu auras la retraite en plus de tes droits d'auteur... (*il reste sceptique*)

Paul : - Mais ils sont délicieux, tes œufs, Stéphane.

Stéphane : - Ils sont si bien mis en valeur par tes pâtes cher Don Paulo.

Paul : - C'est l'un des souvenirs les plus délicieux de ma vie, quand je suis allé animer un atelier d'écriture à Vérone.

Martine : - Et comment tu avais été invité là-bas ?! Tes livres ne sont pas traduits en italien ! Ils ne te connaissent quand même pas ?

Paul : - Mais tu sembles ignorer qu'en certains milieux, je suis très apprécié. Mon ami Carlo d'Egyptair, comme on le surnomme, a su m'introduire.

Martine : - Sans jeu de mot ! L'internationale gays a pris le pouvoir dans la culture !

Christophe : - Un livre acheté, un œuf offert, tu ferais un malheur. Tu en vends des œufs ?

Stéphane : - Quand j'en ai trop, le chien adore ça, et ça lui fait des poils d'un luisant... Mais par chez moi les gens sont civilisés, ils ont leurs bêtes.

*Les verres se vident et se remplissent rapidement.*

Paul : - Dis, Stéphane, puisqu'on est entre nous... Ton nouveau look, c'est étudié ou c'est juste pour t'amuser, pour embêter les bourgeois de Figeac ?

Stéphane, *après quelques secondes où il cherche les termes exacts et à capter l'attention* : - Nous sommes condamnés à la notoriété !

*Tous le regardent, incrédules.*

Paul : - Vas-y, fais-nous partager tes découvertes.

Stéphane : - Au-delà des raisons pour lesquelles on écrit, ce qu'on écrit n'a d'intérêt qu'historique. De notre vivant, enfin, au moins durant nos premières décennies d'écriture, ce qui primera ce sera le médiatique.

Paul : - Tu veux dire qu'on est obligé d'être connu pour être lu ?

Stéphane : - Pas forcément connu, être inconnu est parfait... *(en souriant)* à condition que tout le monde le sache.

Martine : - Là tu joues sur les mots, être inconnu à condition que tout le monde le sache, ça veut dire être connu.

Stéphane : - Mais non, Martine ! Tout le monde peut penser : lui, c'est un écrivain quasi inconnu, et ce n'est pas parce que tout le monde pensera « lui, c'est un écrivain quasi inconnu » que je serai un écrivain connu !

Paul : - Mais si tout le monde dit quelque chose...

Stéphane : - Mais tout le monde pense alors que son voisin ne me connaît pas ! Il se dit, « tiens, cet écrivain, ça a l'air d'être un type intéressant. »

Martine : - Et il achète ton bouquin ?

Stéphane : - Rarement. Achète un bouquin celui qui pense « je vais sûrement découvrir quelqu'un d'original »... Mais les badauds régleront l'affaire avec un « ça sert à rien que je le lise, je pourrai en parler à personne. »

Martine : - Ils pourraient en parler pour faire découvrir.

Stéphane : - Déformation professionnelle, tu rêves ! S'ils en parlent c'est pour frimer. Je commente toujours la majorité... Heureusement, il y'a des exceptions...

Paul : - Et tu en croises beaucoup des exceptions ?

Stéphane : - Ne pose pas des questions dont tu connais la réponse ! On ne vit pas sur le dos des exceptions... Tu crois que je serais à Figeac pour vendre trois bouquins si je pouvais en vendre cinquante dans un vrai salon du livre ?

Paul : - Là tu vas nous casser le moral !

Stéphane : - Quoi ? Ne m'attribue pas plus de pouvoir que j'en ai ! Lundi, qu'est-ce qu'on va répondre au premier pecnot qui osera demander « alors, ça c'est bien passé ton week-end ? »

Paul : - Tu me poses la question ?

Stéphane, *en souriant :* - Les gens achètent de moins en moins de livres, mais je n'ai pas à me plaindre quand même... Et tu ajouteras « mes acrostiches sont partis comme des petits pains, c'est mieux que rien, ça me permet d'être tranquille quelques semaines. »

Paul : - Là tu te moques.

Stéphane : - Je me moque de toi, de moi, de nous... Mais au moins je ne serai pas dupe de leurs manigances, je n'irai pas manger avec monsieur le président du Conseil Régional, avec les magouilleurs du livre qui se donnent une image de ville culturelle en nous invitant sur un strapontin de leur salon, parce qu'on est des « écrivains régionaux », que notre nom, notre photo paraissent dans quelques torchons.

Paul : - Finalement, tu devrais écrire un essai.

Stéphane : - Mais là, il faudrait être vraiment connu !

Paul : - Et sur internet ?

Stéphane : - Si un visiteur des sites sur mille achetait un livre, je deviendrais imposable !... Mais il faut être logique, vendre des livres n'est pas le but.

Christophe : - Alors je ne vois pas l'intérêt d'avoir des sites.

Stéphane : - Le livre papier va disparaître.

Martine : - Là tu veux vraiment nous casser le moral.

Stéphane : - Mais non, c'est une suite logique. D'abord la pensée s'est transmise de bouches à oreilles, n'a compté que sur la mémoire. Puis elle fut gravée, dans la pierre, sur des os humains, peinte sur les parois de grottes. L'invention de la représentation et de l'écriture a été une révolution plus importante que le passage au numérique.

J'imagine les Paul d'alors : si on écrit la pensée, plus personne n'écoutera, plus personne n'apprendra.

Paul : - Pourquoi m'attribues-tu le rôle du conservateur opposé à tout progrès ? La disparition du livre, ce n'est pas un progrès.

Stéphane : - Mais c'est bien toi qui veux garder sur un piédestal les éditeurs, qui regardes de haut l'auto-édition comme si le travailleur indépendant qu'est l'auteur-éditeur n'avait pas sa place dans la littérature, parce qu'il n'a pas été légitimé par un vénérable éditeur.

Paul : - Tu sais bien que dans l'auto-édition, la majorité des livres ne valent rien, regarde Nestor, Pierre ou Véronique…

Stéphane : - Mais en plus tu assimiles l'auto-édition au compte d'auteur.

Paul : - Là tu ne m'as jamais convaincu.

Stéphane : - Donc pour toi c'est la même chose ! (*léger énervement*) Qu'un auteur refusé par l'ensemble des éditeurs classiques signe, en désespoir de cause, avec un pseudo éditeur qui va lui demander une fortune pour un bouquin en mauvais papier, tu confonds cette arnaque avec le choix de l'auteur qui décide d'être son propre éditeur, d'être travailleur indépendant.

Paul : - Mais tu sais bien que la majorité de ceux qui s'auto-éditent c'est parce qu'ils n'ont pas trouvé d'éditeur comme tu dis classique.

Stéphane : - Ce n'est pas parce qu'une activité est utilisée faute de mieux par des écrivaillons, qu'il faut en conclure que l'activité est méprisable. L'auto-édition est l'avenir de l'édition.

Christophe : - Mais si on en arrive à la disparition du livre, tu parles d'un avenir !

Stéphane : - J'en reviens donc à mon histoire de la conservation de la pensée. Après la pierre et les os humains ? On a utilisé des matières plus pratiques : le bois

puis le papier. Et un jour on a relié le papier sous forme de livre. Le livre a eu quelques siècles de triomphe. C'est inévitablement sa, ou peut-être ses dernières décennies.
Martine : - Finalement, tu devrais devenir enseignant ! Tu devrais me remplacer ! Il faut faire travailler les jeunes.
Stéphane : - Et devant mon tableau noir, je conclurai : dès que le numérique sera plus pratique que le papier, il le supplantera. Des millions d'arbres seront en plus épargnés.
Paul : - Alors il n'y aura plus d'écrivains. Déjà qu'il est difficile de récupérer des droits d'auteur quand les livres sont imprimés ; alors quand les versions numériques seront téléchargées gratuitement, piratées ?...
Stéphane : - C'est bien pour cela que je ne veux surtout pas d'éditeur, que je tiens à mon indépendance. En conservant l'ensemble des droits, je récupère l'ensemble des droits dérivés.
Paul : - Et tu crois en vivre un jour ?
Stéphane : - Le problème majeur de l'indépendance étant l'accès aux points de ventes à des conditions décentes, il est impératif, soit de trouver une solution pour vendre, soit de vivre indépendamment des ventes.
Christophe : - Plutôt jouer au loto !
Stéphane : - Vendre sur internet, c'est vendre sans intermédiaire et l'audience permet d'obtenir des droits dérivés. Je n'en suis encore qu'à la phase une, le développement du concept.
Martine : - Je n'ai rien compris !
Paul : - Je ne comprends pas ta logique d'écriture, de ne pas te fixer dans un genre, de faire ainsi feu de tout bois. Tes internautes, tu vois je connais le terme exact, tes internautes doivent être comme les organisateurs des salons du livre ! Ils ne doivent pas savoir où te classer.
Stéphane : - Mais je ne suis pas un bibelot dont on recherche l'étagère qui le mettra le plus en évidence.
Paul : - Tu sais bien ce que je veux dire.

Stéphane : - Ecrire, l'essentiel est d'écrire, tu en conviens ?
Paul : - Naturellement, mais si personne ne s'y intéresse…
Stéphane : - Le succès est toujours un malentendu ! Il est donc inutile de courir après ! Quelqu'un tombe sur un texte et la mayonnaise prend, tout s'emballe, c'est rarement le meilleur texte. Quand ça arrive, le plus souvent l'écrivain est déboussolé, paumé. On lui demande de tout ! Eh bien moi, ce jour-là je placerai mes textes, chanson, théâtre, scénarios…
Paul : - Tu ne m'as pas convaincu ! Si je t'ai bien suivi, il suffit d'attendre.
Stéphane : - La patience est notre grande vertu !
Paul : - A ce petit jeu de l'attente, je ne me vois pas attendre encore cinquante ans ! Et en attendant, il faut bien vivre !
Stéphane : - Les droits dérivés, on y revient !
Christophe : - C'est quoi, tes droits dérivés ?
Stéphane : - Les internautes téléchargent gratuitement… et après reçoivent de la pub.
Paul : - Tu deviens comme un coureur automobile, avec des pubs partout.
Stéphane : - Mais pas du tout ! Encore une réduction caricaturale orchestrée par l'industrie du livre pour effrayer leurs petits auteurs. Le versant littéraire et le versant publicitaire sont dissociés. Aucune publicité dans les versions numériques mais les internautes fournissent leur adresse e-mail et reçoivent d'autres messages, des messages cette fois publicitaires.

Christophe : - Et vous êtes nombreux à faire ça sur internet ?
Stéphane : - Je crois qu'en France je suis le premier.
Paul : - Internet, internet, je suis trop vieux pour m'y mettre comme toi. C'est bien bon pour les sites de drague

mais pour la littérature, je suis et je resterai de l'ancienne école.

Christophe : - Faudrait qu'un jour on en parle vraiment d'internet, Stéphane.

Stéphane : - Mais qu'est-ce qu'on vient de faire ?

Christophe : - Oui… Mais devant un écran, que tu me montres comment ça marche. Comment tu peux envoyer un texte, tu es toujours derrière ton écran ?

Stéphane : - Avant d'être un mec bizarre qui promène ses livres, j'ai été un jeune informaticien. Cadre même !

Martine : - Tu dis tout en deux fois. Pour moi l'informatique se résume à une question : tu connais la différence entre Windows et un virus ?

*Personne ne répond.*

Martine : - Windows c'est payant alors qu'un virus c'est gratuit.

Stéphane : - C'est avec de telles plaisanteries qui se veulent des bons mots, qu'on fait peur aux écrivains ! Tant mieux ! Ayez peur, ça me permettra de prendre un train d'avance.

Christophe, *en souriant :* - Tchou Tchou.

*Paul et Martine éclatent de rire.*
*La moue de Stéphane signifie « ils n'y comprennent vraiment rien. »*

**Rideau**

# Acte 2

*Stéphane. Puis : Paul.*

*Nuit. Stéphane allongé dans le canapé (qui ne fait pas lit). Scène légèrement éclairée pour la commodité des spectateurs. Entre Paul, en peignoir, titubant.*

Paul : - Je viens prendre un Coca dans le frigo... J'ai la gorge sèche... Il me faut quelque chose de doux... Tu veux que je te serve quelque chose, mon cher Stéph ?... J'ai aussi du Perrier... Ou tu veux quelque chose de plus doux ? (*élocution de type bourré essayant de parler correctement*)

*Stéphane fait semblant de dormir.*

Stéphane : - I m'a assez barbé au salon, i va pas r'commencer... (*pour le public ; de même très éméché*)
Paul, *très efféminé :* - Tu dors déjà, mon ché... cher Stéph ?

*Silence.*

Paul : - Si j'osais... Comme écrivain rien... (*Stéphane apprécie*) mais le sentir là à deux mètres... Ah !... Je suis prêt à lui promettre le prix Goncourt... Calme Paul... Tu n'as jamais violé personne... (*en souriant :*) Ou bien j'ai oublié... Ou il sentait pas bon (*référence à Jacques Brel, chez ces gens-là*).

Paul : - Bon je vais déjà aller chercher un Coca... Ça le réveillera peut-être. Il a bien bafouillé « *que ta nuit soit la plus agréable possible* »... Il sait ce qu'agréable signifie...

*Paul va dans la cuisine, laisse la porte ouverte, fait un maximum de bruit (bouge des chaises, tousse, claque la porte du frigo, pose de la vaisselle...). Il revient.*

Paul : - Excuse-moi, Stéphane, je viens de m'apercevoir que j'ai fait du bruit, j'avais complètement oublié que tu dormais dans le canapé.

*Aucune réponse.*

Paul : - Stéphane, tu m'excuses de t'avoir réveillé… *(Reprenant son monologue)* Ou alors il attend que je le prenne à l'improviste… Ses derniers mots, c'était bien ça… *(Stéphane effrayé, serre les poings)*… Non, je ne peux pas quand même… S'il se mettait à hurler, il est parfois tellement bizarre… Ça les réveillerait en haut, j'aurais l'air de quoi ?… *(Paul réfléchit)*

*Paul fait tomber sa boîte de Coca, qui explose.*

Paul : - Oh ! Je suis vraiment maladroit. Un mâle, adroit !

*Après son ricanement de type ivre, Paul va à l'interrupteur, allume. Stéphane doit se montrer éveillé…*

Paul : - Je suis vraiment maladroit. Et je t'ai réveillé… Oh excuse-moi, Stéphane. Tu dormais déjà comme un ange…
Stéphane, *légèrement dégrisé par la lumière* : - Si tu avais une fille, elle aurait sûrement l'âge de me réveiller. J'ai toujours rêvé d'être réveillé par une princesse.
Paul : - Tu sais, je peux te faire des choses aussi agréables qu'une princesse, j'ai une bouche de velours.
Stéphane : - Quelle horreur !
Paul : - Oh ! Tu n'es quand même pas vieux jeu !
Stéphane : - Je t'ai déjà dit, ça doit être hormonal.
Paul : - Je n'y crois pas… Même moi, j'ai essayé avec une femme… Ce ne fut pas grandiose. Tu ne peux quand même pas toujours parler de choses que tu ne connais pas.
Stéphane : - Mais je n'en parle pas. Le sujet ne m'intéresse pas ! On n'est pas de la même planète.
Paul : - Tout homme est, a été, ou sera. Comme tu n'es

pas, comme tu n'as jamais été, il faut que tu sois un jour... Donc attendons deux minutes...
Stéphane : - C'est c'qu'on appelle un sophisme...
Paul, *rire d'ivresse :* - Pourtant parfois ça fonctionne... Et j'ai assisté à des conversions étonnantes... Pour quelqu'un qui se croit totalement hétéro, la première fois est une vraie révélation... Si tu avais entendu Carlo d'Egyptair hurler de plaisir... J'aimerais bien que tu vives cet instant fort avec moi... Ne passe pas à côté de l'essentiel, Stéph.
Stéphane : - Ça c'est de la tentative d'embobinement.
Paul : - Ça me ferait tellement plaisir.
Stéphane : - Tu devrais porter un Coca à Christophe.
Paul : - Oh non, puisque j'ai le choix, au moins que ce soit avec un véritable écrivain et en plus beau mec.
Stéphane : - Mais tu n'as pas le choix !
Paul : - Oh !
Stéphane : - Tu voudrais quand même pas que je te vomisse dessus.
Paul : - Si tu prends ton pied comme ça, fais comme tu veux.
Stéphane : - Ton seul choix, c'est aller rechercher un Coca ou remonter sans avoir bu de Coca.
Paul : - Oh !
Stéphane : - Enfin, tu peux aussi aller chercher une serpillière, tu peux même sortir, tu dois connaître Figeac by night sur le bout... des doigts.
Paul, *très doux :* - Pourquoi te moques-tu de moi, Stéphane ?
Stéphane : - Je constate simplement.

> *Paul s'assied au bord du canapé, se passe la main droite dans les cheveux, sans regarder Stéphane.*

Paul : - Y'a des jours comme ça... Où rien ne va. Ces jours-là je les reconnais au premier café. Le premier café qui me brûle la langue. Après j'ai renversé de la confiture d'abricot sur ma chemise. Je vais t'épargner la suite. Quand tu as eu ces paroles exquises, quand tu m'as souhaité une nuit la plus agréable possible, j'ai cru que la loi des séries était vaincue (*Stéphane qui soufflait de temps en temps, sourit en balançant négativement la tête*). Je ne me suis quand même pas trompé ? (*il regarde Stéphane*)

> *Stéphane sourit, balance la tête en signe d'affirmation.*

Paul : - Tu crois que j'aurais dû essayer de dormir ? (*ne laisse pas le temps à Stéphane de répondre*) Mais j'aurais jamais réussi à dormir. J'aurais pensé à toi en t'imaginant m'attendre. Et l'attente, c'est ce qu'il y a de plus beau en amour. (*Pause*) T'es d'accord avec moi, sur ça, Stéph ?
Stéphane : - T'es d'accord avec moi, Paul, si je te dis, cerveau fatigué n'a plus d'oreille.
Paul : - Oh, ce n'est pas les oreilles le plus important en amour. On fait juste un p'tit câlin, si tu veux...
Stéphane : - Ça commence à devenir gênant, Paul.
Paul : - Prendre ses rêves pour la réalité, c'est pourtant une idée qui t'est chère.
Stéphane : - Prends tes rêves pour ta réalité, va te masturber en pensant à qui tu veux... Et laisse-moi avec mes rêves.
Paul : - Tu penses à ta chanteuse ?
Stéphane : - Je pense à qui je veux. Mon cœur est déjà pris !
Paul : - Mais je ne vise pas aussi haut.
Stéphane : - Tes citations, tu les gardes pour ceux qui les ignorent. La femme à qui je pense, j'espère qu'elle trouverait de tels propos vulgaires. C'est clair, non ?
Paul : - Bon, ne t'énerve pas, tu me dis poliment d'aller me faire voir, d'aller noyer mes idées noires à côté d'un placard, en vidant une bouteille de Ricard.

Stéphane : - Tu ne pouvais quand même pas imaginer que parce que j'avais picolé, j'irais contre ma nature.

Paul : - Mais ça n'existe pas, un hétéro (*moue de Stéphane, signifiant : c'est reparti*). Tout homme rêve d'avoir quelque chose au moins dans la bouche. Je ne t'ai jamais raconté comment j'ai compris, qu'en fait, ma vie, mon plaisir, ce serait avec le sexe fort.

Stéphane : - Le mieux serait que tu écrives un livre sur le sujet, au moins une nouvelle. C'est peut-être le moment de commencer.

Paul : - Bon, là tu me dis poliment, va écrire.

Stéphane : - C'est encore la meilleure occupation, les nuits d'insomnies. Au moins ça n'embête personne.

Paul : - Je te croyais pas comme ça !

Stéphane : - Je ne t'ai jamais caché mon orientation.

Paul : - Oui, mais là, c'est presque de l'homophobie.

Stéphane : - Détrompe-toi !... Plus il y aura d'homos, plus le choix des femmes sera restreint !

Paul : - Les femmes devraient toutes être lesbiennes... Je crois que si tu ne me prends pas dans tes bras, je vais aller me jeter dans la rivière.

Stéphane : - Là c'est du pathos ridicule.

Paul : - Oh merde ! Tu prends rien au sérieux. Tu sais pourtant que je suis un mec sensible.

Stéphane : - C'est bien, va l'écrire. La vraie vie, c'est la littérature.

Paul : - Mais Proust a vécu avant d'écrire cela. Il n'aurait jamais refusé un câlin à un écrivain ami.

Stéphane : - Bon (*Stéphane se lève, surprenant Paul toujours à ses pieds ; pieds nus, il porte un tee-shirt et le pantalon du soir*), je trouverai bien un hôtel. Ou je retourne chez moi. De toute façon pour vendre trois bouquins demain (*il ramasse ses affaires et les fourre dans son sac*).

Paul, *se lève :* - Excuse-moi Stéph, excuse-moi, j'avais cru...

*Paul sort et on l'entend monter les escaliers.*
*Stéphane s'assied sur le canapé, souffle de dépit.*

Stéphane : - Non seulement j'aurai une tronche d'enfer à cause de l'alcool... Mais en plus je n'ai entendu que des banalités... Même pas une phrase digne de faire un refrain !... Pendant ce temps-là, les écrivains mondains sont dans un lit confortable, dans une belle chambre d'hôtel qui va pas puer le Coca... Mais ils se demandent si le président du Conseil Régional a retenu leur nom... Ça sert à rien de côtoyer des écrivains, ils ne valent pas mieux que les voisins. Le seul intérêt d'un écrivain, on le trouve dans ses livres. Qui parmi ces pantins n'a pas pour grand rêve d'obtenir une bourse du Centre National des Lettres, ou à défaut du Centre Régional des Lettres, ou d'animer un atelier d'écriture, ou d'intervenir dans une école ? Qui se soumet à demander ne sera jamais écrivain. Des écrivaillons ! Dès qu'un p'tit bureaucrate d'une vague commission se ramène, ils sont à genoux. Est-ce que Rimbaud aurait quémandé une bourse à des notables ? Plutôt magouiller que s'agenouiller. Plutôt vivre pauvrement que de brouter à leur râtelier...

*On entend du bruit dans la chambre au dessus.*

Stéphane, *soulève la tête et sourit :* - Sacré obsédé ! Il est allé voir Christophe ! Sans Coca en plus.

**Rideau**

# Acte 3

*Stéphane. Puis : Francis, Paul, Pierre, Martine et Christophe.*

*Matin. Même décor. Stéphane dort. Sonnerie.*
*Stéphane se redresse, passe la main droite dans les cheveux.*

Stéphane : - Damned !... J'ai rêvé qu'on sonnait... Damned... Il fait déjà jour...

*Deuxième sonnerie.*

Stéphane : - Damned !... J'ai pas rêvé, on sonne... Bon, j'ai pas le choix... Quelle heure il peut bien être ?

*Il se lève. Troisième sonnerie.*

Stéphane *crie, voix pâteuse :* - J'arrive.

*Il cherche le bouton, allume la lumière, regarde sa montre...*

Stéphane : - Les salauds !... Onze heures... Les salauds, ils sont partis sans moi... Bande de blaireaux !

*Il ouvre la porte. Entre Francis.*

Francis : - Salut, je suppose que t'es l'un des écrivains qui devait dormir chez Paulo...
Stéphane : - Je crois que tu as deviné... Et toi ?...
Francis : - Bin Francis, le copain de Paulo... Paulo ne t'a pas parlé de moi ?
Stéphane : - Je crois qu'on a un peu trop forcé sur les bouteilles... C'est Paul qui t'a demandé de passer me réveiller ?...

*Paul dévale les escaliers, entre en peignoir, en courant.*

Paul : - Oh Charlus ! Tu as vu l'heure Stéph... On est à la bourre.
Stéphane : - Tu devais nous réveiller à huit heures. T'es grave !
Paul : - Je sais pas ce que j'ai foutu, mon radio-réveil est débranché. C'est la première fois que ça m'arrive. Martine et Christophe ne sont pas là ?... Je remonte les réveiller...

*Il repart. On entend frapper aux portes des chambres...*

Stéphane, *pour lui-même* : - Je crois que j'ai pas le temps de prendre une douche... Mais si je n'en prends pas une j'arriverai jamais à dédicacer un bouquin... Oh ma tête ! (*il se prend la tête entre les mains*)
Paul *rentre, en souriant* : - Bon, Stéphane... Je te confie un secret... Mais c'est un secret... Comme Christophe ne répondait pas, je suis entré dans sa chambre, et il n'y avait personne... Alors je suis entré dans celle de Martine, et là...
Stéphane : - Ah ! Je croyais que les bruits que j'avais entendu cette nuit, c'était toi et Christophe... Donc mon cerveau en déduit que c'était Christophe et Martine.
Paul : - Oh Stéphane !... On voit que tu ne connais pas les liens qui m'unissent à Francis.
Francis : - Ah, je croyais que tu ne m'avais pas encore aperçu.
Stéphane : - J'ai le droit de prendre une douche ?
Paul : - Oh Stéphane, fais comme chez toi...

*Stéphane prend son sac et se dirige vers la salle de bains.*

Paul : - Mais fais vite quand même...

*Stéphane s'arrête.*

Stéphane : - Oh ! Pis non ! Inutile. Même un peu d'eau ne pourra sauver les apparences. Alors assumons (*il pose son sac, en sort la chemise chiffonnée de la veille ; Paul et Francis l'observent en souriant*). Même me changer, ce serait stupide ! La gueule fripée, les fringues fripées (*il passe sa chemise puis son pull*).
*Martine et Christophe entrent, habillés comme la veille, le visage aussi marqué par le manque de sommeil et l'alcool.*

Christophe : - Salut les hommes…

*Martine fait un signe bonjour de la main droite et montre ses cordes vocales. Silence. Sonnerie…*

Paul : - Là je vois pas qui ça peut bien être…

*Il va ouvrir. Entre Pierre.*

Paul : - Pierre !
Pierre : - Qu'est-ce qui se passe ?… La folle voulait déjà retirer vos tables… Et ton téléphone ne répond pas !
Paul : - Attends !… On a quand même le droit d'être un peu en retard… Je vais l'appeler, tu vas voir, je suis quand même l'écrivain du pays… Où j'ai mis mon portable ?…
Francis : - Tiens, v'la le mien (*il lui tend son portable*).
Paul, *à Francis :* - Tu veux bien nous faire du café… Je vais l'appeler en m'habillant… Son numéro est dans mon agenda…

*Paul sort par la porte des chambres, Francis par celle de la cuisine. Martine s'assied. Pierre la regarde en souriant.*

Pierre : - Je vois que ça a été la fête !
Stéphane : - Radio-réveil plus téléphone, Paul aussi a dû faire des expériences cette nuit !
Pierre : - Qu'est-ce que tu racontes ?

Stéphane : - Tu aurais dû dormir ici, je t'aurais laissé bien volontiers le canapé, j'aurais amené mon matelas de couchage, un duvet et j'aurais fait du camping.
Pierre : - Tu sais bien que je ne suis qu'à vingt bornes. Et j'ai mon chien, mon chat, ça s'ennuie ces petites bêtes.
Stéphane : - Mais au moins si tu avais été là, ça m'aurait évité de voir débouler Paul en rut dix minutes après le dernier verre de notre beuverie.
Pierre : - Tu lui as lancé un sceau d'eau pour le calmer... Ou de Coca plutôt ! (*il regarde la boîte par terre et la flaque*)
Stéphane : - Je l'ai envoyé voir Christophe !

*Pierre regarde Christophe.*

Christophe : - Je confirme, il n'a pas osé venir... Il aurait vu que mon poing c'est du 46... Mais je vois que ça n'hésite pas à balancer sur les copains... (*Christophe hésite à en dire plus*)
Stéphane : - C'est bien ce que je disais : il s'est contenté de son radio-réveil et son téléphone.
Martine *sourit :* - Sa femme vient au salon cette après-midi...
Stéphane *sourit :* - Nous attendons tous les présentations !
Christophe, *regarde Pierre :* - Bon, Pierre, de toute manière, ça m'étonnerait que quelqu'un ne s'empresse pas, dès que j'aurai le dos tourné... Puisque Paul s'est précipité pour raconter à Stéphane...
Stéphane, *à Martine :* - Qu'est-ce qu'il raconte, notre cher et ténébreux collègue ?
Martine : - On entend tout de ma chambre... D'ailleurs cette nuit je n'ai pas raté un mot de ton duel avec Paul... Tu as été super résistant ! Et correct en plus ! Je me demandais comment ça allait finir.
Christophe : - Bon, ce n'est pas trop vous demander qu'il y ait un secret entre nous.

Pierre : - Ha ! J'ai compris ! Alors Martine, toi qui réponds toujours « néant. »

*Martine et Stéphane se sourient.*

Christophe : - Bon, le premier qui prétend que le néant et moi c'est la même chose, je lui fous mon poing sur la gueule.
Pierre, *à Martine* : - Il est gonflé ton copain ! Il se vante de sa conquête alors que personne ne m'en aurait parlé, et après si on en fait une pièce de théâtre, il va nous casser la gueule.
Stéphane : - Tu vas te mettre au théâtre aussi ?
Pierre : - C'était juste pour rire, je ne voudrais pas me fâcher avec vous !
Stéphane : - Aucun événement exceptionnel à signaler à Figeac depuis la disparition de Champollion, mais un samedi soir, un exploit qu'il convient de rapprocher de la célèbre prise de la Bastille, c'est une forteresse imprenable…
Martine : - De toute façon je ne me souviens plus de rien.
Christophe : - C'est charmant !
Martine : - Fallait pas terminer par un concours de verres de Cognac.
Pierre : - Whaou, vous y êtes allés encore plus fort qu'à Firmi !
Martine : - C'est vrai, quelle surprise quand je t'ai vu à côté de moi et Paul qui souriait ! Si j'étais peintre ce serait le moment que j'immortaliserais.
Christophe : - C'est la faute à Stéphane et Paul, je voulais entendre leur conversation intime et on entendait mieux de la chambre de Martine.
Martine : - Alors ce n'était pas une excuse !
Christophe : - Bon, j'crois que je peux arrêter les salons du livre dans la région, je vais devenir votre tête de turc.

Stéphane : - Faudra que je fasse ton acrostiche.

*Paul, habillé différemment de la veille, très parfumé, entre.*

Stéphane : - Quand on parle d'acrostiche, on voit sa... mèche.
Paul : - Vous en profitiez encore pour vous foutre de moi ? C'est un monde, on ne peut pas avoir le dos tourné cinq minutes...
Martine : - Crois-moi, on n'a pas eu le temps... Christophe a accaparé l'attention générale.
Paul : - Alors, bon souvenir, ce salon ?...
Christophe : - Bon, tout le monde m'a promis d'être discret, il ne manque plus que ta promesse... Ma baronne vient cette après-midi au salon.
Pierre, *en souriant :* - On n'a rien promis.
Paul : - Tu sais bien que je ne suis pas du genre à mettre un ami dans l'embarras. Tout le monde a ses petites faiblesses (*coup d'œil discret à Stéphane qui sourit*).
Martine : - Alors la cheftaine ?
Paul : - Il paraît que tu nous as dit n'importe quoi, Pierre.
Pierre : - Et qui tu crois ?
Paul : - Je t'offre le petit-déjeuner.
Pierre : - Je me suis levé comme chaque jour à six heures, donc tu devines où il est déjà mon petit-déjeuner... Mais bon, je ne suis pas pressé, ça m'étonnerait que je vende mon premier livre ce matin. A moins que Christophe, en signe de reconnaissance, se décide à m'en acheter un.
Stéphane : - Pour l'offrir à Martine !

*Pierre, Martine et Stéphane sourient. Martine se lève, va vers la table et pousse tout vers un bord, Christophe vient l'aider.*

Pierre : - C'est vrai qu'ils pourraient faire un beau couple.

Stéphane : - Un couple d'écrivains régionaux, ils publieraient des livres à quatre mains, ajouteraient leur notoriété.

*Francis entre avec le café et des tasses.*
*Paul va à la cuisine et revient avec un plateau, deux baguettes, des biscottes, deux pots de confiture, du beurre.*

Paul : - Je suppose que personne ne va prendre un bol de lait.

Martine : - Y'a des mots, faut pas les prononcer certains matins.

*Tous s'assoient.*
*Francis sert le café. Paul coupe du pain. Silence.*

Pierre : - Je suis certain que c'était plus animé hier soir… Je n'ai pas dit cette nuit.

Stéphane : - Avec musique d'ambiance en direct du plafond !

Pierre : - Au fait, tu écris encore des chansons ?

Stéphane : - Forte baisse de ma production. Seulement trente-sept textes l'année dernière et cinq depuis le premier janvier.

Paul : - Et tu réussis à en placer ? Parce que moi, à part la meuf de Limoges qui m'a fait vachement plaisir en m'écrivant souhaiter absolument chanter mon texte « *un homme presque comme toi* », je n'arrive pas à avoir les bons contacts. Tu n'aurais pas un bon plan ?

Stéphane : - Les chanteurs préfèrent conserver l'intégralité des droits en chantant leurs petites merdes, on est tous face au même dilemme… Sur trente-sept textes l'année dernière, une dizaine sont mis en musique mais un seul est en exploitation, celui retenu par le concours du cabaret studio à Nantes.

Paul : - J'ai été dégoûté. C'est quoi leurs critères ? Je

comprends pas pourquoi mes textes n'ont pas été retenus, au moins un... Ils sont pourtant très beaux, très poétiques. L'un reprenait même la belle définition que donne Cocteau de la poésie : mettre la nuit en lumière... (*il attend un commentaire... silence*) j'avais même retravaillé un texte de ma jeunesse, un texte très humoristique (*il sourit*) : l'idée, comme Platon parle du monde des Idées, l'idée est totalement originale, elle devrait te plaire Stéphane : qui vend des œufs pourra s'acheter un bœuf (*silence ; aucune réaction*) Comment tu as fait, toi ?

Stéphane : - Comme toi, j'ai envoyé trois textes et j'ai attendu.

Paul : - Tu crois que le fait que tu aies des sites sur internet, ça t'a aidé.

Stéphane : - Je suppose qu'on t'a déjà demandé si le fait de vivre à Figeac, ça t'a aidé pour obtenir une bourse du Centre Régional des Lettres.

Paul : - Oh ! Je t'ai déjà juré que je ne connaissais personne... Je ne me suis jamais compromis ! Ne me confonds surtout pas avec Nestor ! (*Stéphane sourit*)

Martine : - Pourquoi t'es pas chanteur ?

Stéphane : - J'arrive déjà pas à faire la promo de mes livres trois fois par an, à rester assis une heure de suite lors d'un salon, alors tu me vois répéter x fois dix ou quinze petits textes... Il y a tant de livres à lire, tant d'émotions à écrire... C'est vraiment pas conciliable écrivain et chanteur.

Pierre : - Pourtant la plupart des chanteurs écrivent leurs textes.

Stéphane : - Mais ils ne sont pas écrivains ! Plutôt qu'écrire leurs textes, vaudrait mieux résumer par « pisser des lignes. » Ce sont des paroliers. Ils ont trouvé leur style, le bon procédé, et ils referont la même chose jusqu'au dernier album. Finalement, ce qu'ils cherchent c'est à se montrer, à plaire, écrire douze petits textes chaque année ou tous les cinq ans, c'est alors une petite formalité. C'est pitoyable, tu ne trouves pas ?

Pierre : - C'est une manière de voir... Je croyais que tu aimais bien la chanson.

Stéphane : - La chanson m'intéresse pour son potentiel créatif. Mais l'état de la chanson française, c'est électrocardiogramme plat. Certains ont même un nègre pour ça !

Martine : - Nègre de chanteur, tu pourrais refaire le toit de ta maison avec ce petit job !

Stéphane, *sourit* : - Je crois avoir assez parlé pour la matinée. Ternoise is game over... Ça ne sert à rien ce genre de salon. Je crois que je vais annoncer mon boycott des salons du livre.

Martine : - Dépêche-toi avant que plus personne ne t'invite !

Stéphane : - Je ne peux quand même pas faire semblant de croire qu'ils veulent promouvoir le livre. Notre rupture définitive est inévitable.

Martine : - Mais ça doit être tes commentaires qui énervent quelques personnes... Surtout une habillée en blanc hier... Je dis ça au cas où tu ne t'en serais pas aperçu.

Stéphane : - Hé bien oui, je n'ai pas applaudi le discours du vénérable Président du Centre Régional des Lettres. J'ai même commenté un peu fort. Et pourquoi je me gênerais de rappeler avoir payé ma place ?

Martine : - On en est tous là.

Stéphane : - Et pourquoi je n'ajouterais pas refuser d'engraisser un libraire avec une inacceptable remise ? Les gens qui vont au salon du livre pensent que leur argent revient aux écrivains. Il faut les informer, comment on se fait racketter. Si nous c'est droit d'inscription plus déplacement et hébergement à notre charge, merci Paul.

Paul : - Ton remerciement me va droit au cœur.
Stéphane : - Les écrivains édités chez un grand éditeur sont certes en tous frais payés mais ils verront quoi sur l'argent des livres vendus ?
Martine : - Tu pêches des convaincus. Oh le lapsus ! J'en suis fière ! Tu prêches des convaincus.
Christophe : - D'ailleurs tu as vu, je préfère payer ma place, acheter aux éditeurs pour avoir un peu d'argent en les revendant.
Stéphane : - Mais pourquoi je suis le seul à le gueuler bien fort, à chercher une autre solution ?
Martine : - Hé bien y'en a qui tiennent à leur strapontin. Je fais quoi, moi, de mes livres, si je ne vais plus dans les salons ?
Stéphane : - On en revient à internet !
Pierre : - Il finirait par nous convaincre !... Moi je crois que je vais arrêter les salons du livre aussi, mais sans annoncer que je les boycotte. Je vais continuer d'écrire mais pour moi. Finalement, l'époque ne mérite sûrement pas que l'on se casse le cul pour lui montrer nos textes.
Martine : - Donc, finalement, c'est sûrement toi le sage.
Paul *répète :* - Sage, sage, sage.
Martine : - Ça rime avec courage !
Paul : - Je suis plutôt découragé. Ça fait trois ans que je n'ai pas trouvé d'éditeur.
Stéphane : - Ils sont méfiants, ça se comprend !
Paul : - Détrompe-toi, l'homosexualité est très bien vue dans ce milieu.
Stéphane : - L'homosexualité peut-être... Mais le fait que tes six éditeurs soient depuis en faillite ! Le mouton noir ! Le Quercy est un pays d'élevage où le mouton est apprécié du Conseil Régional ! Un mouton noir à cinq pattes !
Pierre, *éclate de rire :* - Je crois avoir compris !
Paul : - Oh ! Là tu es de mauvaise foi. Tu sais que mes livres sont bons, je ne vais pas te rappeler la liste des prix,

des mentions que j'ai obtenus (*Stéphane sourit*). Tu as tort de ne pas participer aux prix littéraires, une nouvelle ou un poème récompensé, ça fait des articles.
Stéphane : - Dans *la Dépêche du midi* !
Paul : - Pas seulement. Dans les revues spécialisées on parle souvent des lauréats.
Stéphane : - L'ennuyeux avec les prix littéraires, c'est certes de ne pas gagner mais quand tu gagnes il te faut rencontrer le jury... et tu dois voir la cohorte de frustrés, imbus de leur petit pouvoir, ils veulent être remerciés, un beau discours, sourires...
Paul : - Ne caricature pas, certains sont charmants, passionnés.
Stéphane : - Mais ils te font perdre ton temps.
Martine : - T'es vraiment un solitaire ! Un type à peine fréquentable.
Stéphane : - Je préfère me consacrer à la littérature qu'au cirque qui l'entoure.
Paul : - Alors, tu fais quoi à Figeac ?
Stéphane : - Tu m'as amicalement invité. Et j'avais pensé que mon week-end serait très instructif, me permettrait sûrement d'écrire un livre au titre provisoire « *grandeur et misère des écrivains au salon du livre de Figeac.* »
Paul, *regarde sa montre* : - Allez, tout le monde a fini, on y va. Il faut quand même que je vende quelques acrostiches !

*Martine et Christophe sortent par la porte chambre.*

Pierre : - Je ne sais pas si on les reverra ! Tu montes avec moi Stéphane ?...Tu sais qu'avec moi il n'y a pas de sous-entendu.
Paul : - Tu peux prendre cinq minutes pour te coiffer, si tu veux, Stéphane.
Stéphane : - Les apparences... Les apparences seront forcément contre moi. Si je vends un livre, ce sera

vraiment pour le contenu ! Et comme tu le sais, un mauvais livre a besoin d'apparences, un bon livre exige seulement un peu de patience.
Paul : - Bon courage.

*Stéphane prend son sac et sort avec Pierre.*

Francis : - Il est bien cassé ton copain.
Paul : - C'est un cas un peu spécial. Il croit qu'il suffit de publier un livre pour se prétendre écrivain. Il n'a pas encore compris que l'écrivain doit s'inscrire dans une tradition. Si ça t'intéresse vraiment je t'expliquerai.
Francis : - Tu sais bien que je préfère le cinéma. Et si je débarrasse, ce soir tu m'offres le resto ?
Paul : - J'aime bien le début de ta phrase mais pas qu'elle se termine ainsi, par une demande très insistante.
Francis : - Tant pis, on se fera livrer une pizza... Mais tu pourrais quand même te faire pardonner d'avoir voulu te taper le cas spécial ! Je ne suis pas sourd !
Paul : - Si tu te mets à croire ses divagations ! Allez, on verra... Si je vends bien.

*Martine et Christophe reviennent avec leurs sacs.*

Paul : - On y va !

*Les auteurs sortent.*

Francis : - Finalement, ils n'ont rien d'extraordinaire ses écrivains. A part qu'ils écrivent des bouquins.

### *Rideau - Fin*

# Neuf femmes et la star

*Comédie contemporaine en trois actes*

*Distribution* : huit femmes, deux hommes

*Sujet* : sept femmes ont gagné un concours leur permettant de passer 24 heures avec leur idole, le chanteur Antonin K. Secrétaire de l'association organisatrice, Odette, un peu gaffeuse même à jeun, les accueille.
Arrivées programmées à la file indienne. Mais l'idole est en retard…

*Décor* : une salle de réception (une table longue ornée de fleurs, un bureau, des chaises, un canapé garni de coussins, trois portes, deux fenêtres dont l'une près de la porte d'entrée, une guitare suspendue au mur, au-dessus du canapé).

*Personnages* :

Odette : hôtesse d'accueil, la quarantaine.

Les lauréates (25 à 35 ans) par ordre d'arrivée programmé :
Aurélie, Brigitte, Cécile, Delphine, Emilie, Françoise, Géraldine : très distinguées, vêtues avec goût, arriveront avec un petit bagage.

Antonin K : chanteur moustachu et vieillissant, la soixantaine.

Un fan : la quarantaine.

La pièce la plus triturée, puisqu'il existe même une version avec uniquement quatre femmes (la star ne viendra pas) et une avec dix femmes et cinq hommes.

Les deux femmes supplémentaires : le fan est devenu une fan et Clara, la sœur aînée d'Odette fait une entrée fracassante.

Chez les hommes : Bertrand : le mari de Brigitte, Octavio : le boyfriend d'Aurélie, et deux gendarmes participent au grand show.

Sûrement toutes les possibilités offertes par ces personnages sont écrites.

## Acte 1

*Odette seule dans la salle de réception. Elle marche de long en large, tout en regardant sa montre, inquiète.*

Odette, *en arpentant la scène* : - Je ne marche pas par nécessité. Mais ça me calme ! Calme-toi Odette, puisque tu marches ! Tu fais tout ce qu'il faut pour recouvrer ton légendaire calme. Respire ! (*elle respire profondément*) Oui, avec le ventre, c'est bien... Zen... (*elle continue en silence à marcher, inspirer et expirer profondément.*) La première va arriver... Elle va arriver, j'en suis certaine... Tout va encore foirer et ça va retomber sur qui ? Sur ma tronche comme d'habitude... Je ne me suis quand même pas trompée de jour ? (*elle prend une chemise sur le bureau, l'ouvre...*) Ce serait une belle histoire à raconter ! (*elle sourit*) Odette panique mais elle s'était emmêlée les puceaux (*se frappe la tête*) (*précision de l'auteur : ce lapsus peut être retiré lors de certaines représentations, comme d'autres lapsus, si jugés incompatibles avec le public*), les pinceaux, les dates quoi, Non, c'est bien aujourd'hui... L'arnaqueur de fleuriste a livré ce matin, donc le Jour J a enfin sonné !... J comme jouissons. Et la première va arriver. (*silence*) Mais qu'est-ce qu'il veut se prouver ! Il a tout : l'argent, la gloire, sept résidences secondaires, deux Porsche, une Ferrari, un 4x4, des vignes, des autruches, des amantes, des bisons, des enfants. Comme elles sont belles ses filles ! Pauvres petites filles riches, va ! Comme ça doit être invivable, fille de star !... Pratique, génial, inespéré. Mais invivable après 14 ans !... Le fou ! Tout ça à cause de quelques rides ! Qu'est-ce qu'il croyait ! Un jour, même la chirurgie esthétique ne peut plus rien ! Et de l'autre, qui s'amuse, avec ses parodies. Quel impertinent ! Mais comme c'est drôle ! (*elle éclate de rire*) Après tout, je m'en fous si tout foire. Pierre qui roule n'amasse pas mousse ! (*elle lance la chemise sur le bureau ; peu importe si elle n'atteint pas sa cible*) Odette philosophe, parfaitement (*elle se vautre dans le canapé*) Si j'étais star, je crois que, moi aussi, j'aurais des caprices de star. (*de sa main droite elle mime un éventail*) Mais pas sept !

*On sonne.*

Odette : - Oh peuchère ! Enfin ! Il a fini de se maquiller ! Oh ! Les lumières !...

*Elle se lève, se précipite sur les interrupteurs – après quelques essais transforme la pièce, qui devient très intimiste – et fonce vers la porte, s'arrête, souffle, ouvre, s'apprête à sauter au cou de son idole (même si elle est salariée de « l'association », elle reste très fan)... C'est Aurélie... Odette s'arrête net.*

Aurélie, *un petit sac en main, surprise* : - Je suis la première ? Suis-je un peu trop en avance ?
Odette, *se reprenant* : - Entrez, entrez, Aurélie.
Aurélie : - Comme vous connaissez mon prénom, je suis à la bonne adresse (*elle observe le décor, qu'elle doit juger très... intimiste*).
Odette : - Entrez, entrez, Aurélie. Antonin devrait être là, il a... un léger retard.
Aurélie : - Ah, je comprends, c'est lui que vous vous apprêtiez à accueillir d'une manière aussi fougueuse !
Odette : - Mais non, mais non... J'ai glissé.
Aurélie, *en souriant* : - Et je suis la première ?
Odette : - Naturellement... Je veux dire, vous pouvez le constater.

*Odette referme la porte.*

Aurélie : - Oh ! La première guitare !

Odette : - C'est même pas vrai... (*se reprenant*) Oui, la première guitare d'Antonin (*comme si elle récitait*) sur laquelle, seul dans son jardin, à l'ombre des figuiers, il a composé ses premiers succès.

Aurélie : - Oh ! Comme c'est touchant de la voir en vrai.

Odette : - Je vais le rappeler... (*elle sort son portable d'une poche et appelle ; à Aurélie :*) C'est toujours son répondeur. C'est son répondeur depuis une heure. Je l'ai bien déjà appelé dix fois (*elle range son portable*).

Aurélie : - J'espère qu'il ne lui est rien arrivé de grave ! Ce serait trop bête ! J'ai tellement rêvé de cet instant ! Rencontrer Antonin ! Pouvoir lui parler comme je vous parle...

Odette : - Parler, parler, ce n'est pas son fort, à l'Antonin !

Aurélie : - Pourtant, à la télé, il a toujours l'air tellement à l'aise, et si calme, si souriant...

Odette : - Avec un prompteur, tout le monde serait comme lui ! (*face au regard interloqué d'Aurélie, Odette réalise qu'elle s'exprime devant une lauréate*) Mais non ! Je plaisante ! Nous sommes dans le sud-ouest ici, nous avons la galéjade facile.

Aurélie : - Je croyais que la galéjade, se pratiquait uniquement du côté de Marseille.

Odette : - Naturellement... ce qui signifie : ici gasconnades.

Aurélie : - Gasconnade, Gascogne, Gascon, c'est donc vrai : le caractère des Gascons était très haut en couleur ? C'était bien au temps de la langue d'Oc ? Après l'empire romain ?

Odette : - Je suis là pour vous accueillir. L'office de tourisme, c'est à côté... Je vous le susurre sans m'énerver : la Garonne nous irrigue, donc nous avons la plaisanterie facile. Comme vous débarquez de Paris, vous ne comprendrez pas toujours !

Aurélie : - Je suis de Châteauroux.

Odette : - Je le sais parfaitement, 28 ter rue Romanette Boutou. Mais pour nous, au-dessus de Brive la Gaillarde on grelotte, c'est le pôle Nord.

Aurélie : - C'est une gasconnade !

Odette : - Vous comprenez vite... J'allais ajouter pour une parisienne ! Je vous bouscule un peu, c'est juste pour noyer mon anxiété ! Je noie mon anxiété dans la Garonne ! Je vous l'avoue sans chinois, sans chichis même : je ne comprends pas pourquoi Antonin n'est pas à ma place et moi derrière la caméra.

Aurélie : - La caméra ?

Odette : - Euh... Oui pour vous offrir la cassette de votre rencontre.

Aurélie : - Ah ! Quelle délicatesse !... Comme c'est touchant. Et vous travaillez depuis longtemps avec Antonin ?... Je me permets d'utiliser ainsi son prénom : sur son courrier si poétique, il notait : « Appelez-moi Antonin quand nous aurons la chance d'enfin croiser nos regards. »

Odette : - C'est plus intime. Antonin avec un A comme Amour ! Antonin l'entrée des câlins ! C'est toujours mieux que son véritable prénom ! Les parents sont parfois fous !

Aurélie : - Comment ? Antonin est un pseudonyme ?

Odette : - Quel indice vous induit ainsi en erreur ?

Aurélie : - Vous !... Pourtant j'ai lu toutes ses biographies et pas une ne signale un pseudonyme.

Odette : - Il faudra vous y habituer ! Ici on cause avec des images.

Aurélie : - La terre du grand poète.

Odette : - Comme recopient les journalistes !

Aurélie : - Comme je suis heureuse d'être ici ! Devant la porte, durant les quelques secondes du sourire de la prise de conscience du rêve devenant réalité, je me demandais si l'idole de ma vie allait m'ouvrir. Comme j'aurais été intimidée !

Odette : - Il doit encore traîner des moustaches dans le bureau. Tu veux que je les mette ?

Aurélie : - C'est une gasconnade ?

Odette : - On est dans le show-biz ici, après cinq minutes on se tutoie, après sept on s'embrasse sur la bouche.

*Aurélie se recule.*

Odette : - C'est une des célèbres répliques de notre poète bancal ! Local ! Les aphorismes du moustachu ! Il devrait être là, nous voguons à vue, nous sommes en totale improvisation. Je sens venir le paranormal ! Et je n'aime pas ça ! (*elle ressort de sa poche son portable et le rappelle*). Toujours la boîte vocale. « Antonin, la première lauréate est impatiente de te voir en chair et en os. Et plus si affinités. » (*elle pose son portable sur la table*)

Aurélie : - Encore une gasconnade !

Odette : - Déformation professionnelle !

*On sonne.*

Aurélie : - Oh !

Odette : - Ne rêvez pas, je n'ai pas refermé à clé ! Quand il est en retard, avant de sonner, Antonin tourne toujours la poignée pour entrer discrètement, avec son petit air d'enfant de chœur pris en faute avec le verre de vin blanc de monsieur le curé aux lèvres et les joues rouges !

Aurélie : - Ah !

Odette : - Ma mère l'a vu enfant de chœur, c'était en... (*se reprenant*) Je vous parie que c'est Brigitte, 42 rue Pasteur, une de vos co-lauréates.

Aurélie : - Vous êtes voyante ?
Odette : - Les gasconnades de Châteauroux, c'est comme un Antonin sans mouche.
Aurélie : - Sans mouche !?
Odette : - Un Antonin sans moustaches (*elle mime les moustaches sous son nez*), je m'exprime pourtant clairement !

*Odette va à la porte, ouvre.*

Odette : - Bonjour Brigitte.
Brigitte : - Je suis en avance... Je serais venue à pied pour voir Antonin...
Odette : - Y'a pas de quoi !... Euh, je vous comprends.

*Odette referme.*

Aurélie : - J'en suis certaine : vous n'habitez pas Valenciennes !
Brigitte : - Vous m'avez devancée ! Je pensais être la première avec quinze minutes d'avance...
Odette : - Les présentations : Aurélie, première arrivée.
Brigitte : - Enchantée.
Aurélie : - En chansons... Je m'entraîne... Il paraît que nous sommes au pays des gasconnades !
Odette : - Et la gasconnadière en chef, Odette, chargée par le maître d'improviser quand la pendule ne tourne pas rond.
Brigitte : - Et c'est le cas ?
Odette : - La centrale nucléaire détraque nos pendules.
Aurélie, *à Brigitte* : - C'est un message codé ; Odette, pourriez-vous traduire, nous n'avons pas grandi dans l'ombre du maître.
Odette : - Je répète une dernière fois : Antonin devrait être là...
Aurélie : - Et il est ailleurs !

Brigitte : - Et personne ne connaît cet ailleurs ?
Odette : - Qui sait avec lui !
Brigitte : - Oh ! La première guitare ! (*elle s'approche du canapé*)

*On sonne !*

Odette : - Je n'ai pas refermé à clé !
Aurélie : - Si ce n'est lui, c'est donc une autre.
Brigitte : - Et pourquoi donc, ne serait-ce pas lui ?
Odette : - Transmettez le savoir Aurélie, je suis postière, portière !
Aurélie : - Parce qu'Antonin appuie toujours sur la poignée avant de sonner depuis qu'il a été surpris par Odette à boire le vin rouge de monsieur le curé, et Odette enferme les bouteilles à clé…
Odette : - Mais tu mélanges tout !
Aurélie : - Je crois que cette histoire me perturbe !
Brigitte : - Je n'ai rien compris. Vous êtes surréaliste tendance André Breton ?
Aurélie : - Je suis réaliste tendance *Psychologies Magazine*. Avec même un peu de Prozac quand ça chauffe trop.

*Odette ouvre : un homme, très nerveux, avec un appareil photo en main, entre rapidement.*

Le fan : - Bonjour, bonjour, je suis venu pour les rencontres.
Odette : - Vous n'avez pas été convoqué, monsieur.
Le fan : - C'est bien aujourd'hui, c'est bien ici les lauréats du concours. J'ai participé.
Odette : - Mais vous n'avez pas eu la chance de gagner !
Le fan : - On m'a dit qu'il fallait venir aujourd'hui.
Odette : - Qui est donc ce cher et brave « on » ?

Le fan : - C'est écrit dans le journal que c'est aujourd'hui.
Odette : - Mais personne ne vous a demandé de venir.
Le fan : - Oh la première guitare ! Oh comme elle est belle !
Odette : - Ce n'est pas pour vous qu'elle est là, cher monsieur. Ma patience a des limites.

> *Les lauréates observent la scène en souriant.*
> *Odette va chercher son portable sur la table. Il en profite pour avancer timidement en jetant des regards admiratifs.*

Le fan : - Je suis un vrai fan.
Odette, *en se retournant* : - Je vous prie de quitter immédiatement cette salle privée.
Le fan : - Je voudrais juste une photo, Antonin et moi, soyez sympa, j'ai parié avec les copains. Et je voudrais serrer la main d'Antonin, c'est mon rêve. J'ai fait trois cents kilomètres, soyez sympa.
Odette : - Je compte donc jusqu'à trois. Et comme les gendarmes sont juste à côté, dans deux minutes, si vous êtes encore ici, ils vont vous placer vingt-quatre heures en observation, prévention, et même préventive ! Ce serait dommage, vous en conviendrez ?
Le fan : - Je voudrais juste faire une photo avec Antonin. Je n'ai pas de mauvaises intentions. Je suis un vrai fan.
Odette : - Attendez dehors et vous le verrez arriver.
Le fan : - Ne vous moquez pas de moi, je suis certain qu'ici c'est comme une zone militaire, vous avez au moins cinq entrées et sûrement même des souterrains.
Odette : - Antonin a laissé une photo dédicacée, je vais vous la chercher seulement si vous me promettez qu'ensuite je ne serai pas obligée de déranger la gendarmerie.
Le fan : - Promis, promis, je dirai aux copains que mon

appareil s'est bloqué. C'est une bonne idée, vous ne trouvez pas ?
Odette : - Excellente ! (*elle va au bureau, ouvre un tiroir, en sort une photo... pendant ce temps Le fan en profite pour photographier la guitare*) Tenez, cher monsieur.
Le fan : - Oh merci, merci chère madame. (*il sort en la tenant dans les mains et en la fixant comme une image sainte*)

Odette, *refermant la porte à clé, pour elle* : - Pauvre type ! Ah ! C'est ça aussi son public ! On choisit les lauréates mais pas son public ! Peut-être même pas quarante ans et déjà lessivé !... (*aux lauréates :*) Il suffit d'un peu de tact et ça se passe toujours bien. Sauf une fois où les gendarmes ont vraiment dû se déplacer. Menottes et panier à salades !

*On sonne.*

Odette : - Ah non ! Il ne va pas être le deuxième, celui-là ! (*elle écarte le rideau de la fenêtre et regarde dehors... Ouvre*) Encore, déjà ! Mais vous êtes toutes en avance !

*Entrent Delphine et Emilie.*

Delphine : - Nous y sommes enfin !
Odette : - Mais oui, bonjour Delphine, bonjour Emilie...
Delphine : - Bonjour...
Odette : - Odette, Odette avec un O et quelques dettes... Rassurez-vous, j'ai une éponge qui les récure !... Les absorbe !

*Toutes la regardent sans comprendre.*

Odette : - J'ai une relation qui les éponge, si vous ne comprenez pas les raccourcis. Delphine et Emilie qui arrivent avant Cécile, décidément tout part de travers.

Aurélie : - Les chemins de travers.
Emilie : - Bonjour Odette.
Odette, *en les montrant* : - Je vous présente Aurélie et Brigitte, faites comme chez vous. Antonin devrait être là mais j'ignore où il est... Demandez des informations, racontez votre voyage, des blagues, montrez-vous les photos de vos enfants, vos vacances, vos amants, Odette est débordée, déboussolée, déstabilisée, déprimée et Aurélie, au lieu de m'aider, mélange tout. Elle aurait dû s'appeler Zélie ! Je n'en peux plus ! (*Odette prend dans une de ses poches une pilule, hésite*) C'est un cas de force majeure, sinon je vais péter un plomb ! (*elle l'avale*) Ha ! Je me sens déjà mieux ! Cool ! Le show-biz a quand même de bons côtés ! Défonce majeure !

*Aurélie et Brigitte l'observent avec désapprobation, tandis que Delphine et Emilie posent leurs sacs dans un coin sans y prêter attention.*

Delphine : - Oh ! La première guitare...
Emilie : - Je te donne ma place si elle est vraie !
Delphine : - Ta place !
Emilie : - On en reparlera demain !
Delphine : - Tu vas finir par m'inquiéter...

Odette *plane, pour elle* : - Peace and Love ! Champagne !... Mais ça ne dure jamais, je sais, je suis lucide même dans mon aéroplane blindé. J'en ai trop ingurgitées. Une vie de défonce ou une vie où l'on s'enfonce jusqu'au cou dans le fossé ? Même si j'avais eu le choix, si l'Antonin ne m'avait pas embarquée dans son délire, j'aurais choisi le soleil artificiel (*le regard de plus en plus vague*). Comment peuvent-elles supporter la grisaille ? Je vous pardonne, vous ne pouvez pas comprendre, vous ne devez jamais savoir...

Delphine, *en se retournant* : - Je vais tout vous raconter ! Quelle coïncidence ! Nous étions dans le même train ! Tout d'un coup, je me lève, j'étais trop nerveuse, il fallait que je me dégourdisse les jambes, et qu'est-ce que j'aperçois au poignet de cette ravissante personne ? Je vais vous le dire : un bracelet en argent ! Et pas n'importe quel bracelet en argent, un bracelet en argent identique à celui cause d'une émotion digne d'un premier amour, quand je l'ai découvert dans la lettre.

*Toutes soulèvent leur main gauche pour montrer leur bracelet et rient. Odette a le même et rit encore plus fort. Elle soulève le bord de son pantalon droit pour montrer qu'elle en a un aussi à la cheville.*

Brigitte : - Moi, quand je l'ai vu, j'ai failli m'évanouir.
Aurélie : - Au pays de la gasconnade, tu aurais dû t'exclamer « *Il a fallu une heure aux pompiers pour me réanimer...* » Oui, je te tutoie, car j'ai retenu la première leçon d'Odette « *Après cinq minutes, on se tutoie...* »
Odette, *qui plane* : - Tutoyez-vous, aimez-vous les unes les autres. Et adoptez des enfants si... si je chante faux.
Delphine : - Donc on va toutes se tutoyer, puisque nous sommes dans le même bateau *(Odette, sans l'interrompre : « bureau pas bateau... c'est un sacré radeau ! »)*, que nous avons toutes eu l'heureuse surprise de recevoir une lettre... Immense surprise sauf Emilie ! Parce qu'elle était certaine d'être tirée au sort ! Une intuition ! Je croyais qu'elle bluffait tout à l'heure. Mais comme elle était certaine qu'Antonin ne serait pas là pour nous accueillir... Tu m'as perturbée, Emilie !
Emilie : - Moi ? La vérité ne doit jamais nous perturber ! Des forces nous dirigent et il faut parfois admettre notre modeste condition.

Aurélie, *pour elle, en se passant la main droite dans les cheveux* : - L'une plane, l'autre messianise, je devrais peut-être aller attendre Antonin dehors.
Delphine : - Je reprends mon histoire où je l'avais laissée : nous avons engagé la conversation. J'étais toute excitée... Et dans le taxi, mademoiselle me balance : « *Nous avons le temps, de toute manière il arrivera en retard, quand même toi, tu ne penseras plus à lui...* » Ce qui m'a surprise, c'est de ne pas avoir été invitées à la même heure...
Odette, *qui plane toujours* : - Délicatesse d'Antonin. A chacune un accueil personnalisé, arrivées programmées avec un intervalle régulier...
Brigitte : - Personnalisé ?
Odette, *moins planante* : - Mais en plus d'Antonin, maintenant il manque Cécile ! L'ordre d'arrivée n'a pas été respecté, c'est la chienlit ! Général ! Réveille-toi, ils sont devenus fous !
Delphine : - Et le programme ? Quel est le programme ? L'incertitude c'était bien avant, on pouvait tout imaginer. Mais maintenant que nous sommes arrivées...
Odette : - Programme ! Le programme ! Mais Odette n'a qu'un rôle secondaire ! Je suis une simple salariée qui se mettra en grève un jour ! Tout reposait sur Antonin et vous, ravissantes lauréates !
Brigitte : - Il devait nous apprendre à écrire une chanson ?
Odette : - Apprendre à écrire une chanson ! J'aurai tout entendu dans l'ombre du boss ! Je n'ai pas dit du bossu ! Si je la retiens, je l'écrirai celle-là ! Dans mes mémoires. Les mémoires d'Odette ! « *Mémoires honnêtes mais pas nettes d'Odette.* » Sous-titré « *Antonin étonnant.* » J'ai déposé le titre à la Bibliothèque Nationale. Bref ! Il y a deux écoles : dans la première, les artistes se réunissent, picolent et griffonnent leurs divagations, et selon l'autre

école, les solitaires s'enferment dans leur chambrette et attendent l'inspiration... c'est-à-dire qu'ils picolent seuls !
Brigitte : - J'ai essayé d'écrire des chansons... Mais on me répondait toujours que c'étaient des poèmes.
Delphine : - Si j'ai bien suivi, la différence entre une chanson et un poème, c'est le degré d'alcool dans le sang durant l'écriture.
Brigitte : - Tu crois qu'il m'aurait suffi de quelques verres de Malibu pour devenir auteur de chansons ?
Delphine : - Il n'est peut-être pas trop tard !
Brigitte : - J'ai apporté un petit poème, je ne sais pas si j'oserai le montrer. Mon rêve c'était qu'il le chante dans son prochain album... Mais à présent que je sais qu'une chanson et un poème ça n'a rien à voir...
Odette : - Lâche-toi ma grande, qu'on te répondrait dans le métier... Lâchez prise ! Zen ma fille ! J'ai tout ce qu'il te faut à la cave ! Pour tous les prix, pour tous les stress... J'en ai même des caisses, des brouettes, des bonbonnes, des bonbons et même de l'écorce de platane, (*en souriant*) c'est terrible, c'était pas naturel, mon parachute s'est refermé.
Aurélie : - Boire ou ne pas boire, telle est la chanson !
Brigitte : - Non, pas des chansons à boire, de belles chansons romantiques comme Antonin.

*On sonne !*

Odette, *soudain totalement dégrisée* : - J'espère que c'est elle ! Que nous retrouvions un peu d'ordre !

*Elle va ouvrir (sans regarder par la fenêtre).*

Odette : - Géraldine ! Déjà ! Et Françoise, qu'avez-vous fait de Françoise ? Et Cécile ?
Géraldine : - Je suis en avance... Ça pose un problème ?
Odette : - Mais non, mais non, entrez, entrez charmante

princesse, Odette avec un O et des… Bon, je ne suis pas un perroquet, (*en les montrant*) voici Aurélie, Brigitte, Delphine, Emilie.

Delphine : - Et après cinq minutes, tutoiement autorisé, imposé ; cinq minutes d'apprentissage et bienvenue dans la grande famille. Je sens qu'on va s'amuser !

Géraldine : - Oh ! La première guitare !… Momina serait en bave devant !…

Aurélie, *s'effondre dans le canapé, pour elle* : - J'avais rêvé d'autre chose ! A la télé, c'est toujours tellement magique le show-biz ! Un orchestre avec cordes, un serveur aux gants blancs, champagne, caviar… Et ça n'a rien à voir avec mes rêves.

Géraldine : - Avec un quart d'heure d'avance, j'imaginais arriver la première ! Puisque j'ai décidé de venir, après avoir hésité… j'ai reçu la lettre le 22 mars au facteur et trois heures plus tard le mail de Momina m'annonçait quelque chose de désagréable à m'apprendre. Désagréable, je ne m'étais pas trop inquiétée, elle m'écrivait toujours *mon Amour*.

Delphine : - Momina, c'est un pseudo du web branché ?

Géraldine : - Momina est un prénom fréquent en Afrique du nord. Désagréable ! Euphémisme africain ! Elle était depuis des semaines l'amante du cynique et manipulateur Carlo, dès qu'il était disponible, elle courait se vautrer dans ses draps, tandis que je l'attendais en toute confiance, d'un Amour absolu… enfin je ne vais pas vous raconter ma vie !

Delphine : - Je vais vous expliquer, pour éviter le syndrome du Perroquet à Odette : notre arrivée fut programmée avec un intervalle régulier… Mais alors que nous sommes toutes en avance, Céline et Françoise ont raté leur tour.

Odette : - Cécile et Françoise ! La mémoire des prénoms est essentielle dans le show-biz !
Brigitte : - Peut-être seront-elles tout simplement à l'heure !
Odette, *regardant sa montre* : - J'ai la désagréable mission de vous informer que pour Cécile cette perspective est déjà irréalisable.

*On sonne !*

Toutes : - Ah !
Odette : - Mais laquelle ?! (*elle va ouvrir*) Oh non ! (*elle referme la porte brusquement, s'appuie contre elle, en hurlant « venez m'aider, des blousons noirs » et referme à clé en poussant un très long « oufff » puis après quelques secondes :*) Des blousons noirs, c'est pas le public d'Antonin ! Des fous, je les reconnais, ils ont des regards de dingues et pas d'appareil photo.
Aurélie : - Fausse alerte ! Il en manque toujours deux !
Géraldine : - Si j'ai bien compris, je devais arriver la dernière.
Delphine : - De toute manière il était inutile de nous hâter : Antonin a disparu.
Géraldine : - Comment disparu ? Kidnappé ? Enlevé ? On ne l'a pas annoncé à la radio.
Brigitte : - Il est simplement injoignable.
Aurélie, *en souriant, pour elle* : - S'il avait été garagiste, on aurait pu imaginer qu'il a été appelé pour une urgence.
Emilie : - Ne vous inquiétez pas, il réapparaîtra quand vous ne penserez plus à lui (*elle s'assied*).
Brigitte : - Bonne idée ! (*elle s'assied aussi*)
Delphine, *s'asseyant aussi* : - Mais elle va me faire flipper, avec ses prédictions, ses intuitions ou je ne sais quoi ! Le pire, c'est quand ça se réalise. Elle m'avait affirmé : « *Ne te presse pas, ton chanteur préféré ne sera pas là.* »

Brigitte : - Vous ne trouvez pas qu'on n'y voit rien dans cette pièce ?
Odette, *en détachant fortement chaque syllabe* : - In-ti-mis-te !
Delphine : - Ça va Odette ?
Odette : - J'imite le maîîîîîîîîître.
Brigitte : - Oh la rime ! On se croirait chez Racine !

*Le portable d'Odette sonne. Toutes, sauf Emilie, se relèvent.*

Odette : - Quand on parle du poète on entend sa... on entend sa ?
Brigitte : - Sonnette !
Odette : - Bien Bri... gette ! Il est le seul à connaître ce numéro, il m'a remis ce nouveau portable hier...

Delphine, *à Emilie* : - Je crois que pour une fois tu t'es plantée...
Emilie : - Ne sois pas aussi optimiste !
Odette : - Je vous raconterai...
Odette, *en décrochant* : - Antonin ! (...) Bonjour madame (...) Ce n'est pas grave j'espère (...) Mais je fais quoi ? (...) Et demain matin, avec les journalistes et le président du Conseil Régional ? (...) Bien madame.

*Odette range son portable. Toutes la fixent.*

Odette : - C'était sa vénérable et hystérique... historique épouse. Antonin ne pourra pas venir ce soir.

*Un « oh » de déception générale. Sauf Emilie, souriante.*

Odette : - Il y a bien une version officielle. Mais bon, je vous l'épargne. Comme si quelqu'un va croire une version officielle de madame.

Aurélie : - Les journalistes !
Odette : - Tu as tout compris !... Tu n'aurais pas un pied dans le show-biz ?
Aurélie : - Même pas un ongle.
Odette : - Un oncle te serait plus utile qu'un ongle... Mais Antonin sera là demain matin pour la photo souvenir et les télévions de caméras... les camés de tes visions... caméras de télévision.
Delphine : - On pourra au moins lui parler ?
Odette : - Rassurez-vous, il vous accordera l'intégralité du dimanche.
Aurélie : - Il faut retarder notre départ ?
Brigitte : - Mais moi je ne peux pas, mon train est à 10 heures 25. Quel drame !
Odette : - Une bonne nouvelle : j'ai l'autorisation de remonter de la cave sacrée quelques bouteilles de floc.
Delphine : - Du floc ?
Odette : - L'apéritif local. La renommée du sud-ouest. Personne ne connaît le floc ?
Géraldine : - Mais si au fait ! J'en ai bu une fois en vacances... Mais il ne faut pas exagérer, sinon on se met vite à dire et faire n'importe quoi !
Odette : - Floc et cacahouètes, ça promet les fillettes ! Parole d'Odette !

*Rideau*

## Acte 2

*Nombreuses bouteilles de floc vides sur la table. Les femmes assises. Lumière normale. Beuverie (sauf Emilie). Régulièrement, jusqu'à la fin de la pièce, fuseront des exclamations, des paroles inaudibles (couvertes par la voix principale).*

Odette : - Quand Odette boit, Odette dit n'importe quoi ! Ça c'est leur version officielle, dans le plus charmant des villages du sud-ouest, comme ils bavent à la télé quand l'Antonin est l'invité d'honneur.
Aurélie : - Pas tant d'honneurs que ça si j'ai bien tout suivi.
Odette : - Quand Odette boit, c'est comme si des portes à l'intérieur s'ouvraient. Je ne suis plus Odette secrétaire modèle (*toutes rient*). Odette secrétaire modèle condamne Odette cancanière. Et vice versa !
Aurélie : - Cancanière, j'y crois pas ! Tu ne nous as même pas expliqué comment un tirage au sort pouvait sélectionner sept femmes distinguées et presque équilibrées quand des millions de francophones ont envoyé leur plus belle photo et leur classement des plus belles chansons du millénaire.
Odette : - C'est même pas son idée à lui ! C'était avant, du temps où il présidait une autre association, où il dirigeait « Woodstock du Sud-Ouest » ! C'est le coordinateur de cette grande usine à subventions qui lui a refilé l'idée. (*Odette se tait et devient sombre*)
Emilie, *doucement* : - L'idée...
Odette : - Parce que l'Antonin en avait marre : à chaque fois qu'une gamine lui ouvrait sa porte, il devait promettre de la prendre comme choriste, ou en première partie d'un concert. Je dis une gamine, on les sélectionnait 18-25 ans, sur photo naturellement !

Aurélie : - Forcément !

Odette : - Jamais moins de 18 ans, c'était une règle écrite dans le platane.

Aurélie : - Le marbre !

Odette : - T'es pas du sud-ouest, toi ! Ici, c'est le platane ou la pierre. Mais la pierre, ça casse la lame du couteau ! 18 ans, j'ai dit ! J'étais stricte là-dessus. Y'a bien eu une exception, mais la chanteuse avait falsifié sa carte d'identité, dans ce cas-là, on assume.

Aurélie : - Elle voulait simplement être chanteuse.

Odette : - Quand on fraude, on assume ! Elle assumait la brunette ! Whaou ! Ça déménageait ! Si elle réussit elle pourra écrire un best seller « *ma méthode pour percer.* »

Géraldine : - On a compris. Pas besoin d'un livre, une phrase suffit. Momina pourrait lui donner des conseils.

Odette : - S'il le faut, j'irai la tête haute en prison ! Bref... J'étais stricte là-dessus, 18 ans. Si l'état autorise 15 ans, pour moi, no problème, mais l'état a dit, donc Odette est stricte. La loi, c'est la loi. Je voulais pas retrouver l'Antonin traité comme un vulgaire... Comme un vulgaire... Depuis qu'un nom ne protège même plus des petits juges et leur acharnement à se payer le scalp d'une star. En Asie, le « french singer » faisait ce qu'il voulait, Odette n'allait jamais en Asie. Mais en France non, je ne veux pas devenir complice. En Asie, si tu veux, mais pas ici, Odette a des principes, sinon Odette démissionne !... Et réclame une augmentation pour revenir !

Emilie, *doucement* : - Qu'il la prendrait comme choriste...

Odette : - Alors ça créait un tas d'embrouilles, parce que l'Antonin, il a remplacé les choristes par des synthétiseurs.

Aurélie : - Forcément !

Odette : - Vous voulez savoir pourquoi ?

Aurélie : - Forcément !

Odette : - Personne ne devine ?

Delphine : - C'est moins lourd !

Géraldine : - C'est jamais en retard ? Pas comme les africaines !

Odette : - Madame a décrété, « *ça coûte moins cher* », alors monsieur a cédé. Madame en avait marre des ragots et madame est jalouse. Mais moi ça ne me gênait pas qu'on prenne toutes et tous la même chambre ! Pour une fois qu'on faisait des économies ! Elle n'est jamais contente ! Nous étions jeunes ! Et jeunesse a beaucoup de tendresses les soirs de concerts.

Delphine : - Ça j'en suis certaine, ce n'est pas écrit dans sa biographie, n'est-ce pas Aurélie !

Géraldine : - La vérité personne ne l'écrit, c'est comme cette histoire entre Carlo le salaud et Momina. Africaine aussi a besoin de beaucoup tendresses quand elle passe trois mois en Ethiopie loin de son Amour.

Aurélie : - Forcément !

Géraldine : - Non pas forcément ! Quand on aime on sait attendre dans la dignité. On ne se lance pas dans la danse du vagin dès l'aéroport.

Aurélie : - Je répondais à Delphine.

Odette : - Et pour ses premières parties, en ce temps-là, il trouvait toujours des fils ou des filles à papa prêts à lui refiler de l'oseille pour avoir l'honneur de figurer sur la même affiche. L'oseille c'est une image. Madame tient les cordons de la bourse. La bourse du ménage et la bourse des voyages.

Aurélie : - T'exagères ! Il a la main sur le cœur !

Odette : - Mais le moteur de sa vie est ailleurs.

Aurélie : - T'exagères ! J'ai déjà entendu une chanteuse enthousiaste, elle jurait que faire la première partie d'Antonin, c'est extra, il donne des super conseils.

Odette : - Sûrement une qui avait ses raisons de parler ainsi ! Elle pourra écrire un livre aussi !

Delphine : - Mais j'ai rien compris à ton histoire. Tu devais nous expliquer pourquoi nous sommes là !
Odette : - J'y viens, j'y viens, mais sans l'historique, tu vas rien piger ma vieille.
Delphine : - Je pourrais être ta fille !
Odette : - Sois pas désagréable !
Aurélie : - Forcément !
Odette : - Odette comprend tout ! Tout !
Emilie, *doucement* : - Antonin…
Odette : - Oui, l'Antonin était encore un chanteur à disques d'or en ce temps-là.
Aurélie : - Il l'est encore ! J'ai lu dans…
Odette : - Si vous m'interrompez à chaque fois, les portes vont se refermer.
Toutes : - On t'écoute !
Odette : - Donc, c'est Jef (*elle se signe*) paix à son âme s'il en avait une, ce vieux roudoudou ! C'est lui qui lui a soufflé « *Tu devrais sélectionner des fans plutôt que des chanteuses.* » (*Odette sourit*)
Delphine : - Alors ? On voudrait rire aussi !
Odette : - Les fans sont encore plus connes que les chanteuses.
Brigitte : - Ça ne nous fait pas rire.
Odette : - Qu'il a répondu Antonin.
Aurélie : - Le con !
Odette : - C'est notre Antonin adoré, qui a répondu « *les fans sont encore plus connes que les chanteuses.* » Je vous rassure, il me considère moins secrétaire que fan.
Aurélie : - Tu ne lui as jamais mis trois claques ?
Odette : - Il les a eues… (*Odette devient sombre*) Mais rien, là vous ne saurez rien, vous ne saurez rien de ma vie privée. C'est entre lui et moi, cette histoire, c'est ma vie privée (*proche de pleurer, silence*). Sa première guitare, vous pouvez regarder le mur, vous ne la verrez pas !… Je

la lui ai fracassée sur la tête. Celle-là, c'est même pas la deuxième. La deuxième, c'est sa femme qui s'en est chargée. Tête à guitare qu'on l'a appelé durant des mois ! Il l'avait bien mérité.

Aurélie : - Le con !

Odette, *se reprenant* : - Mais c'était y'a si longtemps ! Ha ! Y'a contraception (*troublée*), conscription, prescription. Il lui reste une cicatrice sur la tête. J'ai frappé plus fort que sa femme. Il n'avait pas encore de moumoute !

Aurélie : - Quoi, Antonin est chauve ! Il a une perruque !

Odette : - Les portes vont se refermer !

Emilie : - Antonin a dit...

Odette : - Et l'année dernière, à l'enterrement de Jef, il m'a bredouillé. Il avait la larme à l'œil... Je suis certaine qu'il avait coupé des oignons avant ! C'est bien son style !

Aurélie : - Forcément !

Géraldine : - Mais non pas forcément ! On croirait entendre Momina et son « d'accord », elle te le sert à toutes les sauces et pour lui ce fut la totale : d'accord Carlo je viens chez toi en toute amitié, d'accord Carlo je n'en parle pas à Géraldine, d'accord, elle ne pourrait pas comprendre notre merveilleuse fantastique et unique amitié, d'accord Carlo on se déshabille en toute amitié, d'accord Carlo caresse-moi amicalement, d'accord Carlo mais entre doucement, d'accord Carlo tu passes me prendre dès que tu as une nuit de libre...

Odette : - On la laisse tomber, une femme bête au point de coucher avec Carlo le crapaud !

Aurélie : - Carlo le crapaud ! Quel talent de la formule !

Emilie : - L'enterrement...

Odette : - Il m'a bredouillé : « c'est con, tu vois, j'ai pas eu le temps, j'ai pas eu le temps de lui dire que son idée de sélectionner des fans plutôt que de la chair à sacem, son idée, à lui, à lui qui ne sera plus là pour me couvrir devant ma femme, son idée géniale, j'en ai touché trois mots au président du Conseil Régional, et il nous subventionne, forcément ! Tu te rends compte, il saura jamais que son idée, le monde entier va la connaître... »

Aurélie : - Mais ce n'était pas le règlement, sélectionner des femmes ! Les hommes pouvaient participer.

Delphine : - Y'a même eu un tirage au sort devant les caméras.

Odette : - Si vous croyez les règlements et les films, vous êtes mal parties les filles.

Delphine : - Magouilles ici comme partout.

Aurélie : - Forcément ! Si je vous racontais comment ça se passe dans mon groupe !

Odette : - C'est moi qui tenais le caméscope ! Et sa fille a réalisé le montage, les coupures et tout, elle suit des études de cinéma, sa fille aînée, dans l'école la plus chère du pays forcément ! Et la télévision a été bien contente de pouvoir diffuser un reportage sans devoir se déplacer ! Et même gratuitement ! Enfin, quel beau voyage ils m'offrent en Martinique le mois prochain !

Géraldine : - Tu m'emmènes ?

Odette : - J'ai trois places... Tu me donnes combien ?

Géraldine : - Tu as des places gratuites et tu les revends !

Odette : - Forcément ! N'est-ce pas Aurélie, tout le monde se débrouille, forcément !

Aurélie : - Y'a eu de la magouille !?

Odette : - Une stagiaire a réalisé un premier tri : les hommes d'un côté, les femmes de l'autre. Les hommes au fond, les femmes au-dessus. Après il a fallu que je revoie toutes vos photos pour ne retenir que des « magnifiques femmes dont le prénom commence par les sept premières lettres de l'alphabet, A, B, C, D, E, F, G. »

Aurélie : - A comme Aurélie !

Brigitte : - B comme Brigitte !
Delphine : - Et pourquoi ?
Odette : - A cause de sa mémoire ! Aurélie au lit, Brigitte me prend la... (*éclate d'un rire nerveux*)
Delphine : - C'était une rime pauvre ? *(toutes rient sauf Brigitte vexée)*
Géraldine : - Le jet de sarbacane, c'était donc à comprendre comme dans la parodie !
Aurélie : - Alors c'est vrai, quand il chante, il utilise un prompteur ?
Odette : - Comment tu sais ça, toi ?
Aurélie : - Tu me l'as glissé tout à l'heure... juste après avoir glissé !
Odette : - Pas possible ! Quand Odette est saoule, elle se souvient de tout, à la virgule près. Et elle s'en souvient même après, alors elle s'enferme pendant quinze jours pour ne pas voir les catastrophes.
Aurélie : - Quand tu étais à jeun, quand je suis arrivée.
Odette : - Je ne suis pas responsable des propos d'Odette à jeun. Même pas coupable.
Géraldine : - Alors nous avons été choisies pour notre prénom et notre physique !
Odette : - Tu as tout compris ma belle !
Géraldine: - C'est plutôt un beau compliment.
Delphine : - Dire que ma mère a hésité entre Delphine et Rosalie !
Brigitte : - Oh ! Si mon mari savait ça ! Il a même envoyé une photo retouchée par Photoshop avec un sourire très Antonin. Il avait noté uniquement des chansons d'Antonin dans son classement des plus belles chansons du millénaire ! J'avais même corrigé ses fautes ! Il est fan encore plus que moi.
Aurélie : - Attends, attends, je commence à comprendre...

Brigitte : - Tu comprends quoi ?

Aurélie : - Nous étions convoquées à vingt minutes d'intervalle !

Odette : - Cinq minutes de présentation et le reste, déshabillage et rhabillage compris, le reste tient en un quart d'heure. Chrono en main, on a répété !

Toutes : - Oh !

Odette : - Après, ouste dans la salle de répétition, au piano si tu veux, la pièce est insonorisée, place à la suivante ! Comme au service militaire !

Delphine : - Le vieux roudoudou !

Brigitte : - Je suis choquée ! Comment a-t-il pu croire ! J'ai beau être fan, je sais rester digne. Il me déçoit.

Odette : - Aurélie au lit !... Je vous rassure, il avait prévu sa boîte de Viagra !

Toutes : - Oh !

Géraldine : - Pas de chance pour lui je préfère les filles ! Mais bon, pour faire payer à Momina de s'être tapé Carlo, pourquoi pas après tout ! 20 minutes aussi je croyais quand elle m'a avoué « *on s'est laissé submerger un soir.* » Mais c'était la version une, aujourd'hui on en est à quatre nuits passées entièrement nue dans son pieu et pas pour dormir, elle n'emmenait pas de livre alors que chaque soir je devais me taper une heure de lumière après le p'tit câlin. Monsieur était un professionnel de la mise en condition, « *je lui ai bien rendu sa tendresse, ses caresses.* » Il la chauffait avant de la consommer. Et pas au micro-onde ! Excusez-moi, je crois que je ne vais pas bien.

Aurélie : - Pauvre Géraldine ! Un mec aussi m'a fait ça... La dignité doit être rare, tout finit peut-être en mensonges et trahisons...

Brigitte : - Ne me démoralisez pas ! Jamais je n'ai trompé

mon mari et je n'en ressens aucun héroïsme, je l'Aime comme il m'Aime.

Géraldine : - Heureusement qu'il y a du floc pour oublier ! Et elle voudrait que j'arrête l'alcool !

Aurélie : - Ça te fait aussi mal que si un mec t'avait trompée !

Géraldine : - Une Géraldine peut être cocue aussi ! Elle m'avait pourtant affirmé « *t'inquiète pas, tout va bien se passer* », quand elle est partie en septembre. En plus elle est revenue en décembre avec la carte de ce type dans sa poche, tu te rends compte elle m'embrassait avec la carte de ce type dans sa poche, elle lui avait donné son téléphone d'Addis et son mail, comme une petite salope immature et impatiente d'être invitée au restaurant, une cocotte qui veut juste que le type fasse semblant de croire en sa vertu quelques minutes...

Odette : - Une cocotte-minute !

Géraldine : - Une cocotte qui veut qu'on lui donne sa dose de montée d'adrénaline et la fasse tomber dans les règles établies de la drague entre dépravés soucieux de s'afficher dignes et honnêtes. Je lui avais même parlé de se pacser malgré sa famille qui ne veut pas entendre parler de moi.

*On sonne !*

Odette : - Quand on parle du loup on entend... (*elle se lève, titube, va ouvrir*)

Brigitte : - Son glouglou !

Aurélie : - Il sera des nôtres !

Géraldine : - Je ne bois pas par passion mais pour nettoyer la souillure qu'elle a ramenée en France !

Odette : - Cécile, Sainte Cécile du samedi soir sur le floc, Cécile que nous attendions toutes, Cécile, responsable du premier désordre. On s'embrasse !

*Cécile se laisse faire, observe, intriguée.*

Odette : - Mais entre, mais entre, tu es des nôtres !

Cécile : - Je suis lauréate...

Delphine : - Mais nous aussi, qui plus est, nous avons vidé quelques bouteilles, et il t'en reste ! Du floc du sud-ouest ! Les frais généraux sont généreux.

Aurélie : - Mais ça dégénère.

Delphine, *en riant* : - Pourtant la nuit même les cellules grises se régénèrent !

Brigitte : - Antonin s'est volatilisé !

Emilie : - Antonin s'envolera !

Delphine : - Il va lui pousser des ailes ?

Emilie : - Comme dans une chanson de Barbara !

Delphine : - Tu me fais peur !

Odette, *jouant la grande dame* : - Mais que t'est-il donc arrivé, chère amie ?

Cécile : - Une crevaison.

Odette : - Et ça t'a mise autant en retard !

Cécile : - J'ai appelé les renseignements mais les garagistes du coin étaient tous sur répondeur. Durant des heures, les seuls types qui se sont arrêtés me proposaient d'appeler une remorqueuse et de m'héberger la nuit. Des types vulgaires, qui ne savent même pas qu'une femme doit se mériter.

Odette : - Quand on veut conduire une voiture, il faut suivre la formation « changement de roues. » Antonin me paye toujours le taxi, sur ça, y'a rien à lui reprocher.

Cécile : - Et c'est un camionneur qui me l'a changée. J'avais des préjugés défavorables sur les camionneurs, j'avais tort. Un gentleman : il a fait le boulot sans un mot. Un ange !

Aurélie : - Tu es encore aux anges, à voir !

Cécile : - Un merveilleux souvenir ! Dans ma situation, aucune femme n'aurait pu résister ! Un sourire à la Cantona ! J'en avais les larmes aux yeux ! Quelle émotion ! Avec des petites intonations italiennes : « *si mademoiselle a cinq minutes, nous pouvons discuter paisiblement dans la cabine, bien au chaud.* »

Delphine : - C'est pas clair ton histoire, ça n'arrive plus, crever une roue, c'était au Moyen-Âge !

Aurélie : - Y'avait pas de voitures, au Moyen-Âge, ma vieille.

Cécile : - Je suis une victime de manifestations estudiantines. Hier ils ont balancé des bouteilles sur les CRS.

Aurélie : - Alors il faut qu'on trinque !

Delphine : - Vides, j'espère. Ils ne seraient quand même pas fous… Enfin, ils sont tellement riches les manifestants d'aujourd'hui, qu'un jour ils balanceront des bouteilles de Dom Pérignon. Juste pour narguer les journalistes stagiaires ! Et montrer qu'en France, non seulement on a les moyens de manifester, mais en plus une certaine élégance.

Aurélie : - C'est bizarre, j'avais eu la même idée quand les chanteurs ont manifesté contre le téléchargement gratuit de la musique sur internet.

Brigitte : - Je me souviens. Mais j'ai oublié son nom, à ce chanteur qui tendait son joint aux CRS. Il paraît que cette photo, ça lui a rapporté un max de blé, ses ventes ont redécollé, encore plus que Gainsbourg quand il avait brûlé un gros billet à la télé.

Delphine : - C'est qui Gazbourg ?

Odette : - Antonin aussi a réussi un super bon plan média : avec Jef, nous avions organisé une super manif. Forcément spontanée ! On avait déplacé une de nos célèbres rencontres interprofessionnelles de la chanson française de qualité. Ils nous en avaient voulu les parigots, quand le 20 heures avait ouvert par un duplex avec le

merveilleux petit village du sud-ouest « *où il y a ce soir plus de manifestants que d'habitants habituellement.* »
Delphine : - Mais pourquoi ont-elles cessé, ces rencontres ? Je me souviens, j'avais vu un reportage à la télé.
Aurélie : - C'est écrit dans sa dernière biographie : « *le monde de la chanson regrette que ce haut lieu de la formation, de la création, ait dû fermer, à cause de campagnes de presse scandaleuses, inacceptables.* »
Odette : - On nous a reproché nos subventions ! Trop d'argent dilapidé ! Pourtant, qu'est-ce qu'on se prenait comme bon temps avec Jef, on s'en est payé de super vacances sur le dos des subventions !
Aurélie : - C'était donc magouilles !
Odette : - Retire ce mot, sinon je range le floc ! Le monde de la chanson a ses traditions. Et la Cour des Comptes ferait mieux…
Aurélie : - Je n'ai rien dit !
Cécile : - Je peux poser une question ?
Delphine : - Je te répondrai si Odette nous a déjà confié le secret.
Cécile : - Ça se passe comment, ces vingt-quatre heures ?
Delphine : - Du floc, du floc et quelques bouteilles sans étiquette. Distillation secrète ! Une chambre personnelle dont le numéro correspond à l'ordre alphabétique A1, B2, C3, donc Cécile 3, et demain Antonin pour les photos, les télés, le discours tant attendu du président du Conseil Régional. Et comme ça fait cinq minutes, tu peux poser ton sac, nous tutoyer, et venir trinquer…

*Cécile s'avance, encore timide.*

Emilie : - Ne t'inquiète pas, tu n'es pas obligée de boire ! Observer peut être très instructif !
Aurélie : - Pourquoi elle ne rattraperait pas son retard ?

Cécile : - Il est vrai que j'ai un petit creux. Avec toutes ces aventures, je n'ai pas même pris le temps de m'arrêter au restaurant, j'ai foncé.
Delphine : - Des cacahouètes bien salées vont te donner soif !
Cécile : - Je meurs de soif ! (*elle pose son sac et s'assied*)
Odette : - Pauvre Antonin ! Vous pourriez quand même respecter sa mémoire, arrêter de picoler cinq minutes !
Delphine : - Il n'est pas mort, ton champion, juste cloîtré !
Odette : - Cloîtré, tu as trouvé le mot juste ma belle. Elle est tellement jalouse sa femme ! Et elle a tout deviné.
Géraldine : - Jalouse, je ne l'étais même pas. J'avais une totale confiance. Mais loin des yeux loin du cœur. Loin des yeux près de son pieu. Pour moi aussi, comme pour les autres.
Odette : - Y'avait pas besoin d'être une lumière pour comprendre. Elle est passée la semaine dernière, elle a feuilleté le dossier. Je l'avais pourtant caché. Et elle n'a pas pu se retenir de remarquer « *bizarre, quand même, sept femmes, en plus fraîches et mignonnes.* »
Delphine : - Elle n'a pas regardé le reportage télé ?
Odette : - Pauvre Antonin ! Il s'est sacrifié pour qu'elle ne le voie pas : devoir conjugal ! Il l'a honorée durant une heure comme une femme désirable.
Aurélie : - Elle a pourtant les moyens de se payer un peu de chirurgie esthétique !
Odette : - Au village, on la surnomme « la Jacksonnette », tellement elle est siliconée.
Aurélie : - C'est pourtant pas écrit dans les biographies.
Emilie : - Mais tu crois vraiment aux biographies !
Aurélie : - Tu ferais mieux de boire !
Odette : - Pauvre Antonin ! Il doit fixer sa vallée illuminée de lampes solaires. Tout ça parce que sa Jacinthe a réussi à le persuader que briser son image de

dernier romantique serait catastrophique. L'homme qui n'a aimé qu'une femme ! Et il chante les fleurs ! Jure sur le cœur qu'elle lui inspire toutes ses chansons. Comme c'est triste, une idole non maquillée !
Cécile : - Oh ! La première guitare du maître !
Delphine : - C'est pas sa première guitare. Sa première, Odette lui a fracassée sur la tête. Et elle a eu bien raison. S'il était là devant moi, il s'en prendrait une troisième.
Odette : - Delph, je t'interdis de colporter de tels ragots, c'est sa première guitare, point à la ligne.
Brigitte : - Comme elle est belle la première guitare du maître !
Géraldine : - T'es sourde ou tu ne tiens pas l'alcool ?! La première, Odette lui a fracassée sur la tête. S'il débarque, il s'en prend une autre.
Odette : - Géraldine ! Même toi si belle et si douce, je vais devoir te priver de floc si ça continue ! Je t'interdis de colporter de tels ragots, c'est sa première guitare, point à la ligne.
Géraldine : - Si j'en avais la force ! J'ai même pas réussi à lui mettre trois gifles à cette Momina qui n'a même pas pleuré en avouant son indignité !

***Rideau***

# Acte 3

*Suite beuverie. On sonne.*

Odette : - Mon Dieu ! Qui cela peut-il bien être !
Cécile : - Il en manque une, c'est donc elle !
Odette *compte* : - 1, 2, 3, 4, 5, 6, 7 (*elle se compte en septième*). Sept, le compte est bon.
Aurélie : - Sept moins un ?
Odette : - Six, à quoi tu joues ?
Aurélie : - Tu n'as pas gagné, tu es l'hôtesse ! Avec un O comme O…
Delphine : - Tocard !
Odette : - Tocard ?
Delphine : - Autocar, l'autocar est arrivé sans se presser. Un autocar à roulettes. Et s'il n'en reste qu'une ce sera la dernière, et la septième va décoller les étiquettes.
Odette : - Qui va là ?
Géraldine : - Cachez les bouteilles !
Cécile : - Je n'aurais pas dû rattraper mon retard.

*On sonne de nouveau.*

Odette, *se lève, se précipite, ouvre difficilement (la porte est fermée à clé)* : - Oh ! (*elle se tient à la porte*) Monsieur le commissaire ! (*elle sort et referme la porte*)

Géraldine : - Il est arrivé quelque chose à notre Antonin !
Aurélie : - Tu crois qu'ils l'ont retrouvé noyé dans le lac ?
Cécile : - Ecrasé par une de ses autruches !
Delphine : - Il s'est suicidé !
Géraldine : - Mort comme Félix Faure, dans les bras d'une courtisane.
Brigitte : - Si c'est ça on va passer à la télé !
Aurélie : - T'aurais pas honte de profiter de sa mort pour réciter ton poème au journal de TF1.

Brigitte : - Je n'y avais pas pensé ! Mais si les journalistes m'interrogent, je leur annonce une exclusivité mondiale.

Aurélie : - Du genre il m'a téléphoné hier pour me demander l'autorisation de mettre ce texte dans son prochain album !

Brigitte : - Je n'y avais pas pensé ! Tu ne travaillerais pas dans la pub ?

Géraldine : - C'est ce connard de Carlo qui travaille dans le marketing pour l'Union Européenne à Addis-Abeba, et il ne pouvait pas se contenter de Sophie, ouais Sophie, l'instit, il a fallu qu'il se tape une princesse black. Monsieur distingué s'offrait une blanche les jours pairs et une noire les jours impairs. Il faudrait que j'oublie ! Ce n'est qu'une petite erreur ! Trahir et mentir durant des mois, on en fait tous des erreurs !

Brigitte : - Tu penses à tes histoires de… de… alors qu'Antonin est peut-être raide !

Géraldine : - Excusez-moi, je vais pas bien.

Cécile : - La fidélité peut s'agrémenter d'un peu de piment ! Une aventure de temps en temps ressoude le couple !

Aurélie : - Enfin raide, les femmes diront devant son cercueil !

Brigitte : - Oh !

Aurélie : - Bin oui, enfin raide naturellement, diront celles qui savent qu'il prenait du viagra !

Géraldine: - C'est ce connard de Carlo qui prend du viagra.

*Odette rentre.*

Toutes : - Alors ?

Odette : - Rien ! Juste un gendarme ! Il a eu un appel d'une lauréate, une certaine Cécile, qui serait en retard !

Cécile : - Exact, j'avais téléphoné au commissariat !

Odette : - L'escroc, pour le service il m'a demandé une petite gâterie. Je n'ai pas pu lui refuser, c'est presque mon vagin, oups mon voisin ! il a vingt-deux ans ! C'est une mode venue d'Angleterre, paraît-il, les femmes mûres dévoreuses de jeunes hommes. Et sa femme est une amie.

Géraldine : - Il en a eu aussi des gâteries, son baratineur d'aéroport, alors qu'elle m'écrivait encore « *tu me manques.* » Pourtant il avait presque trois fois vingt-deux ans !

Brigitte : - Ah ! Donc tout va bien, ça m'a donné une de ces peurs !

Géraldine : - En tout cas, les vieux croûtons dévoreurs de chair fraîche, ça doit être universel, pas seulement pour les fonctionnaires italiens en poste en Ethiopie.

Cécile : - Ça manque d'hommes cette soirée ! Tu aurais pu me le présenter ! Pour une fois que je suis loin de mon mari !

Brigitte : - Oh !

Cécile : - Y'a des opportunités, il faudrait être folle de les louper ! Je suis une femme fidèle, amoureuse mais moderne et réaliste ! Dans certaines circonstances, les hormones ont leurs exigences.

Brigitte : - Revoilà la théorie « tout n'est que réactions hormonales ! » Exit conscience dignité et cohérence ! Comme tout cela serait triste si c'était vrai !

Odette : - Il fut d'une tendresse touchante. Il sait que dans le show-biz on a la tendresse facile.

Géraldine : - Comme sous le soleil d'Addis ! On va au restau et on prend le dessert jusqu'à sept heures du mat, vas-y pépère, profites-en, reprends de la figue, je suis à toi. Géraldine, Géraldine, tu me manques on écrit dans les mails mais on s'emmêle sans état d'âme. Elle m'a aussi baratinée avec ses hormones.

Aurélie : - Alors c'est vrai, c'est un milieu guère fréquentable, le show-biz ?
Odette : - On y vieillit vite : regarde, moi, j'avais 17 ans, et je les ai plus.
Aurélie : - Je te rassure, ça arrive aussi chez les comptables !
Odette : - Peut-être, mais elles ne s'en aperçoivent pas !
Aurélie, *à Delphine*: - Faut pas essayer de comprendre, Odette est gasconne.
Géraldine : - Franchement, ça fait au moins trois jours que j'ai arrêté d'essayer de comprendre ce qui se passe ici !
Aurélie: - Tu étais où y'a trois jours ?
Odette : - Moi, parfois, j'ai bien l'impression qu'une journée tient en trois secondes. Le contraire peut donc arriver aussi.
Géraldine : - À une époque on mettait le temps en bouteilles et parfois il en sortait un ogre, parfois il en sortait…

*On sonne. Un bond général.*

Aurélie : - Là c'est le retour des blousons noirs ! Où j'ai mis ma bombe lacrymogène ? (*elle fouille dans ses poches*)
Odette : - Silence les filles, quand le chasseur arrive, les biches se cachent.
Delphine, *plus bas* : - Tu es allée voir Bambi au cinéma ?
Cécile : - Et on fait quoi ?
Odette : - Rassurez-vous, j'ai refermé à clé.

*Nouvelle sonnerie.*

Odette : - Qui va là ?
Antonin : - C'est moi. (*voix douloureuse*)

Brigitte : - Un homme !
Géraldine : - Cachez les bouteilles !
Cécile : - Je n'aurais pas dû rattraper mon retard.

Odette : - Qui ça moi ?
Antonin : - Odette ! C'est Antonin.

Odette, *se lève, se précipite, ouvre difficilement (la porte est fermée à clé)* : - Oh ! (*elle recule*)

> Antonin entre. Sans maquillage. En tenue de chasse, de la boue au genou droit. La lèvre ouverte.

Antonin : - Je me suis enfui.
Toutes : - Oh !

Antonin, *à Odette* : - Comme quand tu avais 17 ans, ma bonne vieille ! Je suis passé par la grande branche du platane !
Odette : - Mon Tarzan ! Mais tu n'as plus 40 ans, mon pauvre vieux !
Antonin : - Odette, voyons, que vont dire ces dames ?
Odette : - J'ai vu l'idole nue !
Antonin : - Mais vous êtes saoule, Odette !
Odette : - C'est ta femme qui nous a conseillé de boire !
Antonin : - Elle ferait mieux de boire, celle-là !

Delphine : - Je ne savais pas qu'il avait un frère, Antonin. Il ne lui ressemble pas vraiment.
Aurélie : - J'ai lu toutes ses biographies, c'est écrit nulle part. Enfin, c'est pas écrit non plus que c'est pas son vrai nom. Et que sa femme est siliconée.
Antonin, *à Odette* : - Mais elles sont saoules aussi ! Et tu as encore laissé échapper des secrets !
Odette : - Si tu me cherches, tu vas me trouver ! Tu aurais au moins pu téléphoner !

Antonin : - Odette ! Je suis le patron ! Je te raconterai en tête à tête. (*Odette le fixe très amoureusement*)
Odette : -Tu veux qu'on aille à côté ?
Antonin : - J'ai des invitées, Odette !
Odette : - De toute manière, elles ne se souviendront plus de rien demain !
Emilie : - Faux. Je vois tout sans le moindre nuage... Et ce n'est pas beau à voir !
Antonin : - Mesdames, je suis désolé. Ma tenue n'est pas recherchée. Mais c'était la seule.
Odette : - C'était ça ou arriver nu comme un ver !
Antonin : - Je tenais tant à vous rencontrer dès ce soir. (*il porte la main droite à sa bouche ; signes de douleur*) Comme vous le constatez, nous ne pourrons pas nous embrasser.
Odette : - Antonin embrasse à la Russe !
Aurélie : - On peut quand même trinquer ! (*elle lève son verre*)
Brigitte : - Il est des nôtres, il a bu son verre comme ses fa-a-ne-e-es.
Antonin : - Je crois qu'il est détestable, préférable que je reste sobre. N'oubliez pas que je dois rentrer avant le chant du coq. Je dois repasser par un platane.

Brigitte : - Oh ! Il parle en rimes. Oh maître, apprends-moi à écrire une chanson.
Delphine : - Faut pas le croire. C'est pas le véritable Antonin de la télé. C'est peut-être même pas son frère. On s'est fait manipuler. J'appelle mon mari, qu'il vienne nous délivrer, il est gendarme. (*elle prend son portable*) Oh zut, j'avais oublié que j'ai divorcé ! Je n'ai quand même pas fait des études pour devenir femme de gendarme ! Pour une fois qu'il aurait pu servir !
Brigitte : - Le poète sur un platane, comme c'est beau !

Aurélie : - Maître Antonin sur un arbre perché, tenait en son bec une bouteille de floc... (*elle éclate de rire*)
Antonin : - Je n'aurais pas dû forcer le destin...
Odette : - Quelqu'un m'a dit que c'est toujours mieux en imagination...
Antonin : - C'est une bonne idée de chanson, non, « *Quelqu'un m'a dit...* »
Odette : - Déjà chanté !
Antonin : - J'ai chanté ça, moi ? En quelle année ?
Odette : - Mais non, pas toi, une grande brune.
Antonin : - Alors c'est une rémidistance (*sic*). J'aurais dû rester devant ma magnifique lampe solaire
Odette : - Et sa si réaliste forme de lune.
Antonin : - Comme un poète.
Brigitte : - Comme c'est beau !
Emilie : - Mais non, Antonin. Quelqu'un vous attendait vraiment. Est-ce un soir de pleine lune ?
Antonin : - Depuis que j'ai ma lune solaire, je fais plus attention.
Emilie : - Je vais aller vérifier. (*elle se lève, sort par la porte du fond*)
Odette : - Elle nous a bien bluffées, celle-là ! Mon œil qu'elle ne boit jamais. Elle avait son plan !
Delphine : - La conne ! Elle va se faire avoir, c'est qu'un sosie de série B. Même pas un imitateur de série C.

Aurélie : - Nous saouler pour garder Antonin !
Odette : - Il fut un temps où tu démarrais au quart de clin d'œil, tu comprenais plus vite. (*très grave, le regard de plus en plus vague*) Je ne peux plus rivaliser avec une femme de cet âge ! Je ne t'en voudrai pas. C'est la vie. J'ai connu ça, j'ai moi aussi eu vingt ans. Mais qu'ils sont loin mes dix-sept ans...
Antonin : - Odette !... Je vais vérifier... Euh... Si la

chaudière est encore là… Euh… Bien branchée (*il sort par la même porte*).
Delphine : - Elle aurait mieux fait de boire, au moins elle aurait vu que ce n'est pas le véritable Antonin.
Aurélie : - Antonin de Gasconnie a-t-il un gros crédit !…
Delphine : - Même durant ma procédure de divorce, je n'aurais jamais osé être aussi directe !
Odette : - On ne peut pas lui donner tort, ni lui en vouloir. Elle n'a même pas eu un geste obscène en public. Dans le show-biz, on fait les présentations quand on se sépare !

*On sonne. Un bond général.*

Géraldine : - Là c'est les blousons noirs !
Odette : - Silence les filles

*Nouvelle sonnerie.*

Voix féminine du dehors (*uniquement les derniers mots compréhensibles*) : - …Ouvrez-moi !
Odette : - Sa femme ! C'est la fin du monde ! (*elle se signe, vide le fond de son verre*)
Delphine : - Entre femmes, on saura se comprendre.
Cécile : - Après tout, nous n'y sommes pour rien. Leurs histoires de couple ne regardent que les journaux.
Odette, *se lamente* : - Virée, virée sans indemnités ! Je l'avais bien pressenti, et sur qui ça va retomber, sur Bambi… sur bibi… Elle me paiera mes indemnités, sinon j'en ai à raconter ! Elle n'a jamais pu me blairer ! J'y peux rien si sa star de mari a un faible pour mes cuisses !

La voix du dehors : - (*quelques mots incompréhensibles, puis*) C'est Françoise, je suis en retard.
Odette : - Françoise, Françoise ? Je ne connais pas de Françoise.
Delphine : - Elle veut nous embrouiller, c'est une ruse de pêcheur, de chasseur.

Géraldine : - Y'a des femmes dans la police.

Aurélie : - Six ! F 6 !

Brigitte : - Touché ? Coulé ? Mais où est le plan de la bataille navale ?

Delphine : - Les avions, c'est des F16, je le sais, mon cousin...

Aurélie : - A 1 Aurélie, F 6 Françoise !

Odette, *euphorique* : - Ah Françoise ! Je vous le disais bien que ce n'était pas sa femme !

Françoise : - Je suis la lauréate du concours.

Odette : - Je sais, je sais ! Mais j'ai quand même le temps de me lever ! Je suis en heures sups ! Je vais lui demander une prime de risque à l'Antonin.

> *Odette se lève, titube jusqu'à la porte et ouvre finalement.*
> *Antonin rentre au même moment.*

Antonin : - La conne ! La conne !

Françoise : - Oh excusez-moi monsieur, je suis en retard !

Antonin, *se tourne vers elle* : - Encore une nouvelle ! A jeun en plus ! Ah non, plus de femme à jeun ce soir !

Odette, *à Françoise* : - T'inquiète pas, ce sont les aventures d'Antonin sous la lune.

Odette, *à Antonin :* - Elle t'a fait un truc que tu connaissais pas et t'as pas résisté !

Antonin : - Je connais tous les trucs !

Odette : - Mais tu oublies vite !

Antonin : - Tu as écouté ?

Odette : - Ça se passe toujours comme ça ! Tu te souviens plus de Nadège ?

Antonin : - Odette, tu devrais être couchée à cette heure-ci !

Odette : - T'inquiète pas, tu vas me les payer mes heures sups !

Delphine : - En floc !

Odette : - T'inquiète pas, c'est pas le genre à aller tout déballer dans les journaux ni à demander d'être choriste !

Antonin : - Elle aurait mieux fait de boire !

Delphine : - Tu as vu, il dit comme moi, celui qui se fait passer pour Antonin. Faut le dire à la nouvelle ! Hé ! La nouvelle !

Françoise, *timide* : - Je suppose que c'est moi que vous appelez !

Delphine : - Et je n'attendrai pas cinq minutes : te laisse pas avoir, c'est même pas un vrai sosie !

Odette : - Mais entre Françoise... Tu arrives au bon moment. Antonin est descendu du platane et il vient de vérifier la chaudière. La nuit sera chaude !

Delphine : - Te fatigue pas, Odette, même si on raconte notre soirée, personne n'y croira.

Aurélie : - Allez la nouvelle, prends le chasseur en passant et viens trinquer.

Antonin : - Bon, je vais rentrer.

Cécile : - Antonin, c'est pas possible, il me faut une photo dédicacée pour mon camionneur.

Antonin, *à Odette :* - Tu donneras un carton de photos dédicacées à mademoiselle.

Odette, *à Antonin :* - Alors si on fait rien ce soir, je prends Géraldine et je te laisse les autres.

Antonin, *à Odette :* - Tu veux dire ?

Odette, *à Antonin :* - Elle me botte, grave !

Antonin, *à Odette :* OK ! Compris ! Tu laisseras la porte ouverte et je viendrai vous rejoindre.

Odette, *à Antonin :* - Pas d'accord ! Si elle est partante, je la garde pour moi !

Antonin, *à Odette :* - De toute manière j'ai perdu mon viagra et mes préservatifs en tombant de l'arbre !

Odette, *à Antonin :* - Quoi ! T'as fait ça comme avec

moi ! Tu feras un test VIH dans trois mois, et d'ici là, niet !

Antonin, *à Odette :* - Elle m'a dit qu'il n'y avait aucun risque.

Odette, *à Antonin :* - Elles disent toutes ça, les Momina et les Emilie !

Cécile : - Ah non, il m'a changé une roue, il a bien mérité une petite dédicace, un truc du genre : « à Francis, en remerciement de ma roue. »

Antonin : - Qu'est-ce que c'est encore de cette histoire ? Je reviens demain matin. Il faut que je rentre à la maison.

Aurélie : - Chanteur rentrer maison !

Delphine : - C'est pas un chanteur, je te dis. Je suis certaine qu'il a un dentier. Regarde bien ses dents, c'est pas des vraies dents.

Cécile, *à Aurélie:* - En tout cas, si l'Emilie fait un procès, qu'elle compte pas sur moi pour témoigner.

Aurélie : - Pourquoi un procès ?

Cécile : - C'est clair ! Se faire faire un gosse par une star, c'est un bon plan.

Aurélie : - Tu crois ?

Brigitte : - Ah non ! Il faut que tu m'apprennes à écrire une chanson ! J'ai bu, maintenant je peux devenir auteur.

Antonin, *en se touchant le front* : - Il est pas écrit président de la sacem !

Odette : - Parfaitement ! Et comme la chaudière est lancée, la nuit sera chaude ! (*plus discrètement à Géraldine près de qui elle s'assied :*) ça fait bien longtemps que je n'ai pas eu envie de faire un câlin avec une femme, mais faut que je te l'avoue, depuis que tu es arrivée je suis déstabilisée, y'a un truc en toi qui m'appelle et me fait vibrer. Je ne suis pas du genre à m'échauffer

rapidement mais là, tu vois, je ne vais même pas te faire la grande scène de l'amitié... je te désire...
Géraldine : - Si tu insistes aussi gentiment...

> *Odette lui caresse les cheveux, le dos... Toutes les observent plus ou moins discrètement.*

Odette : - Si nous étions seules... j'oserais même passer une main en dessous...
Géraldine : - Si en plus tu m'offres un séjour à la Martinique...
Odette : - Tu passes vite de l'envie d'un peu de tendresse à l'envie d'une grande dynamique, d'une vraie liaison... Je ne dis pas non, les mecs sont tellement décevants.
Géraldine : - Et pourtant cette conne de Momina s'est laissée entuber. Elle avait besoin d'affection !
Odette : - Pense plus à elle ma belle, profite du temps présent en toute sincérité, en toute passion.
Géraldine : - Je me rappelle très bien, très très bien, de choses très bonnes, plus que bonnes... et je sais qu'elle m'Aime de nouveau...
Odette : - Tu vas en connaître d'autres.

Géraldine : - Elle voudrait presque mes chaleureuses félicitations : elle ne m'a pas trahie avec son gardien ni son chauffeur mais avec un dandy distingué au sourire enjôleur ! Un monsieur ! Un sophiste oui, un être fondamentalement mauvais, vide, prétentieux, né avec une cuillère en argent dans la bouche, vide malgré ses prétentions à la voie de la sagesse avec des séjours de prétendues retraites dans des monastères.
Odette : - C'est fini, ma princesse.
Géraldine : - Son petit trésor excisé... et elle l'a laissé souiller, elle le regrette à peine en plus, elle sait juste marmonner « *désolée, je croyais qu'on allait se quitter, je*

*croyais que tu ne m'aimais plus vraiment, je croyais ne plus t'aimer à ce point, je croyais qu'on allait se séparer... désolée, il m'a déstabilisée, ça ne m'était jamais arrivé, j'ai été submergée, j'avais des douleurs atroces au ventre mais j'y allais... désolée...»*
Odette : - Ma princesse (*elle la caresse de plus en plus*)

Aurélie : - Je crois qu'on va terminer la soirée sans notre cheftaine.
Brigitte : - C'est dommage de se scinder comme ça. On formait un bon groupe.
Aurélie : - La vertu n'est pas une notion universelle.
Brigitte : - Je me demande souvent quel plaisir les gens trouvent dans la trahison ?
Aurélie : - Si on se met à philosopher, on va finir par pleurer.
Delphine : - Qu'est-ce qu'on pourrait faire d'autre ! Allez Françoise, viens essayer de comprendre !
Françoise : - Oui.
Delphine : - Qu'est-ce qu'on pourrait faire d'original maintenant qu'on a trop bu ?
Cécile : - Chanter au pays de la chanson !
Françoise : - J'ai l'impression de ne pas tout comprendre.
Aurélie : - Rassure-toi, tu n'es pas la seule ! En France, tout se termine par une chanson. Antonin ! (*qui observait, perplexe, semblait comparer*)
Antonin : - Oh moi, sans ma guitare !
Cécile : - Et si on chantait tous ensemble.
Delphine : - A caperala (*sic*).
Cécile : - Capélala... (*sic*) Ah zut, ta-pé-la (*sic*).
Brigitte : - Comme si nous étions vos choristes.

Géraldine : - Elle avait des choses désagréables à m'apprendre, qu'elle écrivait dans ses mails.

Odette : - C'est du passé ma princesse, sois dans l'instant présent, vis ce moment privilégié avec passion. Nous sommes ensemble en toute sincérité.

Géraldine : - Il l'appelait princesse et elle a passé quatre nuits nue dans son pieu à ce salaud et à sept heures du matin, avant d'aller occuper son poste d'inutile privilégié buvant le sang de l'Afrique, il descendait sa conquête chez elle, son escort girl quasi gratuite, et elle s'empressait de m'écrire un mail anodin. Elle a même envisagé de faire sa vie avec, durant quelques jours. Mais pour lui, elle n'était qu'une aventure de passage, une couleur locale à consommer, et elle aurait voulu qu'il reste son ami de cœur, et en plus me l'imposer. Ami de cœur, elle a osé m'écrire depuis !

Odette : - C'est fini tout cela, on s'est rencontrés et le monde s'est éclairci.

Aurélie : - Mon portable fait enregistreur. Chouette ! Quel beau souvenir !

Antonin : - Ni enregistreur ni appareil photo. Personne ne doit savoir que j'étais là ce soir. Le sort du monde en dépend !

Aurélie, *pose son portable* : - Dommage ! Mais si c'est la loi !

*Ils entonnent, le plus mal possible, « Qu'une fois »... Tandis qu'Antonin est tourné, Aurélie reprend discrètement son portable et filme quelques secondes avant de le ranger, l'air malicieuse, dans une poche en souriant ; Brigitte lui glisse un mot à l'oreille et le rideau se baisse.*

On parle de l'Amour
Qui ne serait plus
Qu'une vulgaire chasse à courre

Un jeu pratiqué nu
On joue à l'amour

On dit grand amour
Quand on a trop bu
Ou qu'on reste plus d'huit jours
En étant convaincu
Que c'est pour toujours (*Odette se lève, tend la main droite à Géraldine qui la prend, se lève aussi, elles sortent main dans la main durant le refrain*)

*Mais les rues sont pleines*
*De gens qui comme moi*
*N'ont dit qu'une fois*
*« Tu sais, je t'aime »*

### Rideau - Fin

# Onze femmes et la star

## Version longue de "*Neuf femmes et la star*"
avec dix femmes et cinq hommes sur scène

*Comédie contemporaine en trois actes*

Distribution : dix femmes et cinq hommes

*Sujet* : sept ravissantes femmes lauréates d'un concours leur offrant 24 heures avec leur idole, le chanteur Antonin K.
Secrétaire de l'association organisatrice, Odette, un peu gaffeuse même à jeun, les accueille.
Arrivées programmées à la file indienne. Mais l'idole est en retard… Odette improvise, l'alcool délie les langues : show-biz comme Antonin, la réalité diffère grandement de la mise en scène médiatique… L'idole arrivera quand plus personne (excepté Emilie) ne l'attendra, et dans une tenue peu reluisante.

*Décor* : une belle salle de réception, avec table longue ornée de fleurs, un bureau, des fauteuils, des chaises, un canapé garni de coussins ornés d'un A majuscule, trois portes, deux fenêtres dont l'une près de la porte d'entrée, une guitare sèche suspendue au mur (au-dessus du canapé)…

*Personnages* :

Odette : hôtesse d'accueil, la quarantaine.

Les lauréates (25 à 35 ans) par ordre d'arrivée programmé :
Aurélie, Brigitte, Cécile, Delphine, Emilie, Françoise, Géraldine : très distinguées, vêtues avec goût, arriveront avec un petit bagage.

Une fan : la quarantaine, apparence très à l'opposée des lauréates.

Clara: sœur aînée d'Odette.

Bertrand : le mari de Brigitte, la trentaine.
Octavio : le *boyfriend* d'Aurélie, la quarantaine.
Gendarme 1 : 22 ans.
Gendarme 2 : la quarantaine.
Le chanteur moustachu et vieillissant, Antonin K, la soixantaine.

## Acte 1

*Odette, Aurélie, Brigitte, Delphine, Emilie, Géraldine, une fan.*

*Odette seule dans la salle de réception. Elle marche de long en large, tout en regardant sa montre, inquiète.*

Odette, *en arpentant la scène* : - Je ne marche pas par nécessité. Mais ça me calme ! Calme-toi Odette, puisque tu marches ! Tu fais tout ce qu'il faut pour recouvrer ton légendaire calme. Respire ! (*elle respire profondément*) Oui, avec le ventre, c'est bien... Zen... (*elle continue en silence à marcher, inspirer et expirer profondément.*) La première va arriver... Elle va arriver, j'en suis certaine... Tout va encore foirer et ça va retomber sur qui ? Sur ma tronche comme d'habitude... Je ne me suis quand même pas trompée de jour ? (*elle prend une chemise sur le bureau, l'ouvre...*) Ce serait une belle histoire à raconter ! (*elle sourit*) Odette panique mais elle s'était emmêlée les puceaux (*se frappe la tête*) (*précision de l'auteur : ce lapsus peut être retiré lors de certaines représentations, comme d'autres lapsus, si jugés incompatibles avec le public*), les pinceaux, les dates quoi !... Non, c'est bien aujourd'hui... L'arnaqueur de fleuriste a livré ce matin, donc le Jour J a enfin sonné !... J comme jouissons. Et la première va arriver. (*silence*) Mais qu'est-ce qu'il veut se prouver ! Il a tout : l'argent, la gloire, sept résidences secondaires, deux Porsche, une Ferrari, un 4x4, des vignes, des autruches, des amantes, des bisons, des enfants. Comme elles sont belles ses filles ! Pauvres petites filles riches, va ! Comme ça doit être invivable, fille de star !... Pratique, génial, inespéré. Mais invivable après 14 ans !... Le fou ! Tout ça à cause de quelques rides ! Qu'est-ce qu'il croyait ! Un jour, même la chirurgie esthétique ne peut plus rien ! Et de l'autre, qui s'amuse, avec ses parodies. Quel impertinent ! Mais comme c'est drôle ! (*elle éclate de rire*) Après tout, je m'en fous si tout foire. Pierre qui roule n'amasse pas mousse ! (*elle lance la chemise sur le bureau ; peu importe si elle n'atteint pas sa cible*) Odette philosophe, parfaitement (*elle se vautre dans le canapé*) Si j'étais star, je crois que, moi aussi, j'aurais des caprices de star. (*de sa main droite elle mime un éventail*) Mais pas sept !

*On sonne.*

Odette : - Oh peuchère ! Enfin ! Il a fini de se maquiller ! Oh ! Les lumières !...

*Elle se lève, se précipite sur les interrupteurs – après quelques essais transforme la pièce, qui devient très intimiste – et fonce vers la porte, s'arrête, souffle profondément, ouvre, s'apprête à sauter au cou de son idole (même si elle est salariée de « l'association », elle reste très fan)... C'est Aurélie... Odette s'arrête net.*

Aurélie, *un petit sac à la main, surprise* : - Je suis la première ? Suis-je un peu trop en avance ?
Odette, *se reprenant* : - Entrez, entrez, Aurélie.
Aurélie : - Comme vous connaissez mon prénom, je suis à la bonne adresse (*elle observe le décor, qu'elle doit juger très... intimiste*).
Odette : - Entrez, entrez, Aurélie. Antonin devrait être là, il a... un léger retard.
Aurélie : - Ah, je comprends, c'est lui que vous vous apprêtiez à accueillir d'une manière aussi fougueuse !
Odette : - Mais non, mais non... J'ai glissé.
Aurélie, *en souriant* : - Et je suis la première ?

Odette : - Naturellement... Je veux dire, vous pouvez le constater.

*Odette referme la porte.*

Aurélie : - Oh ! La première guitare !
Odette : - C'est même pas vrai !... (*se reprenant*) Oui, la première guitare d'Antonin (*comme si elle récitait*) sur laquelle, seul dans son jardin, à l'ombre des figuiers, il a composé ses premiers succès.
Aurélie : - Oh ! Comme c'est touchant de la voir en vrai.
Odette : - Je vais le rappeler... (*elle sort son portable d'une poche et appelle ; à Aurélie :*) C'est toujours son répondeur. C'est son répondeur depuis une heure. Je l'ai bien déjà appelé dix-neuf fois (*elle range son portable*).
Aurélie : - J'espère qu'il ne lui est rien arrivé de grave ! Ce serait trop bête ! J'ai tellement rêvé de cet instant ! Rencontrer Antonin ! Pouvoir lui parler comme je vous parle...
Odette : - Parler, parler, ce n'est pas son fort, à l'Antonin !
Aurélie : - Pourtant, à la télé, il a toujours l'air tellement à l'aise, et si calme, si souriant...

Odette : - Avec un prompteur, tout le monde serait comme lui ! (*face au regard interloqué d'Aurélie, Odette réalise qu'elle s'exprime devant une lauréate*) Mais non ! Je plaisante ! Nous sommes dans le sud-ouest ici, nous avons la galéjade facile.
Aurélie : - Je croyais que la galéjade, se pratiquait uniquement du côté de Marseille.
Odette : - Naturellement... ce qui signifie : ici gasconnades.
Aurélie : - Gasconnade, Gascogne, Gascon, c'est donc vrai : le caractère des Gascons était très haut en couleur ?

C'était bien au temps de la langue d'Oc ? Après l'empire romain ?

Odette : - Je suis là pour vous accueillir. L'office de tourisme, c'est à côté... Je vous le susurre sans m'énerver : la Garonne nous irrigue, donc nous avons la plaisanterie facile. Comme vous débarquez de Paris, vous ne comprendrez pas toujours !

Aurélie : - Je suis de Châteauroux.

Odette : - Je le sais parfaitement, 28 ter rue Romanette Boutou. Mais pour nous, au-dessus de Brive la Gaillarde on grelotte, c'est le pôle Nord.

Aurélie : - C'est une gasconnade !

Odette : - Vous comprenez vite... J'allais ajouter pour une parisienne ! Je vous bouscule un peu, c'est juste pour noyer mon anxiété ! Je noie mon anxiété dans la Garonne ! Je vous l'avoue sans chinois, sans chichis même : je ne comprends pas pourquoi Antonin n'est pas à ma place et moi derrière la caméra.

Aurélie : - La caméra ?

Odette : - Euh... Oui pour vous offrir la cassette de votre rencontre.

Aurélie : - Ah ! Quelle délicatesse !... Comme c'est touchant. Et vous travaillez depuis longtemps avec Antonin ?... Je me permets d'utiliser ainsi son prénom : sur son courrier si poétique, il notait : « Appelez-moi Antonin quand nous aurons la chance d'enfin croiser nos regards. »

Odette : - C'est plus intime. Antonin avec un A comme Amour ! Antonin l'entrée des câlins ! C'est toujours mieux que son véritable prénom ! Les parents sont parfois fous !

Aurélie : - Comment ? Antonin est un pseudonyme ?

Odette : - Quel indice vous induit ainsi en erreur ?

Aurélie : - Vous !... Pourtant j'ai lu toutes ses biographies et pas une ne signale un pseudonyme.
Odette : - Il faudra vous y habituer ! Ici on cause avec des images.
Aurélie : - La terre du grand poète.
Odette : - Comme recopient les journalistes !
Aurélie : - Comme je suis heureuse d'être ici ! Devant la porte, durant les quelques secondes du sourire de la prise de conscience du rêve devenant réalité, je me demandais si l'idole de ma vie allait m'ouvrir. Comme j'aurais été intimidée !
Odette : - Il doit encore traîner des moustaches dans le bureau. Tu veux que je les mette ?
Aurélie : - C'est une gasconnade ?
Odette : - On est dans le show-biz ici, après cinq minutes on se tutoie, après sept on s'embrasse sur la bouche.

*Aurélie se recule.*

Odette : - C'est une des célèbres répliques de notre poète bancal ! Local ! Les aphorismes du moustachu ! Il devrait être là, nous voguons à vue, nous sommes en totale improvisation. Je sens venir le paranormal ! Et je n'aime pas ça ! (*elle ressort de sa poche son portable et le rappelle*). Toujours la boîte vocale. « Antonin, la première lauréate est impatiente de te voir en chair et en os. Et plus si affinités. » (*elle pose son portable sur la table*)
Aurélie : - Encore une gasconnade !
Odette : - Déformation professionnelle !

*On sonne.*

Aurélie : - Oh !
Odette : - Ne rêvez pas, je n'ai pas refermé à clé ! Quand il est en retard, avant de sonner, Antonin tourne toujours la

poignée pour entrer discrètement, avec son petit air d'enfant de chœur pris en faute avec le verre de vin blanc de monsieur le curé aux lèvres et les joues rouges !
Aurélie : - Ah !
Odette : - Ma mère l'a vu enfant de chœur, c'était en… (*se reprenant*) Je vous parie que c'est Brigitte, 42 rue Pasteur, une de vos co-lauréates.
Aurélie : - Vous êtes voyante ?
Odette : - Les gasconnades de Châteauroux, c'est comme un Antonin sans mouche.
Aurélie : - Sans mouche !?
Odette : - Un Antonin sans moustaches (*elle mime les moustaches sous son nez*), je m'exprime pourtant clairement !

*Odette va à la porte, ouvre.*

Odette : - Bonjour Brigitte.
Brigitte : - Je suis en avance… Je serais venue à pied pour voir Antonin…
Odette : - Y'a pas de quoi !… Euh, je vous comprends.

*Odette referme.*

Aurélie : - J'en suis certaine : vous n'habitez pas Valenciennes !
Brigitte : - Vous m'avez devancée ! Je pensais être la première avec quinze minutes d'avance…
Odette : - Les présentations : Aurélie, première arrivée.
Brigitte : - Enchantée.
Aurélie : - En chansons… Je m'entraîne… Il paraît que nous sommes au pays des gasconnades !
Odette : - Et la gasconnadière en chef, Odette, chargée par le maître d'improviser quand la pendule ne tourne pas rond.
Brigitte : - Et c'est le cas ?

Odette : - La centrale nucléaire détraque nos pendules.

Aurélie, *à Brigitte* : - C'est un message codé ; Odette, pourriez-vous traduire, nous n'avons pas grandi dans l'ombre du maître.

Odette : - Je répète une dernière fois : Antonin devrait être là…

Aurélie : - Et il est ailleurs !

Brigitte : - Et personne ne connaît cet ailleurs ?

Odette : - Qui sait avec lui !

Brigitte : - Oh ! La première guitare ! (*elle s'approche du canapé*)

*On sonne !*

Odette : - Je n'ai pas refermé à clé !

Aurélie : - Si ce n'est lui, c'est donc une autre.

Brigitte : - Et pourquoi donc, ne serait-ce pas lui ?

Odette : - Transmettez le savoir Aurélie, je suis postière, portière !

Aurélie : - Parce qu'Antonin appuie toujours sur la poignée avant de sonner depuis qu'il a été surpris par Odette à boire le vin rouge de monsieur le curé, et Odette enferme les bouteilles à clé…

Odette : - Mais tu mélanges tout !

Aurélie : - Je crois que cette histoire me perturbe !

Brigitte : - Je n'ai rien compris. Vous êtes surréaliste tendance André Breton ?

Aurélie : - Je suis réaliste tendance *Psychologies Magazine*. Avec même un peu de Prozac quand ça chauffe trop.

*Odette ouvre : une femme, très nerveuse, avec un appareil photo en main, entre rapidement.*

La fan, *très nerveuse* : - Bonjour, bonjour, je suis venue pour les rencontres.

Odette : - Vous n'avez pas été convoquée, mademoiselle.
La fan : - C'est bien aujourd'hui, c'est bien ici les lauréats du concours. J'ai participé.
Odette : - Mais vous n'avez pas eu la chance de gagner !
La fan : - On m'a dit qu'il fallait venir aujourd'hui.
Odette : - Qui est donc ce cher et brave « on » ?
La fan : - C'est écrit dans le journal que c'est aujourd'hui.
Odette : - Mais personne ne vous a demandé de venir.
La fan : - Oh la première guitare ! Oh comme elle est belle !
Odette : - Ce n'est pas pour vous qu'elle est là, chère madame. Ma patience a des limites.

> *Les lauréates observent la scène en souriant.*
> *Odette va chercher son portable sur la table. La fan en profite pour avancer timidement en jetant des regards admiratifs.*

La fan : - Je suis une vraie fan.
Odette, *en se retournant* : - Je vous prie de quitter immédiatement cette salle privée.
La fan : - Je voudrais juste une photo, monsieur Antonin et moi, soyez sympa, j'ai parié avec les copines. On n'arrive jamais à entrer dans les loges après les concerts. Je voudrais embrasser Antonin, c'est mon rêve. J'ai fait trois cents kilomètres, soyez sympa.
Odette : - Je compte donc jusqu'à trois. Et comme les gendarmes sont juste à côté, dans deux minutes, si vous êtes encore ici, ils vont vous placer vingt-quatre heures en observation, prévention, et même préventive ! Ce serait dommage, vous en conviendrez ?
La fan : - Je voudrais juste faire une photo avec Antonin. Je n'ai pas de mauvaises intentions. Je suis une vraie fan.
Odette : - Attendez dehors et vous le verrez arriver.
La fan : - Ne vous moquez pas de moi, je suis certaine

qu'ici c'est comme une zone militaire, vous avez au moins cinq entrées et sûrement même des souterrains.

Odette : - Antonin a laissé une photo dédicacée, je vais vous la chercher seulement si vous me promettez qu'ensuite je ne serai pas obligée de déranger la gendarmerie.

La fan : - Promis, promis, je dirai aux copines que mon appareil s'est bloqué. C'est une bonne idée, vous ne trouvez pas ?

Odette : - Excellente ! (*elle va au bureau, ouvre un tiroir, en sort une photo... pendant ce temps La fan en profite pour photographier la guitare*) Tenez, chère madame.

La fan : - Oh merci, merci chère madame. (*elle sort en la tenant dans les mains et en la fixant comme une image sainte*)

Odette, *refermant la porte à clé, pour elle* : - Pauvre femme ! Ah ! C'est ça aussi son public ! On choisit les lauréates mais pas son public ! Peut-être même pas quarante ans et déjà lessivée !... (*aux lauréates :*) Il suffit d'un peu de tact et ça se passe toujours bien. Sauf une fois où les gendarmes ont vraiment dû se déplacer. Menottes et panier à salades !

*On sonne.*

Odette : - Ah non ! Elle ne va pas être la deuxième, celle-là ! (*elle écarte le rideau de la fenêtre et regarde dehors... Ouvre*) Encore, déjà ! Mais vous êtes toutes en avance !

*Entrent Delphine et Emilie.*

Delphine : - Nous y sommes enfin !
Odette : - Mais oui, bonjour Delphine, bonjour Emilie...
Delphine : - Bonjour...
Odette : - Odette, Odette avec un O et quelques dettes... Rassurez-vous, j'ai une éponge qui les récure !... Les absorbe !

*Toutes la regardent sans comprendre.*

Odette : - J'ai une relation qui les éponge, si vous ne comprenez pas les raccourcis. Delphine et Emilie qui arrivent avant Cécile, décidément tout part de travers.
Aurélie : - Les chemins de travers.
Emilie : - Bonjour Odette.
Odette, *en les montrant* : - Je vous présente Aurélie et Brigitte, faites comme chez vous. Antonin devrait être là mais j'ignore où il est… Demandez des informations, racontez votre voyage, des blagues, montrez-vous les photos de vos enfants, vos vacances, vos amants, Odette est débordée, déboussolée, déstabilisée, déprimée et Aurélie, au lieu de m'aider, mélange tout. Elle aurait dû s'appeler Zélie ! Je n'en peux plus ! (*Odette prend dans une de ses poches une pilule, hésite*) C'est un cas de force majeure, sinon je vais péter un plomb ! (*elle l'avale*) Ha ! Je me sens déjà mieux ! Cool ! Le show-biz a quand même de bons côtés ! Défonce majeure !

> *Aurélie et Brigitte l'observent avec désapprobation, tandis que Delphine et Emilie posent leurs sacs dans un coin sans y prêter attention.*

Delphine : - Oh ! La première guitare…
Emilie : - Je te donne ma place si elle est vraie !
Delphine : - Ta place !
Emilie : - On en reparlera demain !
Delphine : - Tu vas finir par m'inquiéter…

Odette *plane, pour elle* : - Peace and Love ! Champagne !… Mais ça ne dure jamais, je sais, je suis lucide même dans mon aéroplane blindé. J'en ai trop ingurgitées. Une vie de défonce ou une vie où l'on s'enfonce jusqu'au cou dans le fossé ? Même si j'avais eu le choix, si l'Antonin ne m'avait pas embarquée dans son délire, j'aurais choisi le soleil artificiel (*le regard de plus en plus vague*). Comment peuvent-elles supporter la grisaille ? Je vous pardonne, vous ne pouvez pas comprendre, vous ne devez jamais savoir...

Delphine, *en se retournant* : - Je vais tout vous raconter ! Quelle coïncidence ! Nous étions dans le même train ! Tout d'un coup, je me lève, j'étais trop nerveuse, il fallait que je me dégourdisse les jambes, et qu'est-ce que j'aperçois au poignet de cette ravissante personne ? Je vais vous le dire : un bracelet en argent ! Et pas n'importe quel bracelet en argent, un bracelet en argent identique à celui cause d'une émotion digne d'un premier amour, quand je l'ai découvert dans la lettre.

*Toutes soulèvent leur main gauche pour montrer leur bracelet et rient. Odette a le même et rit encore plus fort. Elle soulève le bord de son pantalon droit pour montrer qu'elle en a un aussi à la cheville.*

Brigitte : - Moi, quand je l'ai vu, j'ai failli m'évanouir.

Aurélie : - Au pays de la gasconnade, tu aurais dû t'exclamer « *Il a fallu une heure aux pompiers pour me réanimer...* » Oui, je te tutoie, car j'ai retenu la première leçon d'Odette « *Après cinq minutes, on se tutoie...* »

Odette, *qui plane* : - Tutoyez-vous, aimez-vous les unes les autres. Et adoptez des enfants si... si je chante faux.

Delphine : - Donc on va toutes se tutoyer, puisque nous sommes dans le même bateau *(Odette, sans l'interrompre : « bureau pas bateau... c'est un sacré radeau ! »)*, que nous avons toutes eu l'heureuse surprise de recevoir une lettre... Immense surprise sauf Emilie ! Parce qu'elle était certaine d'être tirée au sort ! Une intuition ! Je croyais qu'elle bluffait tout à l'heure. Mais comme elle était certaine qu'Antonin ne serait pas là pour nous accueillir... Tu m'as perturbée, Emilie !

Emilie : - Moi ? La vérité ne doit jamais nous perturber ! Des forces nous dirigent et il faut parfois admettre notre modeste condition.

Aurélie, *pour elle, en se passant la main droite dans les cheveux* : - L'une plane, l'autre messianise, je devrais peut-être aller attendre Antonin dehors.

Delphine : - Je reprends mon histoire où je l'avais laissée : nous avons engagé la conversation. J'étais toute excitée... Et dans le taxi, mademoiselle me balance : « *Nous avons le temps, de toute manière il arrivera en retard, quand même toi, tu ne penseras plus à lui...* » Ce qui m'a surprise, c'est de ne pas avoir été invitées à la même heure...

Odette, *qui plane toujours* : - Délicatesse d'Antonin. A chacune un accueil personnalisé, arrivées programmées avec un intervalle régulier...

Brigitte : - Personnalisé ?

Odette, *moins planante* : - Mais en plus d'Antonin, maintenant il manque Cécile ! L'ordre d'arrivée n'a pas été respecté, c'est la chienlit ! Général ! Réveille-toi, ils sont devenus fous !

Delphine : - Et le programme ? Quel est le programme ? L'incertitude c'était bien avant, on pouvait tout imaginer. Mais maintenant que nous sommes arrivées...

Odette : - Programme ! Le programme ! Mais Odette n'a qu'un rôle secondaire ! Je suis une simple salariée qui se mettra en grève un jour ! Tout reposait sur Antonin et vous, ravissantes lauréates !

Brigitte : - Il devait nous apprendre à écrire une chanson ?

Odette : - Apprendre à écrire une chanson ! J'aurai tout entendu dans l'ombre du boss ! J'ai pas dit du bossu ! Si je la retiens, je l'écrirai celle-là ! Dans mes mémoires. Les mémoires d'Odette ! « *Mémoires honnêtes mais pas nettes d'Odette.* » Sous-titré « *Antonin étonnant.* » J'ai déposé le titre à la Bibliothèque Nationale. Bref ! Il y a deux écoles : dans la première, les artistes se réunissent, picolent et griffonnent leurs divagations, et selon l'autre école, les solitaires s'enferment dans leur chambrette et attendent l'inspiration... c'est-à-dire qu'ils picolent seuls !

Brigitte : - J'ai essayé d'écrire des chansons... Mais on me répondait toujours que c'étaient des poèmes.

Delphine : - Si j'ai bien suivi, la différence entre une chanson et un poème, c'est le degré d'alcool dans le sang durant l'écriture.

Brigitte : - Tu crois qu'il m'aurait suffi de quelques verres de Malibu pour devenir auteur de chansons ?

Delphine : - Il n'est peut-être pas trop tard !

Brigitte : - J'ai apporté un petit poème, je ne sais pas si j'oserai le montrer. Mon rêve c'était qu'il le chante dans son prochain album... Mais à présent que je sais qu'une chanson et un poème ça n'a rien à voir...

Odette : - Lâche-toi ma grande, qu'on te répondrait dans le métier... Lâchez prise ! Zen ma fille ! J'ai tout ce qu'il te faut à la cave ! Pour tous les prix, pour tous les stress... J'en ai même des caisses, des brouettes, des bonbonnes, des bonbons et même de l'écorce de platane, (*en souriant*) c'est terrible, c'était pas naturel, mon parachute s'est refermé.

Aurélie : - Boire ou ne pas boire, telle est la chanson !

Brigitte : - Non, pas des chansons à boire, de belles chansons romantiques comme Antonin.

*On sonne !*

Odette, *soudain totalement dégrisée* : - J'espère que c'est elle ! Que nous retrouvions un peu d'ordre !

*Elle va ouvrir (sans regarder par la fenêtre).*

Odette : - Géraldine ! Déjà ! Et Françoise, qu'avez-vous fait de Françoise ? Et Cécile ?

Géraldine : - Je suis en avance... Ça pose un problème ?
Odette : - Mais non, mais non, entrez, entrez charmante princesse, Odette avec un O et des... Bon, je ne suis pas un perroquet, (*en les montrant*) voici Aurélie, Brigitte, Delphine, Emilie.
Delphine : - Et après cinq minutes, tutoiement autorisé, imposé ; cinq minutes d'apprentissage et bienvenue dans la grande famille. Je sens qu'on va s'amuser !
Géraldine : - Oh ! La première guitare !... Momina serait en bave devant !...

Aurélie, *s'effondre dans le canapé, pour elle* : - J'avais rêvé d'autre chose ! A la télé, c'est toujours tellement magique le show-biz ! Un orchestre avec cordes, un serveur aux gants blancs, champagne, caviar... Et ça n'a rien à voir avec mes rêves.

Géraldine : - Avec un quart d'heure d'avance, j'imaginais arriver la première ! Puisque j'ai décidé de venir, après avoir hésité... j'ai reçu la lettre le 22 mars au facteur et trois heures plus tard le mail de Momina m'annonçait quelque chose de désagréable à m'apprendre. Désagréable, je ne m'étais pas trop inquiétée, elle m'écrivait toujours *mon Amour*.
Delphine : - Momina, c'est un pseudo du web branché ?
Géraldine : - Momina est un prénom fréquent en Afrique du nord. Désagréable ! Euphémisme africain ! Elle était depuis des semaines l'amante du cynique et manipulateur Carlo, dès qu'il était disponible, elle courait se vautrer dans ses draps, tandis que je l'attendais en toute confiance, d'un Amour absolu... enfin je ne vais pas vous raconter ma vie !
Delphine : - Je vais vous expliquer, pour éviter le syndrome du Perroquet à Odette : notre arrivée fut programmée avec un intervalle régulier... Mais alors que

nous sommes toutes en avance, Céline et Françoise ont raté leur tour.

Odette : - Cécile et Françoise ! La mémoire des prénoms est essentielle dans le show-biz !

Brigitte : - Peut-être seront-elles tout simplement à l'heure !

Odette, *regardant sa montre* : - J'ai la désagréable mission de vous informer que pour Cécile cette perspective est déjà irréalisable.

*On sonne !*

Toutes : - Ah !

Odette : - Mais laquelle ?! (*elle va ouvrir*) Oh non ! (*elle referme la porte brusquement, s'appuie contre elle, en hurlant « venez m'aider, des blousons noirs » et referme à clé en poussant un très long « oufff » puis après quelques secondes :* ) Des blousons noirs, c'est pas le public d'Antonin ! Des fous, je les reconnais, ils ont des regards de dingues et pas d'appareil photo.

Aurélie : - Fausse alerte ! Il en manque toujours deux !

Géraldine : - Si j'ai bien compris, je devais arriver la dernière.

Delphine : - De toute manière il était inutile de nous hâter : Antonin a disparu.

Géraldine : - Comment disparu ? Kidnappé ? Enlevé ? On ne l'a pas annoncé à la radio.

Brigitte : - Il est simplement injoignable.

Aurélie, *en souriant, pour elle* : - S'il avait été garagiste, on aurait pu imaginer qu'il a été appelé pour une urgence.

Emilie : - Ne vous inquiétez pas, il réapparaîtra quand vous ne penserez plus à lui (*elle s'assied*).

Brigitte : - Bonne idée ! (*elle s'assied aussi*)

Delphine, *s'asseyant aussi* : - Mais elle va me faire flipper, avec ses prédictions, ses intuitions ou je ne sais

quoi ! Le pire, c'est quand ça se réalise. Elle m'avait affirmé : « *Ne te presse pas, ton chanteur préféré ne sera pas là.* »
Brigitte : - Vous trouvez pas qu'on n'y voit rien dans cette pièce ?
Odette, *en détachant fortement chaque syllabe* : - In-ti-mis-te !
Delphine : - Ça va Odette ?
Odette : - J'imite le maîîîîîîîîîître.
Brigitte : - Oh la rime ! On se croirait chez Racine !

*Le portable d'Odette sonne. Toutes, sauf Emilie, se relèvent.*

Odette : - Quand on parle du poète on entend sa... on entend sa ?
Brigitte : - Sonnette !
Odette : - Bien Bri... gette ! Il est le seul à connaître ce numéro, il m'a remis ce nouveau portable hier...

Delphine, *à Emilie* : - Je crois que pour une fois tu t'es plantée...
Emilie : - Ne sois pas aussi optimiste !
Odette : - Je vous raconterai...
Odette**,** *en décrochant* : - Antonin ! (...) Bonjour madame (...) Ce n'est pas grave j'espère (...) Mais je fais quoi ? (...) Et demain matin, avec les journalistes et le président du Conseil Régional ? (...) Bien madame.

*Odette range son portable. Toutes la fixent.*

Odette : - C'était sa vénérable et hystérique... historique épouse. Antonin ne pourra pas venir ce soir.

*Un « oh » de déception générale. Sauf Emilie, souriante.*

Odette : - Il y a bien une version officielle. Mais bon, je vous l'épargne. Comme si quelqu'un va croire une version officielle de madame.
Aurélie : - Les journalistes !
Odette : - Tu as tout compris !... Tu n'aurais pas un pied dans le show-biz ?
Aurélie : - Même pas un ongle.
Odette : - Un oncle te serait plus utile qu'un ongle... Mais Antonin sera là demain matin pour la photo souvenir et les télévions de caméras... les camés de tes visions... caméras de télévision.
Delphine : - On pourra au moins lui parler ?
Odette : - Rassurez-vous, il vous accordera l'intégralité du dimanche.
Aurélie : - Il faut retarder notre départ ?
Brigitte : - Odette, puisqu'Antonin ne vient pas ce soir, puis-je te demander un service ?
Odette : - Si c'est dans mes attributions, ce sera avec plaisir, chère Brigitte.
Brigitte : - C'est un peu compliqué.
Odette : - Odette peut tout entendre, ma fille.
Brigitte : - Mon mari rêvait aussi de rencontrer Antonin et nous sommes descendus ensemble. Il est à l'hôtel, j'espérais pouvoir le faire entrer demain avec les officiels du Conseil Régional... alors... est-ce qu'il dérangerait ici, ce soir ?
Odette : - Si ce n'est que ça ! Antonin aurait refusé... forcément... Mais vu les circonstances... Accordé ! (*Brigitte embrasse Odette*) Mais à condition qu'il se tienne bien !
Brigitte : - Naturellement. Merci Odette, ce sera un peu mon cadeau d'anniversaire de mariage. Ça fera 7 ans lundi que nous sommes mariés. (*elle sort son portable*) Je l'appelle tout de suite, si tu permets.

Odette : - Ça fait toujours plaisir d'apporter un peu de bonheur. Fait, ma fille.
Aurélie : - Je suis à peu près dans le même cas. Sauf qu'il s'agit de mon nouveau boyfriend comme on dit. On se connaît depuis deux mois et c'est l'amour fou. Je peux te demander le même service.
Odette : - Vive les couples heureux ! Et j'ai une bonne nouvelle : j'ai l'autorisation de remonter de la cave sacrée quelques bouteilles de floc.
Delphine : - Du floc ?
Odette : - L'apéritif local. La renommée du sud-ouest. Personne ne connaît le floc ?
Géraldine : - Mais si au fait ! J'en ai bu une fois en vacances... Mais il ne faut pas exagérer, sinon on se met vite à dire et faire n'importe quoi !
Odette : - Floc et cacahouètes, ça promet les fillettes ! Parole d'Odette !

**Rideau**

## Acte 2

*Odette, Aurélie, Brigitte, Delphine, Emilie, Géraldine. Bertrand, Octavio. Puis : Cécile, Clara, Gendarme 1, Gendarme 2.*

*Suite. Nombreuses bouteilles de floc vides sur la table. Les femmes assises en groupe, les hommes (Bertrand et Octavio arrivés durant l'entracte) face à face ou l'un à côté de l'autre, suivant la mise en scène . Lumières normales. Beuverie (sauf Emilie).*
*Régulièrement, jusqu'à la fin de la pièce, fuseront des exclamations, des paroles inaudibles (couvertes par la voix principale).*

Odette : - Quand Odette boit, Odette dit n'importe quoi ! Ça c'est leur version officielle, dans le plus charmant des villages du sud-ouest, comme ils bavent à la télé quand l'Antonin est l'invité d'honneur.
Aurélie : - Pas tant d'honneurs que ça si j'ai bien tout suivi.
Odette : - Quand Odette boit, c'est comme si des portes à l'intérieur s'ouvraient. Je ne suis plus Odette secrétaire modèle (*toutes rient*). Odette secrétaire modèle condamne Odette cancanière. Et vice versa !
Aurélie : - Cancanière, j'y crois pas ! Tu ne nous as même pas expliqué comment un tirage au sort pouvait sélectionner sept femmes distinguées et presque équilibrées quand des millions de francophones ont envoyé leur plus belle photo et leur classement des plus belles chansons du millénaire.
Odette : - C'est même pas son idée à lui ! C'était avant, du temps où il présidait une autre association, où il dirigeait « Woodstock du Sud-Ouest » ! C'est le coordinateur de cette grande usine à subventions qui lui a refilé l'idée. (*Odette se tait et devient sombre*)

Emilie, *doucement* : - L'idée…

Odette : - Parce que l'Antonin en avait marre : à chaque fois qu'une gamine lui ouvrait sa porte, il devait promettre de la prendre comme choriste, ou en première partie d'un concert. Je dis une gamine, on les sélectionnait 18-25 ans, sur photo naturellement !

Aurélie : - Forcément !

Odette : - Jamais moins de 18 ans, c'était une règle écrite dans le platane.

Aurélie : - Le marbre !

Odette : - T'es pas du sud-ouest, toi ! Ici, c'est le platane ou la pierre. Mais la pierre, ça casse la lame du couteau ! 18 ans, j'ai dit ! J'étais stricte là-dessus. Y'a bien eu une exception, mais la chanteuse avait falsifié sa carte d'identité, dans ce cas-là, on assume.

Aurélie : - Elle voulait simplement être chanteuse.

Odette : - Quand on fraude, on assume ! Elle assumait la brunette ! Whaou ! ça déménageait ! Si elle réussit elle pourra écrire un best seller « *ma méthode pour percer.* »

Géraldine : - On a compris. Pas besoin d'un livre, une phrase suffit. Momina pourrait lui donner des conseils.

Octavio, *discrètement à Bertrand* : - C'est du gâchis, qu'elle soit lesbienne, cette nana !

Bertrand : - Je suis très tolérant. Il faut respecter les différences.

Octavio : - Elle me botte grave.

Bertrand : - Et ta princesse ?

Octavio : - C'est ça le problème. Comment tenter ma chance sans qu'Aurélie s'en aperçoive ?

Bertrand : - Tu exagères !

Octavio : - Dis-moi pas que tu laisserais passer une occasion pareille si tu étais seul ce soir !

Bertrand : - Il n'y a qu'une femme dans ma vie (*avec un*

*clin d'œil complice à Octavio ; on ignore donc la réalité de ses sentiments : la phrase est-elle prononcée à l'intention de Brigitte qui pourrait les entendre ou est-ce la stricte vérité ? Le clin d'œil serait alors simplement une frime de mec un peu saoul confronté à un drageur invétéré*)

Odette : - S'il le faut, j'irai la tête haute en prison ! Bref... J'étais stricte là-dessus, 18 ans. Si l'état autorise 15 ans, pour moi, no problème, mais l'état a dit, donc Odette est stricte. La loi, c'est la loi. Je voulais pas retrouver l'Antonin traité comme un vulgaire... Comme un vulgaire... Depuis qu'un nom ne protège même plus des petits juges et leur acharnement à se payer le scalp d'une star. En Asie, le « french singer » faisait ce qu'il voulait, Odette n'allait jamais en Asie. Mais en France non, je ne veux pas devenir complice. En Asie, si tu veux, mais pas ici, Odette a des principes, sinon Odette démissionne !... Et réclame une augmentation pour revenir !
Emilie, *doucement* : - Qu'il la prendrait comme choriste...
Odette : - Alors ça créait un tas d'embrouilles, parce que l'Antonin, il a remplacé les choristes par des synthétiseurs.
Aurélie : - Forcément !
Odette : - Vous voulez savoir pourquoi ?
Aurélie : - Forcément !
Odette : - Personne ne devine ?
Delphine : - C'est moins lourd !
Géraldine : - C'est jamais en retard ? Pas comme les africaines !

Odette : - Madame a décrété, « *ça coûte moins cher* », alors monsieur a cédé. Madame en avait marre des ragots et madame est jalouse. Mais moi ça ne me gênait pas qu'on prenne toutes et tous la même chambre ! Pour une fois qu'on faisait des économies ! Elle est jamais contente ! Nous étions jeunes ! Et jeunesse a beaucoup de tendresses les soirs de concerts.

Delphine : - Ça j'en suis certaine, ce n'est pas écrit dans sa biographie, n'est-ce pas Aurélie !

Géraldine : - La vérité personne ne l'écrit, c'est comme cette histoire entre Carlo le salaud et Momina. Africaine aussi a besoin de beaucoup tendresses, quand elle passe trois mois en Ethiopie loin de son Amour.

Aurélie : - Forcément !

Géraldine : - Non pas forcément ! Quand on aime on sait attendre dans la dignité. On ne se lance pas dans la danse du vagin dès l'aéroport.

Aurélie : - Je répondais à Delphine.

Odette : - Et pour ses premières parties, en ce temps-là, il trouvait toujours des fils ou des filles à papa prêts à lui refiler de l'oseille pour avoir l'honneur de figurer sur la même affiche. L'oseille c'est une image. Madame tient les cordons de la bourse. La bourse du ménage et la bourse des voyages.

Aurélie : - T'exagères ! Il a la main sur le cœur !

Odette : - Mais le moteur de sa vie est ailleurs.

Aurélie : - T'exagères ! J'ai déjà entendu une chanteuse enthousiaste, elle jurait que faire la première partie d'Antonin, c'est extra, il donne des super conseils.

Odette : - Sûrement une qui avait ses raisons de parler ainsi ! Elle pourra écrire un livre aussi !

Delphine : - Mais j'ai rien compris à ton histoire. Tu devais nous expliquer pourquoi nous sommes là !

Odette : - J'y viens, j'y viens, mais sans l'historique, tu vas rien piger ma vieille.

Delphine : - Je pourrais être ta fille !

Odette : - Sois pas désagréable !

Aurélie : - Forcément !

Odette : - Odette comprend tout ! Tout ! Comme dit ma

sœur, l'important c'est de comprendre, pas de montrer qu'on a compris !... Je vous la présenterai la Clara, elle va passer... Elle veut connaître le résultat du prix d'Amérique.

Delphine : - Du prix d'Amérique ?

Odette : - Antonin chevauchant les juments !

Toutes : - Oh !

Odette : - Ah ma frangine, Clara clarinette, un peu vieille France mais elle me fait toujours rire, on se voit presque chaque semaine et pourtant on ne se raconte quasiment rien... elle était l'amante de Jef... Elle a perdu son mari et son amant la même année. Comme c'est triste tout ça... (*silence*)

Emilie, *doucement* : - Antonin...

Odette : - Oui, l'Antonin était encore un chanteur à disques d'or en ce temps-là.

Aurélie: - Il l'est encore ! J'ai lu dans...

Odette : - Si vous m'interrompez à chaque fois, les portes vont se refermer.

Toutes : - On t'écoute !

Odette : - Donc, c'est Jef (*elle se signe*) paix à son âme s'il en avait une, ce vieux roudoudou ! C'est lui qui lui a soufflé « *Tu devrais sélectionner des fans plutôt que des chanteuses.* » (*Odette sourit*)

Delphine : - Alors ? On voudrait rire aussi !

Odette : - Les fans sont encore plus connes que les chanteuses.

Brigitte : - Ça ne nous fait pas rire.

Odette : - Qu'il a répondu Antonin.

Aurélie : - Le con !

Odette : - C'est notre Antonin adoré, qui a répondu « *les fans sont encore plus connes que les chanteuses.* » Je vous rassure, il me considère moins secrétaire que fan.

Aurélie : - Tu ne lui as jamais mis trois claques ?

Odette : - Il les a eues... (*Odette devient sombre*) Mais rien, là vous ne saurez rien, vous ne saurez rien de ma vie privée. C'est entre lui et moi, cette histoire, c'est ma vie privée (*proche de pleurer, silence*). Sa première guitare, vous pouvez regarder le mur, vous ne la verrez pas !... Je la lui ai fracassée sur la tête. Celle-là, c'est même pas la deuxième. La deuxième, c'est sa femme qui s'en est chargée. Tête à guitare qu'on l'a appelé durant des mois ! Il l'avait bien mérité.

Aurélie : - Le con !

Odette, *se reprenant* : - Mais c'était y'a si longtemps ! Ha ! Y'a contraception (*troublée*), conscription, prescription. Il lui reste une cicatrice sur la tête. J'ai frappé plus fort que sa femme. Il n'avait pas encore de moumoute !

Aurélie : - Quoi, Antonin est chauve ! Il a une perruque !

Odette : - Les portes vont se refermer !

Bertrand, *à Octavio* : - Tu entends ça !

Octavio : - A son âge, ce n'est pas surprenant. Ça doit stresser grave d'être chanteur.

Bertrand : - J'aimerais quand même connaître la version d'Antonin. Je crois qu'elle exagère.

Octavio : - C'est une femme. (*il les ressert*)

Emilie : - Antonin a dit...

Odette : - Et l'année dernière, à l'enterrement de Jef, il m'a bredouillé. Il avait la larme à l'œil... Je suis certaine qu'il avait coupé des oignons avant ! C'est bien son style !

Aurélie : - Forcément !

Géraldine : - Mais non pas forcément ! On croirait entendre Momina et son « d'accord », elle te le sert à toutes les sauces et pour lui ce fut la totale : d'accord Carlo je viens chez toi en toute amitié, d'accord Carlo je n'en parle pas à Géraldine, d'accord, elle ne pourrait pas comprendre notre merveilleuse fantastique et unique amitié, d'accord Carlo on se déshabille en toute amitié, d'accord Carlo caresse-moi amicalement, d'accord Carlo mais entre doucement, d'accord Carlo tu passes me prendre dès que tu as une nuit de libre...

Odette : - On la laisse tomber, une femme bête au point de coucher avec Carlo le crapaud !

Aurélie : - Carlo le crapaud ! Quel talent de la formule !

Emilie : - L'enterrement...

Odette : - Il m'a bredouillé : « c'est con, tu vois, j'ai pas eu le temps, j'ai pas eu le temps de lui dire que son idée de sélectionner des fans plutôt que de la chair à sacem, son idée, à lui, à lui qui ne sera plus là pour me couvrir devant ma femme, son idée géniale, j'en ai touché trois mots au président du Conseil Régional, et il nous subventionne, forcément ! Tu te rends compte, il saura jamais que son idée, le monde entier va la connaître... »

Aurélie : - Mais c'était pas le règlement, sélectionner des femmes ! Les hommes pouvaient participer.

Bertrand : - J'ai participé.

Octavio : - Pour voir Johnny, j'y serais allé en mobylette. J'ai pas raté une de ses tournées depuis mes 15 ans. Mais l'Antonin, entre nous, il n'a pas les tripes, ce type.

Bertrand : - En tout cas, Antonin c'est un vrai poète. Et l'Amour, c'est sacré. Avec Brigitte, on s'est connus sur un de ses slows.

Octavio : - L'amour, en tout cas, tu sais bien, il a beau chanter des âneries romantiques, il vit comme tout le monde. Il en profite. Rien que pour ça, j'aurais aimé être chanteur, ou acteur.

Delphine : - Y'a même eu un tirage au sort devant les caméras.

Odette : - Si vous croyez les règlements et les films, vous êtes mal parties les filles.

Delphine : - Magouilles ici comme partout.

Aurélie : - Forcément ! Si je vous racontais comment ça se passe dans mon groupe !

Odette : - C'est moi qui tenais le caméscope ! Et sa fille a réalisé le montage, les coupures et tout, elle suit des études de cinéma, sa fille aînée, dans l'école la plus chère du pays forcément ! Et la télévision a été bien contente de pouvoir diffuser un reportage sans devoir se déplacer ! Et même gratuitement ! Enfin, quel beau voyage ils m'offrent en Martinique le mois prochain !

Géraldine : - Tu m'emmènes ?

Odette : - J'ai trois places… Tu me donnes combien ?

Géraldine : - Tu as des places gratuites et tu les revends !

Odette : - Forcément ! N'est-ce pas Aurélie, tout le monde se débrouille, forcément !

Aurélie : - Y'a eu de la magouille !?

Odette : - Une stagiaire a réalisé un premier tri : les hommes d'un côté, les femmes de l'autre. Les hommes au fond, les femmes au-dessus. Après il a fallu que je revoie toutes vos photos pour ne retenir que des « magnifiques femmes dont le prénom commence par les sept premières lettres de l'alphabet, A, B, C, D, E, F, G. »

Aurélie : - A comme Aurélie !

Brigitte : - B comme Brigitte !

Delphine : - Et pourquoi ?

Odette : - A cause de sa mémoire ! Aurélie au lit, Brigitte me prend la… *(éclate d'un rire nerveux)*

Delphine : - C'était une rime pauvre ? *(toutes rient sauf Brigitte vexée. Octavio rit et Bertrand fait comme s'il n'avait pas entendu)*

Aurélie : - Alors c'est vrai, quand il chante, il utilise un prompteur ?

Odette : - Comment tu sais ça, toi ?

Aurélie : - Tu me l'as glissé tout à l'heure… juste après avoir glissé !

Odette : - Pas possible ! Quand Odette est saoule, elle se souvient de tout, à la virgule près. Et elle s'en souvient même après, alors elle s'enferme pendant quinze jours pour ne pas voir les catastrophes.
Aurélie : - Quand tu étais à jeun, quand je suis arrivée.
Odette : - Je ne suis pas responsable des propos d'Odette à jeun. Même pas coupable.
Géraldine : - Alors nous avons été choisies pour notre prénom et notre physique !
Odette : - Tu as tout compris ma belle !
Géraldine: - C'est plutôt un beau compliment.
Delphine : - Dire que ma mère a hésité entre Delphine et Rosalie !

Octavio : - Tu entends ça.
Bertrand : - C'est mieux entendre ça que d'être sourd mais on n'est pas obligé d'y croire.

Brigitte : - Oh ! Mon Bertrand il a même envoyé une photo avec un sourire très Antonin. Il avait noté uniquement des chansons d'Antonin dans son classement des plus belles chansons du millénaire ! Il est fan encore plus que moi. Hein mon bébé ?
Bertrand : - Oui ma bibi chérie.
Aurélie : - Attends, attends, je commence à comprendre...
Brigitte : - Tu comprends quoi ?
Aurélie : - Nous étions convoquées à vingt minutes d'intervalle !
Odette : - Cinq minutes de présentation et le reste, déshabillage et rhabillage compris, le reste tient en un quart d'heure. Chrono en main, on a répété !
Toutes : - Oh !
Odette : - Après, ouste dans la salle de répétition, au

piano si tu veux, la pièce est insonorisée, place à la suivante ! Comme au service militaire !
Octavio : - A la hussarde !
Delphine : - Le vieux roudoudou !
Brigitte : - Je suis choquée ! Comment a-t-il pu croire ! J'ai beau être fan, je sais rester digne. Il me déçoit.
Bertrand : - Tout star qu'il est, il faut qu'il sache que le premier qui te manque de respect, je les lui coupe.
Brigitte : - Ne t'inquiète pas mon bébé, il n'aurait rien tenté, il aurait tout de suite vu que je suis une femme mariée digne de son alliance.
Octavio : - Y'a qu'un moyen d'être certain qu'une femme est fidèle, c'est de l'enfermer à la cave.
Aurélie : - Tu plaisantes, Amour, j'espère.
Octavio : - On peut bien rire.
Odette : - Je vous rassure, il avait prévu sa boîte de Viagra !
Toutes : - Oh !
Octavio, *pour lui* : - J'aurais pas besoin de Viagra !
Géraldine : - Pas de chance pour lui je préfère les filles ! Mais bon, pour faire payer à Momina de s'être tapé Carlo, pourquoi pas après tout ! 20 minutes aussi je croyais quand elle m'a avoué « *on s'est laissé submerger un soir.* » Mais c'était la version une, aujourd'hui on en est à quatre nuits passées entièrement nue dans son pieu et pas pour dormir, elle n'emmenait pas de livre alors que chaque soir je devais me taper une heure de lumière après le p'tit câlin. Monsieur était un professionnel de la mise en condition, « *je lui ai bien rendu sa tendresse, ses caresses.* » Il la chauffait avant de la consommer. Et pas au micro-onde ! Excusez-moi, je crois que je vais pas bien.
Octavio, *pour lui* : - J'ai mes chances !
Aurélie : - Pauvre Géraldine ! La dignité doit être rare,

tout finit peut-être en mensonges et trahisons… (*à Octavio, dont elle est séparée par plusieurs chaises*) Amour, jamais ça ne nous arrivera, on se le promet ! Je te le promets. (*elle le regarde avec insistance et amour*)
Octavio : - On se le promet, Amour.
Brigitte : - Suivez notre exemple, sept ans de mariage. Jamais je n'ai trompé mon mari et je n'en ressens aucun héroïsme, je l'Aime comme il m'Aime. N'est-ce pas bébé !
Bertrand : - Oui bichette.
Géraldine : - Heureusement qu'il y a du floc pour oublier ! Et elle voudrait que j'arrête l'alcool !
Aurélie : - Ça te fait aussi mal que si un mec t'avait trompée.
Géraldine : - Une Géraldine peut être cocue aussi ! Elle m'avait pourtant affirmé « *t'inquiète pas, tout va bien se passer* », quand elle est partie en septembre. En plus elle est revenue en décembre avec la carte de ce type dans sa poche, tu te rends compte elle m'embrassait avec la carte de ce type dans sa poche, elle lui avait donné son téléphone d'Addis et son mail, comme une petite salope immature et impatiente d'être invitée au restaurant, une cocotte qui veut juste que le type fasse semblant de croire en sa vertu quelques minutes…
Odette : - Une cocotte-minute !
Géraldine : - Une cocotte qui veut qu'on lui donne sa dose de montée d'adrénaline et la fasse tomber dans les règles établies de la drague entre dépravés soucieux de s'afficher dignes et honnêtes. Je lui avais même parlé de se pacser malgré sa famille qui ne veut pas entendre parler de moi.

*On sonne !*

Odette, *se lève, se précipite, ouvre difficilement (la porte est fermée à clé*) : - Oh ! (*elle se tient à la porte*) Monsieur le commissaire ! (*elle sort et referme la porte*)

Géraldine : - Il est arrivé quelque chose à notre Antonin !
Aurélie : - Tu crois qu'ils l'ont retrouvé noyé dans le lac ?
Octavio : - Ecrasé par une de ses autruches !
Delphine : - Il s'est suicidé !
Géraldine : - Mort comme Félix Faure, dans les bras d'une courtisane.
Brigitte : - Si c'est ça on va passer à la télé !
Aurélie : - T'aurais pas honte de profiter de sa mort pour réciter ton poème au journal de TF1.
Brigitte : - J'y avais pas pensé ! Mais si les journalistes m'interrogent, je leur annonce une exclusivité mondiale.
Aurélie : - Du genre il m'a téléphoné hier pour me demander l'autorisation de mettre ce texte dans son prochain album !
Brigitte : - J'y avais pas pensé ! Tu travaillerais pas dans la pub ?
Géraldine : - C'est ce connard de Carlo qui travaille dans le marketing pour l'Union Européenne à Addis-Abeba, et il ne pouvait pas se contenter de Sophie, ouais Sophie, l'instit, il a fallu qu'il se tape une princesse black. Monsieur distingué s'offrait une blanche les jours pairs et une noire les jours impairs. Il faudrait que j'oublie ! Ce n'est qu'une petite erreur ! Trahir et mentir durant des mois, on en fait tous des erreurs !
Brigitte : - Tu penses à tes histoires de… de… alors qu'Antonin est peut-être raide !
Géraldine : - Excusez-moi, je vais pas bien.

Bertrand : - Elle va mal finir, cette soirée…
Octavio : - On peut boire à l'œil, c'est déjà ça… Si on se déshabillait pendant qu'elle est dehors. Elle rentrerait dans un camp de nudiste, ce serait plus cool !

Bertrand : - N'importe quoi ! (*les femmes font comme si elles n'avaient pas entendu*)

Aurélie : - Enfin raide, les femmes diront devant son cercueil !...

Brigitte : - Oh !

Aurélie : - Bin oui, enfin raide naturellement, diront celles qui savent qu'il prenait du viagra !

Géraldine: - C'est ce connard de Carlo qui prend du viagra.

*Odette rentre.*

Toutes : - Alors ?

Odette : - Rien ! Juste un gendarme ! Il a eu un appel d'une lauréate, une certaine Cécile, qui sera en retard !

Aurélie : - L'équipe finira peut-être au complet !

Odette : - L'escroc, pour le service il m'a demandé une petite gâterie. Je n'ai pas pu lui refuser, c'est presque mon vagin, oups mon voisin ! Il a vingt-deux ans ! C'est une mode venue d'Angleterre, paraît-il, les femmes mûres dévoreuses de jeunes hommes. Et sa femme est une amie.

Géraldine : - Il en a eu aussi des gâteries, son baratineur d'aéroport, alors qu'elle m'écrivait encore « *tu me manques.* » Pourtant il avait presque trois fois vingt-deux ans !

Brigitte : - Ah ! donc tout va bien, ça m'a donné une de ces peurs !

Odette : - L'Antonin adore...

*On sonne de nouveau ; elle ne termine pas sa phrase.*

Odette : - Quand on parle du loup on entend... (*elle se lève, titube*)

Brigitte : - Son glouglou !

Aurélie: - Il sera des nôtres !

Géraldine : - Je ne bois pas par passion mais pour nettoyer la souillure qu'elle a ramenée en France !
Odette : - Je vous parie que c'est Cécile. (*elle ouvre*) Cécile, Sainte Cécile du samedi soir sur le floc, Cécile que nous attendions toutes, Cécile, responsable du premier désordre. On s'embrasse !

*Cécile se laisse faire, observe, intriguée.*

Odette : - Mais entre, mais entre, tu es des nôtres !
Cécile : - Je suis lauréate...
Delphine : - Mais nous aussi, qui plus est, nous avons vidé quelques bouteilles, et il t'en reste ! Du floc du sud-ouest ! Les frais généraux sont généreux.
Aurélie : - Mais ça dégénère.
Delphine, *en riant* : - Pourtant la nuit même les cellules grises se régénèrent !
Brigitte : - Antonin s'est volatilisé !
Emilie : - Antonin s'envolera !
Delphine : - Il va lui pousser des ailes ?
Emilie : - Comme dans une chanson de Barbara !
Delphine : - Tu me fais peur !
Odette, *jouant la grande dame* : - Mais que t'est-il donc arrivé, chère amie ?
Cécile : - Une crevaison.
Odette : - Et ça t'a mise autant en retard !
Cécile : - J'ai appelé les renseignements mais les garagistes du coin étaient tous sur répondeur. Durant des heures, les seuls types qui se sont arrêtés me proposaient d'appeler une remorqueuse et de m'héberger la nuit. Des types vulgaires, qui ne savent même pas qu'une femme doit se mériter.
Odette : - Quand on veut conduire une voiture, il faut suivre la formation « changement de roues ». Antonin me paye toujours le taxi, sur ça, y'a rien à lui reprocher.

Cécile : - Et c'est un camionneur qui me l'a changée. J'avais des préjugés défavorables sur les camionneurs, j'avais tort. Un gentleman : il a fait le boulot sans un mot. Un ange !

Aurélie : - Tu es encore aux anges, à voir !

Cécile : - Un merveilleux souvenir ! Dans ma situation, aucune femme n'aurait pu résister ! Un sourire à la Cantona ! J'en avais les larmes aux yeux ! Quelle émotion ! Avec des petites intonations italiennes : « *si mademoiselle a cinq minutes, nous pouvons discuter paisiblement dans la cabine, bien au chaud.* »

Delphine : - C'est pas clair ton histoire, ça n'arrive plus, crever une roue, c'était au Moyen-Âge !

Aurélie : - Y'avait pas de voitures, au Moyen-Âge, ma vieille.

Cécile : - Je suis une victime de manifestations estudiantines. Hier ils ont balancé des bouteilles sur les CRS.

Aurélie : - Alors il faut qu'on trinque !

Delphine : - Vides, j'espère. Ils ne seraient quand même pas fous... Enfin, ils sont tellement riches les manifestants d'aujourd'hui, qu'un jour ils balanceront des bouteilles de Dom Pérignon. Juste pour narguer les journalistes stagiaires ! Et montrer qu'en France, non seulement on a les moyens de manifester, mais en plus une certaine élégance.

Aurélie : - C'est bizarre, j'avais eu la même idée quand les chanteurs ont manifesté contre le téléchargement gratuit de la musique sur internet.

Brigitte : - Je me souviens. Mais j'ai oublié son nom, à ce chanteur qui tendait son joint aux CRS. Il paraît que cette photo, ça lui a rapporté un max de blé, ses ventes ont redécollé, encore plus que Gainsbourg quand il avait brûlé un gros billet à la télé.

Delphine : - C'est qui Gazbourg ?

Odette : - Antonin aussi a réussi un super bon plan média : avec Jef, nous avions organisé une super manif. Forcément spontanée ! On avait déplacé une de nos célèbres rencontres interprofessionnelles de la chanson française de qualité. Ils nous en avaient voulu les parigots, quand le 20 heures avait ouvert par un duplex avec le merveilleux petit village du sud-ouest « *où il y a ce soir plus de manifestants que d'habitants habituellement.* »

Delphine : - Mais pourquoi ont-elles cessé, ces rencontres ? Je me souviens, j'avais vu un reportage à la télé.

Aurélie : - C'est écrit dans sa dernière biographie : « *le monde de la chanson regrette que ce haut lieu de la formation, de la création, ait dû fermer, à cause de campagnes de presse scandaleuses, inacceptables.* »

Odette : - On nous a reproché nos subventions ! Trop d'argent dilapidé ! Pourtant, qu'est-ce qu'on se prenait comme bon temps avec Jef, on s'en est payé de super vacances sur le dos des subventions !

Aurélie : - C'était donc magouilles !

Odette : - Retire ce mot, sinon je range le floc ! Le monde de la chanson a ses traditions. Et la Cour des Comptes ferait mieux…

Aurélie : - Je n'ai rien dit !

Cécile : - Je peux poser une question ?

Delphine : - Je te répondrai si Odette nous a déjà confié le secret.

Cécile : - Ça se passe comment, ces vingt-quatre heures ?

Delphine : - Du floc, du floc et quelques bouteilles sans étiquette. Distillation secrète ! Une chambre personnelle dont le numéro correspond à l'ordre alphabétique A1, B2, C3, donc Cécile 3, et demain Antonin pour les photos, les télés, le discours tant attendu du président du Conseil

Régional. Et comme ça fait cinq minutes, tu peux poser ton sac, nous tutoyer, et venir trinquer...

*Cécile s'avance, encore timide.*

Emilie : - Ne t'inquiète pas, tu n'es pas obligée de boire ! Observer peut être très instructif !
Aurélie : - Pourquoi elle ne rattraperait pas son retard ? Mon Octavio a une longueur d'avance !
Octavio: - J'ai la descente rapide !
Cécile : - Il est vrai que j'ai un petit creux. Avec toutes ces aventures, je n'ai pas même pris le temps de m'arrêter au restaurant, j'ai foncé.
Delphine : - Des cacahouètes bien salées vont te donner soif !
Cécile : - Je meurs de soif ! (*elle pose son sac et s'assied*)

*On entend un klaxon américain devant la porte. Silence.*

Odette : - Ma frangine ! La célèbre Clara dont je vous ai parlé. Elle tient un bistrot. A cette heure-ci, il ne reste que les derniers poivrots alors elle laisse le p'tit jeune au comptoir. (*elle se lève, va ouvrir*) Dépêche-toi, je vais attraper froid.

*Entre Clara. Elles s'embrassent. Clara observe.*

Clara : - Et l'Antonin ?
Odette : - Oh quelle histoire ! (*regardant l'assistance assise :*) Pauvre Antonin ! Vous pourriez quand même respecter sa mémoire, arrêter de picoler cinq minutes !
Delphine : - Il n'est pas mort, ton champion, juste cloîtré !
Odette : - Cloîtré, tu as trouvé le mot juste ma belle. Elle est tellement jalouse sa femme ! Et elle a tout deviné.

Géraldine : - Jalouse, je l'étais même pas. J'avais une totale confiance. Mais loin des yeux loin du cœur. Loin des yeux près de son pieu. Pour moi aussi, comme pour les autres.
Odette : - Y'avait pas besoin d'être une lumière pour comprendre. Elle est passée la semaine dernière, elle a feuilleté le dossier. Je l'avais pourtant caché. Et elle n'a pas pu se retenir de remarquer « *bizarre, quand même, sept femmes, en plus fraîches et mignonnes.* »
Delphine : - Elle n'a pas regardé le reportage télé ?
Odette : - Pauvre Antonin ! Il s'est sacrifié pour qu'elle ne le voie pas : devoir conjugal ! Il l'a honorée durant une heure comme une femme désirable.
Aurélie : - Elle a pourtant les moyens de se payer un peu de chirurgie esthétique !
Odette : - Au village, on la surnomme « la Jacksonnette », tellement elle est siliconée.
Aurélie : - C'est pourtant pas écrit dans les biographies.
Emilie : - Mais tu crois vraiment aux biographies !
Aurélie : - Tu ferais mieux de boire !
Odette : - Pauvre Antonin ! Il doit fixer sa vallée illuminée de lampes solaires. Tout ça parce que sa Jacinthe a réussi à le persuader que briser son image de dernier romantique serait catastrophique. L'homme qui n'a aimé qu'une femme ! Et il chante les fleurs ! Jure sur le cœur qu'elle lui inspire toutes ses chansons. Comme c'est triste, une idole non maquillée !

Cécile : - Oh ! La première guitare du maître !
Delphine : - C'est pas sa première guitare. Sa première, Odette la lui a fracassée sur la tête. Et elle a eu bien raison. S'il était là devant moi, il s'en prendrait une troisième.
Odette, *qui se rassied* : - Delph, je t'interdis de colporter de tels ragots, c'est sa première guitare, point à la ligne.

Brigitte : - Comme elle est belle la première guitare du maître !

Géraldine : - T'es sourde ou tu tiens pas l'alcool ?! La première, Odette la lui a fracassée sur la tête. S'il débarque, il s'en prend une autre.

Odette : - Géraldine ! Même toi si belle et si douce, je vais devoir te priver de floc si ça continue ! Je t'interdis de colporter de tels ragots, c'est sa première guitare, point à la ligne.

Géraldine : - Si j'en avais la force ! J'ai même pas réussi à lui mettre trois gifles à cette Momina qui n'a même pas pleuré en avouant son indignité !

*On sonne de nouveau !*

Odette : - Mais je vais attraper une crampe à force de me lever !

Cécile : - Un beau portier, ce serait agréable !

Octavio, *pour lui et Bertrand* : - Je suis ton portier quand tu veux, ma belle.

Clara : - Laisse, je vais ouvrir.

Odette : - Merci, Dieu te le rendra… car ne compte pas sur Antonin.

*Clara ouvre.*

Clara : - Messieurs.

Voix extérieure : - Nous souhaitions nous entretenir avec mademoiselle votre sœur.

Clara : - Entrez messieurs.

*Entrent deux gendarmes.*

**Rideau**

## Acte 3

*Odette, Aurélie, Brigitte, Delphine, Emilie, Géraldine, Cécile, Clara. Bertrand, Octavio, gendarme 1, gendarme 2. Puis : Antonin, Françoise.*

*Suite beuverie. Les deux gendarmes sont amicalement assis avec Octavio et Bertrand. Cécile est à côté du plus jeune gendarme.*

Odette : - Je suis désolée, un fleuriste le matin, un chauffeur le midi, un gentleman le soir, mon besoin en calories n'est pas rempli.
Clara : - Mais arrête ces pilules, elles te détraquent le ciboulot.
Odette : - Laisse mon ciboulot où il est. Dans mon genre, je suis une intellectuelle.
Clara : - Bon, on ne va pas encore se disputer. Tu ne m'as jamais écoutée. En tout cas, ils ne sont pas très causants, nos amis les gendarmes.
Aurélie : - Ça ne doit pas être évident pour eux de se retrouver avec des humains.

*On sonne.*

Odette : - Mon Dieu ! Qui cela peut-il bien être !
Cécile : - Il en manque une, c'est donc elle !
Odette *compte* : - 1, 2, 3, 4, 5, 6, 7 (*elle se compte en septième*). Sept, le compte est bon.
Aurélie : - Sept moins un ?
Odette : - Six, à quoi tu joues ?
Clara : - Odette, reviens sur terre !
Aurélie : - Tu n'as pas gagné, tu es l'hôtesse ! Avec un O comme O…
Delphine : - Tocard !
Odette : - Tocard ?

Delphine : - Autocar, l'autocar est arrivé sans se presser. Un autocar à roulettes. Et s'il n'en reste qu'une ce sera la dernière, et la septième va décoller les étiquettes.
Odette : - Qui va là ? Messieurs (*regardant les gendarmes*) le devoir vous appelle ! Garde-à-vous ! (*les gendarmes se lèvent dans la précipitation et se mettent au garde-à-vous*)

> *On sonne de nouveau.*

Voix extérieure : - C'est moi. (*voix douloureuse*)
Brigitte : - Un homme !
Géraldine : - Cachez les bouteilles !
Cécile : - J'aurais pas dû rattraper mon retard.

Odette : - Qui ça moi ?
Antonin : - Odette ! C'est Antonin.
Odette, *se lève, se précipite, ouvre difficilement (la porte est fermée à clé)* : - Oh ! (*elle recule*)

> *Antonin entre. Sans maquillage. En tenue de chasse, de la boue au genou droit. La lèvre ouverte. Les gendarmes se lèvent.*

Antonin : - Je me suis enfui.
Toutes : - Oh !
Antonin, *à Odette* : - Comme quand tu avais 17 ans, ma bonne vieille ! Je suis passé par la grande branche du platane !
Odette : - Mon Tarzan ! Mais tu n'as plus 40 ans, mon pauvre vieux !
Antonin : - Odette, voyons, que vont dire ces dames ?
Odette : - J'ai vu l'idole nue !
Antonin : - Mais vous êtes saoule, Odette !
Odette : - C'est ta femme qui nous a conseillé de boire !
Antonin : - Elle ferait mieux de boire, celle-là !

*Les gendarmes s'approchent.*

Gendarme 2 : - Maître. (*en tendant respectueusement la main à Antonin*)
Antonin : - Mon général. (*ils se serrent la main*)
Gendarme 1 : - Maître. (*en tendant respectueusement la main à Antonin*)
Antonin : - Mon caporal. (*ils se serrent la main*) Que me vaut l'immense honneur de votre présence ?
Gendarme 2 : - Nous sommes passés dans notre mission de protection des citoyennes et citoyens, et mademoiselle Odette nous a amicalement conviés à prendre le verre de l'amitié tout en poursuivant notre travail.
Antonin : - Très bien, mon général. Rompez ! Vous pouvez continuer d'assurer la protection de mes invités. (*ils retournent s'asseoir ; à Odette :*) Et qui sont ces types ?
Odette : - Le mari de Brigitte et le boyfriend d'Aurélie. J'a pris l'initiative d'accepter la requête de ces deux lauréates après l'appel de madame.
Antonin : - Tu savais pourtant.
Odette : - Je savais pourtant que tu devais venir bien plus tôt.
Antonin : - On en reparlera. Mais qu'ils se tiennent tranquilles.

Delphine : - Je ne savais pas qu'il avait un frère, Antonin. Il ne lui ressemble pas vraiment.
Aurélie : - J'ai lu toutes ses biographies, c'est écrit nulle part. Enfin, c'est pas écrit non plus que c'est pas son vrai nom. Et que sa femme est siliconée.
Antonin, *à Odette* : - Mais elles sont saoules aussi ! Et tu as encore laissé échapper des secrets !

Odette : - Si tu me cherches, tu vas me trouver ! Tu aurais au moins pu téléphoner !

Antonin : - Odette ! Je suis le patron ! Je te raconterai en tête à tête. (*Odette le fixe très amoureusement*)

Odette : -Tu veux qu'on aille à côté ?

Antonin : - J'ai des invitées, Odette !

Odette : - De toute manière, tout le monde aura oublié demain !

Emilie : - Faux. Je vois tout sans le moindre nuage... Et ce n'est pas beau à voir !

Antonin : - Mesdames, je suis désolé. Ma tenue n'est pas recherchée. Mais c'était la seule.

Odette : - C'était ça ou arriver nu comme un ver !

Antonin : - Je tenais tant à vous rencontrer dès ce soir. (*il porte la main droite à sa bouche ; signes de douleur*) Comme vous le constatez, nous ne pourrons pas nous embrasser.

Odette : - Antonin embrasse à la Russe !

Aurélie : - On peut quand même trinquer ! (*elle lève son verre*)

Brigitte : - Il est des nôtres, il a bu son verre comme ses fa-a-ne-e-es.

Antonin : - Je crois qu'il est détestable, préférable que je reste sobre. N'oubliez pas que je dois rentrer avant le chant du coq. Je dois repasser par un platane.

Brigitte : - Oh ! Il parle en rimes. Oh maître, apprends-moi à écrire une chanson.

Delphine : - Faut pas le croire. C'est pas le véritable Antonin de la télé. C'est peut-être même pas son frère. On s'est fait manipuler.

Brigitte : - Le poète sur un platane, comme c'est beau !

Aurélie : - Maître Antonin sur un arbre perché, tenait en son bec une bouteille de floc... (*elle éclate de rire*)

Antonin : - Je n'aurais pas dû forcer le destin...

Odette : - Quelqu'un m'a dit que c'est toujours mieux en imagination…

Antonin : - C'est une bonne idée de chanson, non, « *Quelqu'un m'a dit...* »

Odette : - Déjà chanté !

Antonin : - J'ai chanté ça, moi ? En quelle année ?

Odette : - Mais non, pas toi, une grande brune.

Antonin : - Alors c'est une rémidistance (*sic*). J'aurais dû rester devant ma magnifique lampe solaire.

Odette : - Et sa si réaliste forme de lune..

Antonin : - Comme un poète.

Brigitte : - Comme c'est beau !

Emilie : - Mais non, Antonin. Quelqu'un vous attendait vraiment. Est-ce un soir de pleine lune ?

Antonin : - Depuis que j'ai ma lune solaire, je fais plus attention.

Emilie : - Je vais aller vérifier. (*elle se lève, sort par la porte du fond*)

Odette : - Elle nous a bien bluffées, celle-là ! Mon œil qu'elle boit jamais. Elle avait son plan !

Delphine : - La conne ! Elle va se faire avoir, c'est qu'un sosie de série B. Même pas un imitateur de série C.

Cécile: - Nous saouler pour garder Antonin !

Odette : - Il fut un temps où tu démarrais au quart de clin d'œil, tu comprenais plus vite. (*très grave, le regard de plus en plus vague*) Je ne peux plus rivaliser avec une femme de cet âge ! Je ne t'en voudrai pas. C'est la vie. J'ai connu ça, j'ai moi aussi eu vingt ans. Mais qu'ils sont loin mes dix-sept ans…

Antonin : - Odette !… Je vais vérifier… Euh… Si la chaudière est encore là… Euh… Bien branchée. (*il sort par la même porte*)

Delphine : - Elle aurait mieux fait de boire, au moins elle aurait vu que c'est pas le véritable Antonin.

Aurélie : - Antonin de Gasconnie a-t-il un gros crédit !...
Delphine : - Même durant ma procédure de divorce, j'aurais jamais osé être aussi directe !
Odette : - On ne peut pas lui donner tort, ni lui en vouloir. Elle n'a même pas eu un geste obscène en public. Dans le show-biz, on fait les présentations quand on se sépare !
Clara : - Après tu t'étonnes que les journalistes écrivent n'importe quoi ! Tu ne peux pas t'empêcher de raconter des histoires abracadabrantes et je suis certaine que mesdemoiselles les croient.
Cécile : - La fidélité peut s'agrémenter d'un peu de piment ! Une aventure de temps en temps ressoude le couple !
Clara : - C'est c'qu'on dit pour justifier ses infidélités. Hypocrisie. Et quand c'est l'autre, on n'a que ses yeux pour pleurer. Vous me voyez, moi, pourtant dans un bistrot on en a des occasions, y'en a des hommes à consoler, y'en a des hommes qui savent causer, mon Jojo il est mort en sachant que j'ai toujours été irréprochable. Et même encore aujourd'hui, j'y pense tous les jours, à mon Jojo (*de petits sourires biaisés : elles se souviennent des propos d'Odette sur Jef, l'amant de Clara*).
Cécile : - Ça manquait d'hommes cette soirée ! Et bientôt je ne saurai plus où donner de la tête. Ou de la bouche ! (*elle fait un bisou sur la joue du plus jeune gendarme*) N'est-ce pas mon caporal ?
Gendarme 1: - Je ne conteste pas vos propos, chère demoiselle. Si vous le souhaitez, je vous raccompagnerai pour veiller à votre sécurité.
Cécile : - C'est une bonne idée.

*Le gendarme 2 regarde son collègue avec insistance.*

Gendarme 1: - Chère Cécile, mon collègue peut aussi assurer la sécurité rapprochée d'une de vos amies.

Cécile : - Eh oui... Delphine, tu veux bien venir ?...
(*Delphine se lève et va voir Cécile, qui se lève et elles se parlent à l'oreille. Delphine va s'asseoir près du gendarme 2*)

Octavio, *à Bertrand :* - C'est c'qu'on appelle le privilège de l'uniforme.
Bertrand : - Quand on a la chance d'avoir rencontré l'amour, il est stupide de mettre en danger son couple.
Octavio : - T'es grave, comme mec. T'es même limite femmelette.

*Bertrand se lève et va s'asseoir près de Brigitte.*

Octavio : - Le con ! (*il se ressert*) Y'a vraiment que l'alcool d'intéressant dans ce bled.
Brigitte : - Mon bébé, je te manquais.
Bertrand : - Oui, ma bibi. (*Octovio se ressert et marmonne avec un rictus de poivrot*)

Cécile : - Y'a des opportunités, il faudrait être folle de les louper ! Je suis une femme fidèle, amoureuse mais moderne et réaliste ! Dans certaines circonstances, les hormones ont leurs exigences.
Brigitte : - Revoilà la théorie « tout n'est que réactions hormonales ! » Exit conscience, dignité et cohérence ! Comme tout cela serait triste si c'était vrai !
Odette : - Dans le show-biz on a la tendresse facile.
Géraldine : - Comme sous le soleil d'Addis ! On va au restau et on prend le dessert jusqu'à sept heures du mat, vas-y pépère, profites-en, reprends de la figue, je suis à toi. Géraldine, Géraldine, tu me manques on écrit dans les mails mais on s'emmêle sans état d'âme. Elle m'a aussi baratinée avec ses hormones.
Aurélie : - Alors c'est vrai, c'est un milieu guère fréquentable, le show-biz ?

Odette : - On y vieillit vite : regarde, moi, j'avais 17 ans, et je les ai plus.
Aurélie : - Je te rassure, ça arrive aussi chez les comptables !
Odette : - Peut-être, mais elles ne s'en aperçoivent pas !
Aurélie : - Faut pas essayer de comprendre, Odette est gasconne.
Géraldine : - Franchement, ça fait au moins trois jours que j'ai arrêté d'essayer de comprendre ce qui se passe ici !
Aurélie : - Tu étais où y'a trois jours ?
Odette : - Moi, parfois, j'ai bien l'impression qu'une journée tient en trois secondes. Le contraire peut donc arriver aussi.
Géraldine : - À une époque on mettait le temps en bouteilles et parfois il en sortait un ogre, parfois il en sortait…

*On sonne. Un bond général.*

Aurélie : - Là c'est le retour des blousons noirs ! Où j'ai mis ma bombe lacrymogène ? (*elle fouille dans ses poches*) Nous sommes en sécurité ! Messieurs les gendarmes, garde-à-vous !

*Les gendarmes se lèvent et se mettent au garde-à-vous.*

Odette : - Silence les filles, quand le chasseur arrive, les biches se cachent.
Delphine, *plus bas* : - Tu es allée voir Bambi au cinéma ?
Clara : - J'en ai tellement servi des loubards, ne vous inquiétez pas, je sais leur parler. Ils savent qu'eux et moi, on est du même côté.
Cécile : - Et on fait quoi ?

Odette : - Rassurez-vous, j'ai refermé à clé.

*Nouvelle sonnerie.*

Odette : - Faut encore que je me lève ! Il va me les payer mes heures sups !
Delphine : - En floc !
Odette : - L'argent du travail, c'est sacré. Toute peine mérite salaire. Combien de fois je me suis levée ce soir !
Clara : - Sur ça tu as raison. Si tu ne réclames pas ton argent, certains partiront sans payer.
Aurélie : - Et n'oublie pas de facturer les descentes à la cave !
Voix féminine du dehors (*uniquement les derniers mots compréhensibles*) : - … Ouvrez-moi !
Odette : - Sa femme ! C'est la fin du monde ! (*elle se signe, vide le fond de son verre*)
Delphine : - Entre femmes, on saura se comprendre.
Cécile : - Après tout, nous n'y sommes pour rien. Leurs histoires de couple ne regardent que les journaux.
Odette, *se lamente* : - Virée, virée sans indemnités ! Je l'avais bien pressenti, et sur qui ça va retomber, sur Bambi… sur bibi… Elle me paiera mes indemnités, sinon j'en ai à raconter ! Même si elle vient avec un huissier pour m'accuser d'avoir outrepassé les termes de mon contrat ! Elle ne m'a jamais aimée, la garce ! J'y peux rien si son mec a un faible pour moi ! J'y peux rien si sa star de mari en pince pour mes cuisses !

La voix du dehors : - (*quelques mots incompréhensibles, puis*) C'est Françoise, je suis en retard.
Odette : - Françoise, Françoise ? Je ne connais pas de Françoise.
Delphine : - Elle veut nous embrouiller, c'est une ruse de pêcheur, de chasseur.

Géraldine : - Y'a des femmes chez les blousons noirs.
Clara : - Tu veux que je m'en occupe ?
Aurélie : - Six ! F 6 !
Brigitte : - Touché ? Coulé ? Mais où est le plan de la bataille navale ?
Delphine : - Les avions, ce sont des F16, je le sais, mon cousin...
Aurélie : - A 1 Aurélie, F 6 Françoise !
Odette, *euphorique* : - Ah Françoise ! Je vous le disais bien que c'était pas sa fêlée, sa femme !

Françoise : - Je suis la lauréate du concours.
Odette : - Je sais, je sais ! Mais j'ai quand même le temps de me lever ! Je suis en heures sups ! Je vais lui demander une prime de risques à l'Antonin.

> *Odette se lève, titube jusqu'à la porte et ouvre finalement.*
> *Antonin rentre au même moment.*

Antonin : - La conne ! La conne !
Françoise : - Oh excusez-moi monsieur, je suis en retard !
Antonin, *se tourne vers elle* : - Encore une nouvelle ! A jeun en plus ! Ah non, plus de femme à jeun ce soir !
Odette, *à Françoise* : - T'inquiète pas, ce sont les aventures d'Antonin sous la lune.
Odette, *à Antonin :* - Elle t'a fait un truc que tu connaissais pas et t'as pas résisté !
Antonin : - Je connais tous les trucs !
Odette : - Mais tu oublies vite !
Antonin : - Tu as écouté ?
Odette : - Ça se passe toujours comme ça ! Tu te souviens plus de Nadège ?
Antonin : - Odette, tu devrais être couchée à cette heure-ci !

Odette : - T'inquiète pas, tu vas me les payer mes heures sups !

Delphine : - En floc !

Odette : - T'inquiète pas, c'est pas le genre à aller tout déballer dans les journaux ni à demander d'être choriste !

Antonin : - Elle aurait mieux fait de boire !

Delphine : - Tu as vu, il dit comme moi, celui qui se fait passer pour Antonin. Faut le dire à la nouvelle ! Hé ! La nouvelle !

Françoise, *timide* : - Je suppose que c'est moi que vous appelez !

Delphine : - Et j'attendrai pas cinq minutes : te laisse pas avoir, c'est même pas un vrai sosie !

Odette : - Mais entre Françoise... Tu arrives au bon moment. Antonin est descendu du platane et il vient de vérifier la chaudière. La nuit sera chaude !

Delphine : - Te fatigue pas, Odette, même si on raconte notre soirée, personne n'y croira.

Aurélie : - Allez la nouvelle, prends le chasseur en passant et viens trinquer.

Antonin : - Bon, je vais rentrer.

Cécile : - Antonin, c'est pas possible, il me faut une photo dédicacée pour mon camionneur.

Antonin, *à Odette* : - Tu donneras un carton de photos dédicacées à mademoiselle.

Odette, *à Antonin* : - Alors si on ne fait rien ce soir, je prends Géraldine et je te laisse les autres.

Antonin, *à Odette* : - Tu veux dire ?

Odette, *à Antonin* : - Elle me botte, grave !

Antonin, *à Odette* : - OK ! Compris ! Tu laisseras la porte ouverte et je viendrai vous rejoindre.

Odette, *à Antonin* : - Pas d'accord ! Si elle est partante, je la garde pour moi !

Antonin, *à Odette* : - De toute manière j'ai perdu mon viagra et mes préservatifs en tombant du platane !

Odette , *à Antonin* : - Quoi ! T'as fait ça comme avec moi ! Tu feras un test VIH dans trois mois, et d'ici là, niet !

Antonin, *à Odette* : - Elle m'a dit qu'il n'y avait aucun risque.

Odette , *à Antonin* : - Elles disent toutes ça, les Momina et les Emilie !

Cécile : - Ah non, il m'a changé une roue, il a bien mérité une petite dédicace, un truc du genre : « à Francis, en remerciement de ma roue. »

Antonin : - Qu'est-ce que c'est encore de cette histoire ? Je reviens demain matin. Il faut que je rentre à la maison.

Aurélie : - Chanteur rentrer maison !

Delphine : - C'est pas un chanteur, je te dis. Je suis certaine qu'il a un dentier. Regarde bien ses dents, ce n'sont pas de vraies dents.

Cécile, *à Aurélie*: - En tout cas, si l'Emilie fait un procès, qu'elle ne compte pas sur moi pour témoigner.

Aurélie : - Pourquoi un procès ?

Cécile : - C'est clair ! Se faire faire un gosse par une star, c'est un bon plan.

Aurélie : - Tu crois ?

Brigitte : - Ah non ! Il faut que tu m'apprennes à écrire une chanson ! J'ai bu, maintenant je peux devenir auteur.

Antonin, *en se touchant le front* : - Il n'est pas écrit président de la sacem !

Odette : - Mais entre Françoise… Tu arrives au bon moment…. La nuit sera chaude !

Delphine : - Chaude ?

Odette : - Parfaitement ! Comme la chaudière est lancée,

la nuit sera chaude ! (*plus discrètement à Géraldine près de qui elle s'assied :*) ça fait bien longtemps que je n'ai pas eu envie de faire un câlin avec une femme, mais faut que je te l'avoue, depuis que tu es arrivée je suis déstabilisée, y'a un truc en toi qui m'appelle et me fait vibrer. Je ne suis pas du genre à m'échauffer rapidement mais là, tu vois, je ne vais même pas te faire la grande scène de l'amitié... je te désire...
Géraldine : - Si tu insistes aussi gentiment...

> *Odette lui caresse les cheveux, le dos... Toutes les observent plus ou moins discrètement. Clara est très gênée.*

Odette : - Si nous étions seules... j'oserais même passer une main en dessous...
Géraldine : - Si en plus tu m'offres un séjour à la Martinique...
Odette : - Tu passes vite de l'envie d'un peu de tendresse à l'envie d'une grande dynamique, d'une vraie liaison... Je dis pas non, les mecs sont tellement décevants.
Géraldine : - Et pourtant cette conne de Momina s'est laissée entuber. Elle avait besoin d'affection !
Odette : - Pense plus à elle ma belle, profite du temps présent en toute sincérité, en toute passion.
Géraldine : - Je me rappelle très bien, très très bien, de choses très bonnes, plus que bonnes... et je sais qu'elle m'Aime de nouveau...
Odette : - Tu vas en connaître d'autres.
Géraldine : - Elle voudrait presque mes chaleureuses félicitations : elle ne m'a pas trahie avec son gardien ni son chauffeur mais avec un dandy distingué au sourire enjôleur ! Un monsieur ! Un sophiste oui, un être fondamentalement mauvais, vide, prétentieux, né avec une cuillère en argent dans la bouche, vide malgré ses

prétentions à la voie de la sagesse avec des séjours de prétendues retraites dans des monastères.
Odette : - C'est fini, ma princesse.
Géraldine : - Son petit trésor excisé... et elle l'a laissé souiller, elle le regrette à peine en plus, elle sait juste marmonner « *désolée, je croyais qu'on allait se quitter, je croyais que tu ne m'aimais plus vraiment, je croyais ne plus t'aimer à ce point, je croyais qu'on allait se séparer... désolée, il m'a déstabilisée, ça ne m'était jamais arrivé, j'ai été submergée, j'avais des douleurs atroces au ventre mais j'y allais... désolée...*»
Odette : - Ma princesse. (*elle la caresse de plus en plus*)

Octavio, *pose les coudes sur la table* : - C'est foutu ! (*il s'endort*)

Aurélie : - Je crois qu'on va terminer la soirée sans notre cheftaine.
Brigitte : - C'est dommage de se scinder comme ça. On formait un bon groupe.
Aurélie : - La vertu n'est pas une notion universelle.
Brigitte : - Je me demande souvent quel plaisir les gens trouvent dans la trahison ?
Aurélie : - Si on se met à philosopher, on va finir par pleurer.
Clara : - Y'a des choses qui ne se font pas.
Cécile : - Nous ne sommes plus en 1910.
Clara : - Mais pas en public ! Et même si je ne suis qu'une modeste travailleuse, j'ai de la moralité.
Delphine : - Qu'est-ce qu'on pourrait faire d'autre !
Aurélie : - Y'en a un il dort ! C'est très romantique !
Delphine : - Allez Françoise, viens essayer de comprendre !
Françoise : - Oui.

Delphine : - Qu'est-ce qu'on pourrait faire d'original maintenant qu'on a trop bu ?
Cécile : - Chanter au pays de la chanson ! Ou se caresser au pays des caresses !
Françoise : - J'ai l'impression de ne pas tout comprendre.
Aurélie : - Rassure-toi, tu n'es pas la seule ! En France, tout se termine par une chanson. Antonin ! (*qui observait, perplexe, semblait comparer*)
Antonin : - Oh moi, sans ma guitare !
Bertrand : - Je suis très tolérant. Il faut respecter les différences.
Clara : - Y'a des choses qu'on préférerait ne pas voir.

Géraldine : - Elle avait des choses désagréables à m'apprendre, qu'elle écrivait dans ses mails.
Odette : - C'est du passé ma princesse, sois dans l'instant présent, vis ce moment privilégié avec passion. Nous sommes ensemble en toute sincérité.
Géraldine : - Il l'appelait princesse et elle a passé quatre nuits nue dans son pieu à ce salaud et à sept heures du matin, avant d'aller occuper son poste d'inutile privilégié buvant le sang de l'Afrique, il descendait sa conquête chez elle, son escort girl quasi gratuite, et elle s'empressait de m'écrire un mail anodin.
Odette : - Tourne la page.
Géraldine : - Elle a même envisagé de faire sa vie avec, durant quelques jours. Mais pour lui, elle n'était qu'une aventure de passage, une couleur locale à consommer, et elle aurait voulu qu'il reste son ami de cœur, et en plus me l'imposer. Ami de cœur, elle a osé m'écrire depuis !
Odette : - C'est fini tout cela, on s'est rencontrés et le monde s'est éclairci.

Brigitte : - On va chanter !
Aurélie : - On aura au moins fini la soirée dignement.

Brigitte, *à Aurélie* : - Oui, tu as raison, la dignité est de notre côté.
Aurélie : - Mon portable fait enregistreur. Chouette ! Quel beau souvenir !
Antonin : - Ni enregistreur ni appareil photo. Personne ne doit savoir que j'étais là ce soir. Le sort du monde en dépend !
Aurélie, *pose son portable* : - Dommage ! Mais si c'est la loi !

> *Ils entonnent, le plus mal possible, « Qu'une fois »... Tandis qu'Antonin est tourné, Aurélie reprend discrètement son portable et filme quelques secondes avant de le ranger, l'air malicieuse, dans une poche ; Brigitte lui glisse un mot à l'oreille.*
> *Durant la chanson : Cécile regarde le gendarme 1, toujours debout, lui sourit, lui montre la porte des yeux, il fait oui de la tête et sort ; Odette se lève, tend la main droite à Géraldine qui la prend, se lève aussi, elles sortent main dans la main ; Cécile sort par la même porte ; le gendarme 2 regarde Delphine, lui sourit, elle lui sourit ; il sort ; Delphine reste perplexe et finalement se tourne vers la porte, fait un bras d'honneur, se retourne et rechante avec un grand sourire.*

On parle de l'Amour
Qui ne serait plus
Qu'une vulgaire chasse à courre
Un jeu pratiqué nu
On joue à l'amour

On dit grand amour
Quand on a trop bu
Ou qu'on reste plus d'huit jours

En étant convaincu
Que c'est pour toujours

*Mais les rues sont pleines*
*De gens qui comme moi*
*N'ont dit qu'une fois*
*« Tu sais, je t'aime »*

## *Rideau – FIN*

# Avant les élections présidentielles

*Comédie politique contemporaine en trois actes*

Trois hommes, deux femmes
(réductible en 2 H, 2F)

Par « mesure de commodité », nous attribuons aux personnages des prénoms couramment usités dans les hautes sphères, en France, à la fin du deuxième millénaire (toute ressemblance avec des personnalités... imaginez la suite !). Osons même une date naturellement purement indicative : 1994.

Jacques : la soixantaine, maire d'une très grande ville, peut-être même la capitale du pays ; il souhaite obstinément devenir président de la République.
Bernadette : la soixantaine, très vieille France, son épouse.
Claude : leur fille, vingt-cinq ans.
Bernard : majordome... appelé Georges par Bernadette.
Jean-François : successeur de Bernard au poste de majordome... appelé Georges par Bernadette.

Afin de permettre une distribution avec trois femmes et deux hommes, Pascaline succède à Bernard au poste de majordome dans une autre version... alors qu'un certain Jean-François intervient dans la pièce initiale.

## Acte 1

*Le salon bourgeois, vaste, kitsch, dans les appartements privés de monsieur le maire.*
*Jacques, en peignoir, de dos, arrose une herbe bien verte dans un aquarium, avec une bouteille de champagne.*
*Entre Bernadette, allure se voulant très distinguée, tenue mondaine.*

### Scène 1

Bernadette : - Jacques, mon ami, voyons.
Jacques, *bien éméché, se retournant* : - Ah ! Vous, très chère épouse, (*en souriant* :) déjà ! Quelle agréable surprise.
Bernadette : - Jacques, du Dom Pérignon !
Jacques : - C'est pour la pelouse.
Bernadette : - Jacques, voyons, pas avec du Dom Pérignon.
Jacques : - Puisque vous n'en prenez pas, pourquoi ne pas en faire profiter cette magnifique pelouse.
Bernadette : - Vous m'expliquerez, un jour, pourquoi vous accordez une telle attention à ces quelques brindilles.
Jacques : - Mais je vous l'ai déjà confié, très chère et bonne épouse, ce gazon, ce sont mes sondages à moi. Il est vert, donc tout va bien, les sondages vont suivre ! Les français reverdissent quand on les arrose.
Bernadette : - Jacques, arrêtez de vous torturer, c'est fini. C'est fini, Jacques, nos rêves.

*Jacques se retourne vers l'herbe et verse le reste de la bouteille de champagne.*

Bernadette : - Mais ne gâchez pas ainsi le Dom Pérignon !

Jacques : - C'est la troisième bouteille, et à dix heures, réunion.
Bernadette : - Jacques, la cassette de la mairie n'est pas extensible à l'infini. Il serait préférable d'éviter d'ouvrir chaque matin une troisième bouteille de Dom Pérignon. Même une deuxième.
Jacques : - Et mes plantations ? Je vous rappelle avoir déjà arrêté la cigarette !
Bernadette, *didactique* : - Le temps des économies est venu Jacques, vous le savez bien. Remplacer trois paquets de cigarettes par trois bouteilles de Dom Pérignon, Jacques, vous exagérez.

*Jacques se retourne et mouline des bras (avec sa bouteille de Dom Pérignon dans la main droite).*

Bernadette : - Envoyez plutôt une caisse chaque semaine dans notre grotte ! Il est temps de prévoir toutes les hypothèses.
Jacques : - Vous me voyez vivre comme un fuyard !
Bernadette : - La France est tellement surprenante... Et souvenez-vous, Jacques, le matin où vous m'aviez murmuré en souriant (*elle sourit à cette évocation*).

*Jacques de nouveau mouline des bras.*

Bernadette : - Vous m'aviez murmuré en souriant, comme vous murmuriez alors parfois : si nous passons une bouteille de Dom Pérignon en note de frais chaque matin, je serai le plus heureux des hommes.
Jacques, *se retourne* : - Chère épouse, j'étais jeune, vous étiez jeune, nous étions jeunes, je ne me rendais pas compte combien les administrés, nos chers concitoyens, contemporains, contribuables et même concessionnaires, combien ils peuvent être couillons, combien le budget municipal permet amplement plus... D'ailleurs il va falloir

se servir un bon coup... Tout peut arriver dans ce pays !... Nous sommes d'accord sur ce sujet. Ce n'est pas un carton que je vais envoyer mais un fourgon !... Après les socialistes, pourquoi pas la réincarnation d'un Bourbon ! Après tout, cette ville me doit tout ! Et je vais me faire construire un abri anti atomique !
Bernadette : - Pas en Corrèze quand même ! De tels travaux manqueraient de discrétion.
Jacques : - On leur dira que monsieur le maire pratique des fouilles archéologiques, recherche le patrimoine romain, une trace de Sénèque, et les rumeurs feront pschiiit...
Jacques : - Ne confondez pas tout, Jacques ! Revoyez vos fiches, Sénèque n'est pas un nom romain.
Bernadette : - Détrompez-vous madame. Sénèque fut le précepteur de Néron (*on sent qu'il récite*), ce même Néron lui ordonna en l'an 65 de se suicider et, stoïque, Sénèque se poignarda. En ce temps-là, on respectait les chefs !
Bernadette, *sans transition* : - Georges nous vole, j'en suis certaine.
Jacques : - Chère épouse, arrêtez de l'appeler Georges, il va finir par nous quitter, lui aussi !
Bernadette : - N'allez pas dire que vous vous souciez du visage de ces gens.
Jacques : - Mais Georges, qui accepterait qu'on l'appelle Georges !
Bernadette : - Vous le savez bien, cher Jacques, chez père ils s'appelaient tous Georges, les... boys.

*Jacques sourit à ce « boys. »*

Jacques : - Je n'ai jamais eu à me plaindre de lui ! L'homme le plus discret que je connaisse.
Bernadette : - Georges nous vole. Je prends 4000 francs chaque matin, j'en mets deux au coffre et il ne nous

ramène que de la menue monnaie. 2000 francs de dépenses, à qui le ferait-on croire !

*Jacques durant cette explication gonfle les joues d'un air « elle me barbe. »*

Jacques : - Vous n'allez quand même pas me reprocher ce plaisir, le Dom Pérignon et les pommes sont des bienfaits de la nature comme jacasse votre ami l'écolo. Je ne vais quand même pas prendre de la bière au petit-déjeuner ! Du lait au chocolat tant que vous y êtes ! Ou du thé comme ce traître de... De qui vous savez !
Bernadette : - Vous savez bien que le Dom Pérignon n'entre pas dans ses attributions, qu'il passe au budget réceptions de la mairie... Vous voyez Georges sortir chaque matin de chez Fochon avec trois bouteilles de Dom Pérignon... Quelle discrétion !
Jacques : - Vos rimes sont vraiment délicieuses, très chère épouse, vous devriez publier un recueil de poésie.

*Bernadette rougit, prend au sérieux cette « boutade. »*

Bernadette : - Ah ! Jacques, ça fait si longtemps que vous ne m'aviez murmuré un tel compliment... ça fait du bien... Mais Georges nous vole.
Jacques : - Oh madame ! Ne recommencez pas ! Il faut bien accepter quelques pertes ! On ne va quand même pas lui demander de ramener des tickets de caisse alors qu'Antoine fait preuve d'une inspiration débordante pour nous sortir chaque semaine des fausses factures ! Tout le monde nous vole. Tout le monde vole dans ce pays. Vol et magouilles sont les trois mamelles de ce pays ! C'est le drame des valises. Y'a toujours quelqu'un pour les ouvrir au passage et prendre sa petite commission. Tu crois peut-être que Charles est un ange ? Alors pour quelques pièces, vous n'allez pas me les...

Bernadette, *couvre sa voix* : - Jacques, utilisez des images convenables !...
Jacques : - Vous n'allez quand même pas vous mettre à compter les pièces jaunes.
Bernadette, *excédée par cette remarque, lâche* : - Ce n'est pas la boîte qu'il vous remet chaque matin qui fait le compte.

> *Jacques, secoué, assommé, se retourne vers sa pelouse et verse... Mais sa bouteille est vide. Il la pose finalement par terre.*

Bernadette : - Je suis une vieille femme qui souffre, Jacques ! Vous me croyez la plus résistante, inoxydable... Mais votre conduite... Je me sens trahie... Il fallait qu'un jour je vous en parle.
Jacques, *en se retournant, très cassant* : - Mais vous espionnez monsieur le maire, madame, et vos conclusions, je suis au regret de vous le déclarer, sont fausses. Sachez, chère épouse, que monsieur le maire a des obligations professionnelles !
Bernadette : - Un jour il vous faudra choisir entre elle et moi.
Jacques, *en souriant* : - A notre âge, chère épouse, vous n'allez quand même prêter oreille à des... rumeurs.
Bernadette : - Pas ce mot dans votre bouche, Jacques. Vous savez combien un tel mot, avec tout ce qu'il implique, peut me faire souffrir quand il sort de votre bouche. Que Georges nous vole, certes, je suis habituée, tous les Georges sont des voleurs.
Jacques : - Chère épouse, comme en politique, méfiez-vous des généralisations. Tous les italiens sont. Tous les espagnols sont. Tous les corses sont. La France est une et indivisible. Et notre majordome ne s'appelle pas Georges.
Bernadette : - Majordome, majordome... Ni major ni

homme (*très satisfaite*). Et qu'en plus, il vous remette chaque matin votre boîte de 24 derrière mon dos, ce n'est pas convenable... Mais Jacques, qu'en faites-vous, 24, vous n'êtes quand même pas spiderman.
Jacques : - Mais c'est une fixation madame, mais vous devenez psycho-frigide... Psycho-rigide ! Vous connaissez mes obligations et ma générosité. Peut-être qu'un matin vous avez vu Bernard me remettre une boîte de préservatifs, appelez les choses par leur nom.

*Bernadette a une grimace de dégoût.*

Jacques, *très maire en discours* : - Mais sachez, madame la première dame de cette honorable et millénaire cité, qu'offrir des condoms à un client, c'est aujourd'hui un cadeau très apprécié.
Bernadette, *durant sa respiration* : - N'exagérez pas, monsieur le maire.
Jacques, *comme s'il n'y avait pas eu d'interruption* : - Le responsable invité comprend que monsieur le maire est favorable à une collaboration, qu'il peut tutoyer les secrétaires, qu'il lui suffit de prendre rendez-vous avec Antoine pour les modalités pratiques, surfacturations, commissions, diamants, (*souriant* :) non, jamais de diamants ! Tout le monde sait que ce ne serait pas... Comment dites-vous ?... Oui convenable ! Votre harcèlement moral me fait fourcher la langue, madame ! Même ici, un jour il me faudra un prompteur !
Bernadette : - Soyez raisonnable, Jacques. Vous n'allez quand même pas me faire croire que ces choses ne sont pas pour votre consommation personnelle.
Jacques : - Pour votre information... Ces choses... Ne se mangent pas !

*Jacques s'avance, il titube.*

Bernadette : - Jacques, mais vous êtes saoul, mon ami.

Jacques, *sourit* : - Une douche, et hop !
Bernadette : - Et hop, prenez garde. N'oubliez pas vos… Vos… Machins. J'ai hier soir pris à part notre ami l'éminent scientifique et il m'a affirmé, juré, que l'âge ne protège pas de la terrible maladie.
Jacques : - Qu'imaginez-vous, chère épouse, et hop, c'est le contrat sera signé ce matin ; et ce soir vous verrez la valise, et on fête ça (*un pas de danse*).
Bernadette : - On… Vous voulez dire, vous et… Et ces secrétaires.
Jacques : - Chère épouse, pas d'insulte, secrétaires, oh !, je ne suis pas un vulgaire patron d'industrie en goguette.
Bernadette, *de haut* : - Vous savez bien que secrétaire est une rime de roturière.
Jacques, *qui regarde sa montre* : - Bon, bon, je vous souhaite une agréable journée, chère épouse. Et saluez bien ces dames de vos œuvres. Embrassez tendrement la gamine… Il va falloir qu'elle se lève à une heure… Oui convenable… Si elle veut me suivre sur les routes sinueuses…

*Il sort en envoyant un baiser très théâtral.*

## Scène 2

*Bernadette s'affaisse dans le canapé.*

Bernadette, *murmure* : - Il me trompe, il m'a toujours trompé, il me trompera toujours, et en plus, il ne sera jamais président de la République. Je ne serai jamais madame la première dame de France (*elle se prend la tête dans les mains puis se redresse*). Quel échec ! Je n'aurais quand même pas pu épouser un socialiste. Quelle horreur, moi, maquillée en socialiste ! Non, je n'aurais jamais tenu... Edouard, Edouard, Edouard... Oui, bien sûr... Mais qui aurait pu croire. Edouard, croire. Y croire avec Edouard. Quel beau slogan je lui aurais écrit. Jacques... Jacques tête à claques. Prendre une claque avec Jacques. (*silence*) J'aurais dû m'en douter ! Que peut-on espérer quand on s'appelle Jacques ? Tous les Jacques sont des (*elle cherche une rime...*) C'est plus facile de rimer « si elle veut me suivre sur les routes »... Pauvre enfant !... Avec son père en déroute... (*elle sourit*) Mais c'est un alexandrin ! (*elle compte sur ses doigts... elle compte deux fois jusqu'à dix et s'exclame, ravie :*) Un double alexandrin ! Une alexandrine !

*Elle prend un journal, l'ouvre, feuillette. Se prend la tête dans les mains.*

Bernadette : - 62% d'opinions favorables ! Le scélérat ! L'usurpateur ! Le manipulateur ! Le menteur ! Le traître ! Le copieur ! Le voleur ! L'hypnotiseur !

*Elle se cache le visage avec le journal.*

Bernadette, *murmure* : - Il me trompe. Il me trompe. Mais bon, plutôt ça que le suicide ! Il ne s'en remettra jamais, mon Jacques. « Bonsoir, monsieur le maire », je le hais, cet Edouard. Edouard cafard. Et si on imprimait des autocollants Edouard Cafard. Tous les enfants répéteraient Edouard cafard, il chute dans les sondages... Mais non, ça ne servirait à rien, le pays ne croit plus en Jacques... Jacques ne croit plus en lui... Je ne crois plus en Jacques... Jacques ne m'a jamais écouté... Tout le monde nous a lâchés, même ce scélérat de petit Nicolas... Même Charles... Non, je n'irai pas aux œuvres... Bernadette est fatiguée... (*Bernadette se redresse et crie*) Georges !

*Entre Bernard*

Bernard : - Madame m'a demandé.
Bernadette : - Dom Pérignon.
Bernard : - Bien madame.

*Bernard va vers la pelouse et ramasse la bouteille.*

Bernadette : - Non Georges, servez. Servez-moi une bouteille de Dom Pérignon.
Bernard : - Oh madame !... Excusez-moi, madame... C'est sorti tout seul.
Bernadette : - Je sais Georges, vous prenez à mon égard de grandes libertés, libéralités (*sic*) même.
Bernard : - Madame.
Bernadette : - Veuillez me servir avant que j'achève mes récriminations. Sur votre exclamation, je n'y reviendrai plus, la considérant comme une référence à ma légendaire sobriété.
Bernard : - C'est exactement cela, madame.
Bernadette : - Madame attend.

*Bernard sort et revient presque immédiatement avec une bouteille et une coupe sur un plateau. En silence, il ouvre la bouteille, verse une coupe et sert.*

Bernadette, *avant de boire* : - J'ai d'ailleurs évoqué ce matin avec monsieur le maire la boîte que chaque matin vous lui remettez.

*Bernard gêné. Bernadette boit une gorgée (ne peut retenir une grimace).*

Bernadette : - Il faudrait couper cela avec un peu d'eau... Ou de la crème de cassis comme faisait mère (*elle se signe*).
Bernadette, *à Bernard* : - Vous ne niez pas, j'espère.
Bernard : - Je suis au service de monsieur le maire et de son épouse.
Bernadette : - Mais sachez, Georges, que monsieur le maire n'hésiterait pas si je lui demandais de choisir entre moi et vous.
Bernard : - Oh madame ! Je vous jure, monsieur le maire est pour moi comme le grand frère que j'aurais tant voulu avoir !
Bernadette : - Ne faites pas votre Antoine !
Bernard : - Je vous jure madame, il ne s'est jamais rien passé entre monsieur le maire et moi, je suis 100% hétérosexuel et je n'ai aucun doute sur monsieur le maire de même.
Bernadette : - Quels termes de barbare osez-vous prononcer devant moi. Mais vous avez bu, Georges !
Bernard : - Oh non madame, jamais durant le service, madame (*comme malgré lui, Bernard jette un œil sur la pelouse*).
Bernadette, *sourit* : - Je crois, Georges... Malgré votre caractère, disons par *euphonisme* (sic) détestable, nous pouvons nous entendre.
Bernard : - Madame.
Bernadette : - Au moins sur un point.
Bernard : - Je suis au service de madame.

Bernadette : - Depuis que monsieur le maire s'obstine à utiliser le reste du Dom Pérignon comme engrais, je sais qu'il vous prive ainsi de ce noble breuvage.
Bernard : - Oh madame.
Bernadette : - Ne niez pas. Si vous commencez à me contredire, nous ne nous entendrons jamais.

> *Bernard acquiesce de la tête.*

Bernadette : - Donc, vous avez une raison de maudire ce gazon... Et vous n'êtes pas sans ignorer le motif de ma profonde absence de sympathie pour ces brindilles.

> *Bernard fait mine de ne pas comprendre.*
> *Bernadette boit une nouvelle gorgée. Elle toussote.*

Bernadette : - Quinze jours qu'il a tourné autour de cette... cette secrétaire, avant ce voyage d'affaires au Moyen-Orient. Ah il est revenu guilleret ! Vous voyez, j'ai mes informateurs. Même à Djibouti ! (*plus haut* :) Je sais tout.

> *Bernard pousse un « oh » très caricatural et de manière très caricaturale se cache les yeux.*

Bernadette : - Vous auriez pu faire acteur !
Bernard, *sourit* : - Trois ans de conservatoire. Mais je n'avais pas le physique. J'ai bien joué quelques petits rôles. Mais toujours on me disait, vous n'avez pas le physique. J'y ai pourtant cru, quand j'ai joué avec Louis De Funès. Malheureusement la scène a été coupée au montage. Aujourd'hui je serais Delon, Belmondo, ou même Depardieu.
Bernadette : - Bref. Je vous fais remarquer que vous n'êtes pas chez le coiffeur !
Bernard, *la fixe* : - Madame, je vous avoue ne pas comprendre.

Bernadette : - Vous être vraiment fermé à la poésie... Bref... Conservez pour votre coiffeur la nostalgie de vos tentatives artistiques.
Bernard : - C'est ma femme qui me coupe les cheveux. Avec les enfants qui grandissent, nous n'avons pas beaucoup d'argent, alors nous économisons ; sans être radins, nous...
Bernadette *le coupe*: - Je veux bien être patiente mais nous ne nous en sortirons jamais si vous continuez à vous répandre en incohérences. Bref, nous avons chacun notre raison de maudire ce gazon. Donc, croyez bien que je ne verrais aucun inconvénient à une subite maladie fatale de ce gazon.
Bernard, *comprend soudain* : - Du Roundup ?
Bernadette : - Je vous rappelle que suis une femme, j'ignore donc les termes techniques du jardinage. Mais vous m'avez compris.
Bernard : - Monsieur le maire va avoir du chagrin.
Bernadette : - Ne vous inquiétez pas, ce genre de chagrin ne dure jamais bien longtemps. Elle reviendra d'Espagne qu'il ne se souviendra même plus de son prénom. Vous voyez, je connais même son emploi du temps, à cette raison, cette Christine. Je sais même son nom, son âge, la fortune de son père, tout quoi ! Qu'elle ne se fasse aucune illusion : elle ne fera pas exposition... (*qui s'aperçoit, face au regard de Bernard, de son erreur*) Ni exception.
Bernard : - Mais si monsieur le maire a des soupçons.
Bernadette : - Ne vous inquiétez pas, je saurai le culpabiliser sur l'utilisation du Dom Pérignon.
Bernard : - Mais le Roundup coûte cher.
Bernadette : - Georges, n'exagérez pas, je ne surveille pas vos dépenses, il doit bien vous rester quelques billets. Puisque vous me rendez uniquement des pièces jaunes.
Bernard : - Oh madame.

Bernadette : - Disons que le « Roundup » va clôturer, ou clore su vous préférez, ce chapitre de la monnaie. Appréciez si vous le pouvez ce clôturer pour un produit utilisé dans les jardins.

Bernard : - Mais demain est un jour de réception. Et pour acheter du Roundup, il me faut me rendre dans une jardinerie où personne ne me connaît. Et si vous me remettiez immédiatement la somme, je pourrais y passer dans la matinée... Et j'aurais moins d'état d'âme à faire ainsi de la peine à monsieur.

Bernadette : - Soit ! Pour que disparaisse ce gazon, je donnerais bien...

*Elle sort de sa poche une liasse de billets.*

Bernadette : - Il faut combien.

Bernard : - Euh... Tous frais compris...

Bernadette : - Comment ?... Tous frais compris ?!

Bernard : - Il faudra sûrement acheter un diluant car je suppose que vous souhaitez une action rapide, sinon le produit met des mois avant d'agir, et aussi des gants spéciaux, car ce produit est dangereux, des gants *ignignufugés* (*il cherche d'autres frais*)... Des lunettes de protection, un réservoir pour jeter le produit inutilisé, une pipette pour le transvaser, un désodorisant, car toute odeur pourrait inciter monsieur le maire à réclamer une... Une autopsie, une clé de 17 pour régler la pression, une meuleuse...

Bernadette : - Les détails m'importent peu. C'est comme en politique, on ne retient que le résultat. Combien donc ?

Bernard : - Au minimum six... Pour ne pas risquer que je revienne les mains vides, sept serait plus sûr. Quant au supplément, je le considérerai comme... Un signe d'estime.

Bernadette : - D'estime, n'exagérez pas.

Bernard : - Le mot m'a échappé. Que madame m'excuse.

*Bernadette lui donne six billets. Bernard attendant toujours, elle lui en donne finalement un septième. Il sort. Elle s'aère avec la liasse de billets. Sourit. La remet dans sa poche et reprend sa coupe.*
*Claude entre alors qu'elle la porte à ses lèvres.*

Claude : - Alors maman, père t'a convertie au noble breuvage !

Bernadette, *d'abord troublée, puis reprenant sa posture* : - Ma fille... Sache qu'il est important, en société, de pouvoir commenter. Je reniflais donc les arômes.

*Claude fait un bisou à sa mère.*

Claude : - Que se passe-t-il ? Papa a été appelé en urgence ?

Bernadette : - Nullement, ma chère fille. Que te fait-il penser ainsi ?

Claude : - Partir avec une bouteille où il ne manque qu'une coupe, ça ne lui ressemble guère.

Bernadette : - Sache que notre cher et fidèle ami Jean-Pierre doit passer. Et je compte le recevoir dignement.

Claude : - Un conseiller général !

Bernadette : - Président du conseil régional. Et sénateur. Sa positive attitude mériterait une plus vaste couverture. Son humour est unique : « *la route est droite mais la pente est raide* », il a conclu ce matin.

Claude : - Une lapalissade de bachelier !

Bernadette : - Ma fille... Nous ne savons pas ce que Dieu nous infligera comme épreuve, nous ne savons pas de quoi demain sera fait. Il nous faudra peut-être nous retrancher dans une région sauvage.

Claude : - N'exagère pas, maman ! Dans tous les cas, nous aurons largement les moyens de vivre de nos rentes ici !

Bernadette : - Ma fille... Un souverain ne peut redevenir un simple citoyen. C'est le pouvoir ou l'exil !
Claude : - Mais je ne suis pas la fille de Napoléon !
Bernadette : - Ta remarque est déplacée.
Claude : - Bernard !

> *Entre Bernard avec une veste et une écharpe lui couvrant une partie du visage.*

Claude, *éclate de rire* : - Maman t'a donné ta journée pour aller au bal masqué !
Bernard : - Mademoiselle m'a demandé ?
Claude : - Une coupe, chevalier masqué ! Pour une fois que je peux boire un peu !
Bernard : - Bien mademoiselle.
Claude : - Je crois que toi, tu me caches quelque chose (*à sa mère* :) naturellement, je ne te demande pas quoi... j'ai retenu tes leçons sur la discrétion.

> *Bernard sort et revient quasi immédiatement avec une coupe. Il sert Claude.*

Bernard, *à Bernadette* : - Je peux disposer ou dois-je rester pour assurer le service ?
Bernadette : - Nous saurons nous débrouiller sans vous. Allez où le devoir vous appelle.

> *Bernard sort discrètement.*

Bernadette : - Ma fille... Je t'ai déjà dit de ne pas tutoyer les employés.
Claude : - Il me prenait sur ses genoux quand j'avais 10 ans !
Bernadette : - J'ai cru remarquer que tu n'avais plus le même âge ! Ce n'est pas parce que tout fout le camp qu'il faut oublier notre rang... D'ailleurs ton père souhaiterait que tu sois un peu plus matinale... Puisque tu vas bientôt visiter la France profonde...

*Claude vide sa coupe et s'en ressert une.*

Bernadette : - Ta grand-mère ne m'aurait jamais toléré un tel comportement.

Claude : - Mais le monde a changé maman ! Plus personne ne va acheter ses chaussettes rouges en Italie !

Bernadette : - Peut-être est-ce justement dans les apparences que nous avons failli. Le peuple a besoin d'être ébloui par notre grandeur.

**Rideau**

# Acte 2

*Le lendemain matin. Même décor... excepté le gazon « grillé. » Bernadette radieuse, installée dans son « fauteuil directeur », une revue en main... Elle ne lit pas, elle attend avec impatience.*
*On entend Jacques chantonner « on a gagné. » Il entre euphorique. Bernadette se plonge dans une fausse lecture. A peine passé la porte, Jacques regarde son gazon et s'arrête net à un « on a ga. »*
*Bernadette l'observe d'une manière se voulant discrète mais cache difficilement sa joie. Jacques est comme tétanisé.*
*Comme si de rien n'était :*

Bernadette : - Nous avons encore gagné, Jacques.

> *Jacques s'approche de son gazon (dos au public donc), se penche vers lui, le touche.*

Bernadette, *sourit (pour le public)* : - J'ai gagné. Il lui faut des grandes baffes à mon Jacques, et il repart. Une baffe et je repars, ça pourrait vraiment être son slogan. Un coup comme ça, Edouard ne s'en remettrait pas.

Jacques, *toujours de dos* : - Un traître. Il n'y a qu'un traître pour m'avoir fait ça. (*se retournant vivement*) Qui est venu ici durant mon absence ?

> *Bernadette, surprise dans son sourire, se fige.*

Jacques : - Vous ? Vous Bernadette... Je vois dans votre sourire...

Bernadette, *gênée, cherchant sa réplique* : - Oui Jacques, je souriais. Je souriais car je me doutais de votre réaction.

Jacques : - Mais c'est votre sourire, madame.

Bernadette : - Je souriais car vous cherchiez un traître pour expliquer la mort de ce *gazonneau*. Et je vois que vous cherchez désormais la trahison même dans votre maison.

*Bernadette attend une contradiction qui ne vient pas.*

Bernadette : - Comme souvent, vous me considérez responsable en cas d'échec et ne savez pas reconnaître ma part de travail dans la réussite.
Jacques, *pour le public* : - Blabla blabla... Ta part de travail, quand tu auras serré les mains bien gercées de cinq mille trois cent douze bouseux au salon de l'agriculture, tu sauras ce que c'est de mouiller sa chemise.
Bernadette, *continue* : - Subodorant votre probable injuste réaction, j'ai pris l'initiative, ce matin, de téléphoner à notre ami Nicolas, Nicolas l'éminent scientifique...
Jacques : - Ecolos de mes...
Bernadette, *plus haut, couvre sa voix pour éviter d'entendre la suite* : - Pour lui demander si le fait d'imbiber avec du champagne, chaque matin, 600 centimètres carrés de brindilles de mauvaise herbe.
Jacques : - Mauvaise herbe !
Bernadette : - Déjà peu vigoureuse, pouvait, après 17 jours, causer une mort irrémédiable. Vous voulez connaître sa réponse.
Jacques : - Sur ce sujet comme sur d'autres, son avis, vous savez...
Bernadette, *laisse peser le silence puis* : - Afin que cessent vos allusions injustifiées, même si vous ne me présentez pas des excuses avec la solennité exigée par vos injustes insinuations, notre ami Nicolas est formel : le champagne est déconseillé comme liquide d'arrosage ; je vous épargne les termes techniques, mais la composition du champagne peut s'assimiler à une surdose d'engrais... J'ai naturellement évité de signaler à cet éminent

scientifique que ce champagne était votre troisième bouteille de Dom Pérignon... Au gré de notre amicale conversation, il m'a d'ailleurs confié une de ses idées, et je l'ai jugée très intéressante... Elle pourrait redresser votre courbe d'opinions favorables...
Jacques : - Mais naturellement je vous écoute... Le miracle se produira quand nous ne l'attendrons plus.
Bernadette : - Il s'agirait de trouver l'opportunité d'un grand discours écologique, à l'étranger de préférence, que la tribune soit mondiale, sur le développement du... Pas durant... Mais un nom comme ça.
Jacques : - Dupont...
Bernadette : - Durable. Oui... Le développement durable, c'est son nouveau concept, qu'il est disposé à venir vous exposer dans les détails, il va même publier un livre sur le sujet... Il est persuadé que c'est sur ce terrain que se gagnera la présidentielle...
Jacques, *crie* : - Bernard !

*Bernadette frémit (non remarqué par Jacques).*

*Entre* Bernard : - Monsieur m'a appelé.
Jacques : - Je suppose que vous savez.
Bernard, *très cinéma des années 50* : - Oh monsieur, c'est moi qui ce matin ai constaté le décès... J'ai tout de suite pensé à l'immense chagrin qu'allait ressentir monsieur. Je tenais à vous présenter toutes mes condoléances attristées.
Bernadette, *pour elle-même* : - Mais il fou !
Bernard, *continuant* : - Et je me suis tout de suite précipité à la cave.
Jacques : - A la cave ?
Bernard : - Pour vous remonter quatre bouteilles de Dom Pérignon. Je me suis dit que si une telle chose m'arrivait, je prendrais quatre bouteilles et j'irais me coucher... J'ai bien fait monsieur ?

Jacques : - Vous videz quatre bouteilles de champagne, Bernard !...

Bernadette, *pour elle-même* : - En plus de nous voler il nous vole.

Bernard, *troublé* : - Du champagne, du champagne... C'est comme ça qu'on appelle du mousseau, du Paul Bur, c'est le meilleur rapport qualité prix que j'ai trouvé, ça ne coûte pas plus cher qu'un gros pain. Quand on se fait une petite fête, avec Caroline, on ouvre une bouteille de Paul Bur... Je sais bien que la circonstance n'est peut-être pas bien choisie, mais avec les enfants qui grandissent, une augmentation...

Bernadette : - Il ne manque pas d'air celui-là ! Il va en avoir une belle d'augmentation, elle s'intitulera indemnités de licenciement, puisqu'on ne peut même plus simplement « signifier son congé. » Vous parlez d'un progrès !

Jacques : - Allez, vous êtes bien brave, Bernard, apportez deux coupes, nous allons trinquer ensemble... Même dans les tranchées les Hommes se relevaient pour un bon verre.

Bernadette : - Trois coupes.

Jacques : - Vous, madame !

Bernadette : - Vous êtes bien entré en chantonnant gaiement, « *on a gagné* », je suppose le juteux contrat signé.

Jacques : - 10% ! Pour tous les travaux dans les établissements scolaires. Nous allons avoir les plus beaux lycées du monde ! Et pour qui le pactole ? Et pour qui la belle avance ? Non madame, votre mari n'est pas battu. On va voir ce que l'on va voir, je saurai me battre... Tenez Bernard, en même temps que les bouteilles, ramenez-nous la valise sous la commode Louis XIV.

*Bernard sort.*
*Bernadette sourit (on peut imaginer qu'elle pense :*

*Oh le grand enfant... une claque et il repart).*
*Bernard rentre sans bouteille mais avec l'attaché-case.*

Bernard : - Monsieur le maire, monsieur Antoine désire vous parler.

Jacques, *soulève la main droite* : - Vous lui direz que vous ne m'avez pas trouvé.

Bernadette : - Que vous a-t-il fait, ce cher Antoine ?

Jacques : - Il a failli tout faire capoter avec son « rappel des nouvelles dispositions légales. » Ça jette un froid un truc pareil.

Bernadette : - Mais Jacques, vous ne seriez quand même pas dans l'illégalité ?

Jacques : - Moi ? Oh ! Jamais ! Antoine a toutes les délégations pour traiter ce genre d'affaires. Je suis au-dessus de tout ça, voyons madame, je suis monsieur le maire quand même... Même si parfois vous semblez considérer ce poste comme dérisoire.

> *Pendant cet échange, Bernard se place de façon à n'être pas vu de Bernadette et tente de communiquer à Jacques une information par signes, d'abord en décrivant un téléphone, puis en montrant l'aquarium puis finalement en sculptant des mains les hanches d'une femme. Jacques soudain comprend.*

Jacques : - Bon, bon, puisque vous insistez madame, j'y vais, j'y vais.

> *Et il se précipite...*

Bernadette : - Vous êtes bien pressé soudain.

Jacques, *en sortant* : - S'il n'en reste qu'un, vous avez raison, ce sera le meilleur d'entre nous ! Je lui dois quand même un peu d'attention...

> *Bernadette, soupçonneuse, cherche Bernard du regard.*

Bernadette : - Georges, vous pouvez me certifier qu'il s'agit bien d'Antoine ?
Bernard : - Oh madame ! Je reconnaîtrais sa voix entre 10 000.
Bernadette : - Vous sauriez parfaitement la différencier avec celle d'une femme… Une femme en particulier…
Bernard : - Oh madame…
Bernadette : - Soit. J'apprendrai sûrement dans la journée qu'Antoine était en réunion à cet instant précis, et qu'il n'a pas parlé à monsieur le maire depuis hier soir… (*en regardant Bernard*) Vous seriez parfaitement d'accord avec moi, que dans ce cas, je ne pourrais naturellement plus continuer à vous accorder ma confiance.
Bernard : - Oh madame… Après tout ce que j'ai fait pour vous, après tant et tant de bons et loyaux services ! Être viré à cause d'un imitateur.
Bernadette : - S'il s'agissait d'un imitateur, monsieur le maire serait déjà de retour.
Bernard : - Vous n'avez pas regardé l'émission sur les imitateurs en Belgique. Si je me suis fait avoir par un imitateur, monsieur le maire peut aussi être piégé.
Bernadette : - Ne soyez pas insolent. Nous ne sommes pas en Belgique ! D'ailleurs je n'ai plus besoin de votre service. Paris en Belgique ! Vous reviendrez quand monsieur le maire aura terminé sa consultation téléphonique. Paris en Belgique, le fou !

Bernard, *pour le public, en sortant* : - Y'a des gens, c'est à vous dégoûter de leur rendre service.
Bernadette : - Toujours une bonne chose de faite !… Que va-t-il m'inventer cette fois-ci ?

> *Elle va chercher l'attaché-case qu'avait posé Bernard près de la porte d'entrée. Se rassied. L'ouvre.*

Bernadette, *souriant* : - Ah ce grand Jacques !... (*grands yeux émerveillés*) Il n'a pas que des défauts... Au moins la petite ne manquera jamais du nécessaire.

*Jacques rentre tout guilleret... Il jette un bref coup d'œil à l'aquarium et sourit.*

Jacques : - Alors, ce noble breuvage adoré ? (*crie :*) Bernard !
Bernard, *en entrant* : - Monsieur.
Jacques : - Bin alors, mon ami, où étiez-vous passé ?... Y'a du relâchement dans le service !
Bernard : - Madame m'avait prié de patienter ailleurs.

*Jacques observe Bernadette avec toujours la mallette sur elle.*

Jacques : - Vous avez compté...
Bernadette : - Compté non... Mais c'est beau... Et tout est à nous ?
Jacques : - Pas un seul intermédiaire... Antoine seul a vu. Donc personne n'a vu !
Bernadette : - Antoine, toute l'honnêteté d'un grand commis de l'état... C'est un homme comme lui qu'il nous faudrait comme majordome...
Jacques : - Encore une bonne nouvelle, chère épouse... Nous allons gagner...
Bernadette : - Vous dîtes ?
Jacques : - Nous allons gagner... La popularité (*de l'index il tend une ligne droite partant du bas vers le plus haut qu'il puisse... se dresse même sur la pointe des pieds... et finalement monte sur une chaise... et manque de tomber... Bernard se précipite pour le soutenir*).
Jacques : - Ah Bernard, vous avez bien mérité votre Dom Pérignon.
Bernard, *voix basse* : - Et si vous pouviez en profiter pour

placer deux mots à madame, elle veut encore me virer, et cette fois elle semble obstinée.

Jacques : - Ne vous inquiétez pas cher ami, ce ne sont que des mots. Vous êtes de la maison.

Bernadette : - Je suppose que la deuxième partie de votre démonstration, c'est la popularité de votre ancien ami ?

Jacques : - Votre humour... Si la France pouvait en profiter aussi...

Bernadette, *semble ravie* : - Et quel miracle va opérer cette irrésistible ascension ?

Jacques : - Un livre.

Bernadette : - Vous avez lu les bonnes pages d'un livre à scandale sur le traître ?

Jacques : - Je vais écrire un livre.

Bernadette : - Et qui va vous l'écrire ?

Jacques : - Heu... Hé bien Antoine naturellement.

Bernadette : - Ne plaisantez pas, Jacques, vous ne préparez pas le concours d'entrée à l'ENA.

Jacques : - Antoine et quelques conseillers.

Bernadette : - Conseillers, vous écrivez cela è-r-e à la fin ?

Jacques : - Oh ! Madame !

Bernadette : - Et il racontera quoi ce livre ?

Jacques : - Vous en aurez la primeur... Comme vous devez réaliser votre pèlerinage annuel en Corrèze, nous avons pensé que la date est bien choisie pour une mise au vert, une petite quinzaine de travail, de brainstorming... Et à votre retour, vous lirez ça... Naturellement votre avis sera apprécié...

*Bernadette semble soupçonneuse à partir de « mise au vert. »*

Bernadette, *réfléchit* : - Je suppose qu'Antoine sera de votre mise au vert.

Jacques, *hésite* : - Naturellement.
Bernadette : - Et Jean-Pierre ?
Jacques : - Jean-Pierre ? Quelle idée !... J'ignore ce que vous lui trouvez !
Bernadette : - Il a parfois de très bonnes idées.
Jacques : - Il s'y connaît à virgule et publicité... Allons bon... Je vais rappeler Antoine pour lui demander de l'ajouter à la liste de consultants.

*Il sort.*
*Bernadette s'empresse de prendre le téléphone sous son fauteuil et appuie sur une touche. Quasi immédiatement :*

Bernadette : - Antoine, mon ami, monsieur le maire n'arrive pas à vous joindre depuis ce matin.

*Bernadette sourit. Bernard est catastrophé.*

Bernadette : - Il voulait savoir comment vous alliez depuis hier soir.

*Bernadette continue à sourire.*

Jacques, *rentre* : - C'est occupé.
Bernadette : - Je vous passe monsieur le maire, il vient justement d'arriver... Tenez mon ami, Antoine souhaite vous parler.
Jacques : - Vous avez appelé Antoine !
Bernadette : - Par erreur, monsieur le maire... Encore un aléa du progrès technologique... J'ai malencontreusement appuyé sur M3 au lieu de M6... Vous imaginez bien ma surprise d'entendre Antoine chez ma coiffeuse... Tenez, il va s'impatienter... Vous avez tant de choses à lui raconter. (*Jacques a un regard « oh la garce ! »*)
Jacques, *parlant rapidement* : - Antoine, donc, pour cette mise au vert, tu peux ajouter Jean-Pierre dans la liste des

consultants. Je suis d'accord avec toi, il n'a jamais eu la moindre idée mais il peut être utile pour les participes passés, les subjonctifs et les accords. Enfin, s'il ne peut pas venir, ce ne sera pas grave ! L'important étant qu'il se sente de l'aventure, qu'il puisse ressasser « j'ai participé » et nous fasse une bonne publicité du livre dans sa province. Donc tu t'occupes de tout comme convenu, tu nous loues un gîte rural pas trop loin. *(Bernadette sourit)* Je suppose que tu as déjà travaillé aux grands chapitres, comme je le disais à Bernadette, je n'y aurais jamais pensé sans ton aide.

Jacques, *pour le public* : - Mais il ne comprend rien cet âne ! Il est même capable de réserver un gîte rural aussitôt que j'aurais raccroché. Comment lui faire comprendre !

Jacques, *au téléphone* : - Oui, tu prévois déjà un plan marketing à la hauteur de l'événement… Je ne sais pas moi, quelles sont les meilleures émissions pour présenter un livre à la télévision…

Jacques, *soulagé, pour le public* : - Il a pigé.

Jacques, *au téléphone* : - Je te rappelle incessamment pour valider l'ensemble du planning… Oui oui… On a tout notre temps… Oui… *(Jacques sourit)*

*Il s'apprête à raccrocher…*

Bernadette : - Tu me le passes, s'il te plaît…

Jacques, *inquiet* : - Bernadette a encore trois mots à te dire… Ah, tu es pressé…

Bernadette, *tend le bras et subtilise l'appareil* : - Antoine, mon ami, excusez-moi trente secondes… *(elle pose la main sur l'appareil et sourit, Jacques est perplexe sur ses intentions)*

Jacques : - Servez-nous, Bernard.

Bernadette : - Antoine, nous avons pensé avec monsieur le maire, pour accroître votre popularité auprès des petites gens, votre présence serait appréciée en Corrèze, à mes côtés. Vous y rencontriez la presse locale et le gratin du département…

Jacques, *au public* : - La garce ! Et petit Antoine va tomber dans le panneau. (*imite :*) « *mais c'est une merveilleuse idée, madame, je n'ai rien de prévu.* » Idiot, il a compris que l'histoire du gîte c'est du pipeau mais il n'est pas foutu de comprendre qu'à « *madame* » il doit répondre « *mais je serai avec monsieur le maire* »… Ou alors c'est sa manière à lui de me trahir, de jouer les idiots ?

*Jacques prend la coupe que Bernard lui présentait depuis quelques instants. Et la vide cul sec.*

Bernadette : - Vous êtes un véritable ami, Antoine. Monsieur le maire me l'a si souvent répété, vous nommer premier ministre serait le plus beau jour de sa vie.

*Jacques se fait resservir une deuxième coupe, la vide cul sec. Puis une troisième (Bernadette l'observe et perd son sourire). Une quatrième.*

Bernadette, *au public* : - Mon Dieu ! Oui, je lui ai montré que je ne suis pas dupe. Mais je ne peux même pas en triompher. Mon Dieu, il n'y a plus que ça qui le tienne debout. Qu'il y aille avec cette secrétaire, qu'elle lui offre le fruit de son noctambulisme, cette névrosée. Une fois qu'il ne lui fait d'enfant, l'honneur est préservé.

Bernadette : - Monsieur le maire vous rappellera. Bonne journée mon ami.

*Bernadette raccroche.*

Bernadette : - Georges, vous pourriez aussi m'offrir une coupe.

*Bernard verse du champagne dans une coupe et la tend à Bernadette.*

Jacques : - Allez, trinquons.
Bernadette : - Oui, trinquons à cette magnifique petite valise.

*Ils trinquent (Bernadette sourit quand elle trinque avec Bernard).*

## *Rideau*

## Acte 3

*Quelques semaines plus tard. Scène identique à l'acte 1...
Avec de nouveau une pelouse bien verte dans l'aquarium.
Bernadette dans son fauteuil, le regard fixé sur une page
du journal.*

Bernadette : - Mon Dieu. Saint Antoine de Padou priez pour nous. Saint Eloi priez pour nous. Sainte Bernadette, priez pour moi. Mon Dieu, les courbes, les courbes s'inversent. Mon Dieu, plus aucun doute. Mon Dieu, vous m'avez entendue. Mon Dieu, elles vont bientôt se croiser. Oh mon Dieu ! Jamais plus je ne douterai de votre grandeur.

*Jacques entre, euphorique.*

Jacques : - Ah ! Vous avez déjà reçu le journal ! Vous avez vu ça !
Bernadette : - Mais comment savez-vous ?
Jacques : - La meilleure, j'ai gardé la meilleure pour le petit-déjeuner. Allez, je vous l'annonce avant : ils retournent leur veste, tous, ces messieurs des médias. Ha, ha ! Quelle belle leçon pour l'histoire ! Ils savent qu'avec moi, ils seront toujours bien logés, bien nourris et... *(il sourit, se retient d'en dire plus)*. Ils ont compris qui a le vent en poupe... waouh... *(tour complet sur lui-même... a du mal à se récupérer...)* Ah, il faudra que je fasse quelques exercices *(il sourit)*.

*Admirative, Bernadette le fixe (sans comprendre le sous-entendu « quelques exercices. »*

Jacques : - Mais ne croyez pas ce journal, chère future première dame de France.
Bernadette : - Comment !

Jacques : - Ne croyez pas qu'il me devance encore de quatre points, le scélérat, le traître, l'innommable.
Bernadette, *souriante* : - C'est-à-dire, cher ami…
Jacques : - En fait, je ne suis plus qu'à un point et demi derrière le traître. Le demi ne compte même pas. C'est pour cela qu'ils retournent leur veste. Je leur ai dit « non, non, attendez. » Vous allez me demander, pourquoi ? Et je vais vous le dire.

*Bernadette sourit, conquise.*

Jacques : - Oh zut, je me mets à parler comme l'autre félon… Il peut préparer ses valises pour Budapest, celui-là ! Admirez notre raisonnement : il faut laisser le téléspectateur lambda penser « comme c'est injuste, le traître ne fait rien depuis deux ans, et reste quatre points devant. » Tout est affaire de timing dans ce genre de sport. Maintenant qu'il me voit derrière son dos, il s'affole, le vieux joufflu, l'innommable. Alors je vais rester derrière encore quelques jours et il va bien être forcé de jouer son va-tout.
Bernadette : - Et il va nous gratifier d'une rime pauvre du genre « *il fait chaud dans le métro.* »
Jacques : - Il va bien nous sortir un truc que ses conseillers lui auront conseillé, et il va se ramasser, on va la trouver, la faille de sa carapace, on va tirer à boulets rouges, la grosse artillerie est prête, je peux vous l'affirmer, il sera naze le jour J, alors grand Jacques, trois petites enjambées « beau temps monsieur le premier ministre, vous m'excusez, les choses sérieuses commencent, j'ai un rendez-vous historique à l'Elysée. »
Bernadette : - Oh Jacques ! Nous allons vraiment gagner ?
Jacques : - Elle avait raison la vieille voyante ivoirienne. Deux défaites, et victoire. Elle n'a pas précisé combien de

victoires. Je me verrais bien à l'Elysée deux septennats. Pourquoi pas trois. Et ça nous ferait quel âge, quatre ?
Bernadette : - Je prie chaque jour pour l'âme de cette brave femme. N'oubliez pas vos prières, Jacques.

*Jacques hausse les épaules.*

Bernadette : - Ne parjurez pas, Jacques. Reconnaissez l'intervention divine. C'est depuis que j'ai entamé ma neuvaine que les sondages frétillent.
Jacques : - C'est depuis... *(il se rend compte qu'il allait en dire trop ; crie :)* Jean-François !
Bernadette : - Appelez-le Georges comme l'autre.
Jacques : - Je le regrette, ce brave Bernard.
Bernadette : - Vous êtes bien le seul dans cette maison.

*Entre Jean-François.*

Jean-François : - Monsieur et madame ont sonné.
Jacques : - Mais oui, mais oui, service, mon ami, il fait soif.
Jean-François : - Bien monsieur le maire.

*Jean-François sort.*

Jacques : - Je lui trouve un petit air déplaisant, bourgeois parvenu, genre innommable dernier. Je crois que je vais rappeler Bernard.
Bernadette : - Ne revenons pas sur ce sujet, s'il vous plaît, cher ami. J'ai d'ailleurs appris qu'il s'était replacé. Chez une... secrétaire *(elle observe Jacques à la dérobée, il reste impassible)* dont on dit les pires choses. Une intrigante. Une courtisane. On dit même qu'elle travaillerait pour Matignon, qu'elle aurait pris ce Georges à son service pour essayer d'obtenir des confidences à notre sujet.
Jacques : - Bagatelles... Et de toute manière, le traître sait tout de nous, et nous sommes blancs comme neige...

Bernadette : - J'espère que vous ne la voyez pas.
Jacques : - Mais je n'ai aucune raison de voir Bernard tant qu'il n'est pas de retour dans cette maison. Son vote m'est acquis, je n'ai aucune crainte à son sujet.

*Jean-François revient avec un plateau et une coupe.*

Bernadette : - Nous reparlerons de tout cela après le second tour… Quel est votre programme aujourd'hui ?…
Jacques, *regardant sa montre* : - La petite n'est pas encore arrivée ?… Province, province, province… Nous allons rester trois jours sans nous voir, comme vous le savez, chère épouse.

*Entre Claude, qui se précipite sur le plateau, subtilise la coupe.*

Claude : - Papa, tu sais bien que ça t'est interdit ! Maman, alors, tu m'avais promis de le surveiller. Le futur président !
Bernadette, *fataliste* : - Si tu crois que ton père est homme qu'on tienne en laisse…
Jacques : - Ah non ! A jeun, c'est insupportable de sourire, serrer des mains. Non ma fille ! Si tu ne me laisses pas déjeuner en paix, je ne bouge pas de cette pièce !
Claude : - Je parie que non.

*Elle sourit et vide sa coupe cul sec.*

Bernadette : - Claudie ! (*Bisou de Claude à son père puis à sa mère*)
Claude : - Ah ! Comme c'est bon, *(en souriant :)* tu me donneras l'adresse de ton fournisseur.
Jacques : - Jean-François, alors !, allez donc me chercher une autre coupe.
Claude : - Ah non !

*Jean-François s'arrête.*

Jacques : - Mais vous êtes au service de qui !

Jean-François : - Madame et Monsieur m'ont bien stipulé de toujours écouter mademoiselle.

Jacques : - Mais pas quand elle délire, pas quand elle veut mettre à l'eau son vieux père.

> *Jean-François sort et rentre quasi immédiatement avec une coupe, la remplit. Jacques se précipite et la vide cul sec. Claude tend sa coupe à remplir.*

Bernadette : - Ma fille, voyons, ça ne se fait pas.

Claude : - Oh maman, lâche-toi un peu de temps en temps. On voit que ce n'est pas toi qui vas te taper trois jours avec des types qui azotent sous les bras, d'autres qui postillonnent, et des vieilles qui vous collent leur rouge à lèvres sur la joue. Le tout dans la même minute !

Bernadette : - La rançon de la gloire, ma fille ! M'as-tu déjà entendue tenir pareil langage ? As-tu oublié que je suis moi-même élue du peuple.

Claude : - Il va falloir te relooker maman. Sinon on va te comparer à la reine d'Angleterre et ça va nous faire perdre une partie de l'électorat populaire qu'on a eu tant de mal à rallier à notre cause (*elle vide sa coupe*).

Bernadette : - Vous me faites peur !... Parfois je dois me pincer quand je vous entends. Si je ne vous connaissais pas je vous croirais.

Claude : - Hé bien, tu vois, c'est l'essentiel.

Bernadette : - Mais ne vous coupez pas de notre électorat traditionnel.

Claude : - Mais ils sont comme toi, maman, ils nous connaissent !

Jacques, *qui se fait resservir une coupe* : - Le premier tour à gauche, le second au centre, ça c'est de la politique... Je suis certain que le vieux m'admire. Lui aussi, il a ratissé à gauche.

Bernadette : - Ho lui ! Mais lui est (*avec dégoût*) so-ci-a-lis-te.

Jacques : - Pas plus que moi ! Lui et moi, nous sommes de la même trempe. C'est d'hommes comme nous qu'elle a besoin, la France ! La France sera éternelle tant qu'elle trouvera des leaders naturels de notre trempe. Je suis son fils spirituel ! Il va voter pour moi, il me l'a promis. Et sa fille aussi !

Bernadette : - Sa fille, mon Dieu. Pauvre fille. Un enfant du péché (*elle joint les mains*).

Claude, *en se faisant resservir :* - J'espère que cette fois vous n'avez pas oublié de remplir les valises.

Jean-François : - J'ai scrupuleusement suivi les instructions de mademoiselle.

Jacques, *regarde sa montre* : - Bon, je vais me changer...

> *Il tend sa coupe en passant, Jean-François la remplit, il la vide en sortant.*

Jacques, *de derrière la porte, crie* : - Ouvrez-en une autre... Nous la viderons dans la voiture...

Claude : - Si tu en as le temps.

> *Claude prend la bouteille des mains de Jean-François et finit le Dom Pérignon au goulot.*

Bernadette, *s'exclame* : - Ma fille !

Claude : - Ah ! C'est moins bon. Mais y'a tout le plaisir de la transgression.

Bernadette, *répète doucement, abattue* : - Le plaisir de la transgression. Ma fille, ma Claudie, je ne te reconnais plus depuis que tu es chargée de campagne.

Claude : - On va baratiner durant trois jours sur la justice sociale, la France des travailleurs, la France qui souffre, fracture sociale, augmentation du smic, injustices, liberté, égalité, droits de l'homme, il faut bien vider les bonnes bouteilles loin des journalistes. Chargée de campagne...

Tu ne vas quand même pas me le reprocher... Ils n'étaient pas nombreux à vouloir du poste voici quelques semaines...

Bernadette : - Jean-Pierre aurait rempli dignement cette mission.

Claude : - Il nous aurait concocté un super planning digne d'un conseiller général, visite des clubs du troisième âge avec petite causette au club de pétanque. On serait à 5% dans les sondages ! Je te l'ai expliqué : nous n'avons rien à perdre. Alors on rentre dedans. On n'a pas de temps à perdre avec la finesse. Certains il leur faut des amphétamines pour un tel marathon, nous on carbure au Dom Pérignon, c'est quand même pas plus mal. Tu crois pas qu'on a raison ? On consomme français !

Bernadette : - Quelques émissions de télévision, la presse, pour une élection présidentielle, ça devrait être suffisant... À notre âge... Les gens connaissent Jacques !

Claude : - Mais non maman, le Jacques nouveau est arrivé ! Et même l'innommable va mouiller sa chemise. Enfin, il va essayer pour éviter d'apparaître trop ringard. Tu le vois prendre des amphétamines ou du Dom Pérignon ? Même du saumon, il ne touche que trois fourchettes. Hé bien ça, ça plaît pas aux marins qu'on renâcle sur leur saumon. Je croyais que tu connaissais la France profonde...

Bernadette : - La France change ma fille... La France profonde, elle ne change pas, et méfions-nous de sa colère. Ne perdons pas nos valeurs. Nous ne savons pas ce que donnerait un vote de contestation à la décadence. Enfin, tout fout le camp...

Claude : - Mais non maman ! Toutes les professions aiment qu'on leur fasse croire qu'on s'intéresse à elles. Dans ces cas-là, tu sais comment on fait ?

Bernadette : - Que de sacrifices. Ne m'en dis pas plus ma

fille, s'il te plaît, rien que le mot saumon, mon café me remonte.
Claude : - Hé bien si, maman, il faut que tu sois de notre côté merde. Il faut que tu nous soutiennes !
Bernadette : - Mais que se passe-t-il ma fille ? Je suis de tout cœur avec vous.
Claude : - Sois moins coincée. Hé bien oui, on se met deux doigts dans la gorge et retour à l'envoyeur.

*Bernadette a un haut le cœur. Se cache le visage de la main droite et de l'autre se retient de vomir.*

Bernadette, *en se redressant* : - Et cette Christine vous accompagne ?
Claude : - Si tu crois que je connais le prénom de tous les gens qu'on doit voir aujourd'hui.
Bernadette : - Ma fille... J'ai la force d'entendre la vérité... Il faut que tu me dises... Je veux bien être tolérante, comprendre certaines choses que je ne comprends pas...
Claude, *prend le journal* : - Mais regarde les courbes plutôt que de te faire du mal avec des suppositions. Profite plutôt de l'irrésistible glissade de l'innommable.
Bernadette : - Je sais... Et depuis, plus personne ne me dit rien. Avant, tout. Je savais tout dans la demi-heure. Et maintenant on dirait qu'ils ont retrouvé leur guide, leur messie.

*Jacques entre en costume, avec sa coupe.*

Jacques : - Quand on parle du messie... On voit sa...
Bernadette, *pour couvrir la fin de sa phrase* : - Je crois que votre voiture est arrivée.
Claude : - Maman, un jour il va te falloir lâcher-prise.
Jacques : - Je téléphone à mon brave maître zen pour qu'il passe te conseiller dans la journée. Soyez zen, chère

épouse, laissez le vent nous porter ! L'air est frais mais la journée sera belle !

*Jacques prend la nouvelle bouteille (précédemment ouverte par Jean-François) sur la table et se sert une coupe, la vide cul sec. Une autre coupe.*

Claude : - Hé camarade !, sois un peu socialiste partageur...

*Jacques prend sa fille dans les bras.*

Jacques : - Ça fait du bien de se sentir soutenu, compris. C'est pas parce qu'on s'amuse qu'il faut se croire au théâtre ! C'est quand même la France qui est en jeu !
Claude : - On ne peut pas laisser la France sombrer dans la léthargie ! Il faut lui ouvrir les yeux ! Allez, elle nous attend.

*Bernadette tressaille en regardant sa fille.*

Bernadette, *murmure, blessée* : - Elle...
Claude, *quittant les bras de son père* : - La voiture... Maman, je crois que tu as vraiment besoin d'un peu de zen ou du Dom Pérignon. Et même des deux (*Claude prend la bouteille de Dom Pérignon*).

*Claude embrasse sa mère. Jacques s'était déjà éloigné vers la porte, il se retourne et envoie un baiser en titubant. Sa fille le rattrape en souriant.*
*Ils sortent bras dessus bras dessous, sans écouter si Bernadette répond.*

Bernadette : - Zen ou Dom Pérignon, quel choix !

*Bernadette pose les mains sur les accoudoirs, la tête en arrière.*

Bernadette : - Qu'est-ce que j'en aurais bavé... Mais si

on gagne !... Ah ! Je pourrai dire que le jeu en valait la chandelle. (*elle joint les mains*) Que d'épreuves, mon Dieu, vous m'infligez pour mesurer ma foi, avant la grande récompense. (*silence*)

Bernadette, *se redresse et crie* : - Georges !

*Jean-François entre.*

Jean-François : - Madame m'a appelé.
Bernadette : - Une coupe.
Jean-François : - Je suis désolé, monsieur a emporté la bouteille et celle-ci est vide.
Bernadette : - Vous plaisantez, Georges ?
Jean-François : - Pas du tout madame (*il retourne la bouteille*).
Bernadette : - Mais ouvrez une autre bouteille !
Jean-François, *l'air de désapprouver* : - Bien madame.

*Il sort.*

Bernadette, *avec une pointe de fatalisme* : - Il me ferait presque regretter l'autre, ce « boy »... (*silence*) Je viderai le reste dans son nouveau gazon... Qu'au moins il soit prudent, ne lui fasse pas d'enfant ! Sinon tout s'effondre !

*Jean-François revient avec, sur un plateau, une coupe, une bouteille, l'ouvre et sert.*

Bernadette : - Je n'ai plus besoin de vous.

*Jean-François se retourne pour sortir.*

Bernadette : - Laissez la bouteille.
Jean-François, *l'air de désapprouver* : - Bien madame.

*Jean-François sort.*

Bernadette : - Et si je prenais la première cuite de ma vie ?... (*elle boit la moitié de sa coupe*)... Raté !... Je ne comprends pas comment la petite peut vider ça d'un seul trait... Allez, je leur pardonne si c'est pour la victoire (*elle vide sa coupe*). Ah ! C'est trop, une coupe, sans même un petit biscuit. (*elle regarde la bouteille et sourit... elle prend la bouteille et boit au goulot... elle repose la bouteille, sourit et toussote...*) Ah ! Si père et mère voyaient ça !... (*en riant*) Je lâche-prise... Transgression ! Et si j'écrivais un bouquin moi aussi ! Et si je me faisais inviter à la télévision ? (*elle attrape le hoquet...*). Et si je changeais de coiffeuse ?

## *Rideau - Fin*

Moulin de 1828 du Mas de la Bosse Promilhanes

# Scènes de campagne, scènes du Quercy

*Pièce en onze tableaux*

*Distribution* : six hommes, quatre femmes

Texte réductible jusqu'à deux hommes et une femme, avec une extrême dextérité des acteurs. Un minimum de trois hommes et deux femmes est préférable (suggestion H1 H2 H3 F1 F2).

*Chaque tableau est situé grâce à la projection d'une diapo (photos ou dessins)*

M. Dufric : la quarantaine bedonnante – T2, T4, T5, T6, T9 – H1.
Mme Dufric : son épouse – T2, T4, T5, T6, T9 – F2.
L'artisan du village : la cinquantaine – T6, T7, T10 – H2.
La femme de l'artisan : la cinquantaine – T7 – F1.
Dufric-conseil : la quarantaine, le frère de M. Dufric – T2 – H3.
Le vieux : environ soixante-cinq ans – T1, T3, T8, T10 – H3.
La vieille : son épouse, quelques années de moins – T1– F1.
Le jeune : la trentaine – T3, T8, T10 – H1.
Une vacancière, la trentaine – T11 – F2.
Un vacancier, la trentaine – T11 – H2.

Lavoir
Mas de Jarlan
(Vidaillac)

# Tableau 1

*Le vieux, La vieille, devant leur gîte rural.*

Le vieux : - Bah ! Le temps qu'elle se fasse, cette ligne, le prêt sera remboursé.
La vieille : - Je te trouve bien optimiste aujourd'hui. Quand les gens vont savoir, je te parie ce que tu veux, plus personne ne viendra.
Le vieux : - Le notaire dit que ça ne changera rien.
La vieille : - Tu crois le notaire maintenant !
Le vieux : - D'après lui, les gens vont crier et quand elle sera faîte ils n'y feront plus attention. Il y en a partout, des lignes à Haute Tension et les gens vivent quand même.
La vieille : - Ils meurent surtout de cancers. Tu ne vas pas me dire que tu les crois, quand ils nous disent que ça n'a aucun effet sur la santé.
Le vieux : - Si ça ne tenait qu'à moi ! Mais qu'est-ce qu'on peut y faire ? Ils nous tueront tous.
La vieille : - En tout cas, même le notaire, il n'était pas rassuré, au Conseil Municipal, hier soir. Avec ses huit maisons qui lui restent sur les bras.
Le vieux : - Ce serait quand même bien qu'à force d'arnaquer les gens il boive le bouillon.
La vieille : - Penses-tu ! Il a les reins solides. C'est des millions qu'il a, à la banque, depuis le temps qu'il achète des maisons à la moitié de leur valeur et les revend au double.
Le vieux : - On aurait peut-être quand même mieux fait de tout vendre, plutôt que de faire ce gîte. T'imagines, toi, si personne ne vient !
La vieille : - Avec toutes les charges ! J'y survivrai pas !
Le vieux : - Ne t'inquiète pas pour des choses qu'on ne verra peut-être jamais.

La vieille : - Je m'inquiète, et toi tu me dis de ne pas m'inquiéter car on sera peut-être mort avant ! Qu'est-ce qu'on va laisser aux filles ? Des dettes !

*Bruit d'une voiture.*

La vieille : - V'la les bordelais. Ils l'ont eue pour rien, leur maison. Et en plus le toit est tout neuf.
Le vieux : - Le vieux s'est battu toute sa vie pour avoir une belle maison et ses enfants la vendent pour trois fois rien à des étrangers. Ah ! S'il avait imaginé ça !
La vieille : - C'est c'qui va nous arriver. Y'aura plus que des résidences secondaires et des chômeurs, ici.
Le vieux : - Et même pas cinquante personnes pour l'accompagner au cimetière. Un homme qui a toujours marché droit ! Ah !

# Tableau 2

*Monsieur et Madame Dufric devant leur nouvelle maison en pierres. Accompagnés du frère de Monsieur Dufric. Est visible : une voiture d'un modèle « français moyen voulant montrer sa réussite. »*

Dufric-conseil : - Ça, vous pouvez me remercier ! Le jour où le marché va se retourner, tu vas faire une sacrée plus-value !

Mme Dufric, *en regardant son mari* : - On peut dire qu'il est avantageux d'avoir un frère dans les hautes sphères de l'E.D.F.

Dufric-conseil : - R.T.E, réseau du transport de l'électricité, ma belle-sœur préférée. Nous sommes désormais totalement indépendants de l'E.D.F, électricité de France.

M. Dufric : - Peu importe le nom, pourvu que tu nous éclaires.

Dufric-conseil : - Un jour il faudra que tu arrêtes avec cette blague ! Tout le monde ne peut pas être expert comptable !... Vous l'avez vraiment eue pour une bouchée de pain... Je regrette presque de ne pas l'avoir achetée !

M. Dufric : - Bin toi ! Tu n'en aurais pas assez des maisons !

Dufric-conseil, *très fier* : - Abondance de pierres ne saurait nuire.

Mme Dufric : - Et s'ils la font, la ligne à Très Haute Tension ?

M. Dufric : - Mais il faut être des ploucs pour craindre l'électricité.

Dufric-conseil : - J'y compte bien qu'on va la faire cette ligne. Ce n'est pas quelques ploucs qui vont nous détourner de notre historique mission d'irrigation du progrès dans toutes les contrées. Tout enfant qui naît en France a le droit de bénéficier de notre technologie de pointe.

Mme Dufric : - Je n'aimerais quand même pas que tu viennes me planter un poteau dans le jardin. Ce ne serait pas convenable.

Dufric-conseil : - Je te l'ai dit : le tracé définitif a été décidé en commission. Et il passe à plus de cinq cents mètres de votre nouvelle résidence de campagne. Tu ne la verras presque pas.

M. Dufric : - Je ne comprends pas pourquoi vous laissez faire tout ce remue-ménage ?

Dufric-conseil : - Le pays veut cela ! Il faut permettre aux gens de s'exprimer ! Tant qu'ils font ça, ils ne fomentent pas de révolutions ! Et ça permet à quelques petits notables locaux de se faire mousser ! Ça donne du travail aux médias ! Les français ont besoin de polémiques !

M. Dufric : - Que de temps perdu ! Il suffirait d'envoyer quelques excités en prison !

Dufric-conseil : - Mais les excités... Personne ne les verra ! Les médias influents sont naturellement de notre côté ! On leur achète suffisamment de pages de pubs ! Tu verras les articles ! Ils peuvent se réunir ! Le lendemain dans le journal, le compte-rendu donne la parole à nos amis, aux pro-THT. De toute manière, l'opposition est tenue en main par des petits notables auxquels il suffira de remettre une petite médaille pour qu'ils retournent leur veste... De toute manière, c'est comme ça maintenant, il faut faire croire aux gens qu'ils ont leur mot à dire. La participation ! Comme s'ils y connaissaient quelque chose, ces ploucs. Tu les as déjà vus, tes voisins ?

Mme Dufric : - J'ai cru visiter un zoo ! Si tu voyais leur tenue, aucun style !

M. Dufric : - Oh celle-là, il faudra que je la replace !...

Tout est décidé… Mais tu nous feras quand même donner un beau pactole pour les « nuisances », comme on dit.

Dufric-conseil, *en souriant* : - Pardi ! Les cons qui te l'ont vendue ! Si un jour ils apprennent qu'on t'a donné le prix de vente comme dédommagement des « nuisances », comme ils bavent !

M. Dufric : - T'es vraiment le roi des magouilleurs !

Dufric-conseil : - Pardi ! Puisqu'on a un budget « dédommagements », on ne va quand même pas en faire profiter ces ploucs.

M. Dufric : - Ils ne sauraient même pas quoi en faire ! Ils ont des voitures, je croyais que ça n'existait plus que dans les musées.

Mme Dufric : - Mais tu es certain que ce n'est pas dangereux, la Très Haute Tension ?

Dufric-conseil : - Tu me vois, en pleine forme !

Mme Dufric : - Mais tu ne vis pas à côté d'une ligne !

Dufric-conseil : - Tu ne vas quand même pas écouter la propagande des ennemis du progrès. Toutes les études sérieuses démontrent qu'il n'y a aucun cas où l'exposition à une ligne à Très Haute Tension peut être considérée comme la cause d'une maladie. Qu'ils viennent nous le prouver, les brailleurs. Aucun cas je te dis.

M. Dufric : - De toute manière, s'il y en avait un, il serait classé secret défense !

Dufric-conseil : - Oh ! Comment tu nous considères ! Offre-moi plutôt le champagne ! Tu sais bien que nous prenons grand soin des populations, que nous sommes au service de l'indépendance énergétique de la France… Tu as bien vu, quand il s'agissait d'essais nucléaires, on ne les faisait pas en France.

M. Dufric : - Oui, on va trinquer à la santé de ces héritiers qui ont déserté ce petit coin de paradis... J'en deviens poète quand je vois cette verdure. Le notaire m'a dit qu'il y a même un chêne bi-centenaire. Ou un marronnier. Enfin, il y a un arbre bi-centenaire. Un homme charmant, ce notaire. Le seul que j'ai vu pour l'instant dans ce pays. Je lui demanderai de me présenter l'américain.

Dufric-conseil : - On va trinquer au vieux qui serait dégoûté s'il savait. Il a trimé toute une vie pour que ses gosses se chamaillent et se laissent dévorer par le grand vautour ! C'est la vie !

Mme Dufric : - Je le dis toujours : quand on a des enfants, il faut absolument tout régler de son vivant, et surtout pouvoir leur transmettre à chacun une maison. Comme ça, maintenant, les enfants ont chacun leur maison pour plus tard.

*Très fiers de leur réussite, ils avancent vers la maison.*

# Tableau 3

*Devant son gîte, « Le vieux », avec « le jeune. »*

Le vieux : - Ah ! Je regrette bien d'avoir fait tous ces travaux, bientôt plus personne ne viendra avec cette ligne.
Le jeune : - Je comprends maintenant, pourquoi la maison n'était pas chère ! Votre notaire m'avait affirmé « parce qu'elle est située près du cimetière, les gens souvent n'aiment pas. »
Le vieux, *en souriant* : - Ah le notaire ! Une fois qu'il peut prendre sa commission ! Si vous revendez, il sera content, ça lui en refera une !
Le jeune : - Il faut se battre. Cette ligne, si personne n'en veut, ils ne la feront pas.
Le vieux : - Vous êtes jeune ! Vous croyez qu'on peut se battre contre l'EDF ?
Le jeune : - Vous verrez, elle ne se fera pas !
Le vieux : - Je nous le souhaite. Mais vous avez vu, qui a racheté, en haut, le frère d'une grosse tête de l'EDF. Et discrètement, ils iront voir quelques agriculteurs qui pour avoir les primes signeront, laisseront implanter les poteaux. Ça se passe toujours comme ça !
Le jeune : - Pas toujours ! Personne n'en veut de cette ligne. Il faut mettre les élus devant leurs responsabilités. Je ne comprends toujours pas comment vous avez pu élire comme Conseiller Général un type pareil.
Le vieux : - Ah ! La politique ! Par ici, faut être du clan. Ils tiennent les maires, au département, avec les subventions. Le premier qui ose l'ouvrir, ils lui coupent les vannes.

# Tableau 4

*M. et Mme Dufric, un matin, au jardin, petit-déjeuner sous parasol.*

Mme Dufric : - Je crois que je vais m'ennuyer. C'est trop calme.

M. Dufric : - Tu parles d'un calme ! Leur coq à ces ploucs m'a encore réveillé.

Mme Dufric : - Les joies de la campagne !

M. Dufric : - Mais c'est leur voiture qui descend (*il se lève pour observer*). J'ai au moins une heure. Sa vieille est avec lui... (*il sort de scène en vitesse*)

Mme Dufric : - Mais où vas-tu comme ça ? Tu n'as pas fini ton croissant. (*silence*) Qu'est-ce qu'il lui prend ? Il ne va quand même pas téléphoner à la S.P.A. pour leur demander d'intervenir ?... Enfin, je ne lui donnerais pas tort, s'il chante comme ça chaque matin, leur coq, c'est qu'ils doivent le traiter d'une manière peu convenable. Ou alors il téléphone aux gendarmes ?... Après tout, pourquoi pas. Ce n'est pas moi qui lui donnerais tort. Je ne vois pas pourquoi on laisserait un coq chanter alors qu'on peut se prendre un P.V. pour avoir klaxonné.

*M. Dufric revient. En tenue de chasse, avec son fusil.*

Mme Dufric : - Mais que se passe-t-il ?

M. Dufric : - Tu n'as pas deviné ? Je t'ai connue plus perspicace. Alors, personne ne devine ?

Mme Dufric : - Oh ! Tu penses que c'est bien convenable ?

M. Dufric : - Tu ne vas quand même pas plaindre leur coq !

Mme Dufric : - Peut-être que si tu allais leur parler d'abord, ce serait plus convenable, ils le feraient peut-être taire leur coq.

M. Dufric : - T'y connais vraiment rien aux ploucs. On voit bien que tu n'as pas fait l'armée, toi. Si je vais leur parler, ils se fouteront de ma gueule et achèteront un deuxième coq. Les ploucs sont bêtes et méchants et surtout jaloux de la réussite des gens qui ont travaillé pour avoir ce qu'ils ont.
Mme Dufric : - Mais si quelqu'un te voit ?
M. Dufric : - Qui veux-tu qui me *voye* par ici ?
Mme Dufric : - Tu sais bien qu'on ne peut plus être tranquille nulle part.
M. Dufric : - De toute manière, je suis en état de légitime défense.

*M. Dufric, très fier, sort un sachet d'une de ses poches et l'agite en souriant.*

M. Dufric : - J'ai même pris un sachet. Tu devines pourquoi ? Ça t'évitera de devoir laver ma veste.
Mme Dufric : - Tu es vraiment le plus convenable des maris.
M. Dufric : - Ça nous fera un bon bouillon.
Mme Dufric : - Tu sais comment on fait du bouillon, toi ?
M. Dufric : - C'est toi la femme.
Mme Dufric : - J'ai toujours entendu dire que c'était avec une poule.
M. Dufric : - Si on peut le faire avec une poule, je ne vois pas pourquoi on ne le ferait pas avec un poulet.
Mme Dufric : - Tu as raison. Mais il faudra que j'achète un livre de cuisine. Je le ferai dimanche avec les enfants... Au fait... C'est un coq ou un poulet ?
M. Dufric : - Tu m'embêtes. De toute manière j'ai plus que des cartouches pour sangliers. Je crois que je vais lui butter le troupeau.
Mme Dufric : - Tu crois que ce serait convenable ?...
M. Dufric : - Ils l'ont bien cherché.

Mme Dufric : - Ce serait le coup du roi.

M. Dufric : - Ne dis pas des bêtises.

Mme Dufric : - C'est du Pagnol.

M. Dufric : - Toi et tes séries américaines ! Allez, j'y vais *(il sort)*.

Mme Dufric : - Je n'ai pas voulu répliquer. Ça n'aurait pas été convenable. Il se serait peut-être fâché. Il ne faut jamais contrarier un homme qui a un tournevis dans les mains comme disait ma grand-mère. Qui plus est un fusil ! Et je ne vais quand même pas gâcher nos vacances pour si peu. De toute manière, ça n'a jamais été son truc, la littérature. Lui c'est les tableaux de financement. Chacun son truc. Mais enfin, ne pas connaître monsieur de Pagnol ! C'est pourtant un auteur classique, en plus un héros national, même la banque a émis un billet avec sa tête dessus, au grand Antoine de Pagnol... Dire que je l'ai appelé « mon petit prince »... *(elle sourit)* C'était y'a si longtemps !... Il aimait ça, que je l'appelle « mon petit prince. » Et il m'appelait « princesse »... Comme nous étions romantiques... Les jeunes ont tort d'avoir perdu le romantisme... Ils devraient le retrouver. Il suffit de le chercher. Comme c'est beau, le romantisme. Je devrais peut-être me remettre à lire des gros livres... Les journées passeraient plus vite... Oh non, tout ce qui s'écrit est tellement ennuyant que ça m'ennuierait encore plus...

*On entend un coup de fusil. Mme Dufric sursaute.*

Mme Dufric : - Oh ! J'aurais dû m'y attendre. Et pourtant, ça m'a fait sursauter. Comme ça va le faire rire *(elle rit)*. Et comme les enfants vont rire... A moins que je garde tout ça pour moi ?... Ah ! Ils changent, mes enfants !... Ah ! S'ils avaient pu rester hauts comme trois pommes. Plutôt que de perdre de l'argent à faire des fusées alors que je n'irai jamais sur Mars, c'est ça qu'ils devraient inventer, des enfants qui restent enfants. Oh non ! Je crois qu'ils me lasseraient, à force. Un clone, ce serait mieux, un clone qu'on pourrait garder enfermé dans une pièce, à la cave, puisque nous avons une belle cave, pour en utiliser des morceaux quand un truc se met à déconner. Je devrais peut-être écrire un roman de science fiction. Je deviendrais riche et célèbre...

*Retour de monsieur Dufric.*
M. Dufric, *très chasseur triomphant* : - On peut dire qu'il n'a pas souffert. Il aurait fallu que tu *voyes* ça.
Mme Dufric : - Mais où est ton gibier ?
M. Dufric : - Va me chercher l'aspirateur. Y'a des plumes partout.
Mme Dufric : - Et tu vas le brancher où ?
M. Dufric : - J'utiliserai les piles.
Mme Dufric : - Oh chéri ! Un aspirateur à piles ! Voyons ! Ce n'est pas convenable !
M. Dufric : - Ma radio, je la branche sur le secteur mais je peux l'utiliser sur piles.
Mme Dufric : - On voit que tu n'as jamais utilisé d'aspirateur !
M. Dufric : - Il est beau le progrès ! On envoie des hommes sur Mars et on n'est pas foutu de faire fonctionner un aspirateur avec des piles.
Mme Dufric, *en souriant* : - L'aspirateur est un appareil ménager. Tu devrais écrire au service après-vente pour leur signaler ton besoin d'appareil à piles les jours où tu vas faire un carnage chez le voisin.
M. Dufric : - Madame se croit spirituelle. Hé bien, les plumes resteront où elles sont, le vent les emportera.
Mme Dufric : - Et on mangera quoi dimanche ?
M. Dufric : - Je croyais qu'on avait rempli le congélateur.
Mme Dufric : - Pour une fois que je me proposais de cuisiner comme ma grand-mère ! Hé bien ! Tu as raté

l'unique occasion ! Peut-être qu'ensuite j'aurais même fait de la confiture, puisque nous avons des arbres fruitiers.

M. Dufric : - Tu ferais mieux de me féliciter, de me demander de raconter. On aurait dit un feu d'artifice ! T'aurais aimé voir ça ! S'il en rachète un, on ira le butter un dimanche, pour que les enfants profitent du spectacle...

# Tableau 5

*Le salon, un soir d'orage. Eclairé à la bougie.*

Mme Dufric, *seule, debout, inquiète* : - Ce serait trop bête de mourir dans sa résidence de campagne... J'en suis certaine, il n'y a pas de paratonnerre... Et personne n'a pensé à le demander à ce notaire... (*tonnerre, elle se signe quatre fois*) Ce serait trop bête, mourir dans sa résidence de campagne où l'on s'ennuie à mourir... C'est vrai qu'on ne peut pas faire autrement que d'y venir. Ça les fait tellement rager les voisines. Pauvres femmes qui doivent rester en ville le week-end... Rester en ville le week-end, comme c'est ringard... Qu'est-ce qu'elles donneraient pour être à ma place (*tonnerre, elle sursaute*) Mais où est cet idiot ! Comme si il va voir quelque chose dans le grenier ! Le fou, il va peut-être se faire attaquer par les chauves-souris... Si seulement il pouvait se tuer en descendant de l'échelle !... Avec l'assurance-vie... Oh ! Comme je serais heureuse à Saint-Tropez... Là au moins il y a des paratonnerres...

*Son mari entre...*

Mme Dufric : - Oh chéri, enfin, je m'inquiétais !... (*tonnerre*)
M. Dufric : - Mauvaise nouvelle des étoiles.
Mme Dufric : - Tu as vu des étoiles.
M. Dufric : - Il pleut, il pleut, bergère.
Mme Dufric : - Mais je sais, mais je sais. Ne joue pas sur mes nerfs avec des bêtises. Tu sais comment je suis nerveuse quand je me sens en danger.
M. Dufric : - Il pleut dans le grenier.
Mme Dufric : - Mais l'orage, il va s'arrêter.
M. Dufric : - Il pleut dans le grenier. C'est une inondation (*tonnerre*).

Mme Dufric : - Appelle les pompiers.

M. Dufric : - Mais chérie, les pompiers, c'est en cas d'incendie.

Mme Dufric : - Justement, l'eau ça leur servira.

M. Dufric, *éclate de rire* : - Oh ! Je la replacerai celle-là.

Mme Dufric : - Ne te moque pas... Emmène-moi à l'hôtel.

M. Dufric : - Tu as déjà vu un hôtel dans ce patelin.

Mme Dufric : - Oh mon Dieu ! Si seulement on pouvait se changer les idées en regardant la télé.

M. Dufric : - Tu vois, pour les télés aussi, il faudrait des télés à piles !

Mme Dufric : - Ne te moque pas ! Ne te moque pas ! Mes nerfs vont craquer... Et qu'est-ce qu'il fait ton frère ? Il ne pourrait pas nous rebrancher ?

M. Dufric : - Il t'a déjà expliqué ! Ce n'est plus de sa responsabilité !

Mme Dufric : - C'est toujours comme ça : c'est pas moi c'est les autres. Quel pays ! Et tu ne m'as toujours pas raconté...

M. Dufric : - Hé bien demain, tandis que je serai à la chasse, il te faudra nous trouver un artisan.

Mme Dufric : - Ah non ! Tu ne vas pas me demander de parler à ces gens-là.

M. Dufric : - Au téléphone, tu ne crains rien. Ils doivent bien avoir le téléphone, les couvreurs, dans ce pays.

Mme Dufric : - Je n'arriverai jamais à dormir.

M. Dufric : - Qu'est-ce que tu ferais sans moi !

Mme Dufric, *la réplique lui échappe* : - J'irais à Saint Tropez !

## Tableau 6

*Le salon, le lendemain.*

Mme Dufric, *tourne en rond* : - Mais qu'est-ce qu'ils font ?... (*souriant*) Si c'était une femme j'aurais des doutes...

    *Entre l'artisan... M. Dufric suivra.*

Mme Dufric : - Alors monsieur ?

Artisan : - Oh, on peut dire qu'il a souffert !

Mme Dufric : - Mon mari ? Qu'avez-vous fait à mon mari ?

Artisan : - Votre toit pardi !

Mme Dufric : - Ah bien sûr !... Cet orage m'a perturbée... Rien de grave ?

Artisan : - Oh, vous avez le choix, on a toujours le choix dans la vie... Je peux vous le rafistoler pour trois fois rien... Mais au prochain orage, faudra réparer ailleurs...

M. Dufric : - Je ne comprends pas, le notaire nous a certifié qu'il était en excellent état.

Artisan : - Ah ! Si vous commencez à croire les notaires, vous êtes mal partis...

M. Dufric : - On a pourtant bien cru qu'il était honnête. Mon frère le connaît. Et il est premier adjoint au maire.

Artisan : - Oh ! Vous n'êtes pas les premiers. Je le connais bien, pardi !... Entre nous, c'est la pire des crapules. Et je suppose qu'il vous a demandé un petit pourcentage sans facture comme il dit, pour conclure l'affaire avant qu'un riche client qui achète de nombreuses maisons dans la région, ne vienne surenchérir.

Mme Dufric : - Vous croyez qu'il nous a menés en bateau ! Oh je m'en doutais, sa main était moite.

Artisan : - Les notaires, c'est les pires des escrocs. Je ne veux pas avoir l'air de vous donner des conseils, mais

quand on achète une maison, surtout à la campagne, il faut toujours faire expertiser la charpente par un professionnel. A moins bien sûr qu'on s'y connaisse... Peut-être que monsieur est un spécialiste.
Mme Dufric, *s'exclame* : - Des plans comptables !
M. Dufric : - Oh, voyons... Je m'y connais naturellement pas moins qu'un autre... Comme un homme...
Mme Dufric, *répète :* - Comme un homme !
Artisan : - Tout le monde ne peut être spécialiste en tout. Moi en comptabilité, je laisse faire ma femme.

*M. Dufric est satisfait de cette remarque.*

Artisan : - La charpente c'est comme tout, il faut faire appel aux gens de métier, sinon on risque quelques déconvenues.
M. Dufric : - Vous entendez, par déconvenues ?
Artisan : - Je vais prendre une image qu'on utilise parfois dans notre profession : votre toit, c'est du gruyère.
Mme Dufric : - Oh ! Râpé !... Ah, je comprends, vous parlez des trous.
Artisan : - Vous v'la avec un toit qu'il faut remettre en état... Le plus embattant, c'est que ce n'est pas la bonne période.
M. Dufric : - C'est-à-dire ?
Artisan : - Le printemps arrive. Et au printemps, ici, vous savez bien...
M. Dufric : - Vous n'allez pas me dire que vous fermez.
Artisan : - Naturellement non ! Fermer, nous n'en avons pas les moyens. Quand on est son propre patron, on n'a pas de congés payés. On travaille 7 jours sur 7 et on n'a pas la retraite à 55 ans. En plus au printemps, nous sommes quasiment réquisitionnés par les riches étrangers qui veulent leur résidence secondaire nickel pour l'été.
M. Dufric : - Entre voisins, je vous fais confiance, vous

trouverez bien quelques jours. Vous pouvez quand même nous faire un devis ?

Artisan : - Oh ça, pas de problème, la patronne s'en chargera ce soir si vous me laissez prendre les mesures... Mais il faudra vous décider rapidement... Vous comprenez, les anglais et les hollandais payent toujours d'avance. Je suppose que vous en ferez de même ?

M. Dufric, *après avoir regardé sa femme* : - Si c'est préférable.

Artisan : - Si vous y tenez, entre voisins, entre chasseurs, de manière exceptionnelle, je ne vous facturerai pas la TVA, on s'arrangera. Mais chut, c'est entre nous. Je sais bien que quand on vient d'acheter, c'est toujours désagréable de dépenser une fortune en réparations et surtout en TVA.

M. Dufric : - Ce sera déjà ça en moins. A première vue, cette petite affaire va s'élever à combien ?

Artisan : - Oh ! Y'a du travail ! Ça on peut dire qu'il y a du travail... Et si je ne me trompe, vous devez avoir un deuxième grenier, au-dessus des chambres... Il serait peut-être préférable de vérifier son état... Enfin, je dis ça, c'est pour vous... Vous pouvez réparer le premier cette année et attendre l'année prochaine pour le suivant, en espérant que d'ici là il n'y ait pas de grosses pluies. En août, les orages sont parfois mauvais dans le coin.

Mme Dufric : - Comme hier.

Artisan : - Oh hier... Ce n'était rien ! Si vos charpentes ne sont pas réparées en août, je vous conseille de ne pas rester en dessous un soir d'orage en août !

Mme Dufric : - Vous croyez que l'autre aussi ?...

Artisan : - Je ne l'ai pas vu, mais croyez-en mon expérience : quand la toiture est mauvaise au sud, elle est rarement dans un meilleur état au nord. Je dis ça, c'est pour vous. Parce que les toits, si ça commence à prendre

l'eau, on en voit, des maisons, s'effondrer comme des châteaux de sable.
Mme Dufric : - Oh !

## Tableau 7

*Chez l'artisan, salon en pierres apparentes. Tout confort. L'artisan vautré dans un canapé cuir.*

Artisan : - Il va le sentir passer, le parisien !

Sa femme : - Je croyais qu'il était bordelais.

Artisan : - C'est quoi la différence ?! Tu sais pas que la semaine dernière il a buté le dindon et les canards du vieux.

Sa femme : - Au fait, oui ! Mathilde me l'a raconté hier matin.

Artisan : - Tu diras, c'est bien fait pour sa gueule aussi à ce vieux singe. Avec des balles pour sangliers, il n'a pas chipoté le con. Qu'ils se tuent entre eux et on sera bien débarrassé.

Sa femme : - Et tu vas lui faire ses travaux ?

Artisan : - Des travaux comme ça ! J'en veux bien tous les jours ! Il a une tuile fendue (*il se tape sur les fesses puis boit cul sec un Ricard*) ! Une tuile fendue et un peu d'eau s'est infiltrée, sa latte, pardi, a fini par casser ; et tout le reste est nickel ! Je vais lui changer ses deux toitures !

Sa femme : - Oh ! S'il s'en aperçoit !

Artisan : - S'en apercevoir ! Un bureaucrate qui n'a jamais vu un toit ailleurs que sur photos. Et de toute manière, il paiera d'avance ! Et en liquide.

Sa femme : - Tu vas lui changer toutes les boiseries.

Artisan : - Hé pardi ! J'aime le travail consciencieux ! Je suis un bon français ! Je lui échangerai sa toiture avec celle de l'amerloque. Ils seront tous les deux contents et ça nous fera de quoi terminer la maison du fiston.

Sa femme : - Laquelle ?

Artisan : - Bin pardi ! La grande.

Sa femme : - Ils sont cons ces gens des villes, mais comment on s'en sortirait sans eux !
Artisan : - On s'en sortirait mieux si l'Etat ne nous rackettait pas ! Cette TVA, ces taxes, ces assurances.
Sa femme : - On aurait peut-être dû l'acheter, cette maison.
Artisan : - Tu n'y connais vraiment rien aux affaires. Quand la ligne à Haute Tension y sera, ils vont tous revendre, et on les aura au prix du ciment.
Sa femme : - Tu crois vraiment qu'ils vont la faire cette ligne.
Artisan : - Et pourquoi ils ne la feraient pas ?
Sa femme : - Les manifestations.
Artisan : - Les manifestations ! Mais t'y connais vraiment rien ! 5000 pecnots à Cahors. On est 100 fois plus le 1$^{er}$ mai.
Sa femme : - Ne compare pas Cahors et Paris... Et n'exagère pas !
Artisan : - Quoi ? J'exagère maintenant !... Mais tu me cherches, toi, ce soir !... Tu vas quand même pas te mettre à croire ces journaleux. Je te dis qu'on était au moins 500 000. Vivement qu'on soit au pouvoir, et ils comprendront, tous ces gratte-papiers.
Sa femme : - Ne t'énerve pas.
Artisan : - Un million. Un million qu'on sera cette année. Et là ils seront bien forcés de nous le donner, le pouvoir.
Sa femme : - Il y a quand même des élections.
Artisan : - Qui te dit que c'est pas notre tour cette fois, et tu vas voir, tous ces cols blancs payés à glander. Tu sais pas que c'est un cadre, l'autre aveugle... Il faut que je réclame maintenant... Où tu as les yeux (*il tend son verre, sa femme se précipite sur la bouteille pour lui verser un nouvel apéritif... Il a le sourire du mâle triomphant*).

# Tableau 8

*Devant son gîte, « le vieux », avec « le jeune. »*

Le vieux : - Je vous le dis comme ça, entre nous... A la mairie ils ne sont pas contents... Vous devinez pourquoi ?
Le jeune : - Parce que je n'ai pas planté de fleurs ?
Le vieux : - Vous êtes la seule maison où il n'y avait personne à l'enterrement du notaire. Même les bordelais et les américains y étaient.
Le jeune : - En quoi ça regarde le Conseil Municipal ?
Le vieux : - Si un jour vous demandez un bout de terrain, ce sera niet !
Le jeune : - C'est entre Dieu et moi !... Je n'allais quand même pas me déplacer pour un notaire qui a essayé de m'arnaquer !
Le vieux : - Oh ça ! Vous n'êtes pas le seul mais il était premier adjoint et sa fille le remplacera.
Le jeune : - Ce n'est pas à l'honneur de la municipalité ! Et de toute manière aucune des catégories ne me convenait !
Le vieux : - Des catégories ?
Le jeune : - La première, la plus restreinte, sa fille et pas grand monde, qui semblaient réellement meurtris, la seconde, un peu plus nombreuse, avec ceux qui s'inventaient du chagrin pour bien le montrer, et la troisième, où l'immense majorité ne se cachait pas d'être là uniquement pour qu'on ne puisse pas dire qu'ils n'y étaient pas !
Le vieux : - C'est toujours comme ça.
Le jeune : - Enfant j'étais enfant de cœur, aujourd'hui j'aperçois la place du cimetière de chez moi. Les générations passent, le rapport à la mort des voisins demeure.

Le vieux : - Sa fille a dit des choses qui ne se disent pas.

Le jeune : - C'est entre nous.

Le vieux : - Faites attention à votre chat.

Le jeune : - Pauvre fille ! Si elle savait ! La majorité de ceux qui ont écrit leur nom dans le carnet de condoléances méprisaient son père !

Le vieux : - Oh ça, on peut dire qu'il n'était pas apprécié. Pourtant il n'y avait jamais eu autant de monde pour un enterrement.

Le jeune : - Vous y croyez, vous, qu'il est mort d'un coup de sabot ?

Le vieux : - Ah ça ! Avec le Conseiller Général, ce n'était pas la première chose pas claire qu'ils faisaient, ce centre équestre.

Le jeune : - Ce n'est pas à son âge qu'on commence à faire du cheval.

Le vieux : - La vérité, on ne la connaîtra jamais.

Le jeune : - Encore une bonne affaire pour les veillées du soir !

Le vieux : - Ah ! J'aimerais bien les revoir les veillées. Mais un à un les vieux disparaissent.

Le jeune : - Et les jeunes ne deviennent pas tous vieux !

Le vieux : - C'est inquiétant quand les enfants meurent quelques années après leurs parents. Le notaire est hors catégorie mais vous avez remarqué comme moi, les trois derniers n'ont pas dépassé 75 alors que leurs parents avaient plus de 90.

Le jeune : - Tchernobyl, nitrates, pesticides et autres pollutions. Tout nous retombe dessus. Et notre organisme n'est pas fait pour supporter longtemps un pareil cocktail.

Le vieux : - Ils nous tueront tous.

Le jeune : - Ils se tuent aussi ! Assassins et idiots !

# Tableau 9

*M. et Mme Dufric devant leur maison.*

Mme Dufric : - Ah non, je n'entre pas.

M. Dufric : - Bah ! Tu devrais être habituée. Ce n'est que la troisième fois !…

Mme Dufric : - Si ça te rend philosophe, tant mieux pour toi. Mais moi, non, c'est fini. Cette porte fracturée, je vais la revoir tous les jours dans mes cauchemars. Ramène-moi chez nous.

M. Dufric : - On ne va quand même pas se laisser impressionner. Les journaux ont beau parler des jeunes de Toulouse ou Montauban qui se font des petites virées, visitent les résidences secondaires, je n'y crois pas.

Mme Dufric : - Tu as des soupçons ? Tu as relevé des indices ?

M. Dufric : - Pour te le dire plus clairement, ils n'ont pas besoin d'autoroutes nos cambrioleurs ! Ça ne m'étonnerait pas que ce soit des gens d'ici.

Mme Dufric : - Oh ! Tu crois ! Je comprends pas pourquoi ils ne nous aiment pas !

M. Dufric : - Les ploucs sont idiots et méchants.

Mme Dufric : - On devrait revendre et acheter à la mer. Y'a même pas la mer ici.

M. Dufric : - Tu le savais avant. En attendant, je vais quand même téléphoner aux gendarmes. Et je vais leur parler de mes soupçons.

Mme Dufric : - Tu crois qu'ils vont t'écouter ?

M. Dufric : - Hé pourquoi ils ne m'écouteraient pas ! Et s'ils ne m'écoutent pas, je mènerai l'enquête à ma manière, avec le frangin.

Mme Dufric : - Oh lui !

M. Dufric : - On aurait pu faire carrière dans la police, lui et moi. Mais ça ne paye pas et on n'a même plus le droit de tirer !

*Il prend son portable...*

M. Dufric : - Quel pays d'attardés ! Ça ne passe toujours pas. J'ai pourtant écrit à la mairie pour leur signifier expressément que le portable m'est indispensable.

Mme Dufric : - Cette maison ne nous sert à rien. Les enfants ne veulent plus venir.

M. Dufric : - Avec tout ce qu'elle nous a coûté, il faut quand même qu'on en profite. Je te le dis, on ne va pas se laisser intimider.

Mme Dufric : - Il s'est bien foutu de nous, le notaire. Et ton frère aussi !

*M. Dufric se retourne, rentre dans la maison.*

Mme Dufric : - Alors qu'on venait ici pour se faire des amis, qu'on est arrivé avec les meilleures intentions du monde, ces ploucs sont vraiment des gens méchants... Tout ça parce qu'on est riche. Mais on ne l'a pas volé, notre argent. Qu'ils travaillent plutôt que de nous jalouser.

## Tableau 10

*Devant son gîte, « le vieux », avec « le jeune. » Quelques années plus tard.*

Le vieux : - Quand j'étais jeune, à la pelle, qu'on en ramassait, des écrevisses. Des malines aussi. On appelait ça des malines, des petits poissons d'une dizaine de centimètres.
Le jeune : - Il aurait pourtant suffi d'interdire les engrais et les pesticides le long du ruisseau.
Le vieux : - Que voulez-vous ! Ils ont tout détruit. Les agriculteurs étaient majoritaires au Conseil Municipal.
Le jeune : - Et le fils du maire a succédé au maire !
Le vieux : - Il n'est pas pire que les autres ! Plus les fermes grossissent, plus ils détruisent. C'est facile de ne pas se tromper : au recensement de 1970, il y avait 70 fermes au village. Il en reste 4.
Le jeune : - Les 4 gagnants du pactole. Et un jour ils obtiendront des subventions pour ne plus polluer.
Le vieux : - Des subventions pour polluer, des subventions pour ne plus polluer, ça fait deux fois des subventions.
Le jeune : - Et les subventions pour faire semblant de dépolluer, leurs fils les obtiendront ! Et pour arrondir leur pactole, il leur suffit de vendre quelques mètres carrés en terrain à bâtir. Ils ont eu les terres pour trois fois rien avec leur Crédit Agricole et leur Safer, et maintenant ils sont les rois des campagnes.
Le vieux : - J'aurais bien voulu acheter quelques hectares autour de chez moi, le vieux était d'accord pour me les vendre mais la safer est intervenue et il les a vendus moitié prix. Ecraser les petits, permettre aux gros de grossir. Une mafia. Et maintenant, les pesticides, c'est pour ma poire.

Le jeune : - Les agriculteurs sont devenus des industriels, vous allez voir, les prix des céréales, des fruits, du lait, vont flamber. Vendre en gagnant peu durant quelques années pour éliminer la concurrence et ensuite imposer ses prix, le piège était évident et les politiques ont approuvé pour être tranquilles.
Le vieux : - Et qui c'est qui doit toujours payer !
Le jeune : - Si ça continue, on sera tous imposables à l'Impôt sur la Fortune !
Le vieux : - Ah ! Depuis qu'ils ont abandonné leur projet de ligne, les gens sont fous ! Ils veulent tous leur résidence secondaire ici.

*Arrive l'artisan.*

Artisan : - Alors, les retraités !
Le vieux : - Tu viens voir si les nouveaux propriétaires veulent refaire leur toiture ? (*l'artisan serre les mains*)
Artisan : - Depuis qu'ils ont vendu, les bordelais, tu ressors tes bêtes !
Le vieux : - C'est moi qui ai le plus eu à m'en plaindre.
Artisan : - Ah ! Si j'avais étouffé ma femme au lieu de l'écouter, on ne les aurait jamais vus par ici, ces bordelais. Je voulais l'acheter, elle m'avait répondu « *t'arriveras jamais à la revendre.* » Avec un coup comme ça, j'aurais pu arrêter de travailler, maintenant va falloir que je trime jusqu'à 70 ans.
Le vieux : - On ne fait pas toujours c'qu'on veut dans la vie.
Artisan : - Avoir travaillé toute une vie, droit, honnête et voir son fils fumer du shit, comme il dit, du matin au soir, même à mon pire ennemi, je ne le souhaiterais pas.
Le vieux : - On ne fait pas toujours c'qu'on veut dans la vie.
Artisan : - J'vais voir c'qui veulent, ces hollandais (*artisan part*).

Le vieux : - Eh pardi ! Son fils a toujours eu tellement d'argent devant les yeux, qu'un jour il s'est acheté de la drogue ! Vous le connaissez ?

Le jeune : - C'est la première fois depuis que je suis ici, qu'il me dit bonjour, votre artisan. Et encore, un bonjour guère cordial ! Au début, deux fois je lui ai fait signe, il m'a regardé comme si j'étais une BDV, une bouse de vache ! Je ne savais même pas qu'il avait un fils.

Le vieux : - De toute manière, ces gens-là, je ne vous les conseille pas, ils ne peuvent qu'attirer des ennuis. Si vous arrivez à vous débrouiller tout seul pour faire vos travaux, c'est encore la meilleure solution. Une fortune qu'il lui a volé, à ce bordelais. Et vous savez que je ne l'ai jamais aimé.

Le jeune : - Quand vous me disiez, ça doit être le jeune du Pech qui les a cambriolés, pour s'acheter de la drogue, c'était de son fils que vous parliez ?

Le vieux : - Mais chut, c'était entre nous. Il paraît que les gendarmes ont retrouvé ses empreintes, alors son père a dit qu'il était venu l'aider pour réparer la toiture. Mais tant qu'il n'aura pas ruiné ses parents, il ne travaillera pas celui-là.

Le jeune : - Le père a passé sa vie à arnaquer les gens et il vit assez longtemps pour voir son fils tout dilapider, c'est assez moral !

# Tableau 11

*Assis presque face à face, l'homme regarde le gîte, la femme la vallée (le public donc).*

La vacancière : - Y'a même pas dix ans, ici, pour une bouchée de pain, t'avais une maison, des belles pierres à rénover. Pas un château, pas une superbe propriété avec piscine mais quelque chose d'habitable. Y'avait des centaines de coins comme ça en France. Mes parents s'achetaient des grosses voitures qui valaient plus que ces maisons et maintenant ils se plaignent de toujours être en location et de vivre en ville. Et nous, on rêve devant des murs qu'on ne pourra jamais se payer.
Le vacancier : - On s'est rencontré trop tard.
La vacancière : - Avant, il était possible de vivre vraiment, en France. Tu travaillais quelques années, tu dépensais pas trop et tu pouvais vivre tranquille ensuite, en bricolant un peu.
Le vacancier : - C'est fini tout ça.
La vacancière : - J'en suis certaine, tout ça ce n'est pas du hasard. Ça les emmerdait, les friqués, les du-gouvernement, qu'on puisse vivre autrement qu'eux. Alors ils ont tout fait pour que les étrangers achètent en France. Comme ça, l'immobilier a flambé et maintenant, même pour acheter une ruine, il faut être totalement intégré, salarié avec patte blanche pour plaire au banquier qui te tiendra des décennies.
Le vacancier : - On s'est laissé piéger.
La vacancière : - Y'a plus qu'une chose qui puisse nous sauver, c'est malheureux mais c'est comme ça : la grippe aviaire, avec des millions de morts. Et alors les maisons durant quelques années se revendront pour trois fois rien.
Le vacancier : - Je préfère encore vivre dans une caravane que prendre le risque d'une grippe aviaire ! Tu vas voir,

dans quelques années, on sera des millions à vivre dans des caravanes, dans ce pays.

La vacancière : - Mais ça ne change rien au cycle historique : il y a toujours eu accumulation par une minorité et « la civilisation », comme ils disent dans les livres, s'effondrait. La guerre ou la peste venait remettre les compteurs à zéro et les survivants recommençaient. Nous aurons encore des guerres, nous aurons encore des pestes, la grippe aviaire n'est qu'une forme de peste, la seule différence, c'est le nucléaire. La prochaine fois, les survivants ne seront peut-être plus en état de recommencer.

Le vacancier : - Tu arrives à vivre, avec autant d'idées noires dans ta tête ?

La vacancière : - J'essaye de comprendre le monde. Comprendre avant d'agir.

Le vacancier : - Ou alors, ces résidences secondaires, si on revenait en septembre les squatter ?

La vacancière : - Mais oui ! Mais tu viens d'avoir l'idée du siècle ! Demain on ouvre un site internet pour lancer le mouvement des squatters de résidences secondaires (*de plus en plus enthousiaste*) et ils ne pourront rien faire contre nous car on leur montrera qu'il est mensonger de prétendre qu'il manque un million de logements en France. C'est juste qu'un million de logements sont fermés et que les clés sont dans des poches de friqués. Donc il faut passer par les fenêtres.

Le vacancier : Attends, c'était juste pour dire de causer. Je suis bien dans une caravane, moi ! Mon père a voulu la faire, la révolution, tu as vu où ça l'a mené ?

La vacancière : - Mes parents l'on vécue, la vie de merde bien tranquille, tu as vu où ça les a menés !

## *Rideau - Fin*

# Blaise Pascal serait webmaster !

*Pièce en deux actes*

Distribution : Deux hommes et une femme

Se référant à Blaise Pascal, dont les apparitions nous rappellent ses *pensées*, le narrateur explique comment il en est arrivé à vivre l'aphorisme: *tout le malheur des hommes vient d'une seule chose, qui est de ne savoir pas demeurer en repos, dans une chambre.* Marjorie, dont le rôle fut essentiel, semble présente, et reprend des phrases prononcées lors des quelques heures de Grand Bonheur.

Pièce Réductible en un homme une femme, en réalisant un enregistrement des interventions de « Blaise Pascal » (ou, à chacune de ses interventions la scène est plongée dans le noir – d'autres moyens imaginables - et le narrateur tient aussi ce rôle d'une voix métallique, d'outre-tombe)

Personnages :

- Un narrateur
et des apparitions :
- Blaise Pascal prononce les phrases extraites de ses *Pensées*
- Marjorie, magnifique et mystique.

# Acte 1

Le narrateur :
Pascal, Blaise Pascal, est né le 19 juin 1623 à Clermont-Ferrand. En France donc. Même une personne côtoyée assidûment durant des années, quand on la présente en quelques phrases, on peut être certain qu'elle contestera cette description. Au moins pour nous taquiner ou embêter, suivant le caractère !
Même une personne aimée, avec qui, de la rencontre à la rupture, on a vécu des phases proclamées « bonheur parfait », « harmonie », « accord idéal », même cette personne-là, oser la décrire est une tentative périlleuse.
Quant à Marjorie, quel portrait en dresser ?

Marjorie *(assise par terre, comme au pied d'un arbre, soudain éclairée)* :
Nous ne nous sommes pas croisés par hasard. Pourquoi ? Je l'ignore, tu l'ignores. Acceptons notre ignorance, n'essayons pas de la remplacer par des hypothèses. Et vivons l'instant. Vivons l'éternité de l'instant.

Le narrateur :
Faire revivre ici Blaise Pascal est donc un véritable défi.
*(silence)*
Même si un peu de l'ADN du Blaise Pascal décédé le 19 août 1662 nous le reconstituait, ce ne serait jamais le penseur du 17$^{eme}$ siècle.
Malade dès l'enfance, Blaise Pascal avait intériorisé l'inévitable brièveté de sa vie. Il est mort à 39 ans.
Mais Blaise Pascal reconstitué serait sauvé par notre médecine ! Notre héros ne saurait être limité par sa constitution physique. On ne meurt plus de fragilité !... En France... Sauf exceptions !
Né en France durant la seconde moitié du 20$^{eme}$ siècle,

Blaise Pascal aurait naturellement été imprégné par cette époque, des trente glorieuses au sarkozysme bouillonnant en passant par la gauche utopiste, sa cousine totalitaire et sa consœur caviar. Et nul doute qu'à dix-sept ans, Blaise Pascal aurait défilé dans les rues avec ses condisciples, lors d'une mémorable, forcément mémorable, inoubliable, formidable, inégalable mobilisation contre une inacceptable tentative de réforme, forcément inacceptable, une tentative de réforme de l'Education Nationale.

Marjorie :
Sortir de l'agitation est sûrement la vraie révolution. Une évolution nécessaire.

Le narrateur :
Alors qu'en réalité, à 17 ans, en 1640, Blaise Pascal publiait *Essai pour les coniques*. C'est de la géométrie, les coniques. (*silence*)
Ces difficultés ne sauraient nous décourager. (*silence*)
Si le pari de Pascal est gagné, il nous observe du paradis, et va sûrement s'indigner d'être résumé par un seul aphorisme de ses *Pensées*... Qui plus est, ce n'est pas :

Blaise Pascal, *alors invisible, dans l'ombre, est éclairé* :
« Il n'y a que deux sortes de personnes qu'on puisse appeler raisonnables : ou ceux qui servent Dieu de tout leur cœur parce qu'ils le connaissent, ou ceux qui le cherchent de tout leur cœur parce qu'ils ne le connaissent pas. »

Le narrateur :
Pour les attentifs auxquels les références sont indispensables, je précise : cette *Pensée* figure au numéro 194 tiret 427 dans la classification usuelle. (*silence*)
Comme les nostalgiques de Blaise Pascal préfèrent l'hypothèse où il nous observe, l'inviter était plus pratique.

Je vous présente donc monsieur Blaise Pascal, bien portant malgré ses quelques siècles de paradis. (*silence*) Sous vos applaudissements ! Excusez-moi, je divague ! Et j'en profite pour apprendre aux plus jeunes qu'au XVII$^e$ siècle, la télévision n'existait pas : il est donc possible de vivre sans écran devant les yeux, hé oui les enfants, les ados, les parents, les retraités ! (*silence*)
Le pari de Pascal… Un appel aux incroyants… Vous avez tout à gagner à croire, même à croire par simple pari, alors que vous avez tout à perdre en ne croyant pas. Au grand jeu de l'éternité possible, les paris sont ouverts ! (*silence*)

Marjorie :
On appelle ça aussi le paradis des hypocrites ; je crois non par convictions profondes mais en pensant qu'un Dieu pourrait être naïf au point de m'offrir le paradis en échange de ce petit arrangement avec mes véritables convictions, en échange de ce raisonnement présenté juste mais reposant sur un mensonge, la volonté de piéger Dieu s'il existe, de lui soutirer une carte Paradis.

Le narrateur :
Quant à mon Blaise Pascal à moi, c'est un extrait du paragraphe 139, tiret 136, qui me le rend essentiel :

Blaise Pascal :
Tout le malheur des hommes vient d'une seule chose, qui est de ne savoir pas demeurer en repos, dans une chambre.

Le narrateur :
Tout le malheur des hommes vient d'une seule chose, qui est de ne savoir pas demeurer en repos, dans une chambre. (*silence*) La profession de webmaster fut naturellement inconnue de Blaise Pascal.
Il n'a même pas connu la première édition de ses *Pensées*, réalisée par un groupe d'amis huit ans après sa disparition.

(*silence*) Le 19 juin 2023, *la Poste* et la majorité d'entre nous… espérons-le… fêterons le 400$^{eme}$ anniversaire de sa naissance. *La Poste* en émettant un timbre tarif lettres, avec pré-vente à Clermont-Ferrand où les notables seront de sortie, où VGE, Valéry Giscard d'Estaing, sera peut-être même au fauteuil d'honneur. Le 19 juin 2023, la profession de webmaster sera alors courante, ou dépassée, marginalisée, qui sait. Certes, les officiels de la classification nous ont intimé l'ordre administratif d'utiliser un vocable plus francophone... Webmestre est conseillé mais la sonorité ne me plaît pas. (*silence*) C'est ainsi ! Une question de sonorité !

Marjorie :
Tu me fais sourire, tu sais, t'es attendrissant comme mec…

Le narrateur :
La vie du webmaster est justement de celles à vivre dans une chambre : elle permet de limiter les contacts humains sans toutefois en ignorer l'existence.
Car il faut bien vivre ! Le webmaster d'aujourd'hui, celui exerçant sa surprenante activité dans le silence d'un village épargné par l'industrie, le réseau routier, l'aviation et autres nuisances, le webmaster travaille pour subvenir à ses besoins, le Conseil Général ayant exigé un projet professionnel pour continuer à lui verser son Rmi. C'était avant le RSA. Après l'URSS donc. Durant l'URSSAF quoi !

Marjorie :
EDF, GDF, SDF, SNCF, on s'égare…
Tu vas me croire folle ! J'ai aussi des moments d'insouciance, d'inconscience… Je me refuse de mesurer toute la portée de mes erreurs. Je ne pleure jamais. Mon

père est mort quand j'avais 15 ans et je n'ai pas encore pardonné à la vie de nous l'avoir pris, j'ai dû être un père aussi pour mes jeunes frères et sœurs. Je m'égare, tu vois. Je sais que tu pourrais me comprendre, je suis tentée de me laisser submerger par cette possibilité.

Le narrateur :
Certes, comme Blaise Pascal, l'intellectuel précaire peut écrire quelques livres… mais se contentera de les promouvoir via internet, fuyant les endroits claironnés salons du livre, fêtes du livre, foires du livre, lire en fête. Salon, foire ou fête du livre, espace culturel, parc des expositions ou salle des fêtes aménagée avec tables sur tréteaux, où des humains proclamés et souvent autoproclamés écrivains, sont visités par des badauds locaux en quête de figures vues à la télé. Et les badauds comme les voisins font la conversation.
N'oublions jamais…

Blaise Pascal :
On se gâte l'esprit et le sentiment par les conversations.

Le narrateur :
Le webmaster crée et gère un ou des sites internet. Il a donc la possibilité de promouvoir ses idées. C'était bien l'ambition de Blaise Pascal. Qu'il se rassure, nous n'irons nullement à l'encontre de ses convictions. Même si ce frétillant exposé occultera volontiers le versant apologie de la religion chrétienne de ses *Pensées*.
Attention : notre optique n'est nullement de conseiller aux enfants de rejeter leurs parents, refuser l'école et s'installer devant un écran. Se former est indispensable. Même si, ensuite, naturellement, il faut réaliser un tri salvateur.
Et dans la formation figurent encore inévitablement les conversations.

Blaise Pascal :
Ainsi les bonnes ou les mauvaises le forment ou le gâtent. Il importe donc de bien savoir choisir pour se former et ne point se gâter.

Le narrateur :
Soyons réaliste, évitons toute démagogie : rencontrer un être dont la conversation formera est aussi fréquent que de photographier un Conseiller Général abonné à une bibliothèque pour une raison dénuée d'arrières pensées électorales.
Se former correctement est indispensable et quasiment impossible. En trois siècles nous n'avons guère avancé dans les outils disponibles pour résoudre l'équation de la vie d'avant la vie dans une chambre.
Si la vie dans une chambre est l'objectif d'un être formé, elle serait une prison pour l'être encore sauvage… Employons des expressions surannées !…

Marjorie :
J'aime bien ton vocabulaire. Les mecs ont tellement l'habitude de s'exprimer avec dix-sept onomatopées.

Le narrateur :
J'entends déjà sourdre les commentaires : mais comment ce cher Blaise en est arrivé à cette extrémité ?… Lui demander serait tentant… Mais son contrat est catégorique, lui interdit tout commentaire… « votre rôle sur terre se limitera à réciter les paroles extraites de vos *Pensées*. » Contrat réalisé en trois exemplaires, sur un support inconnu même par nos scientifiques les plus émérites.
A cet instant précis, il convient de poser les *Pensées* et s'intéresser à l'homme… (*silence*)

Marjorie :

Je croyais la communication et la compréhension impossibles entre une fille et un mec. C'était un rêve, une utopie. Nous avons plus discuté en quelques heures qu'une année avec certains.

Le narrateur :

A trente et un ans, un « *grand refus du monde* » succède à une courte période disons « mondaine. » Le 8 décembre 1654, sa sœur, Jacqueline, en informe leur sœur Gilberte et précise « *dégoût presque insupportable de toutes les personnes qui en sont.* » Qui en sont... du « monde », naturellement.

Sur ce sujet du dégoût, observons que la trentaine reste une phase cruciale où la majorité abandonne, se vautre dans la télécratie et autres futilités, alors qu'un petit nombre s'oriente vers une paisible sortie du tunnel (*silence*).

*Tout le malheur des hommes vient d'une seule chose, qui est de ne savoir pas demeurer en repos, dans une chambre.* (silence)

J'ai longtemps médité cet aphorisme. Durant des heures parfois. Et j'adorais le placer. Ça me donnait... « un genre »... J'étais jeune, le physique pas encore détérioré, et à cet âge, quand on n'est pas chanteur ou espoir d'un sport médiatique, on se cherche le plus souvent un rôle susceptible d'aimanter les plus ravissantes demoiselles.

Marjorie :

« C'est ton soutra ? »

Le narrateur :

Me demanda un matin une jeune diplômée en psychologie. J'avais répondu en souriant « on peut dire ça. » En souriant non à cause de sa question ni de ma réponse mais de sa beauté. Comment ai-je pu séduire cette fille ? Je m'interrogeais encore quand elle avait ajouté :

Marjorie :
« Ça ne marche pas ton raisonnement, dans une chambre tu penses immédiatement à faire l'amour. »

Le narrateur :
Alors j'avais improvisé. Sans la convaincre. Un truc du genre : « demeurer en repos », aujourd'hui il écrirait « demeurer en paix » et l'autre n'est pas forcément l'empêcheur de sérénité. « En repos », c'est loin des distractions, loin des bureaucrates, sans télé ni téléphone. Elle m'avait immédiatement montré la faille :

Marjorie :
Donc seuls les rentiers peuvent se le permettre. Tu comptes hériter ? T'es un fils à papa déguisé en jeune révolté ?

Le narrateur :
C'était au vingtième siècle, et je m'étais avoué vaincu. J'avais pensé : je retournerai donc dans un bureau et nous allons peut-être vivre une simple histoire d'amour classique, ce qu'il est possible de vivre avec le cerveau assiégé de problèmes prétendus vitaux pour une entreprise. J'œuvrais alors dans le service rédaction des contrats, chez un assureur populaire et néanmoins arnaqueur. Un assureur quoi !

Marjorie :
J'aimerais jouer à la petite souris, te voir avec des collègues cravatés ! Les tignasses bien massacrées et les cœurs devenus depuis si longtemps aussi palpitants que les fonctions. Et toi, là, qui ignore courir le risque de devenir comme eux ! Pauvre amour, sais-tu comment tu deviendras si tu continues ?

Le narrateur :

C'est indispensable, paraît-il, l'assurance, comme les avocats, les pilotes d'avions, les centrales nucléaires, le pilon pour détruire les livres invendus, les footballeurs, les rugbymans et les télévisions. (*silence*)

Marjorie :

Tu peux ajouter : les armoires, les aspirateurs, le parfum, les diamants, les montres, les portables, les agences de voyages, les dragueurs d'aéroports, la dentelle.

Le narrateur :

Une question me taraudait. Me taraudait l'esprit, oui. Pour éviter d'apparaître trop bizarre... Elle était vraiment superbe et si notre histoire s'avérait limitée par notre condition, je tenais néanmoins à la vivre... cette interrogation me taraudait, j'attendais une petite chute du dialogue pour me précipiter aux toilettes. (*silence*)

Marjorie :

Va et ne reviens pas trop froid !

Le narrateur :

J'ai donc prétexté la nécessité de me rendre « en bas. » La chambre était située dans la mezzanine. Facile à visualiser : la mezzanine en haut, les toilettes en bas, douze marches d'escalier et avant la minuscule salle d'eau, la vaste pièce salon bureau salle à manger, vaste par rapport aux quarante-six mètres carrés du contrat de location. Et hop, en passant à côté du bureau, je saisis de la main droite le dictionnaire.
Quelques pas et me voilà assis presque confortablement avec *Petit Robert* sur les genoux. Et je lis :
SOUTRA : mot sanskrit, terme didactique. Précepte sanskrit, recueil d'aphorismes de ce genre. (*silence*)
Guère plus avancé !... Mais plus le temps de tergiverser... J'entends des pas... Certes, j'avais eu la bonne idée de

fermer le verrou rouillé. Mais je me sens coincé. Elle va tout comprendre en me voyant sortir dictionnaire en main. Je vais encore être ridicule. Oh non ! Pas avec elle ! Soudain l'illumination. Je l'ai vécue ainsi, comme une véritable illumination, la pensée qui me vint !... Elle... Je pensais Elle... N'ayant pas retenu son prénom la veille, dans le brouhaha de notre rencontre... Elle n'est pas encore venue aux toilettes !... Si elle voit le dictionnaire, elle aura sûrement une réflexion gratifiante. (*silence*)
Ce qui n'a pas manqué quinze minutes plus tard, alors que nous étions de nouveau tendrement enlacés.

Marjorie :

C'est la première fois que je me retrouve dans une salle de bains avec un dictionnaire.

Le narrateur :

J'avais naturellement préparé une répartie : « tu es plutôt familière des mecs abonnés à *Play Boy ?* »
C'est alors qu'elle m'a confié, dans cet appartement au 22 rue des 3 visages, juste devant l'enseigne lumineuse et affreuse d'un torchon d'annonces payantes distribué gratuitement chaque semaine, même dans ma boîte aux lettres, c'est alors qu'elle m'a confié, tandis qu'il pleuvait à grosses gouttes sur Arras et donc sur le symbolique Lion que nous apercevions via le vasistas de la mezzanine, le Lion surplombant le Beffroi d'Arras :

Marjorie :

Lundi j'entre dans un monastère, trois ans, trois mois et trois jours. J'y réciterai mes soutras à moi, les pensées les plus nobles des grands maîtres spirituels bouddhistes.

Le narrateur :

J'étais K.O. Je devais vraiment avoir une tête d'ahuri !
Elle ajouta :

Marjorie :
C'est la première fois qu'une fille bouddhiste visite ton appartement ?

Le narrateur :
Je peux venir avoir toi ?
Je n'avais rien trouvé d'autre pour rompre le silence.

Marjorie :
C'était ma dernière nuit d'amour... J'espère que tu en as profité autant que moi.

Le narrateur :
Dernière ?!

Marjorie :
Dans trois ans, trois mois et trois jours, tu ne te souviendras peut-être même plus du sourire de la fille un peu bizarroïde croisée un soir dans une boîte enfumée, la fille malgré tout encore très humaine, alors aimantée par ton regard bleu-vert, incapable de passer ses dernières heures conformément à sa première résolution.

Le narrateur :
Je peux t'écrire.

Marjorie :
Oui... Mais inutile... Aucun courrier ne me sera transmis.

Le narrateur :
J'ai le droit de t'attendre ?
Elle m'a fixé quelques secondes. Impression d'être scanné. Et elle a noté une adresse sur la boîte de préservatifs. Nous sommes restés ensemble jusqu'à 20h14. C'était l'heure de son train. Nous étions passés à son hôtel, prendre une seule valise.

Marjorie :
Une seule valise, c'est bien suffisant, quand on emmène uniquement les choses essentielles. La vie, c'est autre chose.

Le narrateur :
J'ai détaché le bandana noir de mon cou pour le passer autour du sien. Elle a retiré la gourmette de son poignet gauche sans parvenir à la fixer au mien. J'ai un instant pensé l'avoir détournée de sa résolution. Pour la première fois de ma vie, j'ai tremblé de la tête aux pieds en serrant une femme dans mes bras.

Marjorie :
Dans une autre vie, j'aurais pu décider aujourd'hui de fonder une famille. Elles sont étranges, les idées qui me traversent l'esprit. Ne me réponds pas, reste serré contre moi. Si je t'avais simplement précisé : je suis séronégative, je ne prends aucun moyen contraceptif, mon cycle d'ovulation attend un spermatozoïde aujourd'hui, est-ce que tu me l'aurais donné ? Ne réponds pas, reste serré contre moi, nos corps se disent tout. Quand je reviendrai, je te le promets, je te le promets.

Le narrateur :
Ai-je commis l'irréparable erreur de ne pas pouvoir parler ? Nous nous sommes serrés comme il n'est sûrement possible de se serrer sans se briser que dans ces moments-là. Puis ce fut le dernier geste des mains qui ne peuvent plus se toucher mais s'avancent vers l'autre. Et je me suis assis effondré par terre, voie numéro 3, la tête contre un banc en fer. Et j'ai souri. Peut-être quelqu'un était là, a écouté, silencieux, ma réflexion. Je n'étais plus en état de prêter attention à des voyageurs ou agents de surveillance perplexes. Et qui aurait pu comprendre mes

propos ? « Voilà ! Tu t'es mis en situation de confronter ton aphorisme préféré avec la réalité ! »

Blaise Pascal :
Tout le malheur des hommes vient d'une seule chose, qui est de ne savoir pas demeurer en repos, dans une chambre.

## Rideau

# Acte 2

Le narrateur :

Cette rencontre m'avait donné la force de quitter le Pas-de-Calais, la force de dire non à une petite vie de bureaucrate, à la belle promotion sociale d'un fils d'agriculteur. Trouver une chambre au plus près de son monastère était désormais mon unique ambition.

Mais une première grande difficulté ne tardait pas à me chatouiller les méninges : l'argent. Nul besoin de retourner dans cet appartement où il me semblait inconcevable inacceptable intolérable impossible de rentrer seul, nul besoin de chercher le montant exact au bas de chaque compte... Compte courant et livret A... Rien de plus... Pour savoir que cette addition ne me permettrait jamais d'acheter quoi que ce soit... Et qu'aucun propriétaire ne louerait à un chômeur...

Marjorie :

Je n'ai plus rien. Et je me sens bien.

Le narrateur :

Naturellement, quitter le bureau du petit cadre presque dynamique était impératif... C'est donc gare d'Arras, la tête contre un banc en fer d'un vert majoritairement écaillé, qu'être licencié devint mon premier objectif.

Vu mon ancienneté, pour l'entreprise ce fut une goutte d'eau. Pour moi, c'était... L'océan !... Et j'avais droit aux Assedic !

Licenciement finalement facile. Ils ont apprécié mon... « honnêteté »... Je n'invente pas... C'est le terme du DRH, Directeur des Relations Humaines.

Il avait apprécié mon : « *Je dois partir. Mais ce n'est pas urgent. Alors vous pouvez me payer à glander durant deux ans ou me licencier demain. Je ne suis plus en état de faire*

*quoi que ce soit de rentable pour votre entreprise. En bonne logique économique, me licencier immédiatement est le plus rentable. »* (*silence*)
Vivre de peu devint mon credo. Achats remboursés et petites magouilles. Adieu famille, adieu relations professionnelles, adieu vagues condisciples du week-end. (*silence*) Je suis retourné une fois à Flines-lez-Raches, près de Douai, un lieu nommé « les granges. » Là où nous nous sommes rencontrés. J'ai essayé de revivre la soirée.

Marjorie :
Si je te demande simplement l'heure, tu vas sourire en pensant « elle exagère de me draguer effrontément » ?

Le narrateur :
Mais des larmes ont jailli.

Marjorie :
C'est bizarre, cette sensation de pouvoir t'accorder toute ma confiance.

Le narrateur :
Un type m'a posé une main sur l'épaule, m'a gueulé « *t'inquiète pas, j'ai connu ça aussi, ça passera...* » Il m'a donné sa bouteille de Jenlain. Quand je me suis retourné, il était parti. Mais sa bouteille dans ma main droite me le confirmait : je n'avais pas rêvé. (*silence*)

Marjorie :
Le plus souvent, sur l'instant, on n'a pas conscience de vivre un grand Bonheur. C'est plus tard, quand il est parti, loin, qu'on emploie le mot bonheur. Je suis en osmose avec toi. Et j'aime ça.

Le narrateur :
Avec l'argent du licenciement j'achetais une maison

bicentenaire, en urgence de rénovation. Dans le Quercy, le Quercy blanc, l'extrême sud du Lot. La Dordogne m'étant inaccessible, il m'avait fallu descendre, descendre, jusqu'à cette région alors délaissée. (*silence*) Que faire quand la vie vous condamne à deux ans sept mois et quelques jours dans une maison ?

Marjorie :

Le temps est relatif. Deux heures peuvent être plus pleine qu'une année. Il nous reste deux heures, on peut les passer à ne pas se comprendre ou à s'aimer !

Le narrateur :

Dans une maison où j'étais le premier habitant à plein temps depuis cinq décennies, les précédents propriétaires l'ayant toujours utilisée comme résidence secondaire. A la mort de l'ancêtre, les enfants, en conflits, ont continué leurs disputes, furent incapables de chercher un accord, ils devaient donc vendre sous six mois. J'étais passé au bon moment ! (*silence*)
Que faire ? Lire *Les Pensées* de Pascal d'abord ! Il était quand même l'une des raisons de ma présence en ces lieux... Et naturellement, lors de ma précédente vie, je m'étais contenté d'un dictionnaire de citations... J'étais un salarié ordinaire... Quelques aspirations à une autre vie... Mais manque de temps, sorties, télévision, copains, copines, apéros et blabla et blabla...
Je dois l'avouer : imprégné de cet aphorisme,

Blaise Pascal :

Tout le malheur des hommes vient d'une seule chose, qui est de ne savoir pas demeurer en repos, dans une chambre.

Le narrateur :

Je m'attendais à mieux !
J'ai quand même recopié quelques lignes :

Blaise Pascal :

Quand on veut reprendre avec utilité, et montrer à un autre qu'il se trompe, il faut observer par quel côté il envisage la chose, car elle est vraie ordinairement de ce côté-là, et lui avouer cette vérité, mais lui faire découvrir le côté par où elle est fausse.

D'où vient qu'un boiteux ne nous irrite pas, et un esprit boiteux nous irrite ? A cause qu'un boiteux reconnaît que nous allons droit, et qu'un esprit boiteux dit que c'est nous qui boitons.

Les hommes n'ayant pu guérir la mort, la misère, l'ignorance, ils se sont avisés, pour se rendre heureux, de n'y point penser.

Le silence éternel de ces espaces infinis m'effraie.

Celui qui aime quelqu'un à cause de sa beauté, l'aime-t-il ? Non : car la petite vérole, qui tuera la beauté sans tuer la personne, fera qu'il ne l'aimera plus.

Toute la dignité de l'homme consiste en la pensée.

Si nous rêvions toutes les nuits la même chose, elle nous affecterait autant que les objets que nous voyons tous les jours. Et si un artisan était sûr de rêver toutes les nuits, douze heures durant, qu'il est roi, je crois qu'il serait presque aussi heureux qu'un roi qui rêverait toutes les nuits, douze heures durant, qu'il serait artisan.

Le narrateur :

Je rêvais naturellement chaque nuit. Je revivais cette nuit-là.

Marjorie :

C'est merveilleux. Comme si nos êtres étaient en phase. On somnole quelques minutes et au même moment revient le besoin de fusionner.

Le narrateur :
Même de souvenirs, même d'attente, même avec cet enfant qui grandissait dans ma tête, que j'appelais même Sarah, impossible d'être vraiment heureux. Sarah, prénom signifiant princesse. Je me sentais comme un passager sur un bateau à voiles, dans l'attente d'arriver au port. Une poussière à la merci d'une bourrasque.
Dans la situation aussi d'un marginal observé par les braves gens… Vous savez bien… Ceux qui n'aiment pas, mais alors pas du tout, « *qu'on suive une autre route qu'eux.* » Un marginal surnommé « le glandeur », « le fainéant », « le magouilleur », « le cas social » par les artisans, retraités et bigotes du coin. Sûrement d'autres surnoms… Mais jamais prononcés devant mes fenêtres ouvertes !… (*silence*)

Marjorie :
Je suis une fille étrange. On a voulu m'imposer un chemin. Depuis je brandis la pancarte « mon libre arbitre » à chaque conseil. Je ne sais pas vivre une confiance réciproque. J'ai peur d'être trahie… alors je trahis. J'ai besoin de trouver ma voie.

Le narrateur :
Encore jeune et toujours seul. Un solitaire ? Un malade ? Un bandit planqué ? Les gendarmes passaient régulièrement, ralentissaient devant les trois palettes ficelées en guise de portail, scrutaient.

Marjorie :
La pauvreté, le dénuement, nous rapprochent de l'Essentiel.

Le narrateur :
Naturellement, trois ans trois mois et trois jours après cette fondamentale rencontre séparation, j'étais en Dordogne. Je

me trouvais vieilli, me demandais si Marjorie allait me reconnaître. Qu'allait-elle penser ? Je la connaissais finalement si peu. Tellement idéalisée. Pourquoi avait-elle décidé cette « retraite » ? Des centaines de proches attendaient la sortie des reclus. Deux heures plus tard, j'étais seul devant un moine. Il me sourit. Je le questionnais d'un simple « *bonjour, j'attends Marjorie.* » Sa réponse me figea, je n'osais en demander plus : « *oui, je sais.* » Il sortit du rebord de sa manche gauche une lettre, me la tendit. J'ai réalisé son départ quand je l'ai eue lue pour la cinquième fois, cette lettre.

Marjorie :

Stéphane,

Personne ne me dira si tu es venu. Pourtant une intuition me persuade que tu liras cette lettre. Je ne t'ai donc pas oublié !

Mais j'ai trouvé ce que je sentais, l'essence derrière les apparences, un monde supra-intellectuel, radicalement inconciliable avec l'Occident actuel.

Je n'ai donc plus aucune raison de retourner dehors.

La sérénité est possible. Tu l'effleureras peut-être avec l'aide de Pascal. Et d'autres. N'hésite jamais à te laisser contredire par la pensée des autres.

Quand je pense à toi, je t'imagine dans une chambre, serein.

Cette pensée est agréable.

L'équilibre du monde passe par le notre.

Si tu laisses un mot, il me sera remis... uniquement si je décide de sortir. Naturellement, je suis libre de sortir. Mais seul un séisme intérieur pourrait me convaincre.

Avec mon meilleur souvenir.
Harmonie, Lumière, Sérénité,

Marjorie.

Le narrateur :
Comme points positifs, j'en trouvais deux : j'étais le seul à l'attendre et cette lettre m'était bien adressée. (*silence*) Durant quelques jours j'errais autour du monastère, dormant recroquevillé sur les banquettes avant de ma 205 diesel color line déjà vieille. Et j'ai naturellement laissé une réponse. Hésitation : entre les vingt-cinq pages de l'envie et les quelques lignes de la raison. (*silence*)
Quelques lignes, c'était suffisant... J'avais bien lu !... Cette lettre ne pourrait produire le moindre séisme, elle ne serait lue qu'en cas de sortie.

> Marjorie d'Amour,
>
> Je t'attends à quelques dizaines de kilomètres. C'est une maison. Je vis presque uniquement dans une chambre. Et quand même un petit terrain entouré de buis.
> J'espère naturellement ta venue... avant d'être un vieil ascète chauve, édenté.
> J'ose, comme dans mes rêves, t'embrasser. Je t'aime. Comme au premier jour, comme au plus beau des jours.
>
> Stéphane

Et j'avais ajouté l'adresse. (*silence*)

Marjorie :
C'est quoi, une vie ? Nous avons la possibilité de nous questionner et pourtant nous laissons des distractions nous submerger. C'est quoi, une vie ? Tout, ça c'est certain. Et

j'ai perdu tellement de jours pour rien, pour des illusions, des erreurs d'appréciation. Et je n'ai su qu'ajouter : désolée, je suis désolée.

Le narrateur :

Quelques jours plus tard, la réalité sociale me rattrapait à son tour. Il me fallait suivre une formation ou présenter un projet concret. J'étais passé de la tranquillité « fin de droit en Allocations de Solidarité Spécifique » à la pression mise sur le Rmiste. J'ai demandé une aide financière pour acheter un ordinateur. Ce formulaire en trois exemplaires eut au moins l'avantage de constituer un dossier pour les services concernés. Donc de m'octroyer deux mois supplémentaires.

Naturellement cette demande même pas pistonnée fut refusée. L'ordinateur n'est pas un outil utile pour une recherche d'emploi. J'avais entendu parler d'internet à la radio, sur *France-Inter*... Et comme c'était la seule véritable nouveauté de l'époque... Au moins un créneau non balisé par les instituts de formations ! Non, vous ne me verrez pas en formatage professionnel ! (*silence*) Un an plus tard, j'avais acheté un ordinateur, confectionné un petit site chez un hébergeur gratuit et je cherchais le moyen d'acheter un nom de domaine ailleurs que chez France Telecom... Etre webmaster d'accord... Mais pas débuter en se laissant matraquer, en claquant deux Rmi pour un nom de domaine facturé six dollars aux Etats-Unis.

Marjorie :

Je n'ai pas envie de participer à un système profondément malsain. Je refuse de jouer à un jeu truqué. Je n'irai jamais défiler avec des fonctionnaires qui ont passé un concours pour être recrutés, comme s'ils ignoraient où leur contrat les conduirait. Je sais, ma position n'est pas tenable à long terme, comme la tienne si tu refusais ton assureur. Je suis une utopiste, donc condamnée, sauf si j'accepte d'en payer le prix, de mon insoumission.

Le narrateur :
Mes ennuis administratifs se précisaient. Les menaces de suspension du revenu minimum pleuvaient. Avec l'injonction de revoir le référant pour un nouveau dossier... Le dossier présenté ne pouvant être validé par la commission. Projet non cohérent. Je ne fournissais aucun budget prévisionnel, ni modèles économiques !
Je n'avais même pas sollicité les marchés financiers, le capital risque... C'était l'époque désormais connue sous le nom « bulle spéculative internet », où quelques baratineurs avec une vague idée se sont retrouvés à la tête du budget de toute une vie pour je ne sais combien de rmistes. Baratineurs bien en phase avec les réalités de ce pays : les commissions ont besoin de paperasses. Avec graphiques, coefficients de croissance, plan média, certitudes.
Ces contacts sociaux incrustaient en moi la véracité de l'aphorisme pascalien :

Blaise Pascal :
Tout le malheur des hommes vient d'une seule chose, qui est de ne savoir pas demeurer en repos, dans une chambre.

Marjorie :
« *Tu pourras jamais tout quitter, t'en aller, tais-toi et rame.* »

Le narrateur :
Marjorie m'avait fredonné du Souchon en réponse à mes explications pascaliennes. (*silence*) Je n'avais plus le choix ! Il me fallait vivre grâce à internet !
Je relisais *Les pensées*...

Blaise Pascal :
Nous ne sommes que mensonge, duplicité, contrariété, et nous cachons et nous déguisons à nous-mêmes.

Les choses du monde les plus déraisonnables deviennent les plus raisonnables à cause du dérèglement des hommes.

La chose la plus importante à toute la vie est le choix du métier : le hasard en dispose.

Le narrateur :
Quelques années plus tôt, devenir webmaster aurait été aussi impossible qu'astronaute pour Blaise Pascal.
Le choix du métier, le hasard en dispose, certes. Mais la direction nous appartient... À certaines époques, dans certains pays. (*silence*)
La direction : devenir une forme de philosophe du net !

Marjorie :
Tu voudrais faire quoi de ta vie ? A part Amoureux ?

Le narrateur :
Philosophe sans chemise blanche télégénique mais philosophe aux sources de la philosophie.
Vivre simplement, vivre retiré, en Pascalien digne d'Epicure, recevant chaque mois quelques virements sur son compte bancaire, en contrepartie des publicités présentes sur les sites, argent le plus souvent en provenance des Etats-Unis... La France ayant naturellement un temps de retard quand il s'agit de laisser aux citoyens le choix de vivre dignement, librement.
Vivre de peu... Et même désormais sans le recours au Rmi, ayant laissé le Président du Conseil Général suspendre définitivement les allocations et... Le dossier doit s'être perdu depuis... Non ! Ils n'ont pas viré le réfractaire aux contrôles et au suivi administratif...

Seulement suspendu ! Ils sont humains… Ils sont… Socialistes ! (*silence*)

Marjorie :

Ces gens-là n'existent pas pour nous. Ils ont choisi de vivre avec un masque, ils sont condamnés à le porter.

Le narrateur :

Pascal m'avait conduit à Epictète, Epictète me présentait Sénèque, Epicure, Marc-Aurèle. J'étais alors mûr pour l'ensemble de la philosophie antique, dont la figure du sage idéal, monsieur Socrate immortalisé par son disciple Platon.

En parallèle, je lisais naturellement des textes bouddhistes. Et ce fut la révélation : l'idéal du Sage, de la philosophie vécue, et non simple discours scolaire ou mondain, le Sage antique est comme un frère jumeau du Bouddhiste réalisé.

L'Occident et l'Orient ont donc, bien avant l'idéal du sur-consommateur, connu une époque où la vie présentait un idéal similaire, et respectable.

Peu importe la porte d'entrée. Pour moi, ce fut donc Blaise Pascal. Peu importe, nous pouvons vivre dignement.

Ce que l'histoire appellera peut-être la sagesse du webmaster.

Ainsi parlait Zarathoustra (*il éclate de rire*).

J'ai confondu !

Ainsi s'exprime le webmaster sur l'un de ses sites.

(*silence*)

Les messages opposés à cette approche se multiplient, la bonne porte serait ailleurs, unique, incontestable, pour Jean c'est Jésus, pour Hasna c'est Mohamed, David se réfère à Moïse. Je laisse le débat tourner en rond, j'essaye de rester en conformité avec une notion de dignité sûrement inacceptable, intemporelle donc anachronique.

Marjorie :

Chaque chemin est unique. Et ceux qui veulent suivre des chemins écrits par d'autres ratent leur vie. De toute manière, combien de celles et ceux qui veulent nous imposer de croire en leur croyance, vivent en conformité avec elle ? Que la femme qui a trahi ne vienne plus nous parler de dignité. Si elle aime, qu'elle ose vivre son Amour, qu'elle le laisse devenir un Amour absolu, au dessus de tout, plus fort que tout. Parfois tu pourrais croire que je divague mais ton regard me va droit au cœur.

Le narrateur :

Je sais, je pourrais moi aussi entrer trois ans trois mois et trois jours au monastère. Rien ne me retient vraiment dehors. Je pourrais même y entrer officiellement dans ce but tout en sachant en sortir après une conversation avec Marjorie. Mais je ne le fais pas. Et je ne le ferai sûrement jamais. Je ne m'en sens pas le droit. Les stoïciens m'ont appris à toujours distinguer ce qui dépend de soi d'avec le reste. Je n'ai pas à m'imposer à Marjorie. Parfois aussi, et c'est douloureux, je l'imagine dans les bras d'un autre converti. Parfois, je doute : est-elle vraiment mon âme sœur ou une forme de providence passée dans ma vie pour me rappeler l'essentiel ? Deux âmes sœurs feraient tout pour se voir ? Pour vivre cette chance de s'être rencontrés ? Ces questions centrales de ma vie, ne sont pas abordées sur les sites. Internet n'est qu'une image de la réalité. Comme tout média, Internet répond aux critères de la mise en scène. Même si vous croyez tout savoir en lisant mon blog ! La sagesse du webmaster, c'est aussi de ne pas se bercer d'illusions sur un monde numérique idéal. Ici comme ailleurs l'art permet de transcender certaines douleurs.

***Rideau - Fin***

# La fille aux 200 doudous

Pièce pour enfants en un acte

Scène : dans son lit, une fillette, 6-7 ans, à peine visible. Trop de doudous ! des doudous aussi dans toute la chambre.
Entrent des enfants (minimum cinq, même âge), sur la pointe des pieds. Ils observent, admirent, se sourient, s'extasient, se montrent des doudous.

## Acte 1

1er enfant : - Dans sa chambre, on avance au p'tit bonheur la chance.

2eme enfant : - Même son oreiller est envahi.

3eme enfant : - Ses étagères, c'est pire que ma grand-mère avec ses pots de confiture.

4eme enfant : - C'est pire que mon grand-père avec ses boîtes à outils.

Autre enfant : - Pire que la garde-robe de ma mère.

*La fillette du lit sourit, comme si elle s'apercevait seulement à l'instant de leur présence.*

3eme enfant : - C'est la fille aux 200 doudous, y'en a partout, y'en a partout.

Autre enfant reprend en murmurant : - C'est la fille aux 200 doudous, y'en a partout, y'en a partout.

4eme enfant : - C'est la fille aux 200 doudous, tous les p'tits loups en sont jaloux.

La fillette du lit : - Ne soyez pas jaloux mes amis, vous croyez peut-être qu'on n'a pas ses petits soucis, quand on doit surveiller du matin au soir 200 doudous ? Et même du soir au matin.

4eme enfant : - Des soucis comme ça, j'aimerais bien en avoir.

La fillette du lit : - Pourtant, c'est pas spécialement drôle, quand souriceau se cache derrière papa éléphant alors qu'il devrait dormir près de sa tendre maman. Et la nuit, vous croyez peut-être que tous ont sommeil en même temps ? C'est pire qu'un dortoir d'écolières.

4eme enfant : - Un dortoir d'écolières, ça n'existe pas !

2eme enfant : - Ma mère m'a raconté : il y a très très longtemps, c'était bien avant l'an 2000, les enfants ne rentraient pas chez eux le soir mais restaient dormir à l'école, dans un dortoir.

4eme enfant : - Un dortoir ! Comme leurs parents étaient méchants !

2eme enfant : - Mais non grand bêta, ce n'était pas possible autrement, il n'y avait pas de bus.

4eme enfant : - Arrête de raconter des blagues.

La fillette du lit : - C'est peut-être surprenant mais c'est pourtant vrai. Et les enfants n'ont pas toujours eu des doudous comme nous, beaucoup se contentaient d'un simple chiffon.

4eme enfant : - J'aurais refusé de dormir ! J'aurais manifesté ! J'aurais crié !

Autre enfant : - J'aurais pincé !

4eme enfant : - J'aurais déménagé chez grand-mère !

1er enfant, *va vers une étagère et prend un chien en peluche* : - il s'appelle comment ?

La fillette du lit : - Chacun a son surnom, d'abat-jour à zombou. Quant à lui, c'est Scott-Key.

1er enfant : - Scott-Key ?

La fillette du lit : - Je suppose que tu n'as pas choisi ton nom, pas même ton prénom ni ton surnom. Hé bien lui, c'était un chien abandonné. (*rêveuse, doucement :*) J'avais quatre ans : il pleuvait, et lui pleurait à la vitrine d'un magasin,

4eme enfant (*à son voisin*) : - Ça ne pleure pas un doudou !

La fillette du lit, *qui a entendu, se tourne vers lui* : - Tu as déjà oublié qu'un doudou, parfois, ça pleure ! (*reprenant l'histoire*) il pleurait à la vitrine d'un magasin, avec une étiquette à l'oreille droite, une vilaine étiquette jaune avec 5 lettres majuscules noires : s-o-l-d-e.

1er enfant : - Et toi, tu ne savais pas que ça voulait dire SOLDE !

La fillette du lit : - J'avais quatre ans, ne l'oubliez pas

quand même ! Forcément j'ai forcé mon papa à entrer, et avec toute la fierté de mes quatre ans, j'ai demandé à la vendeuse, en la regardant bien droit dans les yeux « il s'appelle vraiment solde ? »

1er enfant : - Tu savais déjà lire ?

La fillette du lit : - Ça c'est une combine de mon papa adoré ! Je t'achète un doudou mais cours d'orthographe chaque soir, avant la lecture d'une histoire. C'est ainsi qu'à trois ans et demi je savais presque tout lire.

1er enfant : - Mais tu croyais que SOLDE, c'était son nom !

La fillette du lit : - N'as-tu jamais fait d'erreurs qu'aujourd'hui tu trouves plus grotesques ?

1er enfant : - C'était juste pour vérifier que tu n'étais pas une petite génie ! Bon, alors, la vendeuse, elle a souri en interrogeant ton papa du regard ou elle t'a répondu ?

La fillette du lit : - On me répondait toujours, quand j'avais quatre ans et que je regardais droit dans les yeux, tu vois, comme ça (*elle le fixe*).

3eme enfant : - Elle a hurlé « une martienne » !

La fillette du lit : - Euh…

3eme enfant : - Quoi euh ?...

La fillette du lit : - Bin la vendeuse, sans détourner les yeux, a répondu : « euh… » Alors je lui ai expliqué, comme on parle à une vendeuse qui n'a rien compris : « vous voyez, j'ai déjà un doudou prénommé SOLDE, une adorable grenouille rouge cerise Burlat, alors, bien que je souhaite l'adopter, j'aurais trop peur que ça crée de la confusion dans ma chambre. »

3eme enfant : - Elle était surtout surprise que tu saches déjà lire !

4eme enfant : - Elle s'est moquée de toi ?

La fillette du lit : - Pas du tout, petit impertinent ! Elle m'a répondu poliment, « son véritable nom c'est Scott-Key »... et un ton en dessous, « c'est une erreur de ma collègue. »

2eme enfant : - Alors ton papa te l'a acheté !

La fillette du lit : - Comment tu as deviné ? Mais avant j'ai demandé, « et vous écrivez ça comment », alors j'ai noté ce mot nouveau dans mon carnet (*elle prend le carnet sur la table de nuit, le feuillette tendrement*).

2eme enfant : - Ça veut dire quoi, Scott-Key ?

La fillette du lit : - Secret !

4eme enfant : -: - Tu réponds ça car tu n'en sais rien !

La fillette du lit : - Mais tu es aussi polisson que les bébés hérissons.

4eme enfant : - Allez, donne-nous la solution.

La fillette du lit : - Même au sujet des doudous, il doit rester un peu de mystère dans le choix des surnoms.

*Chœur des enfants :*

> C'est la fille aux 200 doudous, y'en a partout, y'en a partout.
> C'est la fille aux 200 doudous, tous les p'tits loups en sont jaloux.
> C'est la fille aux 200 doudous, ses secrets sont pas pour nous.

3eme enfant : - **Comment tu te repères ?**

La fillette du lit : - Avant c'était lundi doudous blancs, mardi mauves, mercredi marron, jeudi jaunes, vendredi verts, samedi sable et dimanche autres couleurs.

2eme enfant : - Le lundi était roi !

La fillette du lit : - Maintenant les jours de la semaine

s'appellent fête des lapins, des chats, des canards. Fête des oursons, des toutous et des bizarres.

4eme enfant : - Et le septième jour ?

La fillette du lit : - Monsieur sait compter ! Ah ! Le septième jour…

Les enfants : - Oh raconte !…

La fillette du lit : - Le septième jour est… un peu spécial dans le nouveau calendrier des doudous… c'est le jour des élections.

Les enfants : - Des élections !?

La fillette du lit : - Par un vote, naturellement à pattes levées, les doudous décident qui sera célébré.

4eme enfant : - Y'a quoi à gagner ?

La fillette du lit : - Le plus beau des cadeaux !

Un enfant : - Une tenue de Zorro ?

*La fillette du lit hausse les épaules.*
*Les réponses fusent à son grand désappointement :*

Un enfant : - Une écharpe ? Un bandana ?
Un enfant : - Un yaourt aux fraises ?
Un enfant : - Des billes ?
Un enfant : - Une game boy ?
Un enfant : - Un puzzle… de cochons des Pyrénées ?
Un enfant : - Une plaque de chocolat… suisse ?

*(lors des représentations, d'autres réponses, suivant les goûts et l'actualité, peuvent être ajoutées, préférées ; suivant le nombre d'enfants, ces répliques peuvent revenir aux enfants 1 à 4 )*

Un enfant : - Allez, dis-nous…

La fillette du lit : - Le plus beau des cadeaux dont peut rêver un doudou… le gagnant dort dans mes bras.

4eme enfant *spontanément :* - Je peux participer aux élections ?

*La fillette du lit lui sourit ; tous le regardent ; il est gêné.*

3eme enfant : - Tu dors encore avec un doudou dans les bras !

La fillette du lit : - Pas toi ?
3eme enfant : - Eh… (*tous la regardent*)
3eme enfant : - Mais normalement c'est un secret.

La fillette du lit : - Si quelqu'un rit de toi parce que tu dors avec un doudou dans les bras, demande-toi s'il profite vraiment de chaque seconde de sa nuit.

Autre enfant : - Et un jour, tes doudous iront au grenier ?

La fillette du lit : - Grandir, ce n'est pas forcément s'éloigner de ses doudous, et surtout pas les renier !

*Chœur des enfants :*

> C'est la fille aux 200 doudous, y'en a partout, y'en a partout.
> C'est la fille aux 200 doudous, tous les p'tits loups en sont jaloux.
> C'est la fille aux 200 doudous, et nous avons rendez-vous avec nos doudous.

*Ils sortent de scène (en courant sur la pointe des pieds).*

La fillette du lit : - Bon, maintenant, les doudous, la récréation est terminée. On arrête de se prendre pour des enfants (*se tournant vers un renard*) : j'aimerais bien dormir moi, quand même, un peu. Il exagère ce monsieur Renardo des Forêts d'étagères.

*Le 4eme enfant passe la tête à la porte, gêné, toussote un peu sans parvenir à attirer l'attention, timidement.*

4eme enfant : - Mademoiselle, mademoiselle... (*la fillette se tourne vers lui et lui sourit*)

4eme enfant : - C'était pour de vrai, quand j'ai parlé des élections.

La fillette du lit : - Je sais, je sais... mais si tu n'as pas les voix des lapins et des ours, tu n'as aucune chance de gagner... (*le quatrième enfant est triste*) peut-être que dans dix ans, je serai la seule électrice.

### *Rideau - Fin*

Les pièces :

15   Les secrets de maître Pierre, notaire de campagne

53   Chanteur, écrivain : même cirque

83   Deux sœurs et un contrôle fiscal

141  Amour, sud et chansons

211  Pourquoi est-il venu ?

251  Aventures d'écrivains régionaux

301  Neuf femmes et la star

349  Onze femmes et la star
     Bonus 2013 :
     Version longue de "*Neuf femmes et la star*"

405  Avant les élections présidentielles

447  Scènes de campagne, scènes du Quercy

479  Blaise Pascal serait webmaster

505  La fille aux 200 doudous

Stéphane Ternoise est né en 1968. Il publie depuis 1991. Il est depuis son premier livre éditeur indépendant.

Ses 14 premiers livres sont disponibles en papier dos carré collé :

*Théâtre pour femmes*, 2010

*Ils ne sont pas intervenus (le livre des conséquences)*, roman, 2009

*Théâtre peut-être complet*, théâtre, 2008

*Global 2006*, romans, théâtre, 2007

*Chansons trop éloignées des normes industrielles et autres Ternoise-non-autorisé*, 2006

*Théâtre de Ternoise et autres textes déterminés*, 2005

*La Faute à Souchon ?*, roman, 2004

*Amour - État du sentiment et perspectives*, essai, 2003

*Vive le Sud ! (Et la chanson... Et l'Amour...)*, théâtre, 2002

*Chansons d'avant l'an 2000*, 120 textes, 1999

*Liberté, j'ignorais tant de Toi*, roman, 1998

*Assedic Blues, Bureaucrate ou Quelques centaines de francs par mois*, essai, 1997

*Arthur et Autres Aventures*, nouvelles, 1992

*Éternelle Tendresse*, poésie, 1991

Site officiel : http://www.ecrivain.pro

## Stéphane Ternoise... un peu plus d'informations

Né en 1968

http://www.ecrivain.pro essaye d'être complet, avec un "blog" (je préfère l'expression "une partie des chroniques"). Mais il ne peut naturellement pas copier coller l'ensemble des textes présentés ailleurs.

http://www.romancier.net

http://www.dramaturge.net

http://www.essayiste.net

http://www.lotois.fr

Les noms de ces sites me semblent explicites...
Le graphisme reste rudimentaire. Tant de choses à faire...

http://www.salondulivre.net le prix littéraire a lancé sa onzième édition. Une réussite d'indépendance. Mais peu visible...

L'ensemble des livres numériques ont vocation à devenir disponibles en papier et réciproquement. Il convient donc de parler de livre au sens fondamental du terme : le contenu, l'œuvre. En juillet 2013, le catalogue numérique de Stéphane Ternoise dépasse la barre naguère inimaginable de la centaine. Il est constitué de romans, pièces de théâtre, essais mais également de photos, qu'elles soient d'art (notion vague) ou documentaires (présentation de lieux, Cahors, Cajarc, Montcuq, Beauregard, Golfech...), publications pour lesquelles l'investissement en papier est impossible, sauf à recourir à l'impression à la demande.

Tous droits de traduction, de reproduction, d'utilisation, d'interprétation et d'adaptation réservés pour tous pays, pour toutes planètes, pour tous univers.

Site officiel : http://www.ecrivain.pro

Présentation des livres essentiels :
http://www.utopie.pro

**Dépôt légal à la publication au format ebook.**

Imprimé par CreateSpace, An Amazon.com Company pour le compte de l'auteur-éditeur indépendant.

**ISBN 978-2-36541-424-9**
**EAN 9782365414241**

*Théâtre peut-être complet*
(pièces de théâtre contemporaines) de Stéphane Ternoise
© Jean-Luc PETIT - BP 17 - 46800 Montcuq - France
**29 septembre 2013**

www.ingramcontent.com/pod-product-compliance
Lightning Source LLC
Chambersburg PA
CBHW070820250426
43671CB00036B/485